Kurt Seelmann

**Strafrecht Allgemeiner Teil**

Kurt Seelmann

# Strafrecht Allgemeiner Teil

5., aktualisierte Auflage

Helbing Lichtenhahn Verlag

Bibliographische Information der Deutschen Nationalbibliothek

Die Deutsche Nationalbibliothek verzeichnet diese Publikation in der Deutschen Nationalbibliographie; detaillierte bibliographische Daten sind im Internet unter http://dnb.d-nb.de abrufbar.



ISBN 978-3-7190-3070-4


www.helbing.ch

# Vorwort zur 5. Auflage

Die 5. Auflage ist unter Berücksichtigung der bundesgerichtlichen Rechtsprechung und der wichtigsten einschlägigen Literatur auf dem Stand von Januar 2012 ergänzt und überarbeitet worden. Auch das Inkrafttreten der neuen eidgenössischen Strafprozessordnung war zu berücksichtigen.

Zu danken für ihre Hilfe bei der Neuauflage ist diesmal insbesondere meinen Assistierenden Frau Dr. iur. Claudia Bernhard, Herrn BLaw Matthias Bodmer, Frau MLaw Sabrina Keller, Frau MLaw Michelle Lachenmeier und Frau Dr. iur. Tanja Soland sowie meiner Sekretärin, Frau Antje Stadelmann.

Basel, im Februar 2012 Kurt Seelmann

# Aus dem Vorwort zur 2. Auflage

Das Buch ist gegenüber der Vorauflage an Umfang etwas angewachsen, ohne dass der Stoff im selben Mass zugenommen hat. Zwar konnte den Wünschen der Leserinnen und Leser nach zusätzlichen Informationen an verschiedenen Stellen entsprochen werden. Überwiegend aber sind eher etwas «dicht» formulierte Passagen ausführlicher und dadurch leserfreundlicher gestaltet worden. Insgesamt konnte trotzdem der Charakter eines Kurzlehrbuchs beibehalten werden. Das heisst insbesondere, dass nach wie vor nicht eine Vollständigkeit in der Darstellung oder bei den Belegen angestrebt worden ist, sondern eine Konzentration auf das für den ersten Zugang und die Repetition Wichtigste.

Im Zentrum stehen eine Einführung ins Strafrecht, die strafrechtliche Zurechnungslehre und ein Überblick über die strafrechtlichen Sanktionen. An der Veranschaulichung des Lehrstoffes durch kurze Fälle und graphische Darstellungen wird festgehalten.

# Inhaltsverzeichnis

## Teil 2
## Allgemeiner Teil des Strafrechts 31

# Verzeichnis der Abkürzungen und abgekürzt zitierter Standardwerke

| | |
|---|---|
| AuG | Bundesgesetz über die Ausländerinnen und Ausländer (SR 142.20) |
| bes. | besonders |
| a.A. | anderer Ansicht |
| a.F. | alte Fassung |
| Abs. | Absatz |
| AGVE | Aargauische Gerichts- und Verwaltungsentscheide |
| Amtl. Bull. | Amtliches Bulletin |
| AR | Anwaltsrevue |
| ARSP | Archiv für Rechts- und Sozialphilosophie |
| Art. | Artikel |
| AT | Allgemeiner Teil |
| Aufl. | Auflage |
| BetmG | Bundesgesetz über die Betäubungsmittel (SR 812.121) |
| BJM | Basler Juristische Mitteilungen |
| BG | Bundesgesetz |
| BGE | Entscheidungen des Schweizerischen Bundesgerichts (amtliche Sammlung) |
| BGer | Bundesgericht |
| BGH | (deutscher) Bundesgerichtshof |
| BGHSt | (deutscher) Bundesgerichtshof, Entscheidungen in Strafsachen |
| BJ | Bundesamt für Justiz (www.bj.admin.ch) |
| BJ, Bericht | Bundesamt für Justiz, Bericht zur Revision des Allgemeinen Teils und des Dritten Buches des Strafgesetzbuches und zu einem Bundesgesetz über die Jugendstrafrechtspflege. Erstellt auf der Grundlage der Schlussberichte der Expertenkommission 1993 |
| BL | Basel-Landschaft |
| Botschaft 1998 | Botschaft zur Änderung des Schweizerischen Strafgesetzbuches (Allgemeine Bestimmungen, Einführung und Anwendung des Gesetzes) und des Militärstrafgesetzes sowie zu einem Bundesgesetz über das Jugendstrafgesetz vom 21. September 1998, Bundesblatt 1999, 1979 |
| BS | Basel-Stadt |
| BSK-Bearbeiter | Marcel Alexander Niggli/Hans Wiprächtiger (Hrsg.), Basler Kommentar zum Strafgesetzbuch I/II, Basel u.a. 2007 |
| BV | Bundesverfassung der Schweizerischen Eidgenossenschaft vom 29. Mai 1874 (SR 101) |
| BVerfGE | Entscheidung des (deutschen) Bundesverfassungsgerichts |
| bzw. | beziehungsweise |
| CP | Code pénal/Codice penale |

| | |
|---|---|
| d.h. | das heisst |
| Donatsch/Tag | Andreas Donatsch/Brigitte Tag, Strafrecht I, Verbrechenslehre, 8. Auflage, Zürich 2006 |
| EG StGB | Gesetz betreffend die Einführung des Schweizerischen Strafgesetzbuches des Kantons Basel-Landschaft (SGS 241) |
| EMPA | Eidgenössische Materialprüfungsanstalt |
| EMRK | Europäische Konvention zum Schutze der Menschenrechte und Grundfreiheiten vom 4. November 1950 (SR 0.101) |
| E 1998 | Entwurf zur Änderung des Allgemeinen Teils des Schweizerischen Strafgesetzbuches 1998, in Botschaft zur Änderung des schweizerischen Strafgesetzbuches und des Militärstrafgesetzes sowie zu einem Bundesgesetz über das Jugendstrafrecht |
| Eymann u.a. | Stephanie Eymann/Christopher Geth/André Kanyar/Giovanna Lanza, Fallsammlung Strafrecht AT, 12 Fälle zum Allgemeinen Teil mit Lösungsvorschlägen, Basel 2008 |
| f./ff. | (fort-)folgende (-r/-s) |
| FMH | Foederatio Medicorum Helveticorum/Vereinigung der Schweizer Ärzte |
| FIS | fédération internationale de ski |
| FS | Festschrift |
| GA | Goltdammer's Archiv für Strafrecht |
| Germann | Oskar Adolf Germann, Das Verbrechen im neuen Strafrecht, Zürich 1942 |
| Graven/Sträuli | Philippe Graven/Bernhard Sträuli, L'infraction pénale punissable, 2. édition, Berne 1995 |
| GS | Gedächtnisschrift |
| h.L. | herrschende Lehre |
| h.M. | herrschende Meinung |
| Hrsg. | Herausgeber/herausgegeben |
| Hruschka | Joachim Hruschka, Strafrecht nach logisch-analytischer Methode. Systematisch entwickelte Fälle mit Lösungen zum Allgemeinen Teil, 2. Aufl., Berlin 1988 |
| Hurtado Pozo | José Hurtado Pozo, Droit pénale, Partie générale, 3e édition, Zürich 2008 |
| i.d.R. | in der Regel |
| i.e.S. | im engeren Sinne |
| insbes. | insbesondere |
| ius.full | ius.full. Forum für juristische Bildung |
| i.V.m. | in Verbindung mit |
| JA | Juristische Ausbildung |
| Jakobs | Günther Jakobs, Strafrecht, Allgemeiner Teil, 2. Aufl., Berlin/New York 1991 |
| Jescheck/Weigend | Hans-Heinrich Jescheck/Thomas Weigend, Lehrbuch des Strafrechts, Allgemeiner Teil, 5. Aufl., Berlin 1996 |

| | |
|---|---|
| JdT | Journal des Tribunaux |
| JStG | Bundesgesetz über das Jugendstrafrecht (SR 311.1) |
| JuS | Juristische Schulung |
| JZ | (deutsche) Juristenzeitung |
| Killias | Martin Killias/André Kuhn/Nathalie Dongois/Marcelo F. Aebi, Précis de droit pénal général, 3e édition, Berne 2008 |
| Killias, Kriminologie | Martin Killias/André Kuhn/Marcelo F. Aebi, Grundriss der Kriminologie, 2. Aufl., Bern 2011 |
| Köhler | Michael Köhler, Strafrecht, Allgemeiner Teil, Berlin/Heidelberg/New York 1997 |
| krit. | kritisch |
| Kunz, Kriminologie | Karl-Ludwig Kunz, Kriminologie, 5. Aufl., Bern 2008 |
| LMG | Bundesgesetz betreffend den Verkehr mit Lebensmitteln und Gebrauchsgegenständen (SR 817.0) |
| Maihold | Harald Maihold, Strafrecht Allgemeiner Teil. Fragen, Fälle und Lösungen zur Prüfungsvorbereitung, 2., überarbeitete und erweiterte Auflage, Basel u.a. 2008 |
| m.a.W. | mit anderen Worten |
| m.N. | mit Nachweisen |
| m.w.H. | mit weiteren Hinweisen |
| m.w.N. | mit weiteren Nachweisen |
| N. | Note |
| NJW | Neue Juristische Wochenschrift |
| NStZ | Neue Zeitschrift für Strafrecht |
| OR | Bundesgesetz betreffend die Ergänzung des Schweizerischen Zivilgesetzbuches (Obligationenrecht; SR 220) |
| Pra | Die Praxis des Bundesgerichts |
| RDP | Revue de droit pénale et de criminologie |
| Rep. | Repertorio di Giurisprudenza Patria |
| resp. | respektive |
| RGSt | Entscheidungen des Reichsgerichts in Strafsachen |
| Riklin | Franz Riklin, Schweizerisches Strafrecht Allgemeiner Teil I: Verbrechenslehre, 3. Aufl., Zürich 2007 |
| Roxin | Claus Roxin, Strafrecht, Allgemeiner Teil, Band 1: Grundlagen, der Aufbau der Verbrechenslehre, 4. Aufl., München 2006 |
| Rspr. | Rechtsprechung |
| S. | Seite/Satz |
| SAMW | Schweizerische Akademie der Medizinischen Wissenschaften |
| SÄZ | Schweizerische Ärztezeitung |
| Schönke/Schröder-Bearbeiter | Adolf Schönke/Horst Schröder, Strafgesetzbuch, Kommentar, 28. Aufl., München 2010 |
| Schubarth | Martin Schubarth, Kommentar zum schweizerischen Strafrecht, Besonderer Teil, Band I: Delikte gegen Leib und Leben, Art. 111–136 StGB, Bern 1982 |

| | |
|---|---|
| Schultz I | Hans Schultz, Einführung in den Allgemeinen Teil des Strafrechts, Bd. I, 4. Aufl. Bern 1982 |
| Schultz II | Hans Schultz, Einführung in den Allgemeinen Teil des Strafrechts, Bd. II, 4. Aufl. Bern 1982 |
| Schwander | Vital Schwander, Das schweizerische Strafgesetzbuch, 2. Aufl., Zürich 1964 |
| Schwarzenegger | Christian Schwarzenegger/Markus Hug/Daniel Jositsch, Strafrecht II, Strafen und Massnahmen, 8. Auflage, Zürich 2007 |
| Seelmann, Rechtsphilosophie | Kurt Seelmann, Rechtsphilosophie, 5. Aufl., München 2010 |
| SemJud | Semaine Judiciare |
| SG | Systematische Gesetzessammlung des Kantons Basel-Stadt |
| SGS | Systematische Gesetzessammlung des Kantons Basel-Landschaft |
| SIA | Schweizerischer Ingenieur- und Architekten-Verein |
| SJK | Schweizerische Juristische Kartothek |
| SJZ | Schweizerische Juristenzeitung |
| s.o. | siehe oben |
| SR | Systematische Sammlung des Bundesrechts |
| STEG | Bundesgesetz über die Sicherheit von technischen Einrichtungen und Geräten (SR 819.1) |
| StGB | Schweizerisches Strafgesetzbuch (SR 311) |
| StPO | Strafprozessordnung (SR 312) |
| StrafGer | Strafgericht |
| Stratenwerth | Günter Stratenwerth, Schweizerisches Strafrecht, Allgemeiner Teil I: Die Straftat, 4. Aufl., Bern 2011 |
| Stratenwerth, AT II | Günter Stratenwerth, Schweizerisches Strafrecht, Allgemeiner Teil II: Strafen und Massnahmen, 2. Aufl. Bern 2006 |
| Stratenwerth/Jenny/Bommer, BT I | Günter Stratenwerth/Guido Jenny/Felix Bommer, Besonderer Teil I: Straftaten gegen Individualinteressen, 7. Aufl., Bern 2010 |
| Stratenwerth/Bommer, BT II | Günter Stratenwerth/Felix Bommer, Besonderer Teil II: Straftaten gegen Gemeininteressen, 6. Aufl., Bern 2008 |
| st.Rspr. | ständige Rechtsprechung |
| str. | strittig |
| StJVG | Straf- und Justizvollzugsgesetz des Kantons Zürich |
| SUVA | Schweizerische Unfallversicherungsanstalt |
| SVG | Bundesgesetz über den Strassenverkehr (SR 741.01) |
| SZK | Schweizerische Zeitschrift für Kriminologie |
| Trechsel/Jean-Richard | Stefan Trechsel et al., Schweizerisches Strafgesetzbuch, Praxiskommentar, Zürich/St. Gallen 2008 |
| Trechsel/Noll | Stefan Trechsel/Peter Noll, Schweizerisches Strafrecht Allgemeiner Teil I, 6. Aufl., Basel, Genf 2004 |
| ÜStG | Übertretungsstrafgesetz des Kantons Basel-Stadt (SG 253.100) |
| u.U. | unter Umständen |
| USG | Bundesgesetz über den Umweltschutz (SR 814.01) |

| | |
|---|---|
| Var. | Variante |
| vgl. | vergleiche |
| z.B. | zum Beispiel |
| ZBJV | Zeitschrift des Bernischen Juristenvereins |
| ZG | Zug |
| ZGB | Schweizerisches Zivilgesetzbuch (SR 210) |
| ZH | Zürich |
| ZStrR | Schweizerische Zeitschrift für Strafrecht |
| ZStW | Zeitschrift für die gesamte Strafrechtswissenschaft |
| Ziff. | Ziffer |
| zw. | zweifelhaft |

Alle Hinweise auf Gesetzesartikel ohne Nennung des Gesetzes beziehen sich auf Artikel des schweizerischen StGB (SR 311).

# Teil 1
# Einführung in das Strafrecht

In der Einführung geht es zunächst um die Aufgaben und Ziele des Strafrechts (A), also um Fragen des Rechtsgüterschutzes und anderer limitierender Prinzipien des Strafrechts. Es folgt ein Abschnitt über die Straftat als reales Geschehen (B), also die Wirklichkeit von Straftat, Straftäter und Strafrecht. Ein weiterer Abschnitt gilt der Entwicklung eines Strafrechtsfalls (C), befasst sich also mit der Vorgehensweise des Strafrechts im materiellen Strafrecht und insbesondere im Strafverfahrensrecht.

Weiter geht es um die Stellung des Strafrechts in der Rechtsordnung und um die „Straftheorien" (D), also um die Besonderheiten und die Legitimation des Strafrechts. Zum Abschluss dieser Einführung wird ein kurzer Überblick über den Aufbau des Strafgesetzbuches gegeben (E).

# A. Aufgaben und Ziele des Strafrechts

**Literatur** Hassemer, Einführung in die Grundlagen des Strafrechts, 2. Aufl., München 1990; Naucke, Strafrecht. Eine Einführung, 10. Aufl., Frankfurt a.M. 2002, §§ 4–5; Riklin, § 4; Stratenwerth, §§ 1–3.

**Übungsliteratur** Maihold, N. 7–20.

## I. «Rechtsgüterschutz»

### 1. Orientierung am potentiellen Opfer

**Literatur** Köhler, 24; Seelmann, Paradoxien der Opferorientierung im Strafrecht, JZ 1989, 670–676; Stratenwerth, § 1–3; ders., Zum Begriff des «Rechtsgutes», FS-Lenckner, München 1998, 377–391; ders., Zur Legitimation von «Verhaltensdelikten», in: von Hirsch/Seelmann/Wohlers (Hrsg.), Mediating Principles – Begrenzungsprinzipien bei der Strafbegründung, Baden-Baden 2006, 157–165.

Wenn man die Aufgabe des Strafrechts, wie es heute noch weithin üblich ist, im «Rechtsgüterschutz» sieht, so bedeutet dies, dass man rechtlich geschützte Gegenstände des Interesses *potentieller* Opfer durch die aktuelle Verhängung oder die Androhung strafrechtlicher Sanktionen glaubt schützen zu können. Dahinter steht die Vorstellung, Strafandrohung oder Strafverhängung schreckten für die Zukunft von der Begehung von Straftaten ab.[1] Dies ist als Zwecksetzung für Strafe keine Selbstverständlichkeit. Neuere Überlegungen gehen dahin, die Entschädigung und Hilfe für das aktuelle Opfer der jeweiligen Straftat, den «Täter-Opfer-Ausgleich», soweit möglich zum Strafziel zu erklären,[2] was natürlich das Verständnis vom Strafrecht und seine praktische Ausgestaltung stark verändern würde. Nicht mehr primär das potentielle Opfer, sondern das *aktuelle* Opfer wäre, ähnlich wie beim zivilrechtlichen Schadensersatz, der Orientierungspunkt für das Strafrecht. Ältere Zwecksetzungen wiederum sehen als Ziel der Strafe religiös verstandene Tatvergeltung, Sühne oder gar Besänftigung Gottes.[3] Dass nur Rechte zu schützen seien, ist ein Gedanke, der in der Aufklärung gegen Ende des 18. Jahrhunderts aufkam. Er ist also die Strafzielbestimmung der «klassischen Moderne», die sich vorgenommen hat, nur einen Teilbereich sozialer Normen als «Recht» anzuerkennen und nur diese Rechtsnormen mit Zwang durchzu-

1 Siehe dazu die Hinweise zu den Straftheorien, unten D. II.
2 So etwa Art. 53, allerdings im Rahmen der Strafzumessung, vgl. unten Teil 2, D. II. 2. c).
3 Siehe dazu die Hinweise zu den Straftheorien, unten D. II.

setzen.[4] Kurze Zeit später hat man den Begriff des «Rechts*güter*schutzes» vorgezogen, vor allem um zu verdeutlichen, dass auch Gegenstände des Interesses der Allgemeinheit geschützt werden. Mit dieser Modifikation beherrscht das Gedankengut der Aufklärung auch heute noch überwiegend die strafrechtliche Literatur. Dies macht deutlich, dass es beim Strafrecht um den Schutz des Zusammenlebens im Sinne einer wechselseitigen Anerkennung der Einzelnen als freie, rechtlich gleiche und selbständige Personen mit ihren Gütern wie Leben, Körperintegrität, Freiheit und Eigentum sowie um die gesellschaftlichen Voraussetzungen dafür z.B. in der allgemeinen staatlichen Verfasstheit oder dem Funktionieren der Justiz, geht.

## 2. Versuch zur Eingrenzung einer moralisierenden Strafrechtskonzeption

**Literatur** Feinberg, Harm to Others – the Moral Limits of Criminal Law, New York/Oxford 1987; Hassemer, 22–27; Hefendehl/von Hirsch/Wohlers (Hrsg.), Die Rechtsgutstheorie, Baden-Baden 2003; von Hirsch/Neumann/Seelmann (Hrsg.), Paternalismus im Strafrecht. Die Krimininalisierung von selbstschädigendem Verhalten im Strafrecht, Baden-Baden 2010; Jakobs, 2, 16–25 und 41–46; Seelmann, Rechtsphilosophie, § 3 N. 11–46.

Historisch kann man «Rechtsgüterschutz» nur verstehen als den Versuch, rein moralische Strafziele auszuschliessen. Das Strafrecht soll, nach der aufklärerisch-liberalen Tradition, nicht eine bestimmte Moral aufrechterhalten, sondern nur *Rechte* oder vom *Recht* anerkannte Güter schützen, und dies bei individuellen Rechtsgütern auch nur, wenn dem Betroffenen an diesem Schutz etwas liegt. Will der Gesetzgeber etwas für strafbar erklären, so muss er ein *Opfer* innerhalb der *Rechts*ordnung nennen und muss genau die *Verletzung* bezeichnen, die ein solches Opfer durch eine bestimmte Tat erfährt. Strafvorschriften gegen Gotteslästerung, sexuelle Handlungen mit Tieren, gleichgeschlechtlichen Sexualverkehr o.ä. lassen sich in einem am Rechtsgüterschutz orientierten Strafrecht aus *heutiger* Sicht nicht mehr halten.

Man muss sich freilich auch die begrenzte Tragweite einer solchen aufklärerisch-liberalen Begrenzung des Strafrechts vergegenwärtigen: Was hindert den Gesetzgeber, ein Interesse der Gläubigen, dass ihr Bekenntnis nicht verunglimpft wird,[5] ein Interesse der Rechtsgemeinschaft an der Menschenwürde in dem Sinne, dass sie durch sexuelle Handlungen mit Tieren verletzt wird, oder ein Interesse der Mehrheit am Verbot homosexueller Betätigung etc. rechtlich anzuerkennen und die Verletzer solcher Rechte zu strafen? Das «Rechtsgut» kann sich leicht «verflüssigen», «entmaterialisieren» – oder gar von seinem Träger abspalten, mit der Folge, dass das Strafrecht, wie beim Verbot der Tötung auf Verlangen oder des Verkaufs eigener Organe, den Einzelnen vor sich selbst «paternalistisch», also in seinem «wohlverstandenen» (folglich von ihm selbst nicht richtig verstandenen) Interesse schützt. Genau genommen bedeutet «Rechtsgüterschutz» als Zweckbestimmung des Strafrechts also praktisch nur: Wer etwas für strafbar erklärt haben will, trägt die «Argumentationslast» dafür, dass das

4 Zu dieser Unterscheidung des Recht gegenüber anderen ähnlichen kulturellen Phänomenen, vgl. Seelmann, Rechtsphilosophie, § 3.

5 Vgl. Art. 261.

jeweilige Verhalten nach dem jeweiligen historischen Verständnis genau definierte Rechte anderer verletze.

Das Konzept des Rechtsgüterschutzes ist allerdings nur bedingt geeignet, rein moralische Ziele aus dem Strafrecht fernzuhalten: Es gibt offenbar ein Bedürfnis nach Straftatbeständen, die ohne Vermittlung über den Schutz von Rechtsgütern direkt bestimmte Normen und damit die allgemeine Orientierungssicherheit oder den sozialen Frieden schützen sollen.[6] Sofern man solche Bedürfnisse für berechtigt hält, entsprechen ihnen auch Rechte Einzelner – etwa auf Wahrung ihrer Orientierungssicherheit. Unproblematisch ist das nicht, macht man sich damit doch u.U. von moralischen Gefühlen abhängig, die man mit dem Mittel der Strafe anderen aufzwingt. Kriterien für akzeptable und nichtakzeptable Tatbestände kann ein solcher unmittelbarer Durchgriff auf Orientierungsbedürfnisse zudem eben so wenig bieten wie ein Konzept von Rechtsgüterschutz.

Vielleicht wäre es dann aber einer Klarheit der Debatte förderlicher, wenn man, wie in der englischsprachigen Diskussion, diejenigen Gründe genauer untersuchen und benennen würde, die neben der Verletzung individueller Rechte (nach dem «harm principle») auch noch dazu geeignet sein könnten, Strafe zu legitimieren. Denkbar wären als Begründung für Strafe auch besonders intensive Belästigungen anderer («offense principle»).[7] Auf keinen Fall sollte dies aber dazu führen, dass man vor verbreiteten Strafbedürfnissen schlicht kapituliert und eine möglichst rationale Begründung für die Kriminalisierung bestimmter Handlungen oder Unterlassungen gar nicht mehr verlangt.

In der deutschsprachigen Debatte wird demgegenüber eher versucht, ein weites Rechtsgutskonzept prinzipiell beizubehalten und erst in einem zweiten Schritt mit Einschränkungen zu versehen.

## II. «Sozialschädlichkeit» und «ultima-ratio-Prinzip»

**Literatur** Prittwitz, Subsidiär, fragmentarisch, ultima ratio? Gedanken zu Grund und Grenzen von Strafrechtsbeschränkungspostulaten, in: Institut für Kriminalwissenschaften Frankfurt a.M. (Hrsg.), Vom unmöglichen Zustand des Strafrechts, Frankfurt a.M. 1995, 387; Wohlers, Strafrecht als ultima ratio – tragender Grundsatz eines rechtsstaatlichen Strafrechts oder Prinzip ohne eigenen Aussagegehalt? in: von Hirsch/Seelmann/Wohlers (Hrsg.), Mediating Principles – Begrenzungsprinzipien bei der Strafbegründung, Baden-Baden 2006, 54–69.

Der Gedanke der «Sozialschädlichkeit» schränkt in diesem Sinn das Strafrecht gegenüber den Zielbestimmungen des «Rechtsgüterschutzes» weiter ein. Nicht jedes Verhalten, das ein Rechtsgut oder Orientierungsinteresse verletzt, soll strafbar sein – um die Wiedergutmachung erlittenen Unrechts muss sich der Einzelne grundsätzlich selbst

6 So z.B. Art. 175: Üble Nachrede oder Verleumdung gegen Verstorbene; Art. 194: Exhibitionismus; Art. 213: Inzest unter Erwachsenen; Art. 262: Störung des Totenfriedens. Ausführlich zu derlei Tatbeständen Hörnle, Grob anstössiges Verhalten – Strafrechtlicher Schutz von Moral, Gefühlen und Tabus, Frankfurt a.M. 2005.

7 Dazu mehrere Beiträge in Hefendehl/von Hirsch/Wohlers.

kümmern, er ist auf den Zivilrechtsweg verwiesen. Nur die «sozialschädlichen» Rechtsgutsverletzungen, die zusätzlich zum Opfer auch die Gesellschaft insgesamt schädigen, die den sozialen Frieden gefährden, sollen strafwürdig sein. Und auch unter ihnen nicht alle, sondern nur die, gegen die es keine anderen, mit weniger Eingriffen verbundenen Mittel (etwa im Zivilrecht, im Steuerrecht, im Sozialrecht etc.) gibt: Strafrecht ist nach ganz herrschender Meinung angesichts seines weitreichenden Eingriffs in Freiheit und Eigentum der Einzelnen nur die äusserste Option, die «ultima ratio», zu dem Zweck, sozialschädliche Rechtsgutsverletzungen zu verhindern.

Auch bei der Sozialschädlichkeit sollte man allerdings die strafbegrenzende Wirkung des Konzepts nicht überschätzen. In einer Gesellschaft, die gerade durch religiöse Inhalte integriert ist, wird man z.B. das Abweichen von bestimmten Glaubensinhalten als eminent sozialschädlich einstufen, weil es den Zusammenhalt der ganzen Gesellschaft unterminieren kann. In einer Gesellschaft mit einer einheitlichen und fest umrissenen Sexualmoral können Abweichungen in diesem Bereich, kann schon allein der Ehebruch, als höchst gefährlich («sozialschädlich») und friedensstörend eingestuft werden. Es ist also weniger ein Erfolg des Konzepts der «Sozialschädlichkeit», dass das Strafrecht sich im Lauf der letzten Jahrzehnte aus manchen Bereichen privater Lebensführung zurückgezogen hat, sondern schlicht die Folge der Entwicklung zu einer pluralistischeren Gesellschaft, die nicht mehr über einheitliche religiöse und moralische Standards integriert wird und die sich durch Abweichungen vom Üblichen in diesen Bereichen nicht mehr insgesamt in Frage gestellt sieht.

Die Relevanz des «ultima-ratio-Prinzips» hängt gleichfalls davon ab, wer mit ihm arbeitet. Wer als Gesetzgeber wenig Phantasie oder wenig Geld hat, wird das Strafrecht als vergleichsweise einfaches und billiges Instrument komplexeren und teureren Instrumenten von geringerem Eingriffscharakter vorziehen, vielleicht diese in eine Vergleichsüberlegung gar nicht mit einbeziehen. Ist die Strafverfolgung des Schwangerschaftsabbruchs wirklich die ultima ratio – oder lässt sich das Ziel der Verhinderung möglichst vieler Schwangerschaftsabbrüche durch andere, z.B. sozialrechtliche Massnahmen besser erreichen?[8] Taugt die Kriminalisierung privaten Betäubungsmittelkonsums zur Eindämmung von Betäubungsmittelmissbrauch oder fördert sie diesen durch die Verursachung nach aussen abgeschotteter Subkulturen? Ist das Umweltstrafrecht ein besonders billiges Alibi für zu geringe Aktivitäten beim tatsächlichen Umweltschutz? Ist Strafrecht in manchen Konfliktbereichen vielleicht kontraproduktiv? Eine Debatte hierüber entsteht erst langsam.[9]

---

8 Durch die Revision von Art. 119 (in Kraft seit dem 1. Oktober 2002) wird die Entscheidung über eine Abtreibung in den ersten zwölf Schwangerschaftswochen der Schwangeren selbst überlassen, die sich vor dem Abbruch einer Schwangerschaft ärztlich beraten lassen muss.

9 Das Thema wird an einem zentralen Beispiel veranschaulicht bei Seelmann, Atypische Zurechnungsstrukturen im Umweltstrafrecht, NJW 1990, 1257–1262; vgl. ausserdem Stratenwerth, §§ 1–3. Zur problematischen Wiederentdeckung des Strafrechts als ordnungspolitisches Instrument vgl. auch Oberholzer, Zwischen «Kopf ab» und «Händchen halten» – von den neueren Entwicklungen im Strafrecht und Strafprozessrecht, forumpoenale 2008, 46–50 (bes. 47).

Eine weitere Schwierigkeit ist beim Umgang mit dem «ultima-ratio-Prinzip» zu beachten: Nicht immer ist klar, ob der Eingriff z.B. mit steuer- oder verwaltungsrechtlichen Mitteln wirklich von geringerer Intensität ist, da gerade strafrechtliche Sanktionen insbesondere in den Strafprozessordnungen weitgehende Rechte von Beschuldigten vorsehen und besonderen rechtsstaatlichen Kontrollen unterliegen. Auch mag es Fälle geben, in denen die symbolisch-expressive Darstellung der Unerwünschtheit des inkriminierten Verhaltens durch das Strafrecht bei einer Abwägung mit anderen Mitteln politisch gerade erwünscht ist.[10]

## III. «Rechtsgüterschutz», «Sozialschädlichkeit» und «ultima-ratio-Prinzip»: Die Folgen der Folgenorientierung

**Literatur** Seelmann, Rechtsphilosophie, § 2 N. 40–70; von Hirsch/Selmann/Wohlers (Hrsg.), Mediation Principles – Begrenzungskriterien bei der Strafbegründung, Baden-Baden 2006.

Wie auch immer man die Fragen beantwortet – ihre seriöse Erörterung erfordert Wissen über die Eignung des Strafrechts zu bestimmten Zielen, über das reale Geschehen, das wir Kriminalität nennen, über die Gründe, die zu kriminellem Verhalten führen, über die Gründe, über den Ablauf und die realen Folgen strafrechtlicher Sanktionen. Das liegt zum einen daran, dass man Recht nicht nur als eine Gesamtheit von Normen begreifen sollte, sondern auch als soziales Geschehen, letztlich als ein an bestimmten Zielen orientiertes Interaktionsverhältnis. Für das Strafrecht kommt zum anderen noch ein besonderer Grund hinzu: Wer dem Strafrecht soziale Zwecke zuschreibt (und es nicht als Instrument zur Herstellung göttlicher Gerechtigkeit sieht), argumentiert «folgenorientiert», misst also das Strafrecht an seinen positiven oder negativen individuellen und gesellschaftlichen Wirkungen. Eine Beschäftigung mit den empirischen Grundlagen der behaupteten Folgen ist deshalb unumgänglich.

10 Zur begrenzten Reichweite des Prinzips Wohlers, Strafrecht als ultima ratio – tragender Grundsatz eines rechtsstaatlichen Strafrechts oder Prinzip ohne eigenen Aussagegehalt?, in: Mediating Principles S. 54 ff.

# B. Die Straftat als reales Geschehen

## I. Ursachenforschung und Paradigmawechsel

**Literatur** Hassemer, 33–53 und 60–67; Kaiser, Kriminologie. Eine Einführung in die Grundlagen, 10. Aufl., Heidelberg 1997; Killias, Kriminologie, N. 301 ff.; Kunz, Kriminologie, §§ 8–17; Trechsel/Noll, 8–12.

Wer vom Strafrecht Wirkungen erwartet, z.B. die Verhinderung oder Verminderungen künftiger Straftaten, muss sich darum kümmern, wie und weshalb es überhaupt zu Straftaten kommt. Mit solcher Ursachenforschung beschäftigt sich die Kriminologie. Insbesondere folgende Konzepte wurden in den vergangenen Jahrzehnten entwickelt und werden auch heute noch diskutiert (sog. Kriminalitätstheorien und Kriminalisierungstheorien).

### 1. Biologische Theorien

**Literatur** Kunz, Kriminologie, § 9; Lombroso, L'uomo delinquente, Turin 1876.

Besonders gegen Ende des 19. Jahrhunderts wurde angenommen, die Neigung zum Verbrechen sei angeboren, lasse sich gar an bestimmten körperlichen Merkmalen erkennen, der Verbrecher sei somit der «ganz andere», der sich schon äusserlich vom Normalbürger unterscheide. Der italienische Arzt *Cesare Lombroso* (1836–1909) meinte aufgrund von Untersuchungen in Gefängnissen, *Diebe hätten im allgemeinen kleine unruhige Augen und stumpfe oder krumme Nasen, Mörder einen glasigen Blick sowie eine Adler- oder Habichtsnase.* Spätere Forschungen an Zwillingen zeigten bei eineiigen Zwillingen häufiger ein übereinstimmendes kriminelles Verhalten als bei zweieiigen. In den 1960er Jahren fand man in verschiedenen Ländern bei Mördern eine besondere Chromosomen-Anomalie.

Heute überwiegt die Skepsis gegenüber einer vorschnellen Interpretation solcher Forschungen, vor allem aus methodischen Gründen: Selbst wenn sich in der Gefängnispopulation gewisse Merkmale feststellen liessen, ist damit noch nicht geklärt, warum viele andere Menschen mit solchen Merkmalen *nicht* straffällig werden. Bei der Zwillingsforschung kann nicht ausgeschlossen werden, dass gerade eineiige Zwillinge wegen ihrer grossen Ähnlichkeit in ihrem persönlichen Umfeld und in der Gesellschaft allgemein auch häufig äusserst ähnlich behandelt werden und dass darin der eigentliche Grund für die Ähnlichkeit in ihrem Verhalten liegen könnte. Die in der Presse gross aufgemachten Berichte über das «Mörderchromosom» erwiesen sich inzwischen sogar als überhaupt nicht haltbar: Das überzählige Y-Chromosom steht nach neueren Forschungen mit aggressivem Verhalten in keinem kausalen Zusammenhang. Und selbst wenn künftige Forschungen ergeben sollten, dass eine überdurchschnittliche

Aggressivität Merkmal vieler Straftäter ist, warum gehen dann viele ihrer Aggressivität ganz legal nach? Legendäres Beispiel der Zwillingsforschung sind die Gebrüder Korf. Der eine dieser eineiigen Zwillinge wurde Gewaltverbrecher, der andere – ganz legal – Rausschmeisser in einem Nachtlokal.

Auch wenn man heute deshalb sehr zurückhaltend mit kriminalbiologischen Konzepten umgeht, so soll damit nicht ausgeschlossen werden, dass unterschiedliche Persönlichkeitsmerkmale die Kriminalitätsneigung bei Hinzutreten bestimmter weiterer Bedingungen beeinflussen können und dass solche Persönlichkeitsmerkmale mit Hilfe z.B. neurophysiologischer Faktoren besser beurteilt werden können.[11]

### 2. Sozialisationstheorien

**Literatur** Hassemer, 33–42; Kunz, Kriminologie, § 12.

Wichtiger als physische und psychische Dispositionen scheinen aber Unterschiede in der Sozialisation zu sein. Defekte in den Bereichen Elternhaus, Schule, Beruf und Freundeskreis sollen nach Auffassungen sozialisationstheoretischer Kriminalitätstheorien (z.B. broken home-theory) die wichtigsten Ursachen kriminellen Verhaltens sein. So liess sich feststellen, dass unter Straftätern Menschen aus zerrütteten oder von Fürsorgeeinrichtungen abhängigen Familien übervertreten sind sowie dass strafbares Verhalten häufig in bestimmten Gruppen («Subkulturen») erlernt wird.

Auch hier liegen zweierlei Einwände auf der Hand: Werden da nicht vordergründige Phänomene für etwas verantwortlich gemacht, das eigentlich hinter ihnen steht? Was sind denn die Ursachen für die Zerrüttung von Familien, für Abhängigkeit von Fürsorgeeinrichtungen, für die Bildung bestimmter «Subkulturen»? Woher nehmen solche «Subkulturen» ihre «Normen»? Stehen dahinter nicht (auch) Erscheinungen wie Arbeitslosigkeit, eine bestimmte Verteilung von Reichtum und sozialen Chancen, bestimmte (für viele nicht legal erreichbare) soziale Leitbilder? Ist es also nicht die Sozialstruktur insgesamt, die Kriminalität produziert? Und weiter: Kennen wir inzwischen nicht zu gut die «Kriminalität der Mächtigen», die Wirtschafts- und Umweltkriminalität, die Geldwaschanlagen einer «organisierten Kriminalität» und die Korruption in Behörden, um noch glauben zu können, Kriminalität habe etwas mit dem schlecht sozialisierten «underdog» zu tun?

### 3. Sozialstrukturelle Theorien der Kriminalität

**Literatur** Killias, Kriminologie, N. 303; Kunz, Kriminologie, § 11; Lüderssen, Abschaffen des Strafens?, Frankfurt a.M. 1995, 22–73; Merton, Sozialstruktur und Anomie, in: Sack/König (Hrsg.), Kriminalsoziologie, Frankfurt a.M. 1979, 283.

Erklärungen für Straftaten aus der Sozialstruktur gehen in erster Linie von Unterschieden zwischen kulturellen Werten und sozialer Struktur aus: Erfolgreich, dynamisch,

11 Schwarzenegger, «L'uomo delinquente» – aus aktueller kriminologischer Sicht, in: Schweizerische Arbeitsgruppe für Kriminologie (Hrsg.), Kriminologie – Wissenschaftliche und praktische Entwicklungen: gestern, heute, morgen, Zürich/Chur 2004, 113 ff.

wohlhabend, sozial anerkannt wollen (fast) alle sein – die Mittel zur Erreichung solcher Ziele sind aber in der Gesellschaft äusserst ungleich verteilt. Manchen ist die Erreichung solcher kulturellen Werte ohne weiteres möglich, andere haben dazu vergleichsweise geringe Möglichkeiten – es sei denn auf illegalen Wegen. Darin sieht die «Anomietheorie» die Ursache der Kriminalität.

Der übliche Einwand gegen die Anomietheorie liegt wiederum nahe: Warum passen sich die meisten Menschen trotz unvorteilhafter sozialer Situation an, während nur eine Minderheit der sozial Benachteiligten strafrechtlich auffällig wird? Die Anomietheorie kann darauf in zweierlei Weise reagieren. Entweder sie behauptet innerhalb der Schicht der sozial Benachteiligten das Bestehen einer weiteren Differenz: Unterschiedlich verteilte Chancen sozialer Anpassung. Oder aber sie zeigt (wie man heute weiss: zu Recht) Skepsis gegenüber den Aussagen der Statistik, wonach nur eine Minderheit kriminell sei. Kriminell seien fast alle oder doch viele, nur blieben eben die Straftaten der meisten Menschen unerkannt, im «Dunkelfeld», denn die Kriminalstatistiken erfassten eben nur die der Polizei und der Justiz bekannt gewordene Spitze des Eisbergs Kriminalität. Letztlich sind aber beide Rettungsversuche für die Anomietheorie verhängnisvoll. Denn jeder Interessierte fragt sich jetzt: Wie kommt es, dass nur eine Minderheit der vielen Straftäter auch durch die Instanzen sozialer Kontrolle als «Kriminelle» erfasst wird und durch welches Zuweisungssystem wird das «negative Gut» Kriminalität sozial verteilt?

## 4. Theorie des «labelling approach»

**Literatur** P. Albrecht., Die allgemeinen Voraussetzungen zur Anordnung freiheitsentziehender Massnahmen gegenüber erwachsenen Delinquenten, Basel/Frankfurt a.M. 1981; Killias, Kriminologie, N. 838–846; Kunz, Kriminologie, § 15; Lüderssen, Abschaffen des Strafens?, Frankfurt a.M. 1995, 22–73; Schobloch, Abolitionistische Modelle im Rechtsstaat, Bern 2002.

Der «labelling approach» stellt in den Erklärungsversuchen für Kriminalität geradezu eine kopernikanische Wende, einen «Paradigma-Wechsel» dar: Er bezieht die Ursachenfrage nicht mehr auf den Täter, sondern stellt – ausgehend von der durch die empirische Forschung in einem gewissen Umfang bestätigten These, strafbares Verhalten sei beinahe ubiquitär (allgemein verbreitet) – die Frage, warum jemand (und nur eine Minderheit) zum Kriminellen erklärt oder eben entsprechend etikettiert wird.[12]

Kriminalität ist nach Auffassung des «labelling approach» das Ergebnis eines Stigmatisierungsprozesses durch die Instanzen sozialer Kontrolle.

Warum dieser Stigmatisierungsprozess so und nicht anders aussieht, stellt sich dann als nächste Frage. Die in der kriminologischen Literatur hierzu vertretenen Thesen sind vielfältig: Man kann die Auswahl für eher zufällig und nur den Umstand, *dass* ausgewählt wird, für notwendig halten (etwa damit die Gesellschaft sich durch permanente Ausgrenzung – «Marginalisierung» – einer Minderheit integriere). Man kann aber auch unterschiedliche Grade der Auffälligkeit von Straftätern vermuten und da-

**12** Label = Etikett.

hinter wieder sozialstrukturelle Ursachen sehen. So mag man z.B. annehmen, jemand mit geringem sozialen Status habe nach einer Straftat weniger Vertuschungsmöglichkeiten.

Die dem Strafen prinzipiell ablehnend gegenüberstehenden Abolitionisten[13] werden der Frage nicht viel Sinn abgewinnen und eher vorschlagen, gänzlich mit dem strafrechtlichen «labeln» aufzuhören und soziale Konflikte ohne Stigmatisierungsprozesse zu lösen. Ob und unter welchen Umständen dies langfristig eine realistische Option sein könnte, ist sicherlich genauerer Untersuchungen wert. Keine befriedigende Lösung dürfte es allerdings sein, schuld-unabhängige Massnahmen, die jetzt schon die Strafen ergänzen, gänzlich an deren Stelle zu setzen. Die Aufgabe einer rechtsstaatlich akzeptablen Begrenzung solcher Massnahmen – eine Funktion, die bei Strafen der Kategorie der «Schuld» zukommt – ist bisher nicht gelöst.[14]

## II. Der Sanktionstrichter

**Literatur** Hassemer, 54–60; Kunz, § 20 f.

Der Prozess des «labelling», der «Auswahl von Kriminalität», läuft faktisch in folgenden Stufen ab: Nicht jede verübte Straftat wird überhaupt von jemandem wahrgenommen, nicht jede wahrgenommene Straftat wird der Polizei bekannt, nicht jede der Polizei bekanntgewordene Straftat wird von ihr aufgeklärt, nicht jede von der Polizei aufgeklärte Straftat wird von der Staatsanwaltschaft angeklagt, nicht über jede angeklagte Straftat wird vom Gericht entschieden, nicht jede Entscheidung ist eine Verurteilung, nicht jede Verurteilung lautet auf eine Freiheitsstrafe, nicht jede Freiheitsstrafe ist zu vollziehen, nicht jede zu vollziehende Freiheitsstrafe wird in einer Strafanstalt vollzogen. Daraus ergibt sich graphisch der sog. Sanktionstrichter.[15]

13 To abolish = abschaffen. Siehe zum Abolitionismus etwa Kunz, Kriminologie, § 1 N. 12.

14 Siehe dazu etwa P. Albrecht, 1 f.

15 Vgl. neben den Ausführungen zur Dunkelfeldforschung bei Kunz, § 21, die Angaben aus der polizeilichen Kriminalstatistik PKS 2010 und von der Homepage des Bundesamtes für Statistik (www.bfs.admin.ch).

**Das Trichtermodell, der sog. Sanktionstrichter**

Das Trichtermodell, der sog. Sanktionstrichter

Unter den verübten Straftaten wahrgenommen:
ca. 10%

unter den wahrgenommenen Straftaten angezeigt:
ca. 50%[16]

unter den angezeigten Straftaten polizeilich
aufgeklärt: ca. 29%[17]

unter den aufgeklärten Straftaten
angeklagt: ca. 5%[18]

unter den angeklagten Straftaten
abgeurteilt: ca. 90%

unter den abgeurteilten Straftaten sind Verurteilungen:
ca. 60%[19]

unter den Verurteilungen
sind Freiheitsstrafen:
ca. 10%[20]

davon vollstreckt:
ca. 74%[21]

Auch der Sanktionstrichter macht deutlich, wie anregend die Feststellungen des «labelling approach» sind. Jeder Beobachter, erst recht aber jeder Betroffene, also der einer Straftat Verdächtige, muss sich freilich fragen: Nach welchen Kriterien erfolgen die jeweiligen Weichenstellungen, nach welchen Kriterien wird da jeweils entschieden, ob jemand weiter im Trichter bleibt oder ausgefiltert wird?

---

**16** Von den schweizweit gesamthaft 656 858 Straftaten im Jahre 2010 entfielen 80 % auf das StGB, 14 % auf das BetmG, 4 % auf das AuG sowie 2 % auf weitere strafrechtlich relevante Bundesnebengesetze. Widerhandlungen gegen das SVG sind nicht berücksichtigt (Polizeiliche Kriminalstatistik, PKS 2010, S.7).

**17** Die Aufklärungsquote von Tötungsdeliken liegt bei 91 % (PKS 2010, S.7).

**18** Ca. 95 % der Fälle werden via Strafbefehl durch die Staatsanwaltschaft erledigt. Vgl. dazu Art. 324 Abs. 1 sowie Art. 352 ff. StPO.

**19** Gesamthaft 98 200 Verurteilungen von Erwachsenen im Jahre 2010, davon 30.6 % wegen Verstoss gegen das StGB, 6.4 % BetmG, 13.5 % AuG und 57.3 % SVG (vgl. BFS Verurteilungen Erwachsene Kennzahlen 2009).

**20** Die Revision des AT 2007 führte zu einer massiven Abnahme der Verurteilungen zu Freiheitsstrafen (62 568 Verurteilungen im Jahre 2006 gegenüber 9 426 Verurteilungen 2010).

**21** Von den ausgesprochenen FS 2010 waren 68 % unbedingt, 6 % teilbedingt und 26 % bedingt. Vgl. auch gesamter Insassenbestand in der Schweiz: 6 084 im Jahre 2009 und 6 181 im Jahre 2010.

# C. Die Entwicklung eines Strafrechtsfalls

**Literatur** Hauser/Schweri/Hartmann, Schweizerisches Strafprozessrecht, 6. Aufl., Basel/Frankfurt a.M. 2005, §§ 73–82; Hurtado Pozo, 35–43; Pieth, Schweizerisches Strafprozessrecht – Grundriss für Studium und Praxis, Basel 2009; Riedo/Fiolka/Niggli, Strafprozessrecht sowie Rechtshilfe in Strafsachen, Basel 2011; Schmid, Strafprozessrecht, 4. Aufl., Zürich 2004.

Sicher hängt die Entscheidung über die genannten Weichenstellungen auch viel von beruflichen Routinen, von Arbeitsbelastung[22] und ähnlichem ab. In einem «Polizeistaat», einem Staat, dessen Organe sich allein von der (durch sie selbst definierten) Effizienz ihres Handelns leiten lassen, könnte alles Weitere ausschliesslich nach Zweckmässigkeitsgesichtspunkten entschieden werden. Im *Rechts*staat bildet dagegen das Recht den entscheidenden Rahmen für die Entwicklung eines Strafrechtsfalles: zum einen das *materielle Strafrecht*, das inhaltlich die Voraussetzungen der Strafbarkeit regelt, insbesondere das strafbare Verhalten umschreibt, und die Strafen nennt, und zum anderen das *Strafverfahrensrecht* (oder Strafprozessrecht), das den Gang des Verfahrens, die Behördenorganisation und deren Aufgaben regelt. Die Entscheidung für ein Strafrecht bedeutet auch, dass unter Umständen die blosse Zweckmässigkeit der Strafverfolgung, ja sogar die Suche nach der «objektiven Wahrheit», ihre *Grenzen* an den Rechten der Beteiligten findet. Dass eine bestimmte Schmälerung individueller Rechte die Strafverfolgung effektiver gestalten könnte, ist im Rechtsstaat niemals ein hinreichendes Argument für eine solche Schmälerung.

## I. Rechtliche Grundlagen für das Strafrecht

### 1. Das materielle Strafrecht

Die rechtlichen Grundlagen des materiellen Strafrechts finden sich vornehmlich in Gesetzen des Bundes: einerseits im Strafgesetzbuch (StGB), andererseits in weiteren Bundesgesetzen (sogenanntes «Nebenstrafrecht») wie zum Beispiel dem Strassenverkehrsgesetz (SVG), dem Betäubungsmittelgesetz (BetmG) oder dem Bundesgesetz über die Ausländerinnen und Ausländer (AuG).

Art. 123 Abs. 1 BV stellt die Gesetzgebung über das Strafrecht in die Kompetenz des Bundes. Bis zum Inkrafttreten des Schweizerischen Strafgesetzbuches im Jahr 1942 lag das materielle Strafrecht in der Hand der Kantone. Auch heute noch haben die Kantone die Kompetenz, Gesetze betreffend Übertretungen zu erlassen.[23]

**22** Der Polizei z.B. fehlen natürlich die (personellen) Ressourcen, jeden angezeigten Diebstahl wirklich zu verfolgen.

**23** Siehe Art. 335 Ziff. 1 StGB. Basel-Stadt z.B. kennt ein Übertretungsstrafgesetz (ÜStG), Zürich das kantonale Straf- und Justizvollzugsgesetz (StJVG). Basel-Landschaft und Bern haben

### 2. Das Strafverfahrensrecht

Seit April 2003 fällt die Gesetzgebung im Bereich des Strafprozessrechts ebenfalls in die Kompetenz des Bundes.[24] Bis dahin waren die Kantone für die gesetzliche Regelung des Strafverfahrens zuständig. Am 01.01.2011 ist die eidgenössische StPO in Kraft getreten. Gemäss Art. 123 Abs. 2 BV verbleibt allerdings auch nach dem Erlass einer Schweizerischen Strafprozessordnung die Organisation der Strafverfolgungsbehörden und der Gerichte grundsätzlich in der Regelungszuständigkeit der Kantone.

Wichtige Grundsätze für das Strafverfahren finden sich auch im Verfassungsrecht, so etwa in Art. 30, 31 und 32 BV[25] oder Art. 5 und 6 EMRK.[26]

## II. Der Ablauf eines Strafverfahrens im Überblick

**Literatur** Bundesamt für Justiz, Vorentwurf zu einer Schweizerischen Strafprozessordnung, Bern 2001; Bundesamt für Justiz, Begleitbericht zum Vorentwurf für eine Schweizerische Strafprozessordnung, Bern 2001; Hauser/Schweri/Hartmann, Schweizerisches Strafprozessrecht, 6. Aufl., Basel/Genf/München 2005; Hurtado Pozo, 35–43; Pieth, Schweizerisches Strafprozessrecht – Grundriss für Studium und Praxis, Basel 2009; Riedo/Fiolka/Niggli, Strafprozessrecht sowie Rechtshilfe in Strafsachen, Basel 2011; Schmid, Strafprozessrecht, 4. Aufl., Zürich 2004; Thommen/Wiprächtiger, Die Beschwerde in Strafsachen, AJP 2006, 651–660.

Hinsichtlich des *Ablaufs eines Strafverfahrens* lassen sich nach der neuen, insbesondere am Strafverfahren in Deutschland und Italien orientierten («Staatsanwaltschaftsmodell»), nunmehr gesamtschweizerischen Strafprozessordnung, folgende Verfahrensteile[27] unterscheiden:

Am Anfang steht das Vorverfahren, bestehend aus dem polizeilichen Ermittlungsverfahren und dem staatsanwaltschaftlichen Untersuchungsverfahren. Im Ermittlungsverfahren wird die Polizei zunächst auf Grund von Anzeigen, Anweisungen der Staatsanwaltschaft oder eigenen Feststellungen zur Aufklärung des Sachverhalts tätig (Art. 306 Abs. 1 StPO). Über schwere Straftaten oder schwer wiegende Ereignisse hat sie hierbei

Normen des materiellen Strafrechts im Einführungsgesetz betreffend das Strafgesetzbuch (EG StGB) untergebracht.

**24** Art. 123 Abs. 1 BV, angenommen in der Volksabstimmung vom 12. März 2000, in Kraft seit 1. April 2003

**25** Art. 30 BV enthält die allgemeinen gerichtlichen Verfahrensgarantien, Art. 31 BV die Garantien bei Freiheitsentzug, inkl. Untersuchungshaft, und Art. 32 BV besondere Garantien für das Strafverfahren, wie die Unschuldsvermutung (Abs. 1), den Anspruch auf Information über die Anschuldigung und den Anspruch auf Ausübung der Verteidigungsrechte (Abs. 2) sowie das Recht, ein Urteil bei einer höheren Instanz anzufechten.

**26** In Art. 5 EMRK sind die Haftgründe geregelt (Ziff. 2), die Verfahrensgarantien bei Freiheitsentzug (Ziff. 2 bis 4) sowie der Anspruch auf Schadenersatz bei rechtswidriger Haft (Ziff. 5). In Art. 6 geht es um das faire Verfahren.

**27** Der Gesetzgeber hatte sich zwischen vier prinzipiell unterschiedlichen Prozessmodellen zu entscheiden, vgl. die Darstellung der vier Grundtypen des Strafprozesses im Begleitbericht zum Vorentwurf für eine Schweizerische Strafprozessordnung des Bundesamtes für Justiz, 15 ff.

unverzüglich die Staatsanwaltschaft zu unterrichten, die jederzeit Aufträge und Weisungen erteilen kann und in jedem Fall beim Abschluss der Ermittlungen einen schriftlichen Bericht zu erhalten hat. (Art. 307 Abs. 1, 2 und 3 StPO). Bereits von Beginn an besteht das Recht auf einen «Verteidiger der ersten Stunde» (Art. 159 Abs. 1 StPO).[28]

Die Staatsanwaltschaft klärt nun ihrerseits in einem Untersuchungsverfahren den Sachverhalt tatsächlich und rechtlich ab und entscheidet auf Grund ihrer Beweiserhebungen, zu denen sie sich weiter der Polizei bedienen kann, ob sie einen Strafbefehl verhängen, Anklage erheben oder das Verfahren einstellen will (Art. 308–318 StPO). Wie sich künftig die vom Gesetz vorgesehene Zusammenarbeit zwischen Polizei und Staatsanwaltschaft entwickeln wird, muss die Praxis erweisen. Vermutlich wird in Fällen von Schwerkriminalität die Staatsanwaltschaft sofort einbezogen, während die Polizei bei Alltagskriminalität beinahe bis zum Abschluss des Vorverfahrens selbständig tätig bleiben dürfte.[29]

Wird von der Staatsanwaltschaft Anklage erhoben, kommt es zum erstinstanzlichen Hauptverfahren (Art. 328 ff. StPO). Das zuständige Gericht überprüft, ob die Anklageschrift ordnungsgemäss vorliegt, die Prozessvoraussetzungen gegeben sind und keine Verfahrenshindernisse bestehen. (Art. 329 Abs. 1 StPO). Liegen diese Voraussetzungen vor, wird die Hauptverhandlung als der zentrale Teil des Hauptverfahrens vorbereitet.

Die Hauptverhandlung vor dem Gericht in seiner gesetzmässigen Zusammensetzung findet grundsätzlich öffentlich (Art. 69 Abs. 1 StPO), unter Anwesenheit des Beschuldigten (Art. 336 Abs. 1 StPO) und – wenn sie selbst oder das Gericht dies für notwendig hält oder Freiheitsstrafe von mehr als einem Jahr beantragt ist – der anklagenden Staatsanwaltschaft (Art. 337 StPO) statt. Nach Klärung von Vorfragen tritt die Hauptverhandlung in das Beweisverfahren ein (Art. 341 ff. StPO). Das Gericht kann sich dabei aller legalen Mittel der Wahrheitsfindung bedienen, ein numerus clausus von Beweismitteln besteht nicht (Art. 139 Abs. 1 StPO). Allerdings ist das Gericht nicht mehr, wie früher in manchen Kantonen, verpflichtet, in der Verhandlung selbst alle für das Urteil wesentlichen Beweiserhebungen vorzunehmen, das heisst auch alle wesentlichen Beweisstücke vorzulegen («Unmittelbarkeitspinzip»). Diese Reduktion auf eine fakultative Unmittelbarkeit mag der Beschleunigung dienen, beeinträchtigt allerdings die Kontrolle des Vorverfahrens durch das Gericht.[30]

Am Ende der Hauptverhandlung zieht sich das Gericht zu einer geheimen Urteilsberatung zurück (Art. 348 Abs. 1 StPO). Sodann fällt das Gericht sein Urteil über die Schuld, die Sanktionen und die weiteren Folgen[31] mit einfacher Mehrheit (Art. 351 Abs. 1 StPO).

**28** Zum «Verteidiger der ersten Stunde» Ruckstuhl, die Praxis der Verteidigung der ersten Stunde, ZStrR 128 (2010), 132–145.

**29** Dazu Del Giudice, Wann beginnt das polizeiliche Ermittlungsverfahren? Wann beginnt das staatsanwaltschaaftliche Untersuchungsverfahren? ZStrR 128 (2010), 116–131.

**30** Zu dem, was im neuen Gesetz vom Unmittelbarkeitsprinzip übrig bleibt P. Albrecht, Was bleibt von der Unmittelbarkeit? ZStrR 128 (2010), 180–196.

**31** Siehe zu den einzelnen strafrechtlichen Sanktionen unten D. I.

Wird gegen ein noch nicht rechtskräftiges Urteil das Rechtsmittel der Berufung eingelegt (Art. 398 ff. StPO), so kommt es zu einem Verfahren in zweiter Instanz, vor der die Sach- und Rechtsfragen neu aufgerollt werden können. Gegen das Urteil des Berufungsgerichts bleibt die Rüge der Verletzung schweizerischen Rechts durch die Einheitsbeschwerde in Strafsachen an das Bundesgericht vorbehalten (Art. 80 Abs. 1 BGG – Bundesgerichtsgesetz)[32]. Hebt das Bundesgericht das Urteil auf, wird die Sache zur (evtl. nur teilweisen) Neubeurteilung an das kantonale Gericht zurückverwiesen. Im Falle der Verurteilung folgt nach Eintritt der Rechtskraft des Urteils das Vollstreckungsverfahren (Art. 437 ff. StPO und andere bundesrechtliche und kantonale Vorschriften).

Gegen ein rechtskräftiges Urteil ist die Berufung nicht mehr zulässig. In diesem Fall steht nur noch die Revision zur Verfügung (Art. 410 ff. StPO), insbesondere für den Fall neuer Tatsachen oder Beweismittel.

Neben dem hier geschilderten normalen Verfahren kennt das Strafprozessrecht auch noch besondere Verfahren. Dazu gehört in erster Linie das Strafbefehlsverfahren, das in den Händen der Staatsanwaltschaft liegt. Es ist von besonderer Bedeutung, weil bis zu 98% aller Strafrechtsfälle[33] auf diese Weise erledigt und somit gar nicht einem Gericht vorgelegt werden. Somit ist das Strafbefehlsverfahren eigentlich das «normale» Verfahren im Strafrecht. Hat der Beschuldigte den Sachverhalt eingestanden oder hält die Staatsanwaltschaft ihn aus anderen Gründen für ausreichend geklärt, so kann sie u.a. bei Geldstrafe von höchstens 180 Tagessätzen oder Freiheitsstrafe von höchstens sechs Monaten einen entsprechenden Strafbefehl erlassen. Wird dagegen schriftlich Einsprache erhoben und will die Staatsanwaltschaft gleichwohl am Strafbefehl festhalten, so entscheidet das erstinstanzliche Gericht und der Strafbefehl gilt als Anklageschrift (Art. 352 ff. StPO). Problematisch erscheint am Strafbefehlsverfahren nicht so sehr, dass es die Hauptverhandlung einspart – das mag in Fällen von Kleinkriminalität verhältnismässig sein – sondern, dass nicht selten allein der Polizeirapport die Grundlage eines Strafbefehls ist und eine Einvernahme des Beschuldigten nicht zwingend gefordert ist.[34] Trotz der gesetzlichen Möglichkeit der Einsprache ist der Druck, dem sich insbesondere sozial wenig kompetente Bürger ausgesetzt sehen, nicht gering.

Im Übertretungsverfahren (Art. 357 StPO) üben Verwaltungsbehörden die Befugnisse der Staatsanwaltschaft aus und das Verfahren richtet sich sinngemäss nach dem Strafbefehlsverfahren.

Umstritten ist das sog. «abgekürzte Verfahren» (Art. 358 ff. StPO). Der Beschuldigte kann dieses Verfahren im Falle eines Geständnisses bei der Staatsanwaltschaft beantragen, die nach ihrem Ermessen über die Durchführung des abgekürzten Verfahrens entscheidet. Der Beschuldigte muss dann, wie die anderen Verfahrensbeteiligten, der

**32** Ausführlich dazu die Botschaft des Bundesrates zur Totalrevision der Bundesrechtspflege vom 28. Februar 2001, BBl 4207 ff. und Thommen/Wiprächtiger.

**33** Vgl. Riedo/Fiolka/Niggli, Strafprozessrecht, 406, Rn. 2543 für den Kanton Luzern, zu ähnlichen Zahlen in anderen Kantonen vgl. Pieth, Strafprozessrecht, 193.

**34** Pieth, Strafprozessrecht, 194.

Anklageschrift zustimmen. Das Gericht beschränkt sich in der Folge auf eine Schlüssigkeitsprüfung, ein Beweisverfahren findet nicht statt. Dieser «Deal», eine Art Handel mit Gerechtigkeit, bei dem gegen ein Geständnis ein kurzer Prozess und in der Regel ein Strafrabatt erkauft wird, hat grosse Vorbehalte ausgelöst, da er «ganz offiziell die staatliche Verantwortung für die Justizgewährleistung und die Feststellung der materiellen Wahrheit zurücknimmt»[35] und «gegen praktisch sämtliche tragenden Prinzipien des Strafprozessrechts» verstösst.[36] Praktisch nämlich lastet ein erheblicher Druck zu einem Geständnis auf dem Beschuldigten.

Ist die angeschuldigte Person noch nicht erwachsen, so kommen die besonderen Verfahrensbestimmungen des Jugendstrafverfahrens zur Anwendung, welches wiederum, anders als das materielle Jugendstrafrecht (geregelt im JStG), in einer am 01.01.2011 in Kraft getretenen Jugendstrafprozessordnung (JStPO) geregelt ist, die den Kantonen grosse Gestaltungsfreiheit lässt. Als besondere Behörde bestehen in den Kantonen in der Regel Jugendanwaltschaften und spezielle Gerichte. Als Sanktionen stehen erzieherische Massnahmen (und nicht Freiheitsstrafen oder Geldstrafen) im Vordergrund.

## III. Aufgaben des Prozessrechts

**Literatur** Bundesamt für Justiz, Vorentwurf zu einer Schweizerischen Strafprozeßordnung, Bern 2001; Bundesamt für Justiz, Begleitbericht zum Vorentwurf für eine Schweizerische Strafprozessordnung, Bern 2001; Hauser/Schweri/Hartmann, Schweizerisches Strafprozessrecht, 6. Aufl., Basel/Frankfurt a.M. 2005; Hurtado Pozo, 35–43; Pieth, Schweizerisches Strafprozessrecht – Grundriss für Studium und Praxis, Basel 2009; Riedo/Fiolka/Niggli, Strafprozessrecht sowie Rechtshilfe in Strafsachen, Basel 2011; Schmid, Strafprozessrecht, 4. Aufl., Zürich 2004.

Das Strafverfahren orientiert sich an einer Reihe äusserst wichtiger Prinzipien. Sie sollen ein faires Verfahren gewährleisten und gelten unabhängig von der konkreten Ausgestaltung des Verfahrens – die stark von kulturellen Hintergründen gekennzeichnet ist[37] – und von den im konkreten Fall beteiligten Behörden. In aller Regel sind sie europäischer Standard, zum Teil auch abgesichert durch die EMRK. Zu erwähnen sind insbesondere folgende verbreitete Prinzipien:

- die *Unschuldsvermutung*: bis zum Beweis der Schuld gilt jeder als unschuldig (Grundsatz des «in dubio pro reo»; jeder muss also während des Verfahrens so behandelt werden, wie man es auch einem Unschuldigen notfalls zumuten kann);
- der *Anklagegrundsatz*: Ein Strafurteil kann nur gestützt auf eine Anklage ergehen. Ankläger und Richter dürfen nicht dieselbe Person sein (weil die Versuchung, der eigenen Anklage auch bei späteren Zweifeln zum «Erfolg» zu verhelfen, sehr gross wäre);

**35** Pieth, Strafprozessrecht, 196.

**36** Oberholzer, Grundzüge des Strafprozessrechts dargestellt am Beispiel des Kantons St. Gallen, 2. Aufl., Bern 2005, 311.

**37** Lesenswerte Übersicht bei Hörnle, Unterschiede zwischen Strafverfahrensordnungen und ihre kulturellen Hintergründe, ZStW 117 (2005), 801 ff.

- das *Unmittelbarkeitsprinzip*: der Richter/das Richterkollegium muss sich seinen eigenen Eindruck von den Beweismitteln direkt verschaffen – insoweit geht die neue StPO noch hinter die Anforderungen zurück, wie sie in einigen kantonalen Strafprozessordnungen bestanden;
- das *Öffentlichkeitsprinzip* für die Hauptverhandlung: damit ist u.a. eine Kontrolle der Gerichte durch die Öffentlichkeit bezweckt. Das Öffentlichkeitsprinzip kann jedoch eingeschränkt werden, z.B. um die Privatsphäre des Opfers zu schützen, insbesondere bei Sexualstraftaten;[38]
- das *Legalitätsprinzip*: Jegliches Handeln der Strafverfolgungsorgane und der Gerichte muss seine Grundlage im Gesetz haben (Art. 1; insoweit sollte man wohl besser von «Gesetzmässigkeitsprinzip» sprechen, vgl. unten Teil 2, A. I. am Anfang). Gleichzeitig verpflichtet das Gesetz die staatlichen Organe auch zum Handeln und schiebt insofern vor willkürliches Handeln oder Untätigbleiben einen Riegel. Nicht selten stehen dem Legalitätsprinzip allerdings Kapazitätsprobleme der Justiz entgegen.[39]

Es muss wiederholt werden: Ohne diese und weitere Prinzipien sowie klar umschriebene Rechte des Beschuldigten (z.B. die Aussage zu verweigern) könnte das Strafverfahren hinsichtlich Überführung des Schuldigen vielleicht «effektiver» sein. Der Rechtsstaat nimmt insofern um wichtigerer Ziele willen auch eine geringere «Effektivität» in Kauf. Solche übergeordneten wichtigeren Ziele sind die Begrenzung staatlicher Eingriffe in individuelle Rechte und die Garantie des Rechtsfriedens durch Entdramatisierung eines Konflikts zwischen Menschen.

So ist beispielsweise nachvollziehbar, dass das Recht auf ein «durch Gesetz geschaffenes, zuständiges, unabhängiges und unparteiisches Gericht» (Art. 30 Abs. 1 BV) auch negative Folgen haben kann. Dass nämlich jeder Straftat gesetzlich ein bestimmter Spruchkörper zugeordnet und nicht der für das jeweilige Verfahren zuständige Richter nach der Tat festgelegt wird, kann bedeuten, dass ein vielleicht weniger geeigneter Richter ein vergleichsweise komplexes Verfahren leiten muss. Vielleicht ist er mit dem Fall «überfordert». Dieses Übel wird zur Vermeidung eines grösseren Übels – nämlich der Gefahr einer willkürlichen Auswahl eines Richters nach sachfremden Gesichtspunkten, etwa um ein bestimmtes Verfahrensergebnis herbeizuführen – in der Bundesverfassung bewusst in Kauf genommen.

**38** Vgl. zum Öffentlichkeitsprinzip die Rechtsprechung zu Art. 6 Abs. 1 EMRK.

**39** Dazu Hamm, Wie muss das Strafrecht beschaffen sein, damit wir uns wieder ein Legalitätsprinzip leisten können? In Pieth/Seelmann (Hrsg.), Prozessuales Denken als Innovationsanreiz für das materielle Strafrecht. Kolloquium zum 70. Geburtstag von Detlef Krauss, Basel 2006, 1 ff.

## IV. Das Zusammenspiel der Gesetze: Materielles Recht und Prozessrecht

**Literatur** Schmid, Strafprozessrecht, 4. Aufl., Zürich 2004, § 1 und 2; Oberholzer, Grundzüge des Strafprozessrechts, 2. Aufl., Bern 2005, 3–8.

Das Strafverfahrensrecht stellt die Regeln auf, nach denen die Strafbarkeit eines konkreten Verhaltens ermittelt wird: *Wer* forscht nach den Tatsachen und erhebt Beweismittel? An welche Grenzen ist er/sie dabei gebunden? Wer entscheidet in welcher Weise über welche rechtlichen Fragen? Das «materielle» Strafrecht (vgl. oben I. 1) stellt demgegenüber die Regeln auf, nach denen die Frage entschieden wird, ob und gegebenenfalls wie gestraft wird. Zwischen den beiden strafrechtlichen Disziplinen gibt es Zusammenhänge, deren Bedeutung zunehmend besser erkannt wird: Man kann z.B. heute dem materiellen Strafrecht den Umfang der Kriminalisierung nicht mehr verlässlich entnehmen, sondern muss dazu auch einen Blick auf die Möglichkeiten der Einstellung des Verfahrens werfen. Ohne das materielle Recht wüsste man andererseits gar nicht, wonach im Verfahren überhaupt geforscht, was überhaupt ermittelt werden soll. Mitunter versteht man auch die Bedeutung ganzer Gebiete des materiellen Rechts nur bei Berücksichtigung der prozessualen Hintergründe (z.B. wird vielfach deswegen wegen eines *Unterlassens* verurteilt, weil dem Täter ein den Taterfolg verursachendes *Handeln* nicht bewiesen werden kann).

## V. Sachverhalt und Tatbestand

**Literatur** Engisch, Einführung in das juristische Denken, 11. Aufl., Stuttgart 2005, 83–187; Maihold, N. 1–6; Wohlers, Fallbearbeitung im Strafrecht, 2. Aufl., Zürich 2004.

Die während eines Strafverfahrens um die Wahrheitsfindung bemühten Personen, d.h. Polizeibeamte, Staatsanwälte und Richter tun notwendigerweise zweierlei: Sie ermitteln den Sachverhalt und sie entscheiden, ob die so ermittelte Tat strafbar ist, also insbesondere, ob sie unter den «Tatbestand» eines Gesetzes fällt. Ein solcher Tatbestand ist z.B. in Art. 144 enthalten:

> «Wer eine Sache, an der ein fremdes Eigentums-, Gebrauchs- oder Nutzniessungsrecht besteht, beschädigt, zerstört oder unbrauchbar macht ...»

Zu entscheiden ist z.B., ob folgender Sachverhalt diesem Tatbestand unterfällt: A hat an einer Tankstelle aus einem Autoreifen am Auto des B Luft entweichen lassen, um den B am Weiterfahren zu hindern.

Die Entscheidung lässt sich formell darstellen als ein logischer Dreischritt:

| | |
|---|---|
| Prämisse 1: | A hat die Luft aus dem Autoreifen entweichen lassen. |
| Prämisse 2: | Luft aus dem Autoreifen entweichen zu lassen ist/ist nicht ein Unbrauchbarmachen des Autos. |
| Resultat: | A hat das Auto unbrauchbar gemacht/nicht unbrauchbar gemacht. |

Das hier offen gelassene Ergebnis ist in der Tat umstritten – angesichts des Tatorts (Tankstelle), an dem das Auto sofort wieder fahrtauglich gemacht werden kann, lässt sich an einem «Unbrauchbarmachen» zweifeln.

Der vorgeführte logische Dreischritt heisst «Subsumtion» und liegt formell jedem Gutachten (natürlich auch jedem Urteil als dessen notwendige Voraussetzung) zu Grunde, wie es auch von Studierenden in Klausuren verlangt wird. Stellt man diesem logischen Dreischritt noch die Fallfrage «Hat A durch das Entweichenlassen von Luft aus dem Autoreifen des B eine Sache unbrauchbar gemacht?» voran, so erhält man das für ein Gutachten (Fall-Lösung) erforderliche Schema.

Freilich ist diese Subsumtion nur der Rahmen, hinter dem sich die Schwierigkeiten verbergen – im Universitätsstudium hinter der Prämisse 2: Studierende müssen lernen, beim zweiten Schritt Argumente für das Pro und Contra anzuführen und ihre Entscheidung möglichst gut zu begründen. In der Praxis liegen allerdings die grössten Schwierigkeiten oft bei der Prämisse 1, d.h. bei der Feststellung des Sachverhalts (der den Studierenden in Klausuren als Text schon vorgegeben ist). Nun darf man sich diese Feststellung des Sachverhalts aber nicht als zeitlich *vor* dem Blick auf den Gesetzestext und seine möglichen Interpretationen in der Prämisse 2 vorstellen: Der Sachverhalt lässt sich nur sinnvoll ermitteln, wenn bereits eine Vorstellung (ein Vorverständnis) vom Tatbestand vorliegt, auf den hin der Sachverhalt untersucht werden soll: Kein Strafrichter würde sich um das Entweichenlassen der Luft aus Autoreifen kümmern, wenn er nicht schon wüsste, dass dies u.U. den Tatbestand des Art. 144 erfüllen könnte. Man hat den Prozess der Rechtsfindung deshalb auch als ein «Hin-und-Her-Wandern» des Blicks zwischen den beiden Prämissen des Subsumtionsschlusses, als einen «hermeneutischen» Prozess, bezeichnet. Dies zeigt erneut, wie die Gesetze, welche die Sachverhaltsermittlung regeln (das Strafprozessrecht), auf die Straftatbestände (das materielle Recht) sinnvoll bezogen sein müssen und umgekehrt: Ein materielles Recht, das in seinen Tatbeständen auf Merkmale abstellen würde, deren Feststellung das Prozessrecht nicht zuliesse, liefe leer.

Übrigens sind Fälle im Studium (und noch viel mehr im juristischen Alltag) meist komplizierter als unser kurzer Ausgangsfall: Vielleicht hat B dem A vorher etwas weggenommen und A will deshalb B aufhalten (Notwehr, Art. 15) oder vielleicht war B so betrunken, dass er das Unrecht seiner Tat gar nicht mehr einsehen konnte (Art. 19)? Nun spielen schon mehrere Gesetzesartikel zusammen, so dass man auch unter Art. 15 oder unter Art. 19 subsumieren muss, nicht bloss unter Art. 144. Wie und in welcher Reihenfolge man solche Komplikationen prüft, ist ab dem ersten Studiensemester ein Hauptthema des strafrechtlichen Unterrichts (s. Teil 2 C.).

# D. Die Stellung des Strafrechts in der Rechtsordnung und die «Straftheorien»

**Literatur** Hörnle, Straftheorien, Tübingen 2011; von Hirsch/Neumann/Seelmann (Hrsg.), Strafe – warum? Gegenwärtige Strafbegründungen im Lichte von Hegels Straftheorie, Baden-Baden 2011; Jakobs, 1/1–52; Schmidhäuser, Vom Sinn der Strafe, Nachdruck der 2. Aufl., hrsg. von Hilgendorf, Berlin 2004; Seelmann, Anerkennungsverlust und Selbstsubsumtion – Hegels Straftheorien, Freiburg i.Br./München 1995; Stratenwerth, § 2 N. 1–32; Trechsel/Noll, 16–23.

## I. Unterschiedliche Konfliktlösungsstrategien in unterschiedlichen Rechtsgebieten

**Literatur** Jakobs, 1/1–16; Seelmann, Schwierigkeiten der Alternativendebatte im Strafrecht, in: Radtke u.a., Muss Strafe sein?, Baden-Baden 2004, 151.

Das Strafrecht ist ein Teil der Rechtsordnung, der genau genommen zum «öffentlichen Recht» gehört, weil hier – anders als im Zivilrecht (das Beziehungen der Bürger untereinander regelt), aber ebenso wie im Staats- oder Verwaltungsrecht (z.B. im öffentlichen Baurecht, im Sozialversicherungsrecht oder im Steuerrecht) – hoheitliche Beziehungen zwischen Bürger und Staat geregelt werden: Es geht um die Frage, unter welchen Voraussetzungen der Bürger eine vom Staat verhängte strafrechtliche Sanktion zu dulden hat. Man muss sich die Besonderheiten des Strafrechts klar machen, indem man es vom Zivilrecht abgrenzt.

Jeder weiss, dass man nach Zivilrecht zur Leistung von Schadenersatz verpflichtet werden kann – wenn man einem anderen einen Schaden zugefügt hat – und dass dann, wenn man nicht zahlt, der Betreibungsbeamte kommt und zur Pfändung schreitet: Auch dabei geht es also um *staatliche* Durchsetzung eines Anspruchs, weshalb das Recht der Schuldbetreibung, obwohl hier zivilrechtliche Ansprüche durchgesetzt werden, genau genommen auch zum öffentlichen Recht gehört.

Worin liegt dann aber noch der Unterschied zwischen Zivil- und Strafrecht? Betrachten wir drei Beispiele:

1. Eine Sache wird gestohlen.
2. Ein Vertrag wird nicht oder schlecht erfüllt.
3. Ein Mensch wird schuldhaft verletzt.

In allen drei Fällen steht dem Opfer gegen den schuldigen Täter nach Zivilrecht ein Ersatz des entstandenen Schadens zu. In den Fällen 1. und 3. erfolgt u.U. zusätzlich eine Strafe nach dem Strafrecht. Unsere Frage müssen wir also dahingehend präzisieren, dass wir ergründen wollen, warum in diesen Fällen ein *Plus* hinzutritt, eine staatliche Sanktion, die an Höhe (Geldstrafe), zum Teil sogar in ihrer Art (Freiheitsstrafe) wesentlich über das hinausgeht, was nach Zivilrecht an Schadenersatz ohnehin geschuldet wird. Die Antwort, die man häufig hört, ist etwa wie folgt: Wenn in solchen Fällen auch noch gestraft wird, liegt dies daran, dass hier nicht nur das konkrete Opfer, sondern die Gesellschaft insgesamt geschädigt ist; der Täter «schuldet» gewissermassen «der Gesellschaft» zusätzlich etwas, eben wegen seines (vgl. oben A. II.) «sozialschädlichen» Verhaltens. Aber inwiefern ist die Gesellschaft verletzt, wenn *ein* Mensch verletzt oder *einem* Menschen eine Sache gestohlen wird? Die Antwort könnte, wenn man zweckrational zu argumentieren versucht, folgende sein: Durch diese eine Tat, wenn sie bekannt wird, könnten andere potentielle Täter verführt werden, ebenso zu handeln; das Verhalten könnte um sich greifen und so, sei es durch Schädigung einer Vielzahl von Personen, sei es durch Gefahren, die aus unbedachten (Über-) Reaktionen der Opfer resultieren, den Frieden in der Gesellschaft stören.

Ein solches zweckrationales Argument sieht sich verschiedenen Fragen ausgesetzt: In welchem Umfang stimmt die Prämisse, dass die konkrete Bestrafung des einen die anderen vor ähnlichen Taten abschreckt – und in welchem Umfang macht sie ihrerseits die Tat erst bekannt oder ist wegen der negativen Folgen für den Bestraften (Begünstigung des Rückfalls gerade durch Strafe) und für das Opfer (der Täter im Freiheitsentzug oder nach Zahlung der Geldstrafe kann seinen zivilrechtlichen Verpflichtungen dem Opfer gegenüber häufig nicht mehr nachkommen) für das angegebene Ziel sogar kontraproduktiv? Die Kriminologen, also diejenigen, die Ursachen und Folgen von Straftaten und Strafe empirisch untersuchen (vgl. oben B. I.), streiten über die richtige Antwort. Ausserdem ergeben sich zusätzliche Fragen: Wird nicht in vielen Fällen – die abschreckende Wirkung von Sanktionen einmal generell unterstellt – schon der Zwang zum Ersatz des Schadens (also allein die zivilrechtliche Folge) potentielle Täter jedenfalls dann von der Tat abhalten, wenn sie mit einer sehr hohen Wahrscheinlichkeit mit einer Aufklärung der Tat rechnen müssen? Und ein weiteres ethisches Problem: Ist es überhaupt und gegebenenfalls inwieweit moralisch vertretbar, jemandem um der Einwirkung auf *andere* willen von Staats wegen Leid zuzufügen?

Eine andere Antwort auf die Frage nach der Legitimation von Strafe, gerade angesichts solcher zusätzlicher Fragen, könnte, wenn man eher in der Tradition der idealistischen Philosophie argumentiert, die folgende sein: Durch die Straftat entziehe der Täter dem Opfer die geschuldete Anerkennung als ein mit ihm in gleicher Weise freies Rechtssubjekt. Da diese Anerkennung aber auf Gegenseitigkeit beruhe (von einem minder Freien anerkannt zu werden, ist weniger wert als von einem in gleicher Weise Freien) und die Rechtsgemeinschaft auf einem Geflecht gegenseitiger Anerkennungen als Rechtssubjekte fusse, entziehe der Täter durch die Tat zugleich der Rechtsgemeinschaft die Anerkennung. Zur Wiederherstellung einer funktionierenden rechtlichen Interaktion müsse deshalb der rechtliche Status des Täters seinerseits – durch Strafe – reduziert werden, damit er wieder als Gleicher unter Gleichen leben könne. Eine solche Argumentation wäre vielleicht eher in der Lage, neuere Strömungen zu begünstigen, die «Wiedergutmachung statt Strafe» fordern: Warum soll der Täter dann, wenn er die Gemeinschaft **im Opfer** (d.h. in dessen Eigenschaft als Rechtssubjekt) verletzt hat, nicht – gewissermassen umgekehrt – das «der Gesellschaft Geschuldete» durch Wiedergutmachung gegenüber dem Opfer aufbringen? Das Strafrecht würde sich dadurch allerdings dem Zivilrecht annähern. Diese Frage des sogenannten «Täter-Opfer-Ausgleichs» beschäftigt die Rechtswissenschaft gerade heute wieder. Der neue AT des StGB sieht gewichtige Änderungen im Sanktionensystem vor und will auch dem Wiedergutmachungsgedanken verstärkt Rechnung tragen. So soll in gewissen Fällen nach erfolgter Wiedergutmachung des durch die Straftat verursachten Schadens eine Befreiung von Strafe möglich sein (vgl. Art. 53). Strafrechtlich ist an einer solchen dem Zivilrecht angenäherten Konzeption immer noch die Abnahme des Prozessrisikos durch den Staat sowie die traditionelle staatliche Strafe als Auffangposition bei einem Unterbleiben der Wiedergutmachung.

## II. Die Straftheorien

**Literatur** H.J. Albrecht, Stichwort «Generalprävention» in: Kaiser/Kerner/Sack/Schellhoss, Kleines Kriminologisches Wörterbuch, 3. Aufl., 1993, 157–164; BSK-Bommer, Vor Art. 19 N. 45–50; Hegel, Grundlinien der Philosophie des Rechts (1821), §§ 96 ff., in: Suhrkamp-Ausgabe Bd. 7, 183 ff.; Kant, Metaphysik der Sitten (1797), Rechtslehre II. Teil, I. Abschnitt, Allg. Anmerkung E zu § 45, in: Insel-Ausgabe Bd. IV, 455; Köhler, 37–58; Maihold, Strafe für fremde Schuld? Die Systematisierung des Strafbegriffs in der Spanischen Spätscholastik und Naturrechtslehre, Köln/Weimar/Wien 2005; Roxin, § 3 N. 1–62; Seelmann, Rechtsphilosophie, § 2 N. 68 ff.; ders., Anerkennungsverlust und Selbstsubsumtion – Hegels Straftheorien, Freiburg i.Br./München 1995, 63–79.

Über den Zweck der Strafe wird schon seit der Antike philosophiert. Dabei stand zunächst der Präventionsgedanke im Vordergrund (Platon, Seneca), bis in der christlichen Ethik seit dem Hochmittelalter die Vergeltung des Ordnungsbruches in den Vordergrund rückte. In Thomas von Aquins dreiteiligem Strafbegriff steht die Vergeltungsstrafe im Mittelpunkt, die er auch «eigentliche Strafe» (poena ratione poenae) nennt. Dies hindert ihn jedoch nicht daran, auch andere Zwecke als den der Vergeltung unter den Strafbegriff zu fassen, nämlich einerseits die Prävention (poena medicinalis, entspricht heute in den Grundzügen den Massnahmen) und andererseits die Wiedergutmachung (poena satisfactoria, entspricht heute in den Grundzügen dem zivilrechtlichen Schadenersatz bzw. dem Täter-Opfer-Ausgleich). In der Naturrechtslehre des 16. Jahrhunderts wird dieser theologisch aufgeladene Strafbegriff über das kanonische Recht in das weltliche Strafrecht eingepflanzt und die Strafe mehr und mehr auf die Vergeltung der Sündenschuld reduziert, während Prävention und Wiedergutmachung anderen Rechtsgebieten zugeordnet werden. Parallel dazu entwickelt sich der Gedanke, dass Strafe einen sittlichen Vorwurf begründet.[40]

Spätestens seit dem 18. Jahrhundert wird jenes Plus, das strafrechtliche Sanktionen von zivilrechtlichen unterscheidet, also jener weit schwerer wiegende staatliche Eingriff in die Rechte der Bürger, nicht mehr für selbstverständlich gehalten. Die Legitimation des Strafrechts wird seither umfassend diskutiert. Folgende Legitimationsmodelle (von den Juristen «Straftheorien» genannt – sie gehen mit dem Wort «Theorie» sehr viel grosszügiger um als etwa Naturwissenschaftler oder Philosophen) werden erörtert: Man differenziert heute üblicherweise zunächst zwischen zwei grossen Grup-

40 Dazu Maihold, Strafe für fremde Schuld?, 152 ff., 181 ff.

pen von Straftheorien, den «absoluten» und den «relativen».[41] Für die «absoluten» Straftheorien gilt, dass sie in nützlichen Zwecken der Strafe für die Gesellschaft noch keine hinreichende Legitimation sehen, sondern eine Begründung der Strafe gerade gegenüber dem Straftäter fordern. Die «relativen» Theorien hingegen begnügen sich für die Legitimation der Strafe mit deren gesellschaftlich nützlichen Wirkungen. Gemeinsam ist freilich heute allen Straftheorien, dass gesellschaftlich nützliche Zwecke der Strafe zumindest als eine Voraussetzung für die Legitimation angesehen werden, auch von den «absoluten» Theorien.

Das war nicht immer so. Die «absolute» Straftheorie von *Kant* etwa setzte sich bewusst in Gegensatz zu «relativen» Theorien, verstand unter dem Sinn der Strafe allein die Herstellung einer in religiösen Metaphern gefassten Gerechtigkeit unter ausdrücklicher Ausblendung sozialer Ziele. Berühmt ist Kants «*Inselbeispiel*»:

> *«Selbst wenn sich die bürgerliche Gesellschaft mit aller Glieder Einstimmung auflösete (z.B. das eine Insel bewohnende Volk beschlösse, auseinanderzugehen, um sich in alle Welt zu zerstreuen), müsste der letzte im Gefängnis befindliche Mörder vorher hingerichtet werden, damit jedermann das widerfahre, was seine Taten wert sind, und die Blutschuld nicht auf dem Volke hafte, das auf diese Bestrafung nicht gedrungen hat ...»*[42]

Viele Autoren, selbst in Lehrbüchern, verstehen freilich auch heute noch, wenn sie von einer «absoluten» Straftheorie sprechen, einen vergleichsweise wenig ambitiösen Legitimationsversuch im Sinne Kants. Dass schon zu Beginn des 19. Jahrhunderts andere «absolute» Theorien entwickelt wurden, zeigt z.B. das hier (oben D.I. am Ende) referierte Modell, das in seinen Grundzügen von Hegel[43] herrührt.

Die «relativen» Theorien unterteilt man heute üblicherweise in solche, die den Strafzweck der «Spezialprävention», und solche, die den der «Generalprävention» zur Legitimation heranziehen.

*Spezialprävention* bedeutet, dass der *Täter* durch die Strafe gehindert werden soll, neue Straftaten zu begehen, sei es durch individuelle Abschreckung, sei es durch Resozialisierung («Besserung») oder sei es durch Verwahrung und dadurch «Sicherung» der Gesellschaft. Die üblichen Gegenargumente: Manche Strafen taugten nur sehr eingeschränkt zur Rückfallverhütung (Freiheitsstrafe als «Schule des Verbrechens», Geldstrafe als Schmälerung der Möglichkeiten zu sozialer Integration); der Staat habe kein Recht, mündige Menschen zu erziehen.

*Generalprävention* bedeutet, dass die Gesamtheit der Mitglieder der Rechtsgemeinschaft durch Strafe von der Begehung von Straftaten abgeschreckt (sog. «negative Generalprävention») oder in ihrem Rechtsbewusstsein gestärkt, in ihren Gerechtigkeitsvorstellungen gefestigt, vom Gedanken zur Selbstjustiz abgehalten (sog. «positive Generalprävention») werde. Eine negativ-generalpräventive Wirkung der Strafe halten Kriminologen in weiten Deliktsbereichen für eher geringer als allgemein angenom-

**41** Zu den Straftheorien auch BSK-Bommer, N. 45–50.

**42** Kant, 455.

**43** Hegel, 183 ff.

men. Gegebenenfalls gehe eine abschreckende Wirkung eher von der Gewissheit der Strafverhängung als von Höhe und Art der angedrohten Strafe aus. Hinzu kommen die schon oben D. I. genannten ethischen Bedenken.

Die «positive Generalprävention» in der Variante einer Orientierung an der Befriedung der Gesellschaft («der Staat muss zeigen, dass er die Kriminalität ‹im Griff› hat, und er kann nur so den sozialen Frieden gewährleisten») dürfte heute im Vordringen begriffen sein. Sie verdankt ihre Existenz den grossen Zweifeln an Spezialprävention und negativer Generalprävention, also an Konzepten, die etwas optimistisch und schlicht den «Kampf gegen das Verbrechen» für den Zweck des Strafrechts hielten. Heute ist man etwas bescheidener, wenn man von der Strafe im Sinne der «positiven Generalprävention» erhofft, sie werde die durch Straftaten entstehenden Probleme formalisiert verarbeiten, d.h. die Folgeprobleme kanalisieren. Hier treffen sich übrigens solche Varianten von «positiver Generalprävention» mit modernen Varianten «absoluter Theorien», die der Strafe die Aufgabe der «Wiederherstellung des Rechtsverhältnisses mit dem Täter» zuweisen.

Ein zentrales Problem des Modells der «positiven Generalprävention» ist freilich ihre Abhängigkeit von einer bestimmten empirischen Prämisse: Dass es in der Rechtsgemeinschaft verbreitete Strafbedürfnisse gebe, die es zu kanalisieren gelte. Empirische Untersuchungen zeigen, dass diese Strafbedürfnisse jedenfalls geringer sind, als Juristen oft denken.[44] Und selbst wenn sie ein wichtiger sozialer Faktor wären: Darf das Recht sich eigentlich von Strafbedürfnissen der Gesellschaft so weit abhängig machen? Einerseits hängt seine friedensstiftende Wirkung davon ab, dass es dies tut, andererseits ist viel Zurückhaltung und Augenmass nötig, damit Strafe nicht ihrerseits zum Anwachsen von Strafbedürfnissen beiträgt.

Im übrigen gibt es vielerlei Vereinigungstheorien, die Elemente der verschiedenen Straftheorien miteinander kombinieren, z.B. die Strafandrohung sei generalpräventiv, die Strafverhängung «absolut», der Strafvollzug spezialpräventiv zu legitimieren; oder: generelle Legitimation sei die Generalprävention, im Einzelfall gelte die Spezialprävention, Obergrenze der Strafe aber sei der «absolut» verstandene «Schuldausgleich». Vereinigungstheorien leiden freilich notwendig an den Mängeln ihrer einzelnen Komponenten.

44 Sessar, Wiedergutmachen oder strafen. Einstellungen in der Bevölkerung und in der Justiz, Pfaffenweiler 1992.

Die verschiedenen Straftheorien, auch in ihrem Verhältnis zueinander, lassen sich wie folgt darstellen:

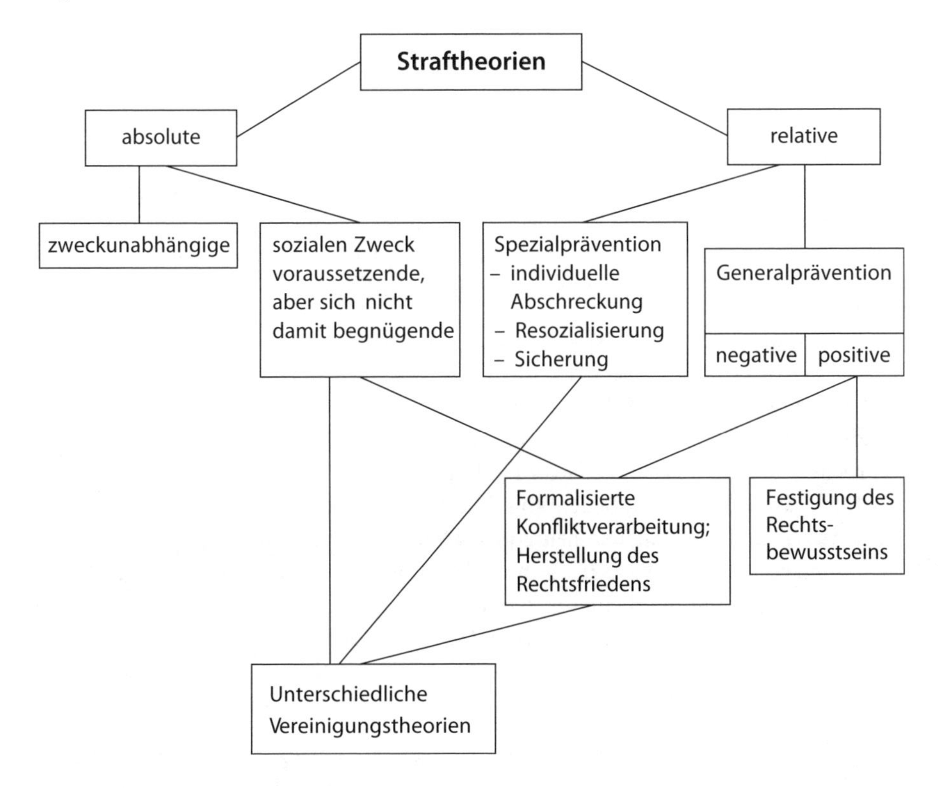

# E. Der Aufbau des StGB

Der jeweilige historische Stand der Debatte über die Stellung des Strafrechts in der Rechtsordnung und über die Straftheorien beeinflusst natürlich auch den Aufbau des StGB – seine allgemeinen Vorschriften ebenso wie die Entscheidung darüber, welches Verhalten im einzelnen für strafwürdig gehalten wird.

Das StGB enthält einen «Allgemeinen Teil» (AT; Art. 1–110) und einen «Besonderen Teil» (BT; Art. 111–332). Der BT enthält das, was auch der juristische Laie in erster Linie von einem Strafgesetzbuch erwarten würde: Die Aufzählung der Verhaltensweisen, die strafrechtlich sanktioniert sind. Der AT zieht in Bezug darauf – mathematisch gesprochen – solche Regelungen «vor die Klammer», die für alle oder viele der einzelnen Tatbestände des BT von Bedeutung sind. Dies betrifft einerseits die Straftatvoraussetzungen, also die allgemeinen Lehren zur strafrechtlichen Zurechnung (z.B. was gilt bei Irrtümern des Täters? – Art. 13 und 21; wann liegt ein strafbarer Versuch vor? – Art. 22 f.; welche Besonderheiten gelten beim Zusammenwirken mehrerer Personen? – Art. 24 ff.) und andererseits die Straftatfolgen (welche Strafen und Massnahmen kann das Strafgericht anordnen? – Art. 34 ff.; welche Faktoren spielen bei der Strafzumessung eine Rolle? – Art. 47 ff.; wann verjähren Straftaten? – Art. 97 ff.).

Eine solche Unterscheidung von AT und BT gab es nicht immer. Ältere Strafgesetze (z.B. die «Constitutio Criminalis Carolina» des Kaisers Karl V. von 1532) zählen nur die einzelnen Straftaten auf und streuen allgemeine Aspekte dort ein, wo sie besonders nahe liegend erscheinen oder setzen sie einfach implizit voraus. Über letzteres sollte man sich nicht allzu sehr verwundern – auch unser StGB setzt eine ganze Menge voraus: der AT *des Strafrechts* ist viel umfangreicher als der AT *des StGB.*

Machen wir uns das Zusammenspiel von AT und BT, aber auch die Lücken im Gesetz an dem vergleichsweise einfach strukturierten und (oben C. V.) schon genannten Art. 144 deutlich: «unbrauchbar machen» ist ein Merkmal des BT. Um es richtig auslegen zu können, braucht man Auslegungsregeln, die man zum AT des Strafrechts rechnen muss, die aber nirgends im Gesetz enthalten sind. Auch was eine «Sache» ist, steht nirgends im StGB – hier muss man auf Art. 641 und 713 ZGB und die darauf gestützten Definitionen zurückgreifen. Was ein «Eigentums-, Gebrauchs- oder Nutzniessungsrecht» ist, ist im ZGB oder OR definiert (jedoch liegt nicht in jedem Fall, in welchem das Strafrecht Begriffe verwendet, die auch das Zivilrecht kennt, eine Übereinstimmung der zivilrechtlichen mit der strafrechtlichen Bedeutung dieser Begriffe vor). Dass Vorsatz nötig ist, sagt uns Art. 12 Abs. 1. Was man darunter zu verstehen hat, wird heute in Art. 12 Abs. 2 genauer umschrieben – allerdings erst seit 2007. Vorher musste man den damals schon in Rechtsprechung und Literatur allgemein akzeptierten Gedanken, dass schon das für-möglich-Halten und in-Kauf-Nehmen der Verwirklichung der Tat für den Vorsatz ausreiche, aus der blossen Auslegung von «Wissen und Willen» entnehmen.

Dass das Gesetz allein für die richtige Entscheidung des Einzelfalls nicht ausreicht, zeigt sich noch deutlicher in Tatbeständen mit Wertbegriffen, z.B. in Art. 112, dem Mord («skrupellos») oder in Art. 128, der unterlassenen Nothilfe («zumutbar»): Wer ein solches Gesetz anwenden will, braucht Wertungskriterien, die das positive Recht voraussetzt, aber selbst nicht bestimmt. Insbesondere die Rechtsphilosophie befasst sich mit der rationalen Erörterbarkeit solcher nichtpositiven Wertungskriterien.[45]

Es gibt also einen dem gesetzlich fixierten Recht vorgegebenen Kanon von Definitionen und Problemlösungsregeln, mit denen der Jurist oder die Juristin ebenso gut umgehen können muss wie mit dem Gesetz selber. Dazu gehören natürlich auch bestimmte Prinzipien, wie die in der rechtsphilosophischen Debatte seit vielen Jahrhunderten entwickelten Zurechnungslehren, Fragen der Methodenlehre, der Rechtsgüterorientierung oder die Entscheidung für eine Straftheorie, durch die eine Gesetzesanwendung mitbestimmt wird. Dazu gehören aber auch die nirgends im Gesetz vorgegebene Systematik des wissenschaftlichen Umgangs mit dem Strafrecht sowie die Technik der Falllösung, die in den ersten Semestern erlernt werden soll.

**45** Vgl. Seelmann, Rechtsphilosophie, § 6 N. 5 f.

# Teil 2
# Allgemeiner Teil des Strafrechts

Der «Allgemeine Teil» moderner Strafrechtskodifikationen enthält neben allgemeinen Prinzipien wie dem der «Gesetzmässigkeit» (dazu unten A) und einer Regelung der räumlichen Geltung des Gesetzes (dazu unten B) insbesondere zwei grössere Themenbereiche: die allgemeinen Vorschriften zur strafrechtlichen Zurechnung (unter welchen Voraussetzungen wird einem bestimmten Menschen eine Straftat zugerechnet?) (dazu unten C) und die Vorschriften zu den Straftatfolgen (Welche Strafen und Massnahmen gibt es und wie werden sie zugemessen?) (dazu unten D).

# A. Prinzipien des Strafrechts

## I. Das Gesetzmässigkeitsprinzip

**Literatur** Donatsch/Tag, § 4/1; Graven/Sträuli, 19–24 und 53–55; Hurtado Pozo, 44–46; BSK-Popp/Levante, Art. 1 N. 29; Riklin, § 3; Roxin, 172–177; Seelmann, Rechtsphilosophie, § 4 N. 12–15; Stratenwerth, § 4 N. 3–16, 30; Trechsel/Noll, § 12, 52 f.; Trechsel, Art. 1.

**Übungsliteratur** Maihold, N. 21–25.

Gemäss Art. 1 darf eine Strafe «nur wegen einer Tat verhängt werden, die das Gesetz ausdrücklich unter Strafe stellt». Man spricht insoweit vom «nulla-poena-Gebot». Nur durch dieses Gebot kann im Rechtsstaat das Strafrecht als Magna Charta des Bürgers gegen willkürliche Strafbedürfnisse seine Funktion erfüllen. Art. 1 dient zudem auch dem Vertrauensschutz: man muss wissen können, was man tun und nicht tun darf. Im neuen Recht wird das «nulla-poena-Gebot» jetzt ausdrücklich auch auf Massnahmen (und nicht nur Strafen) erstreckt. Das «Gesetzmässigkeitsprinzip»[46], wie es auch genannt wird, enthält vier Gebote oder Verbote, ohne deren Postulierung es leerlaufen würde: das Bestimmtheitsgebot, das Verbot strafschärfenden rückwirkenden Rechts, das Verbot einer Analogie zuungunsten des Täters und das Verbot strafschärfenden Gewohnheitsrechts.

### 1. Bestimmtheitsgebot

Auch ein Gesetz mit dem Wortlaut «Wer sich sozialschädlich verhält, wird bestraft» scheint formell den Anforderungen des Art. 1 zu entsprechen. Jedoch würde eine solche Formulierung dem Art. 1 jeden Anwendungsbereich nehmen und die Vorschrift sinnlos machen. «Gesetz» ist deshalb als «bestimmtes Gesetz» zu verstehen.[47] Das kann natürlich nur bedeuten: «so bestimmt, wie bei der unvermeidlichen Unschärfe menschlicher Sprache möglich». Dennoch dürften, gemessen an diesem Massstab, sowohl manche Strafbarkeitsvoraussetzungen (z.B. «skrupellos» in Art. 112, «oder in vergleichbarer Weise» in Art. 147 Abs. 1, «böswillig» in Art. 261 Abs. 2) als auch die im Rahmen der Strafzumessung in Art. 48 vorgesehene Strafmilderung im Falle von «achtenswerten Beweggründen» für die Tat, unnötig unbestimmt sein.[48]

**46** Zur Vermeidung einer Verwechslung mit dem prozessrechtlichen Legalitätsprinzip – dem Verfolgungszwang für die Strafverfolgungsbehörden – sollte man hier besser nicht von «Legalitätsprinzip» sprechen.

**47** So auch beispielsweise BGE 112 Ia 107, 113.

**48** Vgl. zum Bestimmtheitsgebot BGE 123 IV 9, 16; 125 I 369, 379; 125 III 391, 399.

## 2. Rückwirkungsverbot (= Verbot strafschärfenden, rückwirkenden Rechts)

Das Rückwirkungsverbot wird in Art. 2 Abs. 1 als Konsequenz aus Art. 1 ausdrücklich statuiert und für den Fall einer Strafmilderung nach der Tat durch ein Rückwirkungs*gebot* des milderen Gesetzes (der *lex mitior*) ergänzt (Art. 2 Abs. 2). Auch diese Bestimmung gilt nicht nur für Strafen, sondern auch für Massnahmen.

Könnte durch eine spätere strafschärfende Änderung – wozu selbstverständlich auch eine spätere Strafbarkeit vorher strafloser Taten gehört – früheres milderes Recht zuungunsten des Täters verändert werden, so würde auch dies Art. 1 leerlaufen lassen. Auch insofern gilt also das Gesetzmässigkeitsprinzip. Aber auch prozessuale Regeln, die für Fragen der strafrechtlichen Zurechnung relevant sind (z.B. die Regelung von Prozesshindernissen oder von Möglichkeiten der Verfahrenseinstellung) wird man bei strafschärfender Wirkung gleichfalls dem Rückwirkungsverbot unterstellen müssen. Die neuere Strafrechtsdogmatik hat nämlich gezeigt, dass es oft nur vom Zufall abhängt, ob eine bestimmte Weichenstellung materiellrechtlich oder verfahrensrechtlich vorgenommen wird, ob z.B. – funktional äquivalent – mit einer objektiven Strafbarkeitsbedingung (materielles Recht) oder einer Verfahrensvoraussetzung (Prozessrecht) gearbeitet wird.

## 3. Analogieverbot (= Verbot einer Analogie zu Ungunsten des Täters)

Die erlaubte, ja unvermeidliche Auslegung des Gesetzes endet an den Grenzen des möglichen Wortsinns. Alles was mit strafschärfender Wirkung unter Berufung z.B. auf die Systematik, den Willen des historischen Gesetzgebers oder den Sinn und Zweck eines Gesetzes über diese Wortlautschranke hinausgeht, ist durch Art. 1 verbotene Analogie.

Das Bundesgericht und ein Teil der Lehre sehen dies anders und lassen eine Orientierung am Sinn des Gesetzes unabhängig von der Wortlautgrenze zu.[49] Damit aber verliert das Gesetzmässigkeitsprinzip in einem wichtigen Bereich seine Begrenzungsfunktion.[50] Dies könnte nur hingenommen werden, wenn etwas anderes gar *nicht möglich* wäre, wenn sich Auslegung und Analogie aus Gründen der völligen Offenheit von Sprache gar nicht unterscheiden liessen. Solche Thesen findet man etwa bei US-amerikanischen Autoren der «Critical Legal Studies», die sich gegenüber der traditionellen Jurisprudenz kritisch zeigen und die Beliebigkeit des Wortlauts juristischer Texte sowie die Steuerung des Rechts durch andere (politische, ökonomische) Determinanten behaupten. So selbstverständlich einerseits ausserrechtliche Bestimmungsgründe für das Recht sind, so unhaltbar ist doch die These von der gänzlichen Unbestimmtheit juristischer Texte: Die Behauptung, dass Grenzen eines möglichen Wortsinns sich nicht bestimmen liessen, widerlegt sich selbst: Wer so argumentiert, geht von solchen Grenzen aus – er könnte sich sonst gar nicht verständlich machen.

**49** Siehe etwa BGE 116 IV 134, 139; Stratenwerth, § 4 N. 29 m.w.N.

**50** In diesem Sinn auch Riklin, § 3 N. 28–30; in der Tendenz wohl auch BSK-Popp/Levante, Art. 1, N. 29.

Auch der Umstand, dass hierzulande Gesetze in mehreren Sprachen verkündet werden, hindert die Beachtung der Wortlautgrenze nicht: Bei Divergenzen gilt der weiteste mögliche Wortsinn als Interpretationsgrenze.

### 4. Verbot strafschärfenden Gewohnheitsrechts

Auch ohne dieses Verbot liefe Art. 1 leer: Wäre «Gesetz» auch das Gewohnheitsrecht, so könnte das geschriebene Gesetz durch Schaffung neuer Strafnormen oder Strafschärfungen ausgehebelt werden. Dies widerspräche dem Vertrauensgrundsatz, der Art. 1 zugrunde liegt. Die gewohnheitsrechtliche *Interpretation* von Gesetzen (in den Grenzen des Wortsinns!) ist freilich unproblematisch. Auch gewohnheitsrechtliche Rechtfertigungsgründe verstossen nicht gegen Art. 1, da es sich bei ihnen um Strafeinschränkungen handelt.

Was für Gewohnheitsrecht gilt, muss erst recht für «Naturrecht» gelten, also für Strafvorschriften, die das positive Recht (sei es als Gesetzesrecht, sei es als Gewohnheitsrecht) überhaupt nicht kennt, die aber allgemeinen Strafbedürftigkeitserwägungen entstammen. Moralisch noch so legitim erscheinende Strafbedürfnisse[51] ändern nichts daran, dass sich der Rechtsstaat in seiner Strafgewalt von der Bindung an das Gesetz leiten lassen muss.

51 Wie sie etwa das deutsche Bundesverfassungsgericht in seiner «Mauerschützen»-Entscheidung (BVerfGE 95, 96 ff.) hatte.

# B. Räumlicher Geltungsbereich des Schweizerischen Strafrechts («Internationales Strafrecht»)

**Literatur** BSK-Popp/Levante, Vor Art. 3 – Art. 8; Donatsch/Tag, § 5/2; Eicker, Das Strafanwendungsrecht in Ansehung des StGB–AT 2007, Der räumliche Geltungsbereich des Strafgesetzbuchs, ius.full 2007, 54 ff.; Stratenwerth, § 5.

**Übungsliteratur** Maihold, N. 22, 26.

Das Schweizerische Strafrecht legt seinen Geltungsbereich selbst fest. Der wichtigste und auch im Gesetz zuerst genannte Grundsatz ist hierfür das Territorialprinzip in Art. 3 Abs. 1. Dem Schweizerischen Strafrecht unterliegen Verbrechen und Vergehen (sowie Übertretungen, Art. 104), die in der Schweiz begangen worden sind. Art. 8 legt fest, unter welchen Voraussetzungen dies der Fall ist: wenn die Tat in der Schweiz ausgeführt wird oder, falls dies nicht der Fall ist, wenn ihr Erfolg[52] hier eintritt. Erstreckt wird das Schweizer Territorium auch auf Meeresschiffe und Luftfahrzeuge unter Schweizer Flagge.[53] Eine im Ausland bereits ganz oder teilweise verbüsste Strafe wird im Inland angerechnet (Art. 3 Abs. 2).[54]

Art. 4 («Staatsschutzprinzip») erstreckt die Geltung des Schweizerischen Strafrechts auch auf bestimmte Straftaten im Ausland, die sich gegen die Schweiz als Staat richten. Schliesslich werden in Art. 6 solche Straftaten der Geltung des Schweizerischen Strafrechts unterstellt, zu deren Verfolgung sich die Schweiz in einem internationalen Abkommen verpflichtet hat. Man spricht insoweit vom «Weltrechtsprinzip» oder «Universalitätsprinzip». Zu solchen international geächteten Straftaten gehören etwa die Geiselnahme sowie Geldfälschungs- und Betäubungsmitteldelikte. Unter bestimmten Voraussetzungen lässt Art. 10 Abs. 1$^{bis}$ MStG auch die Verfolgung von Völkerrechtsverletzungen im Fall bewaffneter Konflikte ausserhalb der Schweiz an Nichtschweizern zu.

Im neuen Allgemeinen Teil ist es in grösserem Umfang als früher möglich, Auslandsstraftaten in der Schweiz zu erfassen. So etwa wurde das Staatsschutzprinzip in Art. 4 deutlich ausgedehnt und es wurde weiter die Möglichkeit geschaffen, Straftaten gegen Unmündige im Ausland unabhängig von der Bestrafung am Tatort in der Schweiz zu verfolgen (Art. 5). Letzteres dürfte sich angesichts der in solchen Fällen nicht zu erwartenden Rechtshilfe als teilweise nur «symbolische Gesetzgebung» erweisen. Aber auch darüber hinaus ist unter bestimmten Voraussetzungen die Straftat z.B. eines

**52** Zur Auslegung des Begriffs «Erfolg» im Territorialitätsprinzip BGE 128 IV 145, 153.

**53** Art. 4 Abs. 2 und 3 des BG über Seeschifffahrt unter Schweizer Flagge; Art. 97 des BG über die Luftfahrt.

**54** Beachte die noch weitergehende Berücksichtigung in Art. 3 Abs. 3.

Schweizers im Ausland, der ohne sein Einverständnis nicht ausgeliefert werden darf (Art. 25 Abs. 2 BV) im Rahmen der sog. «Stellvertretenden Strafrechtspflege» erfassbar (Art. 7).

Das Gesagte lässt sich wie folgt zusammenfassen:

| **Räumlicher Geltungsbereich des schweizerischen Strafrechts («Internationales Strafrecht»)** | |
|---|---|
| Art. 3 Abs. 1 | Grundsatz: Territorialitätsprinzip (Art. 8 bestimmt, wo sich der Tatort befindet) |
| BG über die Seeschifffahrt/Luftfahrt | Flaggenprinzip (ergänzt Art. 3 Abs. 1) |
| Art. 4 | (Staats-)Schutzprinzip |
| Art. 5 | Straftaten gegen Unmündige im Ausland |
| Art. 6 | Universalitätsprinzip; auch die sog. Stellvertretende Strafrechtspflege (aufgrund internationaler Abkommen) fällt darunter |
| Art. 7 | Stellvertretende Strafrechtspflege |

# C. Zurechnungslehre

**Literatur** Hruschka, Ordentliche und ausserordentliche Zurechnung bei Pufendorf. Zur Geschichte und zur Bedeutung der Differenz von actio libera in causa und actio libera in se, ZStW 1984, 661–702; Maihold, Strafe für fremde Schuld? Die Systematisierung des Strafbegriffs in der Spanischen Spätscholastik und Naturrechtslehre, Köln/Weimar/Wien 2005; Seelmann, Gaetano Filangieri und die Proportionalität von Straftat und Strafe. Imputation und Prävention in der Strafrechtsphilosophie der Aufklärung, ZStW 1985, 241–267.

Die allgemeinen Vorschriften zur strafrechtlichen Zurechnung, zur Frage also, unter welchen Voraussetzungen jemand als Straftäter zur Verantwortung gezogen werden kann, haben sich erst spät – im 17. und 18. Jahrhundert – im Grenzgebiet von Philosophie und Rechtswissenschaft entwickelt. Die Zurechnungslehre ist nämlich nicht nur juristisch relevant, sondern interessiert auch die Ethiker, also diejenigen Philosophen, die sich mit moralischen Normen befassen. Denn es gibt auch in der Moral Fragen nach der Bedeutung eines Irrtums, einer Rechtfertigung, einer Entschuldigung, eines blossen Versuchens, eines Geschehenlassens, eines Zusammenwirkens mehrerer oder auch der Bewertung von Sorglosigkeit, um nur einige Beispiele zu nennen. Hinter den Zurechnungslehren stehen Lehren vom menschlichen Individuum und seiner Willensfreiheit – aber auch von deren Grenzen – wie sie in der europäischen Tradition (z.B. in der aristotelischen Philosophie, in der mittelalterlichen Theologie und in neuzeitlichen Strömungen wie Humanismus und Aufklärung) entwickelt worden sind.

Die juristische Zurechnungslehre hat ursprünglich unterschieden zwischen «imputatio facti», «applicatio iuris ad factum» und «imputatio iuris». Das heisst, man fragte zuerst, ob ein bestimmter Mensch überhaupt eine bestimmte Tat willentlich begangen hat, dann, ob dies rechtlich verboten war und schliesslich, ob auch dieses Verbotensein dem einzelnen zugerechnet werden konnte, d.h. insbesondere, ob er vom Verbotensein wusste oder wissen konnte.

Diesem Schema folgt im Grossen und Ganzen auch heute noch unsere Zurechnungslehre. Die heute überwiegend für die Zurechnung vertretene «finale Handlungslehre»[55] prüft in ihrem Grundsystem für das vollendete vorsätzliche Handlungsdelikt zunächst die «Tatbestandsmässigkeit» (hat der Täter einen bestimmten Straftatbestand objektiv erfüllt und geschah dies mit Wissen und Willen? – «objektiver» und «subjektiver Tatbestand»). Sie untersucht sodann, ob dem Täter trotz Erfüllung des Tatbestands – ausnahmsweise – die Tat rechtlich erlaubt war (hatte er Rechtfertigungsgründe? – «Rechtswidrigkeit») und spricht zuletzt unter dem Stichwort «Schuld» die Frage an, ob der tatbestandsmässig und rechtswidrig handelnde Täter – wieder aus-

55 «Final», weil sie eine Handlung von Beginn der Prüfung an als auf einen Zweck («finis») bezogenen Akt untersucht.

nahmsweise – entschuldigt war (konnte der Täter auf Grund seiner psychischen Situation oder wegen eines Irrtums das Unrecht nicht erkennen oder war ihm trotz Unrechtskenntnis ein rechtmässiges Handeln nicht möglich oder nicht zumutbar? – «Schuldausschliessungs-« bzw. «Entschuldigungsgründe»). Die noch vor Jahrzehnten sehr verbreitete «kausale Handlungslehre» prüfte hingegen in der «Tatbestandsmässigkeit» nur den objektiven Tatbestand und den Umstand, dass überhaupt eine gewillkürte Handlung vorlag – dass die Handlung *kausal* auf einen Willen bezogen werden konnte. Ob sich der Wille inhaltlich auf den Taterfolg bezog, war für diese Lehre erst eine Frage der Schuld. Die praktische Bedeutung dieser Streitfrage ist freilich gering – sie zeigt sich vor allem darin, dass die fahrlässige Tatverwirklichung (bei der «finalen Handlungslehre») oder das strafbare Unterlassen (bei der «kausalen Handlungslehre») nicht nahtlos ins System passt und deshalb in der Zurechnungslehre jeweils zu einem Sonderfall erklärt werden muss. Die «soziale Handlungslehre» sucht beide Lehren zu umfassen, was in der Sache freilich nichts hinzufügt.

Gemeinsam ist allen Handlungslehren, dass sie für die Prüfung von Tatbestandsmässigkeit, Rechtswidrigkeit und Schuld das Bestehen einer (willensgeleiteten) menschlichen Handlung zur Voraussetzung machen. In Fällen von z.B. «vis absoluta» (absolutem Zwang – z.B. jemand wird nur als «Wurfgeschoss» gegen einen anderen missbraucht), von instinktgeleiteten Schreckreaktionen oder von Tätigkeit unter Hypnose fehlt es bereits daran.

Die folgende Darstellung der Zurechnungslehre folgt der heute gängigen «finalen Handlungslehre».

Die Reihenfolge, in der man einen Strafrechtsfall prüft, ist bei Zugrundelegen dieser «finalen Handlungslehre» durchaus zwingend: Ein Urteil über die Rechtswidrigkeit der Handlung setzt voraus, dass man sich über die objektiv und subjektiv faktische Seite dieser Handlung (den Tatbestand) vorher Klarheit verschafft hat; ein Urteil über die Schuld setzt die Rechtswidrigkeit der Handlung voraus. Schuld kann also nicht sinnvoll vor Rechtswidrigkeit, Rechtswidrigkeit nicht sinnvoll vor Tatbestandsmässigkeit geprüft werden. Somit ergibt sich folgendes Prüfungsschema:

<table>
<tr><td rowspan="2">Tatbestand</td><td>obj.</td></tr>
<tr><td>subj.</td></tr>
<tr><td colspan="2">Rechtswidrigkeit</td></tr>
<tr><td colspan="2">Schuld</td></tr>
</table>

Bei manchen Tatbeständen gibt es zusätzlich noch «sonstige Strafbarkeitsbedingungen» (z.B. die «objektive Strafbarkeitsbedingung» des Todes oder der Körperverletzung eines Menschen beim Raufhandel in Art. 133) und Strafausschliessungs- oder Strafaufhebungsgründe (z.B. der freiwillige Rücktritt vom Versuch in Art. 23, der dem Richter – fakultativ – die Milderung der Strafe oder gar das Absehen von einer Strafe ermöglicht). Diese sonstigen Strafbarkeitsbedingungen und Strafausschliessungs- oder Strafaufhebungsgründe prüft man im juristischen Gutachten erst im Anschluss an die Prüfung der Schuld.

Im Folgenden sollen zunächst zu diesem Grundschema die besonders problematischen und prüfungsrelevanten Fragen anhand von kurzen Fällen systematisch erörtert werden. Es folgen dann die speziellen Konstellationen des Unterlassens, des Versuchs, der Täterschaft und Teilnahme, des fahrlässigen Handelns und der Konkurrenzen.

## I. Objektiver Tatbestand: Kausalität und objektive Zurechnung

**Literatur** Donatsch/Tag, § 8; Graven/Sträuli, 90 ff.; BSK-Jenny, Art. 12 N. 73; Riklin, § 13 N. 14 ff.; Stratenwerth, § 9 N. 1–47; Trechsel/Noll, 88–94.

Zum objektiven Tatbestand gehören zunächst die einzelnen objektiven Tatbestandsmerkmale wie z.B. «Mensch» und «töten» in Art. 111 (vorsätzliche Tötung) oder «Sache», «beweglich», «fremd» und «Wegnahme» in Art. 139 Abs. 1 (Diebstahl). Bei sog. Erfolgsdelikten wie z.B. der vorsätzlichen Tötung, die im Unterschied zu den reinen Tätigkeitsdelikten, wie z.B. dem Diebstahl, einen von der Tathandlung zeitlich und räumlich trennbaren Taterfolg aufweisen, können sich im objektiven Tatbestand ausserdem Fragen der Kausalität (unten 1) und der objektiven Zurechnung (unten 3) stellen; letztere sind in der früheren Lehre nur ausschnittweise unter dem Stichwort der «Adäquanz» erfasst worden (unten 2). Ausgeschlossen wird der objektive Tatbestand unter bestimmten Voraussetzungen durch die Einwilligung des Rechtsgutträgers (unten 4).

### 1. Kausalität: Äquivalenztheorie

**Literatur** Donatsch/Tag, § 8/2.22; Jakobs, 7/5–28 ff.; Killias, N. 401 ff.; Riklin, § 13; Stratenwerth, § 9 N. 20–24; Trechsel/Noll, 90 f.; Volk, Kausalität im Strafrecht, NStZ 1996, 105–110.

**Übungsliteratur** Eymann u.a., Fall 2; Maihold, N. 29–32.

**Fall 1:**

A und B wollen C vergiften. Beide geben ihm eine Dosis Gift, die für sich allein zu schwach wäre und erst im Zusammenhang mit der anderen Dosis zum Tod des C führt.

**Fall 2:**

Ein Theaterbesucher belässt bei der Abgabe seines Mantels an der Theatergarderobe einen geladenen Revolver in der Tasche. Ein Theaterangestellter (Logenschliesser) richtet den herausgefallenen Revolver zum Scherz auf einen Dritten und drückt – mit tödlicher Folge – ab (RGSt 34, 91); ähnlich ist auch der Fall in BGE 103 IV 12, 12 ff. (Vorführen der Dienstpistole).

**Fall 3:**

Wie Fall 1, jede Dosis hätte aber schon für sich allein zum Tod geführt.

**Fall 4:**

A vergiftet den C. Hätte er dies nicht getan, so hätte es zum selben Zeitpunkt und mit demselben Gift der B getan.

Zur Feststellung der notwendigen kausalen Verknüpfung von tatbestandsmässiger Handlung und tatbestandsmässigem Erfolg wird im Strafrecht gemeinhin die sog. *Äquivalenztheorie* herangezogen, wonach jede gesetzte Bedingung eines Taterfolgs gleich («äquivalent») zählt. Meist wird die Äquivalenztheorie dadurch näher bestimmt, dass eine Handlung nur dann als Ursache des eingetretenen Erfolges anzusehen ist, wenn sie nicht hinweggedacht werden kann, ohne dass der konkrete Erfolg entfiele.[56]

Diese conditio sine qua non-Formel führt zwar in den Fällen 1 und 2 zu dem richtigen Ergebnis, dass A *und* B je für sich kausal für den Todeseintritt wirken. Im **Fall 1** ist dies evident; es handelt sich um den Normalfall von Kausalität i.S. einer notwendigen Bedingung. Im **Fall 2** tritt *nach* Setzen einer Erstursache eine weitere Ursache in die Beziehung zum Erfolg. Der (äquivalente/natürliche) Kausalzusammenhang zwischen der Erstursache und dem Erfolg ist aber nicht etwa aufgehoben. Die erste notwendige Bedingung ist durch die zweite mit dem Taterfolg vermittelt (vermittelte Kausalität). Der Theaterbesucher ist also für den tatbestandsmässigen Erfolg genauso ursächlich wie der Logenschliesser.

**Fall 1:**
**Normalfall**

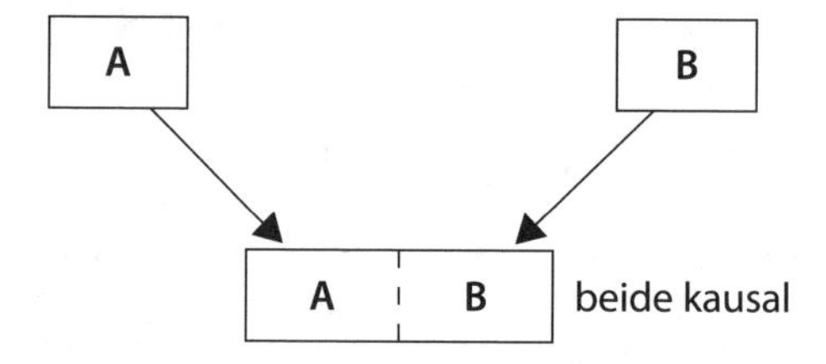


**Fall 2:**
**Vermittelte Kausalität**

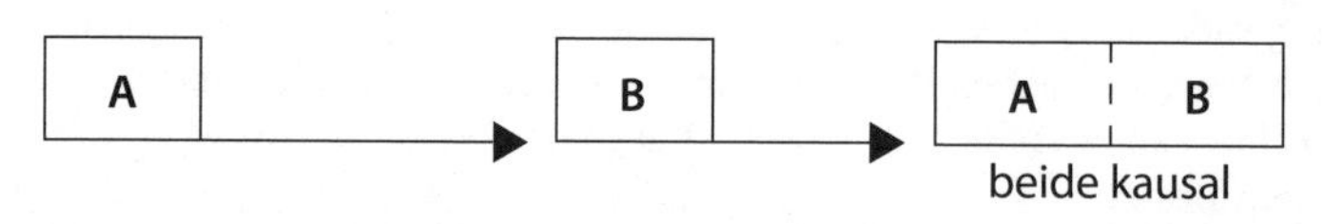


Die conditio sine qua non-Formel würde jedoch zur Verneinung der Kausalität in den **Fällen 3 und 4** führen. Im **Fall 3** liegt es so, dass jeder der Täter eine hinreichende, aber keiner eine notwendige Bedingung setzt («Doppelkausalität»). Nach der allein an der notwendigen Bedingung orientierten conditio sine qua non-Formel hätte *weder*

**56** Conditio sine qua non-Formel, anstelle vieler: BGE 116 IV 306, 310.

A *noch* B kausal gehandelt. Dies ist offenkundig unbefriedigend.[57] Dasselbe gilt für **Fall 4**, in welchem eine «hypothetische Kausalität» zum selben Taterfolg geführt hätte, die tatsächlich zum Taterfolg führende Handlung also gar keine notwendige Bedingung (wohl aber wieder eine hinreichende Bedingung) war. Unumstritten ist aber im Ergebnis, dass eine hinreichende Bedingung genauso als Kausalursache ausreicht wie eine notwendige Bedingung.[58] Folglich wird nicht nur in den **Fällen 1 und 2**, sondern auch in den **Fällen 3 und 4** eine Kausalität nach der Äquivalenztheorie allgemein bejaht.

**Fall 3:**
**Doppelkausalität**

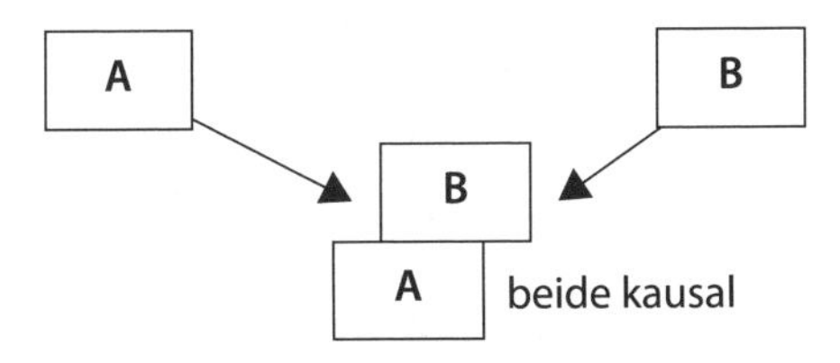


**Fall 4:**
**Hypothetische Kausalität mit gleichem Ergebnis**

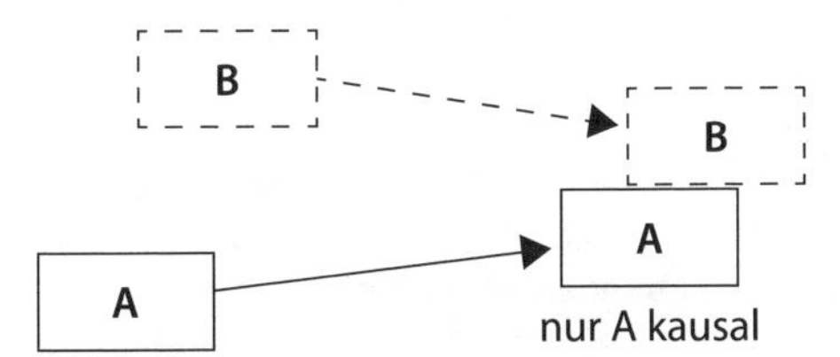


Die übereinstimmend vertretene Auffassung, dass auch in den **Fällen 3 und 4** Kausalität anzunehmen sei, hat dazu geführt, dass die conditio sine qua non-Formel heute bei der Bestimmung der Kausalität nach der Äquivalenztheorie meist ersetzt wird durch die Lehre, es komme darauf an, ob der Täter für den Erfolg in seiner konkreten Gestalt eine Bedingung gesetzt habe. Formuliert man so, dann erweisen sich die **Fälle 1 bis 4** klar als Fälle, in denen die Handlungen der Täter in einer Kausalbeziehung zum Taterfolg stehen.

Je komplizierter der Nachweis von Kausalwirkungen im naturwissenschaftlichen Bereich wird – etwa wenn es um Nebenwirkungen von pharmazeutischen Produkten oder um gesundheitsschädigende Wirkungen z.B. von Holzschutzmitteln geht – desto drängender stellt sich die Frage, ob zum Ausgleich die juristischen Anforderungen an die Kausalität reduziert werden sollten und ob man sich unter den Bedingungen der

---

**57** Dazu auch BSK-Jenny, Art. 12 N. 73.

**58** Nicht richtig gesehen in BGE 133 IV 171, wonach es bei hypothetischer Herbeiführung des Schadens durch andere Ursachen an einer Kausalität fehle.

«Risikogesellschaft» juristisch mit dem plausiblen Zusammenhang, der statistischen Wahrscheinlichkeit begnügen sollte. Dagegen spricht der Grundsatz «in dubio pro reo»: er würde auch dann verletzt, wenn man auf diese Weise Verletzungs- in Gefährdungsdelikte umdeuten wollte. Die rechtsstaatlich überzeugendere Vorgehensweise zum Schutz vor solchen Gefahren wäre deshalb die Schaffung von Gefährdungstatbeständen durch den Gesetzgeber.

In den meisten Fällen ist es aber gar nicht die Strenge des Kausalitätskriteriums, sondern seine Weite, die offensichtlich einer juristischen Korrektur bedarf. Man kann natürlich die Eltern des Mörders nicht einfach deshalb, weil sie als Eltern ihren Kausalbeitrag zur Tat – vor Jahrzehnten und ohne an einen späteren Mord ihres Kindes zu denken – geleistet haben, wegen Mordes zur Verantwortung ziehen. Das ist evident, und spätestens am Fehlen des Vorsatzes würde ihre Strafbarkeit ohnehin scheitern. Aber gibt es nicht schon im objektiven Tatbestand eine Handhabe, für sie die Zurechnung auszuschliessen?

## 2. Adäquanztheorie?

**Literatur** Killias, N. 406 f.; Stratenwerth, § 9 N. 25–28; Trechsel/Noll, 91 f., und 269 f.

**Übungsliteratur** Maihold, N. 33.

**Fall 5:**

A versucht den Motorradfahrer B durch ein als Verkehrsunfall getarntes Auffahren mit seinem Auto zu töten. B bleibt unverletzt, muss aber wegen Beschädigung seines Motorrades in einem Hotel übernachten. Infolge einer von einem Dritten begangenen Brandstiftung am Hotel kommt er ums Leben.

Es ist insbesondere die uferlose Weite der Äquivalenztheorie, die eine Ergänzung des Kausalurteils im Sinne einer zusätzlichen Einschränkung durch ein normatives – wertendes – Korrektiv erfordert. Das Bundesgericht hat dazu folgende Formel aufgestellt: Rechtserheblich ist eine natürliche Ursache nur dann, «*wenn sie nach dem gewöhnlichen Lauf der Dinge und nach der allgemeinen Lebenserfahrung geeignet war, einen Erfolg von der Art des eingetretenen herbeizuführen oder mindestens zu begünstigen*».[59] Diese Formel verwendet das Bundesgericht allerdings nur für Fahrlässigkeitsdelikte.[60] Ein Teil der Lehre wendet sie dennoch auch bei Vorsatzdelikten an,[61] während ein anderer Teil der Lehre wie das Bundesgericht bei Vorsatzdelikten in solchen Fällen eine Einschränkung der Zurechnung auf der subjektiven Tatbestandsseite (kein Vorsatz) vornimmt.[62]

59 Anstelle vieler: BGE 121 IV 10, 15; sog. Adäquanztheorie.
60 Vgl. BGE 126 IV 13, 17; 127 IV 62, 65; 130 IV 10.
61 Z.B. Stratenwerth, § 9 N. 25 und 28.
62 Etwa Donatsch/Tag, 112 f.

Das Bundesgericht verneint eine Adäquanz jedoch nur, wenn neben dem Verhalten des Täters ganz aussergewöhnliche Mitursachen hinzutreten, etwa Mitverschulden Dritter, «*... mit denen schlechthin nicht gerechnet werden musste und die derart schwer wiegen, dass sie als wahrscheinlichste und unmittelbare Ursache des Erfolgs erscheinen ...*».[63] Die Problematik ist auch unter dem Stichwort «Unterbrechung des adäquaten Kausalzusammenhangs» bekannt:[64] eine zusätzliche Ursache «unterbricht» nach dieser Vorstellung einen schon in Gang befindlichen Kausalzusammenhang. In **Fall 5** (der zeigt, dass die Problematik auch bei Vorsatzdelikten auftritt) liegen die Kriterien für das Fehlen eines solchen Adäquanzzusammenhangs vor. Es ist gänzlich atypisch, dass ein Verkehrsunfall zum Verbrennen im Hotel führt.

Dies ist zwar für diesen Fall im Ergebnis die richtige Lösung – nur ist sie mit der «Adäquanztheorie» unzureichend begründet. Gegen die Adäquanztheorie sprechen nämlich zwei Argumente. Zum einen ist es äusserst missverständlich, solche Einschränkungen der Zurechnung von Kausalität im Strafrecht ihrerseits als Kausalitätstheorie auftreten zu lassen. Wie der **Fall 5** zeigt, geht es da nicht um mehr oder weniger «wahrscheinliche» oder «unmittelbare» Kausalzusammenhänge und es wird auf der Ebene von Kausalität auch nichts «unterbrochen». Es handelt sich in Wirklichkeit um eine vom Kausalurteil deutlich zu unterscheidende wertende («normative») Einschränkung der Zurechnung kausaler Handlungen. Verschiedene Kausaldeterminanten werden eben *rechtlich* unterschiedlich gewichtet. Zum anderen erfasst der Begriff der Adäquanz überhaupt nicht alle Fälle einer sinnvollen wertenden Zurechnungseinschränkung noch im objektiven Tatbestand, wie sie heute erörtert werden. Es gibt Fälle, in denen zwar eine Handlung nach dem gewöhnlichen Lauf der Dinge und nach der Lebenserfahrung sehr wohl geeignet war, den Erfolg herbeizuführen, in denen aber andere wertende Erwägungen, z.B. dass es sich um ein erlaubtes Risiko gehandelt hat, eine Zurechnung ausschliessen.

Dies lässt es geraten erscheinen, die Fälle der Adäquanz in ein Gesamtkonzept einer Einschränkung der Zurechnung im objektiven Tatbestand («objektive Zurechnung») einzuordnen, wie dies heute in der Lehre auch zunehmend geschieht. Nur so lässt sich dieser gesamte Bereich hinreichend differenzieren und systematisieren.

**63** BGE 121 IV 10, 15.
**64** Vgl. BGE 122 IV 17, 23.

## 3. Objektive Zurechnung

**Literatur** Eicker, Nichts ist sicher: die strafrechtliche Risikoverringerungslehre auf dem Prüfstand, ZStrR 2010, 417–428; Moos, Objektive Zurechnung und sozialadäquates Verhalten bei wertneutraler Gehilfenschaft, in: Donatsch/Forster/Schwarzenegger (Hrsg.), Strafrecht, Strafprozessrecht und Menschenrechte, FS für Stefan Trechsel zum 65. Geburtstag, Zürich 2002, 477; Riklin, § 13 N. 41 ff.; Stratenwerth, § 9 N. 29–46.

**Übungsliteratur** Eymann u.a., Fälle 7, 8, 11; Maihold, N. 34–37.

**Fall 6:**

A schiesst auf B. C gelingt es, den B im letzten Augenblick zur Seite zu stossen, so dass der Schuss B nicht in die Brust, sondern nur in den Arm trifft.

**Fall 7:**

Neffe N überredet seinen Onkel O zu einer Flugreise in der Hoffnung, der O werde so ums Leben kommen. Dies geschieht tatsächlich bei einem Flugzeugabsturz.

**Fall 8:**

A überredet den B, der ein guter Skifahrer ist, zu einer Skitour in der Hoffnung auf einen tödlichen Unfall. Tatsächlich verunglückt B an einer vereisten Stelle am Waldrand tödlich.

**Fall 9:**

A sticht auf B ein, um ihn zu töten. B wird leicht verletzt ins Spital eingeliefert und dort von einem Amokläufer tödlich verletzt.

Niemand ist für alles zuständig. Das hat auch Auswirkungen im Strafrecht. Man ist dort nicht zuständig für einen Taterfolg, den man sich zwar wünscht, den aber letztlich Dritte oder der Zufall herbeiführen. Dies gilt sogar dann, wenn man selbst eine Ursache gesetzt hat, falls nur bei verständiger Bewertung der Situation ein Dritter oder der Zufall vorrangig zuständig waren. Die Tat kann dann am Handelnden vorbei erklärt und verarbeitet werden; es fehlt bereits an der «objektiven Zurechnung» und damit am objektiven Tatbestand.

Die objektive Zurechnung oder, genauer, die Beachtung von Gründen für das Fehlen der objektiven Zurechnung, ist ursprünglich in der Dogmatik der Fahrlässigkeitsdelikte entwickelt worden, da bei Vorsatzdelikten das Korrektiv des Vorsatzes sowie die bereits erwähnte «Adäquanztheorie» in vielen Fällen den weiten Bereich kausaler Handlungen auf strafrechtlich relevante Fälle eingrenzen konnte. Die **Fälle 6 bis 9** zeigen jedoch, dass bei Handlungen, in denen der Taterfolg (im **Fall 6** für C) nicht zugerechnet wird, gleichwohl der Vorsatz nicht zu entfallen braucht (in jedem dieser Fälle liegt Vorsatz vor, was im Fall 9 auch zur Versuchsstrafbarkeit führt) und dass die alte Adäquanzlehre höchstens einen dieser Fälle (**Fall 9**, der in der Bewertung **Fall 5** gleicht) zufriedenstellend lösen könnte.

Im Einzelnen entfällt die objektive Zurechnung auch bei Vorsatztaten in folgenden Fallkonstellationen:

a) wenn der Täter gar kein Risiko für einen anderen geschaffen oder erhöht hat, insbesondere, wenn er ein bestehendes *Risiko* sogar *verringert* hat (**Fall 6** in der Person des C, dessen Handeln immerhin kausal für die Armverletzung war);[65]

b) wenn der Täter zwar ein Risiko geschaffen hat, dieses *Risiko* aber *nicht rechtlich relevant* ist, weil es ein sozial normales Minimalrisiko ist (**Fall 7**) oder aber ein zwar nicht ganz unbeträchtliches, aber sozial allgemein akzeptiertes Risiko (**Fall 8**). Man spricht in solchen Fällen von «Sozialadäquanz» oder «erlaubtem Risiko»[66] Die Beantwortung der Frage, welche Risiken in einer bestimmten Gesellschaft als «sozialadäquat» gelten, enthüllt natürlich bei genauerem Hinsehen ein höchst aufschlussreiches Gesamtbild der jeweiligen Kultur. Es bestimmt darüber, welche Kausaldeterminanten wir von vornherein als irrelevant für die strafrechtliche Zurechnung erachten. Gerade hier gibt es nicht selten Veränderungen. Mag also sein, dass man in Zukunft z.B. bestimmte Arten der Energieerzeugung, bestimmte Verkehrsmittel, bestimmte Sportarten oder bestimmte Geschäftsgebahren nicht mehr für «sozialadäquat» hält, die es heute noch sind;

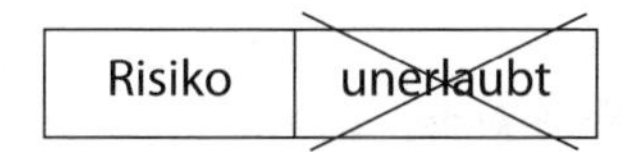


c) wenn der Täter zwar ein unerlaubtes Risiko geschaffen hat, dieses unerlaubte Risiko sich aber im Taterfolg nicht verwirklicht (**Fall 9**). Dies ist insbesondere bei gänzlich atypischen Geschehensabläufen der Fall: dass jemand *gerade im Spital* von einem Amokläufer getötet wird, halten wir für einen «Zufall» – es hätte auch anderswo passieren können. Wir rechnen es deshalb nicht mehr zur «Zuständigkeit» dessen, der den Spitalaufenthalt verursacht hat.

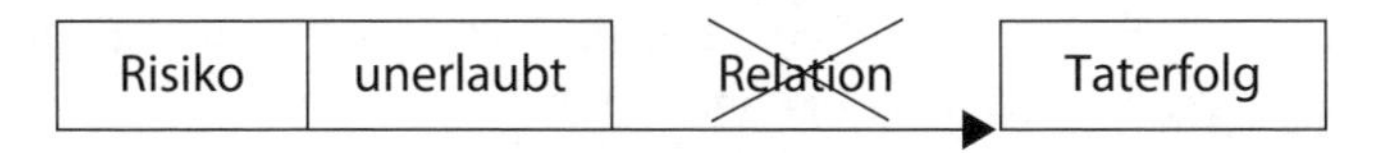


Als Grundgedanke für das Entfallen der objektiven Zurechnung in all diesen Fallkonstellationen (Fehlendes Risiko, erlaubtes Risiko, fehlender Zusammenhang von unerlaubtem Risiko und Erfolg) lässt sich formulieren, dass das Verhalten des Täters nicht vom Schutzzweck der Verbotsnorm erfasst wird.

---

**65** Eine sachgerechte Lösung dieser Fälle im Wege der Rechtfertigungsgründe schlägt Eicker 417 ff. vor.

**66** Vgl. BGE 126 IV 13, 17.

Insbesondere bei Fahrlässigkeitsdelikten werden noch andere Gründe für das Entfallen der objektiven Zurechnung erörtert (pflichtgemässes Alternativverhalten, Eigenverantwortlichkeit des Opfers), die dort (unten VIII. 3.) näher zu betrachten sind.

### 4. Einwilligung des Rechtsgutsträgers

**Literatur** Arzt, Willensmängel bei der Einwilligung, Frankfurt a.M. 1970; Geerds, Einwilligung und Einverständnis des Verletzten, Diss. Kiel 1953; Göbel, Die Einwilligung im Strafrecht als Ausprägung des Selbstbestimmungsrechts, Frankfurt a.M./Bern/New York/Paris 1992; Graven/Sträuli, N. 45; Geth, Passive Sterbehilfe, Diss. Basel 2010; Haefliger, Über die Einwilligung des Verletzten im Strafrecht, ZStrR 1952, 92; Hinderling, Die ärztliche Aufklärungspflicht, in: Hinderling (Hrsg.), Persönlichkeit und subjektives Recht, Basel 1963, 53; Jossen, Ausgewählte Fragen zum Selbstbestimmungsrecht des Patienten beim medizinischen Heileingriff, Bern 2009; Noll, Übergesetzliche Rechtfertigungsgründe, im Besonderen die Einwilligung des Verletzten, Basel 1955; ders., Tatbestand und Rechtswidrigkeit, ZStW 1965, 1; Hurtado Pozo, Droit pénal, Partie spéciale, Nouvelle édition refondue et augmentée, Genf/Zürich/Basel 2009; Schwenter, De la faute sportive à la faute pénale, ZStrR 1991, 321; BSK-Seelmann, Vor Art. 14 N. 6–21; Stratenwerth, § 10 N. 3–23; Tag, Strafrecht im Arztalltag, in: Kuhn/Poledna (Hrsg.), Arztrecht in der Praxis, 2. Aufl., Zürich 2007; Thommen, Medizinische Eingriffe an Urteilsunfähigen und die Einwilligung der Vertreter, Basel 2004; Trechsel/Noll, § 27/H.; Waiblinger, Rechtfertigungsgründe IV, SJK 1958, N. 1207; Weissenberger, Die Einwilligung des Verletzten bei Delikten gegen Leib und Leben, Basel 1996.

**Übungsliteratur** Maihold, N. 38–41.

**Fall 10:**

Frau A erklärt sich gegenüber Ärzten des Universitätsspitals damit einverstanden, dass ihr eine schwer erkrankte Niere entnommen wird. Diese Operation ist medizinisch indiziert.

Nach einem allgemein anerkannten und zivilrechtlich auch ausdrücklich festgelegten (Art. 28 Abs. 2 ZGB) Grundsatz schliesst die Einwilligung des Rechtsgutsträgers das Unrecht der Tat aus («volenti non fit iniuria»), wenn der Einwilligende zur Disposition über das Rechtsgut befugt ist.[67] Jeder soll – in noch zu erörternden Grenzen – über den Bestand seiner Güter selbst entscheiden können. Gleichwohl verzichtet auch noch der neue Allgemeine Teil auf eine Kodifizierung der Einwilligung mit der Begründung, ihre Tragweite sei noch zu unbestimmt.[68]

#### a) Allgemeines

Umstritten ist die systematische Einordnung der Einwilligung: Ob es sich dabei um einen Grund für den Ausschluss des Tatbestandes oder um einen Rechtfertigungsgrund handelt, ist zweifelhaft. Die heute wohl noch h.M. differenziert[69] zwischen Si-

67 BGE 99 IV 208, 210 f.; 100 IV 155, 159; 109 IV 102, 105; Noll, 59 ff.; Stratenwerth, § 10 N. 3–24.

68 Botschaft 1998, 2003.

69 Im Anschluss an Geerds.

tuationen, in denen die Einwilligung bereits den Tatbestand ganz offensichtlich ausschliesst (in diesem Fall terminologisch als «Einverständnis» bezeichnet, vgl. etwa Art. 139, Art. 179ter, Art. 181, Art. 186) und solchen Situationen, in denen man annimmt, sie habe als Rechtfertigungsgrund zu gelten. Ein Tatbestandsausschluss wird von den Vertretern dieser Auffassung dort angenommen, wo (wie bei der Nötigung oder beim Hausfriedensbruch) eine Tat überhaupt nur bei mangelnder Einwilligung denkbar ist.[70] Eine neuere Auffassung schliesst demgegenüber bei Einwilligung immer bereits den Tatbestand aus.[71]

Die Entscheidung zwischen diesen beiden Auffassungen hängt vom jeweils verwendeten Rechtsgutsbegriff und vom Grundverständnis von Rechtfertigung ab. Geht man davon aus, dass das Rechtsgut als rechtlich geschütztes Interesse (z.B. Eigentum, körperliche Unversehrtheit) vom Rechtsgutsobjekt (z.B. einer bestimmten Sache, einem bestimmten menschlichen Körper) zu unterscheiden ist, so fehlt es bei einer Einwilligung des Berechtigten von vornherein an einer Rechtsgutsverletzung, weil gar nicht einem rechtlich geschützten Interesse zuwider gehandelt wird. Und geht man weiter davon aus, dass Rechtfertigung bei Verletzung eines Rechtsguts um der Wahrung eines höherwertigen Rechtsguts oder Interesses willen erfolgt (Prinzip der Güter- oder Interessenabwägung,[72] dazu unten III. 1. a), so fehlt es nach richtiger Auffassung bei der Einwilligung gerade mangels Rechtsgutsverletzung an dieser Rechtfertigungs-Konstellation und es entfällt deshalb bereits bei jeder wirksamen Einwilligung die Verwirklichung eines Straftatbestands.[73] Im Übrigen lässt sich die Differenzierung zwischen Tatbestandsausschluss und Rechtfertigung durch Einwilligung gar nicht konsequent durchhalten, da es viele schwer zuzuordnende Tatbestände gibt (z.B. Beschimpfung, Art. 177; Freiheitsberaubung, Art. 183: Tat nur bei mangelnder Einwilligung des Berechtigten denkbar?; Vergewaltigung, Art. 190: nur durch Täuschung erschlichene oder auch durch Drohung erpresste Einwilligung relevant?).

Gleichwohl ist der traditionellen Unterscheidung von Einwilligung und Einverständnis darin beizupflichten, dass es unterschiedliche Anforderungen an die Einwilligung geben kann. Diese folgen aber aus der Struktur des jeweiligen Tatbestands und haben nichts mit der Unterscheidung von Tatbestandsausschluss und Rechtfertigung zu tun.[74]

### b) Voraussetzungen einer wirksamen Einwilligung

Die Voraussetzungen der Einwilligung sind folgende:

1. *Verfügungsbefugnis über das Rechtsgut.* Disponibel sind nur Individualinteressen (z.B. körperliche Unversehrtheit, persönliche Freiheit, Vermögen, Ehre, Hausfrieden).[75] Über Rechtsgüter der Allgemeinheit kann der Einzelne nicht verfü-

**70** Stratenwerth, § 10 N. 8.

**71** Maihold, N. 40; BSK-Seelmann, Vor Art. 14 N. 6 ff.; Weissenberger, 40.

**72** Noll, ZStW 1965, 8 ff.; vgl. aber Stratenwerth, ZStW 1956, 41 ff.

**73** Ausführlich Roxin, § 13 B N. 12 ff. m.N.

**74** So auch Stratenwerth, § 10 N. 10; Jossen, 57 f.

**75** BGE 102 IV 1, 3; 104 IV 53, 55.

gen.[76] Aber auch die Dispositionsfreiheit über individuelle Rechtsgüter hat Grenzen:[77] sie ergeben sich z.B. aus Art. 114, der eine Tötung trotz ernsthaften und eindringlichen Verlangens des Opfers doch für (gegenüber Art. 111 allerdings vermindert) strafbar erklärt. Selbst die körperliche Integrität ist nicht uneingeschränkt disponibel. Z.T. wird die Disposition dem Einzelnen durch Gesetz entzogen, wie in Art. 95 MStG. Auch bei Körperverletzungen – als welche nach dem BGer auch die medizinische Heilbehandlung tatbestandlich gilt, wenn sie ohne Einwilligung erfolgt[78] – soll der Einzelne selbst im Falle der Einwilligung noch strafrechtlich geschützt werden: Bei einer schweren Körperverletzung nach Art. 122 wird verlangt, dass diese medizinisch geboten sei oder es sich um eine Organspende unter Lebenden handle.[79]

Dieser durch den Staat ausgeübte eingeschränkte (eingeschränkt, weil am langfristigen Interesse des Rechtsgutsträgers selbst orientiert) Paternalismus («soft paternalism») wird allgemein akzeptiert, da er den Einzelnen um seiner eigenen langfristigen Interessen willen vor kurzschlüssigem Verzicht auf den Schutz von Leib und Leben bewahren soll.[80] Kontrovers diskutiert wird aber, ob dieser Grundgedanke auch dem Problem der Sterbehilfe für unheilbar Leidende gerecht wird,[81] wo freilich andere Erwägungen (Schutz vor Pressionen von Angehörigen und vor ökonomischen Effizienzüberlegungen) den «soft paternalism» legitimieren mögen.

2. Die Einwilligung muss *vor der Tat erteilt* worden[82] und dabei nach aussen hervorgetreten sein; weder reicht das blosse Geschehenlassen oder der blosse Einwilligungswille des Einwilligenden aus, noch ist rechtsgeschäftliche Wirkung im zivilrechtlichen Sinn erforderlich.[83] Die Einwilligung ist als Ausfluss der allgemeinen Handlungsfreiheit jederzeit frei widerruflich.[84] Ist keine Einwilligung erklärt, kommt eine mutmassliche Einwilligung in Betracht (dazu unten III. 3). Auch eine stillschweigende (konkludente) Erteilung ist möglich, z.B. durch Teilnahme an sportlichen Aktivitäten mit bekannten Verletzungsgefahren.[85] Die blosse Inkaufnahme eines Risikos bedeutet aber regelmässig noch keine Einwilligung in die Verwirklichung dieser Gefahr. Hinzukommen muss, dass die konkrete Sportart regelmässig Verletzungen der fraglichen Art mit sich bringt.[86] Von der Einwilligung nicht gedeckt sein dürften absichtliche oder grobe Verletzungen der Spiel-

**76** Waiblinger, SJK, Nr. 1207, 5.
**77** Waiblinger, SJK, Nr. 1207, 3, 7.
**78** BGE 99 IV 208, 210 f. So auch Tag, Strafrecht im Arztalltag, 673; a.A. Hurtado Pozo, Partie spéciale, N. 453 ff.; Noll, ZStW 1965, 23 f.; Stratenwerth/Jenny/Bommer, BT I, § 3 N. 16 f.
**79** Weitere Beispiele bei Trechsel/Noll, 139 f.
**80** Weissenberger, 121 ff.
**81** Schultz, SÄZ 1984, 1019 ff.; Tag, Strafrecht im Arztalltag, 732 ff.
**82** Dazu unv. BGE vom 5.4.2000, 6S.835/1999.
**83** Einschränkend Haefliger, ZStrR 1952, 98 ff.
**84** Dazu ausführlich Göbel, 137 ff.; Donatsch/Tag, 249; Killias, N. 728.
**85** BGE 109 IV 102, 105 f.
**86** Vögeli, Strafrechtliche Aspekte der Sportverletzungen, im Besonderen die Einwilligung des Verletzten im Sport, Diss. Zürich 1974, 162 ff.

regeln, die den Schutz der Spieler vor Verletzungen bezwecken.[87] Die Abgrenzung der strafbaren von der straflosen Sportverletzung ist im Wesentlichen ein Problem der Sozialadäquanz bzw. des erlaubten Risikos.[88]
Die Einwilligung kann auch generell ausgesprochen und an Bedingungen geknüpft werden, die dann vom Handelnden zu beachten sind.[89] In der Literatur wird über die Wirksamkeit der Vorab-Einwilligung, wie sie als Patientenverfügung im Bereich der Sterbehilfe,[90] bei der Organspende ex mortuo und der drittnützigen Forschung[91] anzutreffen ist, gestritten. Mitunter wird sie für gleichermassen verbindlich gehalten wie eine aktuelle Einwilligung und auch das künftige, voraussichtlich 2013 in Kraft tretende Erwachsenenschutzrecht geht ein Stück weit in diese Richtung. Die Wirksamkeit der Patientenverfügung ist aber unbestritten aufgehoben, wenn Lebensäusserungen oder wichtige Indizien vorliegen, die auf einen Sinneswandel schliessen lassen.[92] Da die Vorab-Einwilligung nicht weniger strengen Kriterien hinsichtlich der Aufklärung in den Eingriff unterliegen darf als eine aktuelle Einwilligung, wird man ihr, jedenfalls soweit sie einen Eingriff erlauben und nicht lediglich ausschliessen soll, sogar generell lediglich Indizcharakter für den mutmasslichen Willen einräumen können und zu fragen haben, ob der Patient auch bei hinreichender Aufklärung im Eingriffszeitpunkt eingewilligt hätte.[93]
Bei Rechtsgütern von Unmündigen wirkt die stellvertretende Einwilligung ihrer gesetzlichen Vertreter unrechtsausschliessend.[94] Trotz der im Strafrecht unüblichen Fiktion bestehen dagegen keine grundsätzlichen Bedenken, wird doch nur dadurch eine medizinisch notwendige Operation und ihre Kontrolle durch Obhutspersonen gewährleistet.

3. *Einsicht in das Wesen und die Tragweite des Verzichts auf den Schutz des Rechtsguts (Einwilligungsfähigkeit).* Daran fehlt es, wenn der Einwilligende den Wert oder den Rang des betreffenden Gutes oder Interesses, die Folgen und Risiken oder etwaige Alternativen seiner Entscheidung nicht erfassen kann.[95] Zivilrechtliche Geschäftsfähigkeit gem. Art. 13 ZGB ist hierfür allerdings nicht erforderlich, viel-

---

**87** BGE 121 IV 249, 253 ff.; für den Fall der Spielregeln des Internationalen Eishockey Verbands (IIHF) bestätigt in BGE 134 IV 26; Vögeli, Sportverletzungen, 183.

**88** Donatsch, ZStrR 1990, 405 ff.; Roth, Le droit pénal du sport, in: Dallèves/Baddeley (Hrsg.), Chapitres choisis du droit du sport, Genf 1993, 105 f.; Schwenter, ZStrR 1991, 328; Weissenberger, 169 ff.

**89** BGE 100 IV 155, 159 f.

**90** Dazu Geth, 92 ff.

**91** Dazu jetzt Art. 54 Abs. 2 Heilmittelgesetz.

**92** Brückner, Die Rechtfertigung des ärztlichen Eingriffs in die körperliche Integrität gemäss Art. 28 Abs. 2 ZGB, ZSR 1999, 451, 472, 474; Reusser, Patientenwille und Sterbebeistand, Zürich 1994, 142 ff.

**93** Tag, Strafrecht im Arztalltag, 739 f.; so auch: Medizinisch-ethische Grundsätze der SAMW, Recht der Patientinnen und Patienten auf Selbstbestimmung, SÄZ 2006, 103–110.

**94** Dazu Thommen, Medizinische Eingriffe an Urteilsunfähigen und die Einwilligung der Vertreter, Basel 2004.

**95** Amelung, ZStW 1992, 558.

mehr reicht grundsätzlich die «natürliche» autonome Urteilsfähigkeit, wie sie auch im Deliktsrecht (Art. 54 OR) massgeblich ist.[96] Auf feste Altersgrenzen kommt es deshalb nicht an. Je nach Art des betroffenen Rechtsgutes und des beabsichtigten Eingriffs sind die Anforderungen an die Einwilligungsfähigkeit unterschiedlich.[97] Zudem zeigen sich gerade bei dieser Wirksamkeitsvoraussetzung der Einwilligung die Unterschiede zwischen den Tatbeständen: Bei der Beschimpfung beispielsweise muss für die Wirksamkeit der Einwilligung beim Einwilligenden ein Verständnis nicht nur vom Rechtsgut Ehre überhaupt, sondern auch von der sozialen Bedeutung der jeweiligen Handlung vorhanden sein. Bei der Einwilligung in ärztliche Eingriffe muss die konkrete Einsichts- und Urteilfähigkeit gerade in Bezug auf den konkret vorgesehenen Eingriff gegeben sein. Dem Arzt, der einen Eingriff vornehmen will, obliegen deshalb strenge Aufklärungspflichten, damit der Patient zu einer eigenverantwortlichen Entscheidung überhaupt in der Lage ist.[98] Hätte bei pflichtgemässer Aufklärung der Patient dem Eingriff wirksam zugestimmt (hypothetische Einwilligung), so entfällt allerdings unter dem Gesichtspunkt der objektiven Zurechnung (pflichtgemässes Alternativverhalten, vgl. unten C. VIII. 3., zu 2.) eine vollendete Körperverletzung.

4. *Keine Willensmängel.* Ernsthaftigkeit, Freiwilligkeit und Irrtumsfreiheit müssen gegeben sein. Täuschung oder auch nur unzureichende Aufklärung über einen Eingriff machen die Einwilligung unwirksam, da sie dann nicht in Kenntnis der Tragweite des Eingriffs erfolgt und folglich nicht Ausfluss des allgemeinen Freiheitsrechts sein kann.[99] Auch wirtschaftliche Not kann zur Unwirksamkeit führen, wenn sie die Entscheidungsfreiheit des Einwilligenden einschränkt. Das formale Einverständnis der Prostituierten kann daher den Täter einer Förderung der Prostitution (Art. 195 Abs. 3 StGB) nicht entlasten, wenn die Prostituierte nach den vom Täter vorgegebenen Umständen ihren Lebensunterhalt nur durch Prostitution bestreiten konnte.[100] Eine täuschungsbedingte Einwilligung schliesst die Rechtfertigung aber nur aus, sofern der Willensmangel die Kenntnis der Verletzungsbedeutung des akzeptierten Eingriffs hindert, er also «rechtsgutsbezogen» ist[101] oder, im Fall eines Motivirrtums, ein altruistisches Motiv zur Preisgabe eines verletzten Rechtsguts betrifft (der Mutter wird vorgespiegelt, ihr verunglücktes Kind brauche eine Hornhauttransplantation und sie opfert daraufhin ein Auge[102]). Andere Motivirrtümer (jemand bietet für einen körperlichen Eingriff Geld, bezahlt dann aber nicht) beeinträchtigen wohl nicht das Freiheitsrecht.
5. Subjektives Element. Erforderlich ist ein Handeln in Kenntnis und aufgrund der Einwilligung. Eine objektiv gegebene Einwilligung schliesst zwar den objektiven Tatbestand aus – wegen der ggf. verbleibenden Versuchsstrafbarkeit ist aber für

**96** Göbel, 78 ff.
**97** Tag, Strafrecht im Arztalltag, 697 ff.
**98** Dazu Hinderling, 49 ff.; Schultz, SÄZ 1984, 1015 ff.
**99** Donatsch/Tag, 250.
**100** BGE 129 IV 81, 86 ff.
**101** Arzt, Willensmängel, 17 ff.
**102** Beispiel bei Roxin, § 13, N. 74.

die gänzliche Straflosigkeit das subjektive Element vorausgesetzt. Bei Unkenntnis des Täters von der Einwilligung kommen nach der hier vertretenen Auffassung, ebenso wie bei hypothetischer Einwilligung (vgl. oben 3. am Ende), ganz konsequent die Regeln über den Versuch zur Anwendung. Einer Analogie bedarf es hierfür – anders als bei den Vertretern einer bloss rechtfertigenden Wirkung der Einwilligung[103] – nicht.
Erliegt andererseits der Täter der irrigen Annahme einer Einwilligung, so liegt ein Sachverhaltsirrtum gem. Art. 13 vor.

Im **Fall 10** liegen die Voraussetzungen 1 bis 5 vor, vorausgesetzt, dass Frau A hinreichend über Risiken und Folgen des Eingriffs für sie aufgeklärt worden ist. Da die Operation zudem medizinisch geboten ist, entfällt der bei einem «wichtigen Organ» sonst anwendbare Tatbestand der schweren Körperverletzung (Art. 122).

## II. Subjektiver Tatbestand

**Literatur** Donatsch/Tag, § 9; Graven/Sträuli, 59 ff.; Hegel, Grundlinien der Philosophie des Rechts (1821), §§ 117 ff., in: Suhrkamp-Ausgabe Bd. 7, 217 ff.; Killias, N. 203 ff.; Stratenwerth, § 9 N. 48–56; Trechsel/Noll, 76; Welzel, Das neue Bild des Strafrechtssystems, 4. Aufl., Göttingen 1961; Vest/Weber, Anmerkungen zur Diskussion über den Eventualvorsatz bei Raserfällen, ZStrR 2009, 443–457.

**Übungsliteratur** Eymann u.a., Fälle 4, 7, 10; Maihold, N. 42–48.

Es darf als Ergebnis der philosophischen Auseinandersetzungen des frühen 19. Jahrhunderts und der Strafrechtsdogmatik im zweiten Drittel des 20. Jahrhunderts gelten, dass sich die soziale Bedeutung einer menschlichen Handlung nur erschliesst, wenn man sie unter Einschluss ihrer individuellen subjektiven Bezüge erfasst. Den subjektiven Bezug des Täters auf seine Tat in deren allgemeiner sozialer Bedeutung, seinen «Vorsatz» (dazu 1. unten), rechnet man deshalb heute üblicherweise bereits zum Tatbestand. Erst dieser aus objektiven und subjektiven Elementen zusammengesetzte Tatbestand kann dann Gegenstand eines objektiven Rechtswidrigkeitsurteils sein,[104] auf das sich schliesslich wiederum das Unrechtsbewusstsein als subjektives Element – der Kern der «Schuld» (unten IV.) – bezieht.

Damit ergibt sich eine doppelte Abfolge im Verhältnis von objektiven und subjektiven Zurechnungsebenen: Auf die Feststellung des objektiven Tatbestands folgt die Frage, ob der Täter sich darauf subjektiv bezogen hat (subjektiver Tatbestand), und auf die Feststellung der objektiven Rechtswidrigkeit folgt in der Schuld die Frage, ob dieser Umstand vom Täter subjektiv erfasst wurde oder werden konnte:

**103** Z.B. Waiblinger, SJK, Nr. 1207, 10.
**104** Die traditionelle «applicatio legis ad factum», s.o., C am Anfang sowie im Folgenden III.

| Tatbestand | *objektiver*<br>*subjektiver* |
|---|---|
| Rechtswidrigkeit<br>(*objektives* Urteil über die *Rechtslage*, für welches freilich mitunter Handlungsmotive des Täters bereits eine Rolle spielen können) | |
| Schuld<br>(mit Unrechtsbewusstsein als Kern – *subjektiver* Bezug auf die Rechtswidrigkeit) | |

Dass subjektive Elemente der Tat bereits zum Tatbestand gehören können (und nicht erst, wie die ältere Lehre annahm, zur Schuld), zeigt sich bereits an der ausdrücklichen Benennung solcher subjektiven Elemente in einzelnen gesetzlichen Tatbeständen, die von jeher auch von der älteren Lehre als Tatbestandsmerkmale verstanden wurden. So fordert etwa der Diebstahlstatbestand (Art. 139 Ziff. 1) einen Aneignungswillen und eine Bereicherungsabsicht – letztere verlangt u.a. auch der Betrugstatbestand (Art. 146 Abs. 1). Allerdings handelt es sich bei solchen in einzelnen Tatbeständen genannten Merkmalen nicht um Elemente des Vorsatzes, dessen Erfordernis bereits Art. 12 Abs. 1 im Allgemeinen Teil für den Normalfall statuiert, sondern um zusätzliche subjektive Tatbestandsmerkmale (dazu unten 2.).

## 1. Vorsatz

Nach Art. 12 Abs. 1 sind Verbrechen und Vergehen nur strafbar, wenn sie vorsätzlich begangen werden, es sei denn, auch eine fahrlässige Tatbegehung wird ausdrücklich im Gesetz erfasst. Straftatbestände ohne besonderen Hinweis auf den subjektiven Tatbestand sind daher Vorsatzdelikte. Der Vorsatz ist im Gutachten im subjektiven Tatbestand als dessen wichtigster – und in der Regel einziger – Bestandteil zu prüfen.

### a) Abgrenzung zwischen Vorsatz und Fahrlässigkeit; der Begriff des Vorsatzes

**Literatur** BSK-Jenny, Art. 12 N. 18–56; Donatsch/Tag, § 9/2.2; Killias, N. 321 f.; Mühlbauer, Urteile zum Eventualvorsatz, ius.full 2003, 60; Schultz, Eventualvorsatz, bedingter Vorsatz und bedingter Handlungswille, FS-Spendel, Berlin 1992, 303–316; Stratenwerth, § 9 N. 57–60 und 100–109; Trechsel/Noll, 89–103.

**Übungsliteratur** Eymann u.a., Fall 7; Maihold, N. 45 m.w.N. am Ende.

**Fall 11 (BGE 130 IV 58):**

A fuhr mit seinem Wagen von Hochdorf in Richtung Gelfingen. Kurz nach Hochdorf schloss B in einem zweiten Wagen auf. A beschleunigte und fuhr mit übersetzter Geschwindigkeit, B folgte ihm in geringem Abstand. Zwischen den beiden Lenkern entwickelte sich ein spontanes Autorennen. B überholte erst A, dann A wieder B, jeweils mit Geschwindigkeiten bis zu 140 km/h. Eng hintereinander bzw. nebeneinander fuhren beide mit 120–140 km/h in die Ortschaft Gelfingen hinein, wo A die Herrschaft über seinen Wagen verlor und zwei jugendliche Fussgänger tödlich verletzte.

Im **Fall 11** ist über das Vorliegen eines Tötungsvorsatzes zu entscheiden. Die Definition des Vorsatzes findet sich in Art. 12 Abs. 2: Vorsatz ist die Ausführung der Tat mit «Wissen und Willen». Bei der Bestimmung des Vorsatzes ist entscheidend, worin die Mindestvoraussetzungen für «Wissen und Willen» liegen.

Diejenige Vorsatzform, die nur die Mindestvoraussetzungen enthält, wird «Eventualvorsatz» genannt. Grundsätzlich genügt, wo immer das Gesetz den Vorsatz fordert (vgl. Art. 12 Abs. 1: wenn es das Gesetz nicht ausdrücklich anders bestimmt), dieser Eventualvorsatz.

Der Eventualvorsatz, der nun auch im Gesetz (Art. 12 Abs. 2) eine ausdrückliche Regelung gefunden hat, setzt als intellektuelles Moment («Wissen») das «Fürmöglich-halten» aller objektiven, unrechtsbegründenden Tatumstände (aller objektiven Tatbestandsmerkmale) voraus. Als Mindestvoraussetzung für das voluntative Element «Willen» bedarf es der den Taterfolg «in-Kauf-nehmenden» inneren Einstellung des Täters zur Tatbestandsverwirklichung.[105] Insbesondere dieses voluntative Element dient zur Abgrenzung von Eventualvorsatz und bewusster Fahrlässigkeit. Eventualvorsatz liegt also vor, wenn der Täter den Eintritt des tatbestandlichen Erfolgs zwar nicht mit Gewissheit voraussieht, aber doch ernsthaft für möglich hält und ihn für den Fall des Eintritts in Kauf nimmt, d.h. sich damit abfindet,[106] auch wenn er nicht seinen Wünschen entspricht.

Wenn die Rechtsprechung in diesem Zusammenhang gelegentlich von «Billigen» gesprochen hat, so ist damit keine positive Stellungnahme des Täters zum Taterfolg gemeint, sondern auch nichts anderes als das «Inkaufnehmen» oder «Sich-Abfinden».[107] Auf das Einverständnis des Täters mit dem Eintritt des Erfolgs muss nach der Rechtsprechung geschlossen werden, wenn sich der Erfolg seines Verhaltens als so wahrscheinlich aufdrängte, dass sein Verhalten vernünftigerweise nur als Inkaufnahme dieses Erfolgs ausgelegt werden kann.[108] Dann aber sind nach dieser «Beweisregel» Inkaufnahme, Billigen oder Sich-Abfinden nur Floskeln dafür, dass der Täter den Taterfolg für möglich hält und nichts dafür spricht, dass er sich auf den Nichteintritt des Erfolgs verlässt. Das ergibt sich weiter daraus, dass bewusste Fahrlässigkeit nach der Rechtsprechung des Bundesgerichts vorliegt, wenn der Täter den Taterfolg als möglich voraussieht, sich aber innerlich darauf verlässt, dass er nicht eintreten wird. Wer auf den Nichteintritt selbst eines für wahrscheinlich gehaltenen Erfolges vertraut, handelt nicht mit Eventualvorsatz.[109] Dieses Vertrauen darf sogar leichtfertig oder frivol sein – allerdings reicht nicht die blosse (unberechtige) Hoffnung, die Sache werde glimpflich ausgehen.[110]

**105** Näheres bei Stratenwerth, § 9 N. 102 ff.

**106** BGE 96 IV 99, 100 f.; 103 IV 65, 68.

**107** BGE 96 IV 99, 100 f.; 125 IV 242, 251.

**108** BGE 80 IV 184, 191; 101 IV 42, 46.

**109** BGE 96 IV 99, 100 f.; 98 IV 65, 66; 103 IV 65, 68 f.; 105 IV 12, 14.

**110** BGE 130 IV 58, 64.

## Kurzformeln[111]

| | |
|---|---|
| Eventualvorsatz | Den Erfolg als möglich voraussehen und dennoch in Kauf nehmen, billigen, hinnehmen.<br>(Ist demgegenüber der Täter des Taterfolgs sicher, spricht man von «direktem Vorsatz 2. Grades», strebt er den Erfolg sogar an, von «direktem Vorsatz 1. Grades «.) |
| Bewusste Fahrlässigkeit | Den Erfolg als möglich voraussehen, aber auf den Nichteintritt vertrauen. |

Schematisch lassen sich die Vorsatz-Grade und die Abgrenzung des Vorsatzes zur Fahrlässigkeit wie folgt darstellen:

| | | | |
|---|---|---|---|
| | darauf vertrauen, der Taterfolg werde nicht eintreten | diese Möglichkeit existiert nicht (wäre in sich widersprüchlich) | Bewusste Fahrlässigkeit |
| Willens-komponente (voluntatives Element, «Einstellung») | in Kauf nehmen, «billigen», sich abfinden, selbst wenn unerwünscht | Dolus directus 2. Grades | Dolus eventualis |
| | anstreben | Dolus directus 1. Grades | |
| | ERFOLG | für sicher, gewiss halten | als möglich voraussehen |
| | | Wissenskomponente (intellektuelles Element, «Prognose») | |

Da es auf eine wirkliche Billigung des Taterfolges für den Vorsatz nicht ankommt, auch ein nicht erwünschter Erfolg also vorsätzlich verursacht sein kann,[112] hält eine Ansicht denn auch überhaupt ein Willenselement im Vorsatzbegriff für entbehrlich. Eine Unterscheidung von direktem und Eventualvorsatz könne nur auf der Wissenseite getroffen werden.[113] Das ist von der Seite des Vorsatzes her zwar konsequent, macht aber zu wenig deutlich, dass auch die Rspr. von der Fahrlässigkeit her eine voluntative Abgrenzung («vertrauen») vornimmt. Bereits das Gesetz (Art. 12 Abs. 2) enthält (s.o.) in seiner Vorsatzdefinition neben der Wissenskomponente auch eine Willenskomponente, die im Fall des Eventualvorsatzes eben im Fehlen dieses Vertrauens besteht.

**111** Vgl. BGE 125 IV 242, 251.

**112** BGE 103 IV 65, 68.

**113** Donatsch/Tag, 115 f.

Im **Fall 11** nimmt das BGer für A Eventualvorsatz an, da sein Verhalten nicht anders denn als Inkaufnahme des als möglich erkannten Erfolgs ausgelegt werden könne, als blosse Hoffnung, es werde glimpflich ausgehen.[114]

### b) Tatbestandsirrtum

Von einem Tatbestandsirrtum spricht man, wenn der Täter in Bezug auf den objektiven Tatbestand einem Sachverhaltsirrtum nach Art. 13 Abs. 1 StGB erliegt. Er handelt dann nicht vorsätzlich, wird aber nach Abs. 2 für den Fall, dass er «den Irrtum bei pflichtgemässer Vorsicht hätte vermeiden können», wegen Fahrlässigkeit bestraft. Das setzt natürlich voraus, dass die jeweilige Tat auch in der Begehungsform der Fahrlässigkeit überhaupt strafbar ist.

Besonders problematisch sind hierbei zwei Fallgruppen: einerseits «aberratio ictus», wörtlich übersetzt «Abirren, Ablenken des Schlages» und «error in persona (vel objecto)», wörtlich übersetzt «Irrtum hinsichtlich der Person (oder der Sache)», (unten aa), andererseits der Irrtum über den Kausalverlauf (unten bb).

#### *aa) «aberratio ictus und error in persona vel objecto»*

**Literatur** Donatsch/Tag, § 10/2.2, 3; Kuhlen, Die Unterscheidung zwischen vorsatzausschliessendem und nichtvorsatzausschliessendem Irrtum, 1987; Riklin, § 13 N. 56 ff.; Stratenwerth, § 9 N. 89–92; Trechsel/Noll, 113 f.; Trechsel/Jean-Richard, N. 7 zu Art. 21.

**Übungsliteratur** Eymann u.a., Fälle 4, 10; Maihold, N. 48.

**Fall 12:**

A flieht nach einem versuchten Einbruchsdiebstahl und bemerkt dabei rückwärts schauend, dass ihm in einer Entfernung von nicht mehr als 2–3 Metern eine Person folgt. Es ist A's Freund B, der Mittäter am versuchten Einbruchsdiebstahl. A hält ihn jedoch für den Verfolger C und schiesst auf ihn, um ihn zu töten. Der Schuss verletzt B aber nur.

**Fall 13:**

A fährt mit dem Auto auf B zu, um diesen zu überfahren und dadurch zu töten. B kann sich im letzten Moment mit einem Sprung zur Seite retten. Die hinter B stehende C, von der A weiss, dass sie in der Nähe ist, kann nicht mehr ausweichen. Sie wird vom Auto erfasst, durch die Luft geschleudert und verletzt.

**Fall 14:**

Der Vater A will seinen Sohn B töten. Er bringt C dazu, dem Sohn im Pferdestall aufzulauern. Der Nachbar N, der dem Sohn von der Statur ähnlich sieht, betritt den Stall und

114 BGE 130 IV 58, 64; vgl. aber BGE 133 IV 1 und 133 IV 9, zwei andere «Raserfälle» in denen vom BGer Vorsatz verneint wird. Kritisch zur Ausdehnung des Vorsatzbereichs durch die Rechtsprechung Vest/Weber ZStrR 2009, 443 ff.

C, der aufgrund der Beschreibung glaubt, den Sohn vor sich zu haben, erschiesst den Nachbarn.

**Fall 15:**

A will auf B, den er für den X hält, schiessen und trifft versehentlich den neben B stehenden C.

Beim *error in persona (vel objecto)* irrt der Täter über die Identität des Handlungsobjekts. Der Erfolg tritt zwar an dem Objekt ein, an dem er nach der Vorstellung des Täters eintreten soll («dieser mir nachlaufende Mensch»), aber der Täter verwechselt das Objekt **(Fall 12)**.

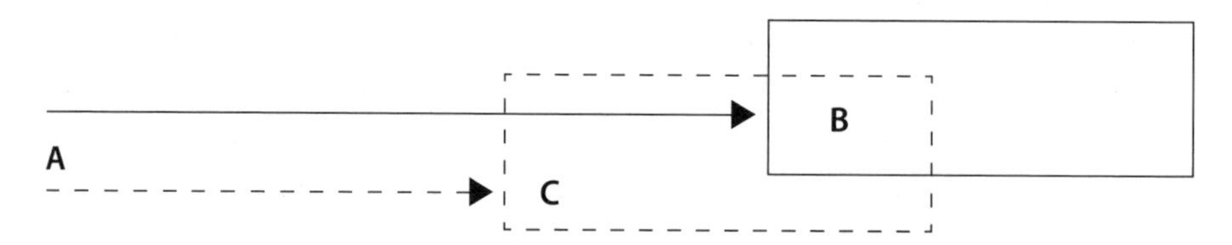


Die Lösung des error in persona (vel objecto) ist so gut wie unumstritten: Ist das wirkliche mit dem vorgestellen Objekt tatbestandlich gleichwertig, so ist der Irrtum unbeachtlich (es handelt sich um einen den Tatbestand nicht berührenden blossen Motivirrtum). Im **Fall 12** ist A genauso wegen eines Versuchs einer vorsätzlichen Tötung zu bestrafen, wie er bestraft würde, wenn es sich bei dem hinter ihm Rennenden tatsächlich um einen Verfolger gehandelt hätte.

Bei der *aberratio ictus* dagegen tritt der Erfolg bei einem anderen als dem vom Täter ins Auge gefassten Objekt ein **(Fall 13)**.

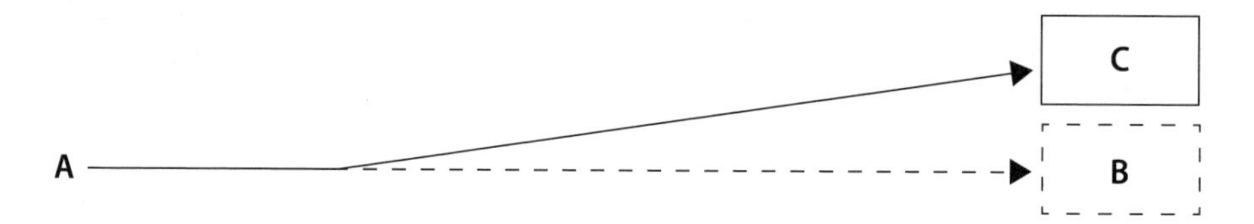


Das schafft rechtlich keine wirklichen Probleme, wenn die Objekte nicht gleichwertig sind: Wer (als Jagdberechtigter) auf ein Wildschwein schiessen will und versehentlich einen Menschen tödlich trifft, macht sich im Falle sorgfaltspflichtwidrigen Verhaltens einer fahrlässigen Tötung schuldig, im umgekehrten Fall (er will auf einen Menschen schiessen und trifft ein Wildschwein) eines Tötungsversuchs. Umstritten ist die Lösung der aberratio ictus aber bei Gleichwertigkeit des erstrebten und des eingetretenen Erfolgs: Dann ist das Ergebnis davon abhängig, ob sich der Vorsatz auf das (u.U. in seiner Identität verwechselte, aber doch) als Angriffsobjekt individualisierte Objekt beziehen muss («dieser mir entgegenkommende Mensch»), oder nur auf die Objektsart («Mensch»). Nach der ersten Auffassung,[115] die einen konkretisierten Vorsatz ver-

**115** Sie entspricht der h.M., vgl. die Nachweise bei BSK-Jenny, Art. 12 N. 33 f.

langt, liegt bei der aberratio ictus Versuch bzgl. des angezielten Objekts und (im Fall der Tötung strafbare, Art. 117) fahrlässige Tatverwirklichung bezüglich des getroffenen Objekts vor, denn der Täter hat das angezielte Objekt verfehlt und nicht etwa nur – wie beim «error in persona» – in seiner Identität verwechselt. Folgt man der anderen Auffassung, die einen Vorsatz bezogen auf das Tatbestandsmerkmal «Mensch» in seiner Allgemeinheit ausreichen lässt, so gilt für die aberratio ictus dasselbe wie für den error in persona (vel objecto): Der Irrtum ist unbeachtlich,[116] weil der Täter einen Menschen töten wollte und auch einen Menschen getötet hat. Unbeachtlich ist der Irrtum natürlich in jedem Fall dann (also nach beiden Auffassungen), wenn der Täter dolus eventualis bezüglich des tatsächlich getroffenen Objekts hat. Dies dürfte im **Fall 13** so sein, wenn man davon ausgeht, dass A den Taterfolg in Kauf genommen hat.

Die zweite Auffassung gibt zwar generell richtig die Voraussetzungen des Vorsatzes wieder, denn Tatbestände umschreiben generalisierte Angriffsobjekte («Mensch» im Art. 111). Es genügt also für den Vorsatz, wenn der Täter (irgend) einen Menschen töten will. Dennoch hat *im Ergebnis* die erste Auffassung Recht. Hat der Täter nämlich seinen Vorsatz bereits konkretisiert, so bezieht sich dieser Vorsatz gerade nicht mehr auf die Tötung irgendeines anderen Menschen. Die aberratio ictus führt also zu einem anderen Ergebnis als der error in persona (vel objecto). Besondere Schwierigkeiten bereitet die Kombination von error in persona und aberratio ictus. Die Irrtümer können beim Zusammenwirken mehrerer Personen «hintereinander geschaltet» sein **(Fall 14)** oder in ein- und derselben Person zugleich vorliegen **(Fall 15)**.

Im **Fall 14** erliegen Anstifter und Angestifteter nacheinander einem Irrtum:

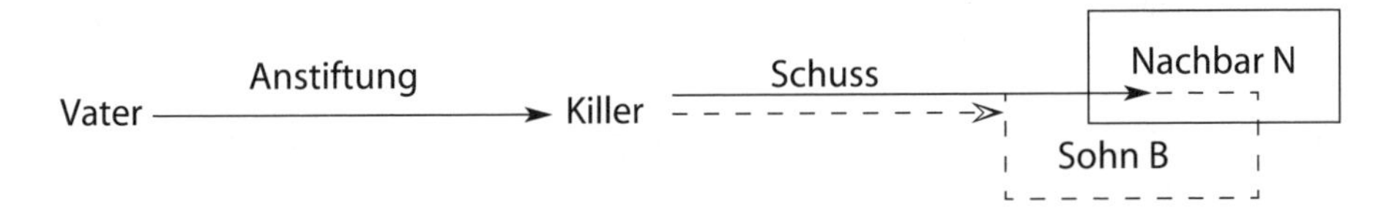


Der Killer C befindet sich in einem unbeachtlichen «error in persona», einer blossen Identitätsverwechslung. Er ist wegen vorsätzlicher Tötung des Nachbarn N strafbar. Für den Anstifter A erscheinen zwei Lösungen vertretbar: entweder ist der Irrtum auch für ihn unbeachtlich[117] oder es liegt für ihn eine aberratio ictus vor.

Für die erste Lösung spricht, dass der Anstifter gegenüber dem Täter nicht privilegiert werden sollte. Die zweite Lösung hat dagegen für sich, dass der Irrtum des Anstifters kein Identitätsirrtum ist, sondern der «aberratio ictus» entspricht: hätte er ein (fehlgehendes) mechanisches Werkzeug statt eines Killers eingesetzt, läge unstreitig eine «aberratio ictus» vor. Vorzuziehen ist deshalb eine differenzierende Lösung: Nur wo der Anstifter selbst das Verwechslungsrisiko begründet hat, ist auch für ihn der Irrtum des Angestifteten unbeachtlich.[118] Hat im **Fall 14** der A gewusst, dass auch der dem B

**116** Kuhlen, 491.

**117** So Trechsel/Noll, 213.

**118** Im Ergebnis auch Stratenwerth, § 9 N. 92.

ähnliche N, etwa weil er sein Pferd dort untergestellt hat, den Stall im entscheidenden Moment betreten könnte, so hat er in diesem Sinn die Verwechslungsgefahr begründet. Folge ist dann auch für ihn die Unbeachtlichkeit des Irrtums von C.

Denkbar ist aber auch, dass beide Irrtümer in einer Person zugleich vorliegen wie im **Fall 15**. Hier prüft man am besten zunächst die Verwechslung (error in persona) und scheidet sie als irrelevant aus, um sich dann dem schwierigeren «aberratio ictus» – Problem zuzuwenden.

#### *bb) Irrtum über den Kausalverlauf*

**Literatur** Donatsch/Tag, § 9/2.32; Hruschka, Strafrecht nach logisch-analytischer Methode, 2. Aufl. Berlin/New York 1988, 25 ff.; Riklin, § 13 N. 64; Stratenwerth, § 9 N. 82–84; Trechsel/Noll, 107 f.

**Übungsliteratur** Maihold, N. 32.

**Fall 16:**

A wirft den B über ein Brückengeländer in den Fluss, um ihn durch Ertränken zu töten. B schlägt jedoch mit dem Kopf auf einem Vorsprung des Brückenpfeilers auf und erleidet dadurch tödliche Gehirnverletzungen.

**Fall 17 (BGE 109 IV 94 ff.):**

X schlägt im Laufe eines Streits seine Frau mit einem Beilhammer nieder. Dann schleppt er die Frau, die er für tot hält, ins Badezimmer und trennt ihr den Kopf ab, was zum Tod der Frau führt.

Da zum objektiven Tatbestand von Erfolgsdelikten auch die Kausalbeziehung zwischen Handlung und Erfolg gehört, muss der Vorsatz gleichfalls die Kausalität erfassen. Bezieht sich der Vorsatz zum Zeitpunkt der Handlung auf einen später eintretenden Erfolg, so handelt es sich beim Kausalitäts-Vorsatz allerdings um ein Urteil über zukünftiges Geschehen. Es gibt folglich faktische Grenzen der Vorhersehbarkeit. Eine exakte Prognose ist für den Vorsatz in diesen Fällen nicht nötig. Nach verbreiteter Auffassung liegt Vorsatz immer dann vor, wenn sich der tatsächliche Kausalverlauf in den Grenzen des nach allgemeiner Lebenserfahrung Voraussehbaren hält und keine andere Bewertung der Tat rechtfertigt (unwesentliche Abweichung des tatsächlichen vom vorgestellten Kausalverlauf). Nach einer anderen Auffassung, die sich in den Ergebnissen allerdings nur selten von der ersten unterscheiden wird, kommt es darauf an, ob sich in der Verletzung des geschützten Handlungsobjekts noch die in der Handlung angelegte Gefahr niederschlägt.[119] Sollte dies zu verneinen sein, dürfte allerdings in aller Regel bereits die «objektive Zurechnung» (als Element des objektiven Tatbestands) entfallen. Probleme wie das Abweichen des vorgestellten vom tatsächlichen Kausalver-

**119** Vgl. Stratenwerth, § 9 N. 87.

lauf werden von der neueren Dogmatik tatsächlich bereits unter der Rubrik der «objektiven Zurechnung» (dazu oben I.3.) gelöst.

In den **Fällen 16 und 17** handelt es sich um unterschiedliche Typen des Irrtums über den Kausalverlauf. Im **Fall 16** liegt eine Abweichung in der Wirkungsweise der Handlung vor:

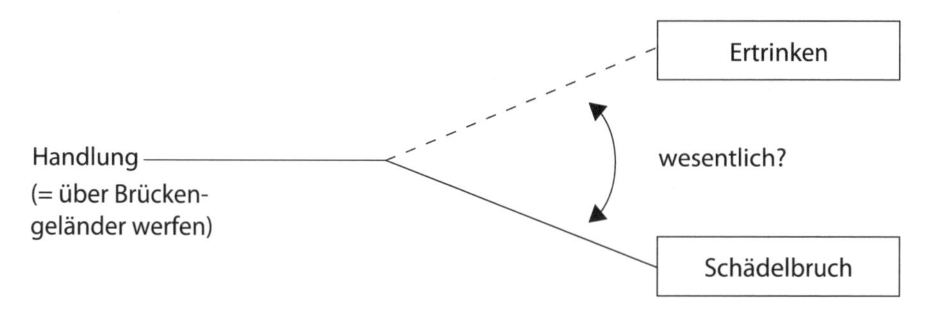


Nach der o.a. Definition ist die Abweichung hier unwesentlich, der Vorsatz liegt also vor.

Anders ist die Situation im **Fall 17**. Dort geht es um eine Erfolgsherbeiführung durch eine vorsatzlose Zweithandlung:

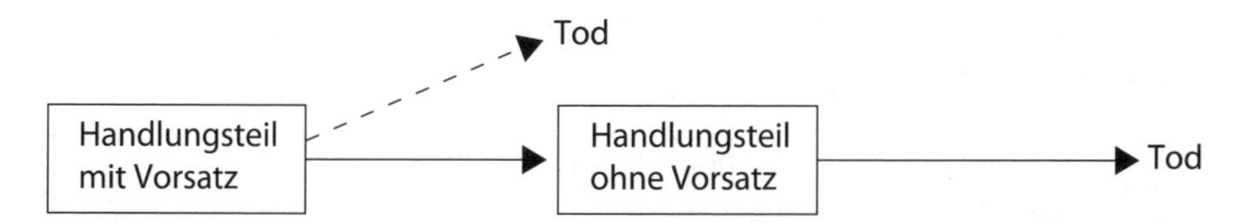


Unzulässig wäre es hier, den Vorsatz mit der Begründung zu bejahen, X habe schliesslich seine Frau töten wollen und dies im Ergebnis auch getan. Der Vorsatz muss sich nicht nur auf den Taterfolg, sondern auch auf den dorthin führenden Kausalverlauf beziehen. Unproblematisch wäre der Fall nur dann, wenn X auch noch beim Abtrennen des Kopfes mit Eventualvorsatz der Tötung gehandelt hätte, was hier aber nicht der Fall war. Zum Teil wird allerdings vorgeschlagen, den Vorsatz bezüglich des tatsächlichen Taterfolgs bereits dann zu bejahen, wenn der Täter im ersten (vorsätzlichen) Teil seiner Handlung auch die Zweithandlung (freilich als unvorsätzliche) bereits geplant hat,[120] weil das Abweichen des vorgestellten vom tatsächlichen Kausalverlauf dann unwesentlich sei. Auch diese Auffassung verkennt aber die Besonderheiten der vorliegenden Konstellation:

Die Tötung erfolgt erst durch die Zweithandlung, die nur dann zu einer straftatbestandlichen Handlung werden könnte, wenn auch während dieser Handlung Vorsatz vorliegen würde. Verneint man dieses Vorsatz-Erfordernis auch für den zweiten Handlungsteil, lässt man also einen Vorsatz im ersten Handlungsteil ausreichen, so

**120** So Stratenwerth, § 9 N. 87.

denkt man offenbar an eine Parallele zur mittelbaren Täterschaft (dazu unten VII. 3.), im konkreten Fall mit dem Täter als (in der Zweithandlung) vorsatzlosem Werkzeug seiner selbst. Dagegen aber spricht, dass auch die Zweithandlung eine (Tötungs-) Handlung des Täters selbst ist, er dann also, was ungereimt wäre, zwei Tötungshandlungen begangen hätte. Im Ergebnis liegen deshalb nur der Versuch einer vorsätzlichen Tötung und eventuell eine fahrlässige Tötung vor. Zum selben Ergebnis gelangt man, wenn man die Problematik von **Fall 17** mit der neueren Lehre als eine der «objektiven Zurechnung» einordnet. Es wäre dann darauf hinzuweisen, dass mit dem blossen Niederschlagen objektiv nicht die Gefahr des Todes durch Abtrennen des Kopfes geschaffen wird (Parallele zu **Fall 9** bei «Obj. Zurechnung», oben I.3.).

## 2. Zusätzliche subjektive Tatbestandsmerkmale

**Literatur** Donatsch/Tag, § 9/4; Stratenwerth, § 9 N. 117–131; Trechsel/Noll, 114.

**Übungsliteratur** Maihold, N. 43.

Während es sich beim Vorsatz um den subjektiven Bezug auf die Merkmale des objektiven Tatbestands handelt, gibt es in einzelnen Tatbeständen *zusätzliche* subjektive Tatbestandsmerkmale, die im objektiven Tatbestand kein «Gegenüber» haben, die also über den objektiven Tatbestand «hinausschiessen» («überschiessende Innentendenz»). Beispiele sind die schon erwähnten Absichten zur Aneignung und zur Bereicherung beim Diebstahl (Art. 139 Ziff. 1), die zum Vorsatz bezüglich der Merkmale Sache, beweglich, fremd und Wegnahme noch hinzutreten:

| Diebstahl, Art. 139 | | | | | | |
|---|---|---|---|---|---|---|
| obj. Tatbestand: | Sache | beweglich | fremd | Wegnahme | | |
| subj. Tatbestand: | Vorsatz | Vorsatz | Vorsatz | Vorsatz | Aneignungsabsicht | Bereicherungsabsicht |

Während in diesem Beispielsfall und auch beim Betrug (Art. 146 Abs. 1) für das zusätzliche subjektive Merkmal eine Absicht i.e.S. (also ein subjektiver Bezug, welcher der Intensität nach dem direkten Vorsatz 1. Grades entspricht) erforderlich sein sollte (im Einzelnen ist hier vieles umstritten), muss dies in vergleichbaren Fällen nicht notwendig so sein. Bei der Urkundenfälschung (Art. 251) oder bei der falschen Anschuldigung (Art. 303) genügt nach Auffassung des BGer für die «Absicht» bereits ein subjektiver Bezug, der dem des Eventualvorsatzes entspricht.[121] Neben solchen Absichten gehören auch besondere gesetzlich benannte Beweggründe (z.B. die «selbstsüchtigen Beweggründe» des Art. 115) oder Gesinnungsmerkmale (wie «skrupellos» in Art. 112) zu den zusätzlichen subjektiven Tatbestandsmerkmalen.

**121** BGE 102 IV 191, 195; 80 IV 117, 120.

## III. Rechtfertigung

**Literatur** Donatsch/Tag, § 18; Eberle, Die Bedeutung der Selbsthilfe im Strafrecht, Bern 1951; Graven/Sträuli, N. 95–114; Hruschka, Extrasystematische Rechtfertigungsgründe, FS-Dreher, Berlin 1977, 189; Krauss, Prinzipien von Rechtfertigung und Entschuldigung im deutschen und schweizerischen Recht, Zweites deutsch-polnisches Kolloquium über Strafrecht und Kriminologie, Baden-Baden 1986, 11; Noll, Die Rechtfertigungsgründe im Gesetz und in der Rechtsprechung, ZStrR 1964, 160; ders., Tatbestand und Rechtswidrigkeit, ZStW 1965, 1; Renzikowski, Notstand und Notwehr, Berlin 1994; BSK-Seelmann, Vor Art. 14 N. 1 ff.; Seelmann, Das Verhältnis von § 34 StGB zu anderen Rechtfertigungsgründen (zit.: Rechtfertigungsgründe), Heidelberg/Hamburg 1978; Stratenwerth, § 10; ders., Prinzipien der Rechtfertigung, ZStW 1956, 41; Trechsel/Noll, § 28; Waiblinger, Rechtfertigungsgründe, SJK 1958, Nr. 1204–1207.

Eine Handlung kann, obwohl sie einen Straftatbestand verwirklicht, trotzdem rechtmässig sein. Die Erfüllung des gesetzlichen Tatbestandes indiziert nach h.M. lediglich die Rechtswidrigkeit, so dass deren Aufhebung – in aller Regel nur durch Vorliegen sog. Rechtfertigungsgründe – möglich ist.[122]

Allen Rechtfertigungsgründen liegt der Gedanke zugrunde, dass es gute Gründe dafür geben kann, dem Achtungsanspruch einer Norm nicht zu entsprechen, insbesondere wenn eine höherrangige Norm oder ein von der Rechtsordnung anerkanntes höherrangiges Interesse dem Normgehorsam entgegenstehen. Prinzip der Rechtfertigung ist damit die – allerdings durch Angemessenheitserwägungen begrenzte – Interessenabwägung.[123] Diese ist jedoch an strenge zusätzliche Voraussetzungen geknüpft, die von Fallgruppe zu Fallgruppe unterschiedlich ausgeprägt sind[124] und verschiedene Interessensaldierungen verlangen können. Kollisionen zwischen mehreren Rechtfertigungsgründen sollten wo möglich durch eine übereinstimmende Auslegung vermieden und andernfalls unter Vorrang der lex specialis entschieden werden.[125]

Bei den Rechtfertigungsgründen, die infolge einer Verteidigungssituation eingeräumt werden (Notwehr, unten 4., Defensivnotstand, unten 1.), die also vom Gedanken des Selbstverschuldens oder wenigstens der Gefahrzuständigkeit des anderen bestimmt werden, braucht kein positiver Gütersaldo zugunsten des Täters vorzuliegen. Wer jemanden angreift oder für die drohende Gefahr verantwortlich ist, muss sich auch eine massive Abwehr gefallen lassen, die nur durch eine Missbrauchskontrolle begrenzt wird. Die vom Strafrecht aufgestellte Regelbefolgungspflicht beruht auf der Pflicht zur gegenseitigen Anerkennung, die bei einem Angriff gegenüber dem Angreifenden nicht mehr uneingeschränkt besteht.

Anders liegt es dagegen, wenn der Täter zugunsten eines anderen in dessen mutmasslichem Willen tätig wird (mutmassliche Einwilligung, unten 3.): Seine Solidarität wird belohnt – die Autonomie des anderen, der seinen wirklichen Willen nicht äussern

**122** Donatsch/Tag, 209; Waiblinger, SJK, Nr. 1204, 5.
**123** H.M., vgl. nur Seelmann, Rechtfertigungsgründe, 32 ff.; BSK-Seelmann, Vor Art. 14 N. 1 ff.; krit. Renzikowski, 33 ff.
**124** Vgl. Noll, ZStrR 1964, 162 ff. und ZStW 1965, 8 ff.
**125** Dazu Seelmann, Rechtfertigungsgründe; Thiel, 148 ff.

kann, fordert aber doch, dass ein (einfach) überwiegendes Interesse bei ihm vorliegen muss.

Wird schliesslich das Eingriffsopfer durch den Täter zur Solidarität mit ihm selbst oder einem in einer Notlage befindlichen Dritten gezwungen (Aggressivnotstand, unten 1.), so muss dies die absolute Ausnahme sein, die nur unter strengen Voraussetzungen, nämlich bei einem deutlichen Überwiegen der Interessen des Täters oder des Dritten zulässig ist und selbst dann im Einzelfall noch unangemessen sein kann.[126]

Daraus ergibt sich folgendes Schema:

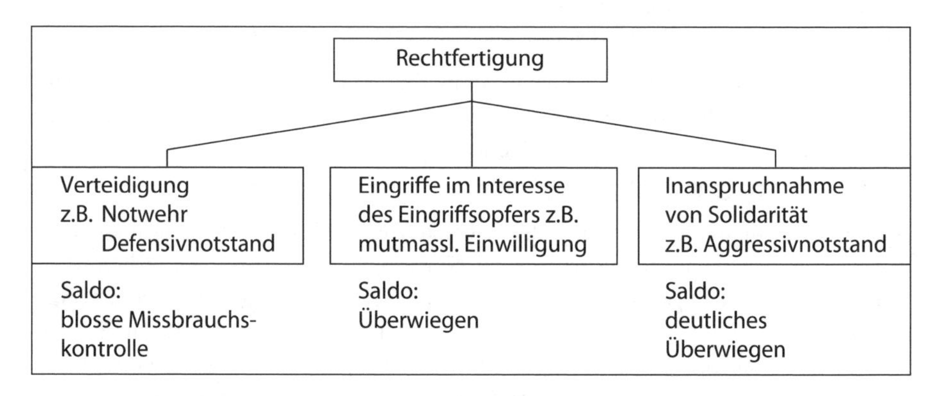


Anders als die frühere Regelung (Art. 33–34 a.F.), auf die sich die Literatur noch teilweise bezieht, unterscheidet das geltende Gesetz explizit zwischen den Rechtfertigungs- und Entschuldigungstatbeständen sowohl bei der Notwehr als auch beim Notstand (Art. 15–18). Nicht ausdrücklich aufgenommen wurde hingegen die Unterscheidung zwischen dem Defensiv- und dem Aggressivnotstand, so dass Art. 17 weiterhin verschiedene Typen von Rechtfertigung normiert. Ebenso werden die Einwilligung (dazu oben II. 4.) und die mutmassliche Einwilligung (dazu unten 3.) auch in Zukunft der weiteren Konkretisierung durch Rechtsprechung und Lehre überlassen. Der an sich überflüssige Verweis auf gesetzlich erlaubte Handlungen (Art. 32 a.F.) wird dagegen in Art. 14 beibehalten.

## 1. Rechtfertigender Notstand, Art. 17 StGB

**Literatur** Arzt, Kleiner Notstand bei kleiner Kriminalität?, FS-Rehberg, Zürich 1996, 25; Bernhard, Die Struktur des rechtfertigenden Notstands: Prinzipienorientierung versus Konsequentialismus, in: Mona/Seelmann (Hrsg.), Grenzen des rechtfertigenden Notstands, Zürich 2006, 15; Brägger, Der Notstand im Schweizerischen Strafrecht, Bern 1937; Donatsch/Tag, § 20; Gysin, Die Theorie des Notstandes und dessen Behandlung im Entwurf eines schweizerischen Strafgesetzbuches (1918), ZSR 1926, 44; Haefliger, Der Notstand im schweizerischen Strafrecht, in: Graven (Hrsg.), Recueil des travaux suisses présentés au VIIIe Congrès international de droit comparé, Basel 1970, 379; Iwangoff, Die Duldungspflichten im rechtfertigenden Notstand, Basel 2009; Maihold, Folterknechte im Dienste des Rechtsstaats? Zur Strafbarkeit der «Gefahrenabwehrfolter» nach schweizerischem und deutschem Recht, in: Mona/Seelmann (Hrsg.), Grenzen des rechtfer-

**126** Vgl. Hruschka, FS-Dreher, 203 ff.

tigenden Notstands, Zürich 2006, 115; vgl. auch die Beiträge von Marti, Morinaga, Hermann, Soland, Hofstetter und Ringelmann in diesem Band; Martin, Defensivnotstand unter besonderer Berücksichtigung der «Haustyrannentötung», Zürich 2010; Noll, Übergesetzliche Milderungsgründe aus vermindertem Unrecht, ZStW 1956, 181; Pawlik, Der Rechtfertigende Notstand. Zugleich ein Beitrag zum Problem strafrechtlicher Solidaritätspflichten, Berlin 2002; Riklin, § 14 N. 41 ff.; Schmid, Organentnahmen an Verstorbenen. Rechtsgut und Rechtfertigung, Basel 2003; Schröder, Die Not als Rechtfertigungs- und Entschuldigungsgrund im deutschen und schweizerischen Strafrecht, ZStrR 1960, 1; BSK-Seelmann, Art. 17–18; Seelmann, Rechtsphilosophie, § 3 N. 11–46; Stoos, Ein Redaktionsversehen im schweizerischen Strafgesetzbuch, ZStrR 1928, 400; Stratenwerth, § 10 N. 36–52; Trechsel/Noll, § 27 B.

---

**Übungsliteratur** Eymann u.a., Fall 6; Maihold, N. 55–59.

**Fall 18 (BGE 75 IV 49 ff.):**

In einem Streit droht L seiner Frau, sie mit einem Messer zu töten. Schon einmal hat L sie mit einem Messer verletzt. Frau L flüchtet aus der Küche die steile Treppe hinunter, auf welcher ihre Schwiegermutter, wegen des Lärmes herbeigeeilt, entgegenkommt. Frau L schiebt die Schwiegermutter beiseite, um die Flucht fortsetzen zu können. Die Schwiegermutter verliert das Gleichgewicht, stürzt und verletzt sich tödlich

Beim Notstand greift der Notstandsberechtigte in die Rechtsgüter Dritter ein, um so ein eigenes (Art. 17, 1. Var.) oder fremdes (Art. 17, 2. Var., sog. Notstandshilfe) Rechtsgut aus einer drohenden Gefahr zu retten. Das Institut hat Vorläufer im römischen wie im älteren deutschen Recht («Not kennt kein Gebot»); auch die Regelungen des kanonischen Rechts über den Mundraub gehören hierher. Dass Not auch ein *Recht* zum Eingriff schaffen kann, ist weitgehend erst eine Einsicht der vom Selbsterhaltungsrecht ausgehenden Naturrechtslehre (Grotius, Pufendorf). Als Folge der Kantischen Kritik setzt sich im 19. Jahrhundert die Ansicht durch, dass der Notstand nur einen subjektiven Zurechnungsausschluss begründet. Im späten Anschluss an Hegel kam seit den 20er Jahren des 20. Jahrhunderts daneben wieder ein eingeschränktes Not*recht* (Verletzung partikularer fremder Rechtsgüter in existentieller Not) zur Geltung.[127] Die ältere Auffassung, wonach der Notstand nur Entschuldigungsgrund war,[128] ist heute überholt,[129] was jetzt auch der Gesetzestext zum Ausdruck bringt.

Das Gesetz unterscheidet jetzt nämlich auch ausdrücklich zwischen dem rechtfertigenden (Art. 17) und dem entschuldigenden Notstand (Art. 18). Ausserdem wird nunmehr beim rechtfertigenden Notstand klargestellt, was Rspr. und Lehre schon bisher unstreitig zugrunde legten: dass das gewahrte Interesse gegenüber dem verletzten höherrangig sein muss, während beim entschuldbaren Notstand ein anderes «hochwertiges», also auch bloss gleichwertiges Interesse ausreicht.

---

**127** Brägger, 7 ff.; Köhler, 286.

**128** Vgl. Stoos, ZStrR 1928, 400 f.

**129** Grundlegend Gysin, ZSR 1926, 46 ff.; Noll, ZStW 1956, 188 f., und ZStrR 1964, 175; Waiblinger, SJK, Nr. 1206, 2.

### a) Notstandslage: Unmittelbare Gefahr für ein Individualrechtsgut

aa) Irgendein (Individual-)*Rechtsgut muss bedroht* sein, egal ob durch Naturgewalten oder durch menschliches Handeln. Allerdings ist im Fall eines menschlichen *Angriffs* Art. 15 (Notwehr) speziell. Die Wahrung von Rechtsgütern der Allgemeinheit fällt *nicht* unter Art. 17, kann aber durch andere Rechtfertigungsgründe gerechtfertigt sein (Wahrung berechtigter Interessen, übergesetzlicher Notstand,[130] unten 2.).

Ob eine Gefahr besteht, ist (anders als beim «Angriff» bei der Notwehr, s. unten 4.) schon begrifflich notwendig Gegenstand eines Prognoseurteils, ist also ex ante zu bestimmen. Dass eine Verletzung ex post gesehen nicht eingetreten ist, lässt die Gefahr nicht entfallen. Freilich kann es andererseits auch nicht darauf ankommen, wie gerade der Täter die Lage einschätzt (der sich vielleicht überängstlich durch den «bösen Blick» eines anderen schon gefährdet sieht); es muss vielmehr auf ein hypothetisches ex-ante-Urteil eines verständigen Dritten in der Lage des Täters ankommen.[131]

bb) *Unmittelbar* ist die Gefahr erst im letzten Zeitpunkt, bevor es zu spät sein könnte, sie abzuwehren.[132] Das bedeutet, dass die Gefahr entweder gegenwärtig sein muss – was auch bei einer Dauergefahr der Fall sein kann – oder aber die erst zu einem späteren Zeitpunkt drohende Gefahr nur gegenwärtig sicher abgewehrt werden kann. So kann die ständige Lebensbedrohung durch einen «Haustyrannen» eine Dauergefahr begründen.[133]

cc) Die frühere Fassung des Gesetzes hat ferner verlangt, dass der in Notstand Befindliche die Gefahr selbst *«nicht verschuldet»* haben darf. Mit der Revision ist jetzt der ausdrückliche Hinweis auf diese Voraussetzung weggefallen. Aus der allgemeinen Regel, dass niemand sich auf das Fehlen von Zurechnungsvoraussetzungen berufen darf, das er selbst vorwerfbar verursacht hat (ein Anwendungsfall hierfür ist die «actio libera in causa», dazu unten IV. 3.), folgt allerdings auch in Zukunft, dass der vorsätzlich oder fahrlässig den Zustand der Güterkollision Bewirkende sich auf eine daraus resultierende Rechtfertigung nicht berufen darf.[134]

### b) Notstandshandlung

*aa) Subsidiarität*

Die Gefahr darf nicht anders abwendbar sein (absolute Subsidiarität). Abwendbar kann sie auch durch Ausweichen sein. Ausweichen ist daher im Unterschied zu dem auch der Verteidigung der Rechtsordnung dienenden Notwehrrecht (unten 4.) grundsätzlich zumutbar.

**130** Vgl. BGE 94 IV 68, 70 f. Krit. Arzt, FS-Rehberg 1996, 30 f.
**131** Brägger, 142; Eberle, 51.
**132** Stratenwerth, § 10 N. 42.
**133** BGE 122 IV 4; BGE 125 IV 49.
**134** Stratenwerth, § 10 N. 49.

*bb) Interessenabwägung*

Im Gegensatz zur Notwehr findet beim Notstand grundsätzlich eine Interessenabwägung statt, welche die Wahrung eines höherwertigen Interesses fordert.[135] In die Abwägung werden neben dem Rang der betroffenen Rechtsgüter auch der Grad der drohenden Gefahr und alle Umstände der Tat miteinbezogen.[136] Wichtig für die Ermittlung des zur Rechtfertigung notwendigen Interessenverhältnisses ist vor allem die Frage, in wessen Rechtssphäre eingegriffen wird. Obwohl das Gesetz nur allgemein darauf abstellt, dass das höherwertige Interesse gewahrt wird, bedeutet dies je nach Interessenkonstellation Unterschiedliches:

Man spricht von einem Aggressivnotstand, wenn der im Notstand Befindliche (N) zur Abwehr der Gefahr in die Güter unbeteiligter Dritter eingreift (dieser Fall ist auch in Art. 701 ZGB geregelt), von Defensivnotstand, wenn die Abwehr der Gefahr demjenigen gegenüber erfolgt, aus dessen Rechtssphäre die Gefahr droht (wie z.B. auch in Art. 57 Abs. 1 OR).

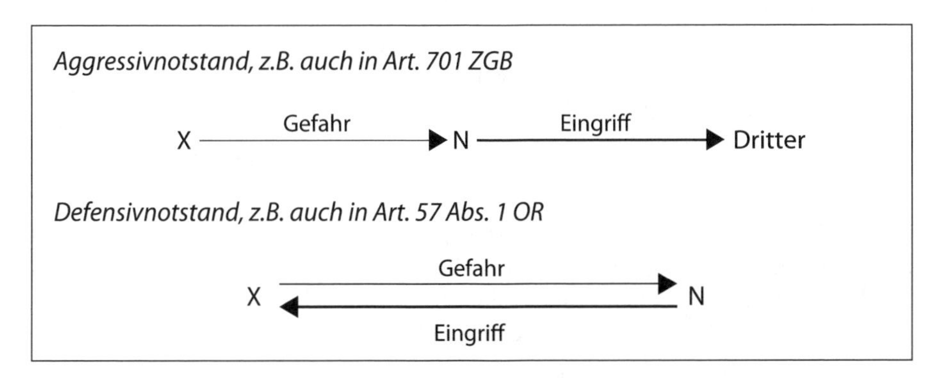


Angesichts dieser ganz unterschiedlichen Interessenkonstellationen und Verantwortlichkeiten leuchtet ein, dass das Eingreifen in die Rechtssphäre Dritter ein deutliches Überwiegen der individuellen Interessen des in Notstand Befindlichen (N) voraussetzt (Art. 701 ZGB, die Grundfigur des Aggressivnotstands, spricht davon, die Gefahr müsse «ungleich grösser» sein), damit aus der Sicht der Rechtsordnung ein höherrangiges Interesse zugunsten des Eingriffs besteht. Eine an sich strafbare Handlung nur deshalb nicht zu bestrafen, weil sie einem Dritten nützt, muss, will man das Prinzip einer durch Rechte geregelten Verteilung von Gütern nicht in Frage stellen, ein besonderer Ausnahmefall bleiben und setzt deshalb zumindest dieses deutliche Interessenungleichgewicht zugunsten des Täters voraus (vgl. ausserdem unten dd).[137] Umgekehrt ist die Inanspruchnahme des für die Gefahr verantwortlichen X durch N nur im Ausnahmefall nicht gerechtfertigt, d.h. wenn die Interessen des X im konkreten Fall unverhältnismässig überwiegen («umgekehrte Verhältnismässigkeit»). Dieses Verständnis eines auch den Defensivnotstand umfassenden Art. 17 ist mit dem Gesetzes-

**135** Dazu Brägger, 147 f.

**136** Brägger, 130 ff.; Donatsch/Tag, 234 f.; zum Folgenden ausführlich Iwangoff, 23 ff. und 94 ff.

**137** Vgl. auch Stratenwerth, § 10 N. 37.

wortlaut vereinbar. Zwar fordert Art. 17 ein «höherwertiges Interesse» beim Abwehrenden. Dies spricht aber nicht dagegen, im rechtfertigenden Notstand auch den Defensivnotstand enthalten zu sehen. Denn das Interesse, sich gegen einen für die Gefahr Verantwortlichen bis zur Grenze der Unverhältnismässigkeit zur Wehr zu setzen, muss als «höherwertiges Interesse» gelten.[138]

Graphisch lassen sich die Rechtfertigungsvoraussetzungen wie folgt darstellen:

| Rechtfertigungsvoraussetzungen | Interessen des im Notstand befindlichen Täters N | Interessen des Eingriffsopfers |
|---|---|---|
| Aggressivnotstand | müssen wesentlich schwerer wiegen 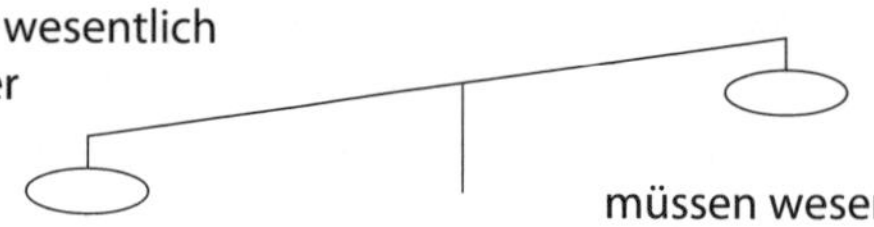 | müssen wesentlich geringer wiegen |
| Defensivnotstand | 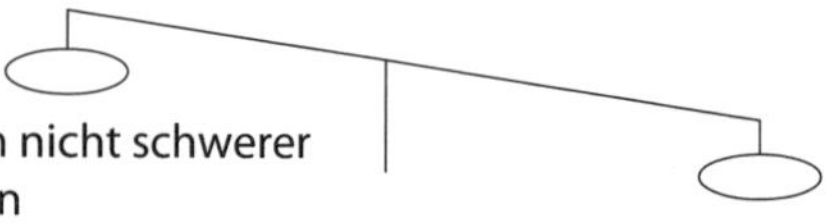 brauchen nicht schwerer zu wiegen | dürfen noch nicht unverhältnismässig schwer wiegen |

Art. 701 ZGB und Art. 57 Abs. 1 OR gestatten dabei im Unterschied zu Art. 17 StGB zwar nur Eingriffe in Sachen, die zivilrechlichen Kollisionsregelungen müssen aber bei der Abwägung der kollidierenden Güter beim strafrechtlichen Notstand als Ausdruck allgemeiner Rechtsgrundsätze berücksichtigt werden.

Art. 17 wird allerdings gewöhnlich ohne die hier vorgenommene notwendige Differenzierung in erster Linie als Regelung des Aggressivnotstands verstanden, also als allgemeinere Ausprägung des Art. 701 ZGB. Rechtsprechung und Literatur stellen bisher – ebenso wie jetzt auch das Gesetz – ohne weitere Unterscheidung darauf ab, ob das höherwertige der widerstreitenden Interessen gewahrt wird,[139] gehen aber offensichtlich davon aus, es gehe hierbei allein um rechtsgutsbezogene Interessen ohne Berücksichtigung der Differenz von Angriff (Aggressivnotstand) und Verteidigung (Defensivnotstand). In den Bundesgerichtsentscheidungen waren die Fälle tatsächlich solche, in denen ausschliesslich ein Aggressivnotstand in Frage stand. Es ist also eher ein Zufall, dass sich das Bundesgericht bisher nicht mit dem Defensivnotstand befassen musste.

**138** So auch Donatsch/Tag 236; zur Notwendigkeit auch des Defensivnotstands im Schweizer Recht, Martin, 151 ff.

**139** Vgl. nur BGE 106 IV 1, 3 f.; 116 IV 364, 366 f.; Stratenwerth, § 10 N. 44 f.; Trechsel/Noll, 108 f.

#### cc) *Rettungswille*

Der Täter muss mit Rettungswillen gehandelt haben *(«um … ein Rechtsgut … zu retten»).*[140]

Im **Fall 18** beging Frau L den Tatbestand einer fahrlässigen Tötung. Es bestand eine Notstandslage, da Frau L eine Gefahr für ihr Leben drohte. Sie wandte sich, um ihr Leben zu retten, gegen eine unbeteiligte Dritte («Aggressivnotstand»), da sie anders die Gefahr nicht abwenden konnte. Aus der Sicht ex ante (nur auf sie kann es auch bei der Abwägung ankommen) auch eines verständigen Dritten stand der Rettung des eigenen Lebens nur eine geringfügige Beeinträchtigung der Fortbewegungsfreiheit der Schwiegermutter entgegen. Die Interessen von Frau L überwogen also deutlich. Sie war folglich durch rechtfertigenden Notstand gerechtfertigt.

#### dd) *Grenzen der Güterabwägung*

**Fall 19:**

Der schwerverletzte S wird ins Spital eingeliefert und bedarf dringend einer – dort nicht vorhandenen – Blutkonserve. Die Ärzte A und B entnehmen dem sich heftig sträubenden Patienten P unter Anwendung von Gewalt die benötigte Blutmenge. Ohne dieses Vorgehen gegen den gesundheitlich robusten P wäre S angesichts seiner seltenen Blutgruppe verloren gewesen.

Das Verrechnungsprinzip, das die Interessenabwägungsformel des rechtfertigenden Notstands enthält, hat nach ganz h.M. gleichwohl Grenzen: Im Rechtsstaat steht nicht alles zur Verrechnung. Das zeigt sich z.B. darin, dass auch aus noch so guten Gründen (Rettung eines Entführten) nicht einmal minimale Formen der Folter erlaubt sind.[141] Wo diese Grenze bei Art. 17 verläuft, ist freilich umstritten. Teilweise wird bereits jeder schwere Eingriff in höchstpersönliche Rechtsgüter wie etwa die körperliche Unversehrtheit aus der Rechtfertigung ausgenommen – erst recht natürlich eine Verletzung des Rechtsguts Leben, denn ihm gegenüber gibt es rechtlich gesehen nichts wesentlich Überwiegendes. Teilweise wird die Grenze dort gesehen, wo die Autonomie des Eingriffsopfers oder seine Menschenwürde auf dem Spiel stehen. Vor allem mit dieser Begründung lehnt man eine Rechtfertigung der erzwungenen Blutspende oder gar der erzwungenen Organentnahme selbst dann ab, wenn sie zur Rettung eines Menschenlebens erforderlich ist und, im Fall der Organentnahme wegen der Paarigkeit des Organs, eine gravierende Beeinträchtigung des Spenders voraussichtlich auszuschliessen ist.[142]

Dem Ergebnis ist zuzustimmen; die Begründung befriedigt aber nicht ganz, wird doch bei der Strafverfolgung (Alkoholtest) ohne weiteres auch gegen den Willen des Verdächtigen Blut entnommen. Eher geht es bei der erzwungenen Blutspende um die seit der Aufklärung wichtige Trennung von Recht und Moral: Das moralische Gebot,

**140** Dazu Waiblinger, SJK, Nr. 1206, 13.
**141** Maihold, Folterknechte, 115 ff.
**142** Stratenwerth, § 10 N. 47.

(etwa durch eine Blutspende) anderen zu helfen, soll prinzipiell nicht mit Rechtszwang durchgesetzt werden.[143] Nur eine Duldungspflicht zur Sicherung der für alle gleichen *Freiheitsrechte* (folglich auch das Dulden einer den Freiheitsrechten aller dienende strafprozessuale Massnahme wie der Untersuchung des Blutes auf seinen Alkoholgehalt) darf rechtlich problemlos eingefordert werden. Demgegenüber wird nur ein unverzichtbares Minimum darüber hinausgehender staatsbürgerlicher *Solidarität* durch den rechtfertigenden (Aggressiv-)Notstand und – in Parallele dazu – durch die Hilfspflicht in Art. 128, die gleichfalls einer Zumutbarkeitsgrenze unterliegt, abverlangt.

Im **Fall 19** können sich A und B daher nicht auf rechtfertigenden Notstand berufen.

### 2. Ergänzungen zum rechtfertigenden Notstand

Einige dem rechtfertigenden Notstand eng verwandte Rechtfertigungsgründe bedürfen noch der Erwähnung:

#### a) Pflichtenkollision

Die rechtfertigende Pflichtenkollision führt zur Rechtfertigung, wenn zwei *Handlungs*pflichten[144] zueinander in Konkurrenz stehen. Voraussetzung ist allerdings, dass der Täter aus tatsächlichen Gründen nur eine von ihnen erfüllen kann und sich für die höherrangige Pflicht oder – das ist die Besonderheit – bei gleichrangigen Pflichten für eine beliebige von ihnen entscheidet. Grund: Das Recht kann nicht mehr verlangen, als der Einzelne zu leisten in der Lage ist *(impossibilium nulla obligatio).*

Höherrangig kann eine Pflicht dann sein, wenn es sich hinsichtlich desselben Rechtsguts um eine Garantenpflicht gegenüber einer allgemeinen Hilfspflicht aus Art. 128 handelt, wenn unterschiedlich bewertete Rechtsgüter geschützt werden sollen oder auch, wenn der Grad der Gefahren für die zu schützenden gleichwertigen Rechtsgüter unterschiedlich hoch ist. In solchen Fällen ist nur gerechtfertigt, wer sich für die Erfüllung der höherrangigen Pflicht entscheidet. Bei gleichrangigen Pflichten hingegen führt jede Entscheidung zwischen ihnen zur Rechtfertigung, wenn nur eine von ihnen befolgt wird. Konkret: Wer als Bademeister nur einen von zwei um Hilfe Rufenden vor dem Ertrinken retten kann, ist gleichwohl gerechtfertigt, wenn er einen (unvermeidbar) ertrinken lässt.

#### b) Übergesetzlicher Notstand

Bei Eingriffen zugunsten von Rechtsgütern der Allgemeinheit wird über die in Art. 17 geregelten Fälle hinaus ein übergesetzlicher Notstand diskutiert. Sein Anwendungsbe-

**143** Vgl. Schmid, 137 ff.

**144** Mitunter wird auch von einer rechtfertigenden Pflichtenkollision gesprochen, wenn sich der Täter bei der Kollision einer Unterlassungs- mit einer Handlungspflicht zugunsten der (ceteris paribus höherrangigen) Unterlassungspflicht entscheidet (z.B. als Arzt in der überfüllten Intensivstation des Spitals einen Neuzugang mit Todesfolge abweist anstatt einen bereits an lebensrettende Apparaturen Angeschlossenen von diesen zu trennen).

reich ist allerdings äusserst begrenzt: Befugnisse staatlicher Organe werden in besonderen Gesetzen (z.B. Strafprozessordnungen, Polizeigesetzen) abschliessend festgelegt – eine Berufung auf Notstand würde gesetzliche Entscheidungen unterlaufen und die Gewaltenteilung in Frage stellen. Privatpersonen haben schon von vornherein – abgesehen vielleicht von Fällen einer Gefahr für den Bestand des Gemeinwesens – keine Befugnis, «für den Staat» zu handeln.[145] Im übrigen müssen auch hier die weiteren Voraussetzungen der Rechtfertigung durch Notstand vorliegen, woran es z.B. fehlt, wenn dem Täter zur Erreichung des Zieles andere, gesetzliche Mittel zur Verfügung stehen und ihm zugemutet werden kann, davon Gebrauch zu machen.[146]

### c) Wahrnehmung berechtigter Interessen

Der Rechtfertigungsgrund der Wahrnehmung berechtigter Interessen gilt als gewohnheitsrechtlich anerkannt. Sucht man angesichts der vielen Fallgruppen, auf die er angewendet wird, nach einem gemeinsamen Nenner der Begründung, so könnte man die Ausübung verfassungsmässig garantierter Freiheitsrechte[147] oder die Herstellung sozial erwünschter und gebilligter Zustände auf Kosten der Beeinträchtigung anderer Interessen[148] nennen. Anders als beim rechtfertigenden Notstand wird hier also nicht zur Abwehr einer Gefahr, sondern vor allem in Wahrnehmung allgemein positiv bewerteter sozialer Rollen gehandelt (z.B. Wahrnehmung der im Allgemeininteresse stehenden Aufgaben der Presse). Nach der Rechtsprechung unterliegt aber auch dieser Rechtfertigungsgrund ähnlichen Restriktionen wie der Notstand,[149] was insbesondere bedeutet, dass der zu entscheidende Interessenkonflikt gesetzlich nicht abschliessend geregelt sein darf. Nachdem die Rechtsprechung bei einer Kollision des Rechts an der Ehre mit dem Recht auf freie Meinungsäusserung nunmehr den Entlastungsbeweis des Art. 173 Abs. 2 für spezieller hält,[150] hat die Wahrnehmung berechtigter Interessen ihr bis dahin praktisch wichtigstes Anwendungsfeld verloren.[151]

**145** Zu den Einzelheiten Stratenwerth, § 10 N. 57–58.

**146** BGE 94 IV 70.

**147** Noll, ZStrR 1964, 188; Trechsel/Noll, 135; zustimmend Lenckner, Die Wahrnehmung berechtigter Interessen, ein «übergesetzlicher» Rechtfertigungsgrund?, GS-Noll, Zürich 1984, 243 ff.; Riklin, § 14 N. 70 ff.

**148** Stratenwerth, § 10 N. 60.

**149** BGE 120 IV 208, 213.

**150** Krit. Schultz I, 171; Trechsel/Noll, 135.

**151** Zu weiteren, heute noch relevanten Fallgruppen BSK-Seelmann, Art. 14 N. 27.

### 3. Mutmassliche Einwilligung

**Literatur** Donatsch/Tag, § 22/3; Noll, Übergesetzliche Rechtfertigungsgründe, im Besonderen die Einwilligung des Verletzten, Basel 1955; BSK-Seelmann, Art. 14 N. 15 ff.; Stratenwerth, § 10 N. 25–31; Tag, Strafrecht im Arztalltag, in: Kuhn/Poledna (Hrsg.), Arztrecht in der Praxis, 2. Aufl., Zürich 2007, 669; Trechsel/Noll, § 27 I.

**Übungsliteratur** Maihold, N. 62–64.

**Fall 20:**

Unfallopfer U wird mit schweren inneren Blutungen bewusstlos ins Spital eingeliefert. Da nur eine sofortige ihrerseits lebensgefährliche Operation sein Leben retten kann, entschliesst sich Arzt A zu diesem Eingriff.

#### a) Begriff

Die Operation eines Bewusstlosen ist das klassische Beispiel für einen anderen wichtigen Rechtfertigungsgrund, die «mutmassliche Einwilligung». Wäre der Patient bei Bewusstsein, so würden die Grundsätze der (nach hier vertretener Auffassung) tatbestandsausschliessenden Einwilligung gelten (dazu oben I.4.). Dass Eingriffe in die Rechte eines anderen zu dessen eigenen Gunsten aber auch erlaubt sein müssen, wenn es vorübergehend an seiner Willensbildungs- oder Willensäusserungsfähigkeit fehlt, zeigt sich am zivilrechtlichen Institut der «Geschäftsführung ohne Auftrag» (Art. 419, 422 OR). Während aber diese Vorschrift auf Interesse *und* mutmasslichen Willen des Eingriffsopfers abstellt, ist im Strafrecht umstritten, in welchem Verhältnis mutmasslicher Wille und Interesse beim Rechtfertigungsgrund der «mutmasslichen Einwilligung» stehen. Das BGer hat diesen Rechtfertigungsgrund prinzipiell anerkannt,[152] ihn hierbei aber nicht von der «Geschäftsführung ohne Auftrag» unterschieden.

Soweit ersichtlich wird nirgendwo vertreten, dass die Handlung *bloss* im («objektiven») Interesse des Eingriffsopfers gerechtfertigt sei, selbst wenn der mutmassliche Wille den Eingriff nicht zulassen würde. Bei der «mutmasslichen Einwilligung» wird zu Recht das «objektive» (d.h. üblicherweise anzunehmende) Interesse nur dort alleine zugrunde gelegt, wo ein diesem entgegenstehender *Wille nicht erkennbar* ist:[153] Wer z.B. einer religiösen Gemeinschaft angehört, die Bluttransfusionen ausnahmslos ablehnt, darf auch als Bewusstloser nicht einer ohne Bluttransfusion unausführbaren Operation unterzogen werden, selbst wenn nur dies sein Leben retten könnte[154] – der zu vermutende Wille geht dem «objektiven» Interesse vor und schliesst eine Berufung darauf aus. Andernfalls würde man gegen seinen Willen einer fremden Interessendefinition unterworfen, was im Fall der Rechtfertigung eines Straftatbestands unerträglich

**152** BGE 99 IV 208, 211; 100 IV 155, 159; 124 IV 258, 261.

**153** Stratenwerth, § 10 N. 31 und ZStW 1956, 46 ff.

**154** Tag, Strafrecht im Arztalltag, 750; Stratenwerth, § 10 N. 27.

erscheint. Erst recht ist deshalb kein Raum für eine «mutmassliche Einwilligung», wenn das Opfer die tatsächliche Einwilligung verweigert hat.[155]

Kann also jedenfalls das Handeln im Interesse des Opfers bei mutmasslich nicht bestehender Einwilligung nicht rechtfertigen, so fragt sich andererseits, ob – umgekehrt – ein Handeln nur entsprechend dem mutmasslichen *Willen*, das aber dem (aus der Sicht verständiger Dritter definierten) Interesse des Opfers nicht entspricht, zu rechtfertigen vermag.[156] Dies ist nur bei einem dem Eingriff entgegenstehenden mutmasslichen Willen zu bejahen (vgl. den soeben angeführten Bluttransfusionsfall); nicht berufen darf man sich auf einen – den objektiven Interessen entgegenstehenden – mutmasslichen Willen zu einem Eingriff.

Denn auch, wo ein von der üblichen Interessenbestimmung abweichender Wille gemutmasst werden kann, gilt gleichwohl zur Vermeidung von Fremdbestimmung als zusätzliche Voraussetzung für die Rechtmässigkeit der Vornahme des Eingriffs das überwiegende *Interesse* des Eingriffsopfers. Die Missbrauchsgefahr bei Fremdbestimmung des Willens wäre zu gross, hätte man nicht dieses Korrektiv des Interesses. Dieses Interesse braucht, anders als bei der Saldierung im Fall des rechtfertigenden (Aggressiv-)Notstands, kein *deutlich* überwiegendes Interesse zu sein, weil der Täter nicht im eigenen Interesse oder dem eines Dritten handelt, sondern aus Solidarität mit dem Eingriffsopfer selbst. Dies spricht dafür, zur Legitimation von Eingriffen den Rechtfertigungsgrund der «mutmasslichen Einwilligung» in seinen Voraussetzungen der «Geschäftsführung ohne Auftrag» gleichzustellen, also *(einfach)* überwiegendes Interesse *und* mutmassliche Einwilligung zu verlangen.[157]

Fälle rein eigennützigen (z.B. Aufbrechen der Wohnung befreundeter Nachbarn, um über Telefon Hilfe für sich selbst zu holen[158]) oder drittnützigen Handelns, sollten angesichts des ganz anderen Interessenhintergrunds nicht an der mutmasslichen Einwilligung, sondern am rechtfertigenden Notstand gemessen werden.[159]

#### b) Voraussetzungen

Im Einzelnen müssen für Rechtfertigung aus mutmasslicher Einwilligung folgende Voraussetzungen vorliegen:

(a) Das Eingriffsopfer muss, wie bei der Einwilligung, *einwilligungsfähig und verfügungsbefugt* sein. Diese Voraussetzung ist, wie im **Fall 20**, bei einem Eingriff zu Heilzwecken sogar dann gegeben, wenn es sich tatbestandsmässig um eine schwere Körperverletzung (Art. 122) handelt.
Wer – von einer vorübergehenden Einwilligungsunfähigkeit abgesehen – prinzipiell nicht wirksam einwilligen kann, von dem kann auch nicht gesagt werden, er

**155** BGE 124 IV 258, 261. A.A. Noll, ZStW 1965, 27.
**156** Bejahend Donatsch/Tag, 252; Stratenwerth, § 10 N. 26; Trechsel/Noll, 141.
**157** Killias, N. 728; Noll, Rechtfertigungsgründe, 135–139.
**158** Stratenwerth, § 10 N. 26.
**159** Vgl. Hruschka, Strafrecht, 171 ff.; Jakobs, 449 f.; a.A. Waiblinger, SJK, Nr. 1207, 13.

willige mutmasslich ein.[160] Nicht nur vorübergehend Einwilligungsunfähige (z.B. Kleinkinder, geistig schwer Behinderte, psychisch Kranke) dürfen, ausser in eilbedürftigen Notfällen, mit dem Rekurs auf die «mutmassliche Einwilligung» nicht dem Schutz ihrer gesetzlichen Vertreter entzogen werden, die ihre stellvertretende Einwilligung zu geben haben.

(b) Die Entscheidung des Betroffenen darf nicht einholbar sein oder die Einholung müsste jedenfalls mit grosser Gefahr, z.B. einer weiteren riskanten Operation, verbunden gewesen sein[161] – sonst könnte der Eingreifende die Anforderungen an die Einwilligung unterlaufen. Wer gefragt werden kann, muss gefragt werden.

(c) Der Eingriff muss vom *hypothetischen Willen* des Eingriffsopfers getragen sein, was zusätzlich zur Berücksichtigung bekannter Vorlieben ein einfaches Überwiegen seiner «objektiven» Interessen erfordert. Für die Abwehr von Eingriffen genügt ein mutmasslich entgegenstehender Wille auch dann, wenn er aus der Sicht des anderen unvernünftig ist (zum Punkt (c) vgl. oben a).

In **Fall 20** liegen diese Voraussetzungen vor: U ist, obwohl es sich tatbestandlich um eine schwere Körperverletzung handelt, verfügungsbefugt. Seine Entscheidung ist aufgrund der Bewusstlosigkeit des U nicht einholbar, aber es ist anzunehmen, dass U der Operation zugestimmt hätte und sie ist auch objektiv in seinem Interesse.

## 4. Rechtfertigende Notwehr, Art. 15 StGB

**Literatur** Donatsch/Tag, § 19; Dubs, Notwehr, ZStrR 1973, 337; Franke, Die Grenzen der Notwehr im französischen, schweizerischen und österreichischen Strafrecht in Vergleichung mit der neueren deutschen Entwicklung, Freiburg i.Br. 1976; Fuchs, Grundfragen der Notwehr, Wien 1986; Graven, «Si j'étais flic ...», ZStrR 1990, 190; Kunz, Der Umfang der Notwehrbefugnis in vergleichender Betrachtung, FS-Juristentag 1988, 161; ders., Die automatisierte Gegenwehr, GA 1984, 539; Müller, Notwehr und Notwehrexzess nach dem neuen Schweizerischen Strafgesetz, Bern 1948; Schmidhäuser, Über die Wertstruktur der Notwehr, FS-Honig, Göttingen 1970, 185; BSK-Seelmann, Art. 15; Stratenwerth, § 10 N. 66–88; Trechsel/Noll, § 27 C; Waider, Die Bedeutung der Lehre von den subjektiven Rechtfertigungselementen, Berlin 1970; Wohlers, Einschränkungen des Notwehrrechts innerhalb sozialer Näheverhältnisse, JZ 1999, 434.

**Übungsliteratur** Eymann u.a., Fälle 1, 4, 6; Maihold, N. 49–54.

**Fall 21 (BJM 1996, 153 ff.):**

Eines Nachts entspann sich im Basler Bahnhof SBB im Gepäckwagen eines Zuges zwischen dem Zugführer Z einerseits und Frau G und Herrn M andererseits ein Disput wegen des Fehlens eines Wagens der 1. Klasse. Z forderte die beiden Fahrgäste mehrmals auf, den Gepäckwagen zu verlassen. Als dies nichts fruchtete, ergriff Z Frau G am Arm, um sie aus dem Wagen zu befördern. Frau G stolperte beim Trittbrett und fiel auf dem Perron dem nichtsahnenden Zugbegleiter A in die Arme. Daraufhin ergrimmte Herr M; er packte Z am Oberkörper und drückte ihn gegen die Wand des Gepäckwa-

160 Graven/Sträuli, N. 111; Stratenwerth, § 10 N. 29.
161 Stratenwerth, § 10 N. 30.

gens. Z riss sich los, zückte seine Pistole und richtete sie für kurze Zeit auf Herrn M. Dieser erschrak und verliess nun ohne weiteres den Zug.

Im **Fall 21** geht es um Notwehr und ihre möglichen Einschränkungen.

Der Rechtfertigungsgrund der Notwehr geht von dem Grundsatz aus, dass derjenige, der rechtswidrig angegriffen wird, sich verteidigen darf, ohne bei der Wahl seiner Mittel sehr stark eingeschränkt zu sein. Als Verteidigung gegen einen menschlichen Angriff stellt die Notwehr einen Spezialfall des rechtfertigenden (Defensiv-)Notstandes dar.[162] Das Institut, bereits dem entwickelten, von der Stoa beeinflussten römischen Rechtsdenken bekannt («vim vi repellere licet»), wurde im Mittelalter als subsidiäres Recht von der göttlich legitimierten Staatsgewalt, in der Naturrechtslehre aus dem ursprünglichen, unabdingbaren Recht des Einzelnen, von den Hegelianern aus dem Prinzip der Rechtsbewährung (dass das «Recht dem Unrecht nicht zu weichen» brauche) abgeleitet. Es war schon in der Carolina, dem Strafgesetzbuch Kaiser Karls V. aus dem Jahr 1532, gesetzlich geregelt.[163] Wenn auch die Rechtsbewährungsfunktion der Notwehr heute nicht mehr unumstritten ist,[164] so ist man sich doch einig, dass das Strafrecht trotz der im Gesetz heute zugrunde gelegten Angemessenheitsklausel der Selbstverteidigung den ihr gebührenden Platz einräumt.[165]

Auch bei der Notwehr ist, wie beim rechtfertigenden Notstand, zwischen rechtfertigender Situation (Notwehrlage: unmittelbarer Angriff ohne Recht) und rechtfertigender Handlung (Notwehrhandlung: angemessene Verteidigung) zu unterscheiden.

### a) Notwehrlage

aa) *Angriff* ist jede durch menschliches Verhalten drohende Verletzung rechtlich geschützter Interessen. Ob ein Angriff vorliegt, ist durch ein objektives ex post-Urteil zu bestimmen.[166] Fälschliche Annahme eines Angriffs wird als Putativnotwehr durch Art. 13 erfasst (dazu unten cc). Der Angriff eines *Tieres* begründet nur dann einen Notwehrzustand, wenn es von einem Menschen als Werkzeug eingesetzt wird.[167] Unterlassen ist ebenfalls als Angriff i.S.v. Art. 15 zu qualifizieren, wenn eine Rechtspflicht zum Handeln besteht.[168]

Notwehrfähig sind alle Individualrechtsgüter, also nicht die öffentliche Ordnung oder Rechtsgüter der Allgemeinheit, wohl aber z.B. die Intimsphäre als Ausprägung des Persönlichkeitsrechts gem. Art. 28 ZGB. Die vor allem in Deutschland geführte Dis-

**162** Seelmann, Rechtfertigungsgründe, 24 ff.

**163** Eberle, 16 ff.; Haas, Notwehr und Nothilfe, Frankfurt a.M. 1978, 35 ff.; Müller, 2 ff.

**164** Dafür noch Schmidhäuser, Über die Wertstruktur der Notwehr, FS-Honig, Göttingen 1970, 185 ff.; vgl. aber Fuchs, 41 ff.

**165** Dubs, ZStrR 1973, 357; Graven, ZStrR 1990, 197 ff.

**166** A.A. Fuchs, 69 ff.: objektive ex-ante-Beurteilung.

**167** BGE 97 IV 73.

**168** BGE 102 IV 1, 4; 104 IV 53, 55; Fuchs, 75 ff.; Riklin, § 14 N. 28; Stratenwerth, § 10 N. 73; anders noch Germann, 215; Müller, 18; zum Streitstand über die Art dieser Rechtspflicht Graven/Sträuli, N. 81; beschränkt auf Garantenpflichten bei Donatsch/Tag, 222 f.

kussion um eine Notwehrhilfe zugunsten des Staates hat in der Schweiz keinen Anklang gefunden. Es reicht für die Notwehrbefugnis jedoch aus, dass eine vorwiegend dem Schutz allgemeiner Rechtsgüter dienende Norm jedenfalls indirekt auch private Rechtsgüter schützt, wie etwa bei gemeingefährlichen Delikten.[169] Nicht vorausgesetzt ist, dass das jeweilige Rechtsgut seinerseits strafrechtlichen Schutz geniesst.[170]

bb) Der Angriff muss *gegenwärtig* sein. Dies ist der Fall, sobald die Rechtsgutverletzung entweder bereits im Gange ist (also noch andauert, z.B. der Dieb flieht mit der Beute) oder *«unmittelbar»* droht, also direkt bevorsteht.[171] Die Bedrohung durch einen Angriff ist also unmittelbar, wenn sie aktuell und konkret ist.

cc) *«Ohne Recht», d.h. rechtswidrig* ist jeder Angriff, der objektiv die Rechtsordnung verletzt, also nicht seinerseits durch einen Erlaubnissatz gedeckt ist. Der Angreifer muss nicht nur das Erfolgs-, sondern auch das Handlungsunrecht verwirklichen,[172] braucht aber nicht schuldhaft zu handeln, so dass auch gegen rechtswidrige Angriffe Schuldloser die Notwehrbefugnisse grundsätzlich bestehen.[173]

Liegt eine Notwehrlage nicht vor, so handelt der Täter rechtswidrig. Nimmt der Täter jedoch irrig eine solche an (sog. Putativnotwehr), so ändert sich zwar an der Rechtswidrigkeit seines Verhaltens nichts, er wird aber gem. Art. 13 Abs. 1 vom Gericht so gestellt, als ob die Notwehrlage vorgelegen hätte, sofern der Irrtum nicht vermeidbar war. Es handelt sich bei Art. 13 Abs. 1 um eine blosse Rechtsfolgenverweisung, d.h. die Rechtsfolgen der Rechtfertigung treten ggf. ein, die Tatsituation wird aber ohne Berücksichtigung des Irrtums bestimmt. Folglich behält der, welcher sich gegen den vermeintlich in Notwehr Handelnden verteidigt, sein Notwehrrecht. War der Irrtum vermeidbar, tritt für den Irrenden eine Strafbarkeit wegen fahrlässiger Tatbegehung ein (Art. 13 Abs. 2).

### b) Notwehrhandlung

aa) Der sich in der Notwehrlage Befindliche ist berechtigt, «den Angriff in einer den Umständen angemessenen Weise *abzuwehren*» (Art. 15). Als Abwehr wird die Handlung bezeichnet, die sich gegen den Angreifer richtet. Werden andere, nicht dem Angreifer zugehörige Rechtsgüter von der Abwehr tangiert, kommt insoweit nur eine Rechtfertigung durch Notstand (vgl. **Fall 18**)[174] oder einen anderen Rechtfertigungsgrund in Frage.

Auch *«jeder andere»* ist berechtigt, den Angriff abzuwehren (Notwehrhilfe). Der Bedrohte darf allerdings nicht gegen seinen Willen verteidigt werden.[175]

**169** Trechsel/Noll, 125; Waiblinger, SJK, Nr. 1205, 7.
**170** Eberle, 41.
**171** Dazu BGE 109 IV 5, 7; 107 IV 12, 14; Müller, 18 f.; Trechsel/Noll, 126.
**172** Fuchs, 80 ff.; Müller, 20 ff.; Trechsel/Noll, 126, subsumieren zu Recht auch die unvorsätzliche Gefährdung unter den «Angriff» – auch Fahrlässigkeit erfüllt das Handlungsunrecht.
**173** So auch Eberle, 43 f.; Fuchs, 88 ff.
**174** BGE 75 IV 49, 51; 122 IV 1, 4. Vgl. auch Waiblinger, SJK, Nr. 1205, 13.
**175** Stratenwerth, § 10 N. 84; vgl. auch BGHSt 5, 245, 247, a.A. Graven/Sträuli, N. 85B.

bb) Der Angriff muss in einer «*den Umständen angemessenen Weise* abgewehrt werden», damit die Abwehr nach Art. 15 gerechtfertigt ist. «Angemessen» i.S. des Gesetzes bedeutet zweierlei: Einerseits Subsidiarität und andererseits Verhältnismässigkeit i.e.S. Das schweizerische StGB verlangt damit, anders als das deutsche, österreichische und französische Recht, aber ähnlich der italienischen Regelung, sowohl eine Proportionalität der Angriffs- und Verteidigungsmittel als auch der betroffenen Rechtsgüter. Die Lehre von den sozialethischen Einschränkungen des Notwehrrechts führt etwa in Deutschland nur annähernd zu gleichen Ergebnissen.[176]

*Subsidiär* ist die Abwehr, wenn das mildeste Abwehrmittel angewandt wird – allerdings nicht das mildeste schlechthin, sondern das mildeste unter denjenigen Mitteln, die den Angriff mit Sicherheit sofort beenden. Dies kann u.U. ein recht massives Mittel, etwa ein Pistolenschuss, sein, wenn andere gleich sicher und schnell wirkende Mittel nicht zur Verfügung stehen. Die Entscheidung über das subsidiäre Mittel kann nur aufgrund der konkreten Umstände vorgenommen werden: Personen, Örtlichkeit, Art und Mittel des Angriffs, Fertigkeiten des Verteidigers, zur Verfügung stehende Möglichkeiten etc. sind von Bedeutung.[177] Es dürfen nach der Rechtsprechung nicht nachträglich allzu subtile Überlegungen darüber angestellt werden, ob der Angegriffene sich nicht auch mit anderen, weniger einschneidenden Massnahmen hätte begnügen können und sollen.[178] Bei selbsttätigen Schutzvorrichtungen ist die gebotene Abstimmung des Gegenschlages auf die individuelle Attacke wegen der starren Wirkungsweise nur gewährleistet, wenn neben dem Abwehrautomatismus erschöpfend Vorsorge zu schonender Verteidigung getroffen ist.[179]

Kein Erfordernis der Subsidiarität besteht zu anderen, nicht direkt der Abwehr dienenden Mitteln,[180] d.h. der Angegriffene braucht unter dem Gesichtspunkt der Subsidiarität nicht zu fliehen[181] oder um staatliche oder andere Hilfe zu ersuchen.[182] Darin unterscheidet sich die Subsidiarität bei der Notwehr (Art. 15) von derjenigen beim Notstand (Art. 17, vgl. oben 1.b.aa).

Das in diesem Sinn subsidiäre Mittel ist aber noch nicht notwendig auch schon «angemessen». Hinzukommen muss die *Verhältnismässigkeit i.e.S.* Darunter ist zu verstehen, dass die betroffenen Rechtsgüter (das angegriffene und das durch die Abwehr beeinträchtigte) objektiv nicht in einem krassen Missverhältnis zueinander stehen dürfen.[183] Es findet zwar keine Interessenabwägung im Sinne des (Aggressiv-)Notstandes (deutliches Überwiegen der geschützten Interessen) oder der mutmasslichen Ein-

**176** Franke, 50 ff., 287 ff.; Koch, ZStW 1992, 785 ff.; Kunz, FS-Juristentag 1988, 162 ff.

**177** BGE 107 IV 12, 15; 102 IV 1, 6 f.; 102 IV 65, 68 f.; BGE 136 IV 49: Abwehr mit dem Messer angemessen, wenn zwei Angreifer das Opfer mit Fusstritten und Faustschlägen traktieren und das Messer zunächst zurückhaltend eingesetzt wird.

**178** BGE 79 IV 148; 102 IV 1, 6 f.; 102 IV 65, 68 f.; 107 IV 12, 15; Waiblinger, SJK, Nr. 1205, 16.

**179** Kunz, GA 1984, 539 ff.; Waiblinger, SJK, Nr. 1205, 9.

**180** BGE 101 IV 119, 121.

**181** Donatsch/Tag, 225; Killias, N. 712.

**182** Waiblinger, SJK, Nr. 1205, 2.

**183** Gegen ältere subjektive Ansichten vgl. Müller, 35 f., 58 ff.

willigung (einfaches Überwiegen der geschützten Interessen) statt. Ähnlich wie beim Defensivnotstand darf aber das beeinträchtigte Interesse gegenüber dem geschützten nicht unverhältnismässig überwiegen. An die Abwägung der Gütersituation sind also nicht allzu hohe Anforderungen zu stellen.[184] Die gelockerten Anforderungen tragen der bedrängten Situation des Angegriffenen und dem Umstand Rechnung, dass der Angreifer auch die Rechtssubjektivität des Angegriffenen durch Nichtachtung seiner Rechtsgüter in Frage stellt. Generell besteht zwar die Tendenz, bei einem unerträglichen Missverhältnis zwischen dem angegriffenen Rechtsgut und der Beeinträchtigung des Angreifers durch den Verteidiger das Notwehrrecht zu versagen. Bei einem Angriff auf das Vermögen ist eine in die Rechtsgüter Leib und Leben eingreifende Abwehrhandlung nur mit grösster Zurückhaltung durch Notwehr zu rechtfertigen.[185] Davon abgesehen aber dürfte das Erfordernis der Verhältnismässigkeit i.e.S. eher als ein Negativ-Katalog für bestimmte Fallgruppen von Abwehrhandlungen zu verstehen sein:

- Provokation (verschuldete Notwehrlage): Bei der *Absichtsprovokation* wird man bereits nicht von einer Verteidigung der Rechtssubjektivität sprechen können, nach anderer Auffassung fehlt der Verteidigungswille (dazu unten c).[186] Hat der Angegriffene den Angriff demgegenüber, *ohne es zu wollen*, durch sein Vorverhalten beeinflusst, kann je nach Schwere das Notwehrrecht uneingeschränkt bestehen bleiben[187] oder teilweise eingeschränkt werden.[188] Voraussetzung für eine Notwehreinschränkung sollte aber in jedem Fall die Rechtswidrigkeit des Vorverhaltens (z.B. fahrlässige Verursachung eines Verkehrsunfalls) sein – die «Provokation» gegenüber einer Jugendbande nur dadurch, dass man durch ihr «Revier» geht, darf für eine Notwehreinschränkung des Spaziergängers nicht ausreichen. Vom Angegriffenen wird man bei rechtswidriger aber unabsichtlicher Provokation nach Möglichkeit ein Ausweichen verlangen müssen oder, falls dies nicht möglich ist, die Beschränkung auf Schutzwehr, also den Verzicht auf Mittel, die den Angriff mit Sicherheit sofort beenden, falls mildere Abwehrmittel zur Hand sind.[189]
- Angriff durch schuldunfähige oder irrende Person: Im Rahmen des Zumutbaren wird das Abwehrrecht eingeschränkt, soweit die Situation für den Angegriffenen erkennbar ist. Der Grund liegt darin, dass auch in solchen Fällen nicht die Rechtssubjektivität des Angegriffenen in Frage gestellt wird.[190]
- Enge Beziehung zwischen Angreifer und Angegriffenem (z.B. familiäre oder freundschaftliche Bande): In solchen Situationen wird vom Angegriffenen Zurückhaltung bei der Ausübung von Notwehr gefordert,[191] was nicht unproblema-

**184** BGE 107 IV 12, 15; BJM 1996, 153, 156.

**185** Killias, N. 712; Riklin, § 14 N. 34; Stratenwerth, § 10 N. 77.

**186** Donatsch/Tag, 219; BGE 109 IV 5, 7.

**187** BGE 102 IV 228, 230.

**188** So das StrafGer ZG, SJZ 1962, 92, Nr. 74 im Fall der Herbeiführung schwerer Raufhändel.

**189** Einen ausformulierten Übungsfall für diese in Prüfungen sehr beliebte Problematik bieten Geth, ius.full 2007, 70; Ringelmann, ius.full 2003, 270.

**190** Vgl. Müller, Notwehr, 53 ff.; Riklin, § 14 N. 36 m.w.N.

**191** BGE 101 IV 119, 121; Stratenwerth, § 10 N. 82.

tisch ist. Trotz oder gerade wegen der engen Beziehung sollte bei einem Angriff innerhalb des sozialen Nahraums das Abwehrrecht uneingeschränkte Geltung beanspruchen, weil sonst de facto ein Freibrief für prügelnde Ehemänner erteilt würde: wer sich selbst aus einer wechselseitigen Obhutspflicht heraus begibt, kann sich auch nicht mehr auf diese berufen.[192]

Im **Fall 21** hält das Bundesgericht das Zücken der Pistole durch Z zur Abwehr des Angriffs von Herrn M für nicht angemessen (wenngleich es Z eine entschuldigende Notwehrüberschreitung i.S. des Art. 16 Abs. 2 zubilligt – zu diesem Entschuldigungsgrund unten IV. 6.). Als subsidiär wird man das Zücken der Pistole aber wohl ansehen müssen, da ein milderes gleich wirksames Mittel nicht zur Verfügung stand. Eine Zurückhaltung unter dem Gesichtspunkt der Verhältnismässigkeit i.e.S. könnte man von Z angesichts des Vorverhaltens gegenüber Frau G wohl nur dann erwarten, wenn man dieses Vorverhalten – was zweifelhaft erscheint – für rechtswidrig hielte. Folglich erscheint sehr fraglich, ob das blosse Zücken der Pistole die Grenzen der erlaubten Abwehr bereits überschritt.

### c) Verteidigungswille

**Fall 22 (BGE 79 IV 148 ff.):**

Die alkoholisierten X und Y trafen die beiden heimkehrenden Pfadfinder A und B. X nahm hierbei A ohne Anlass das Fahrrad weg. A und B holten deshalb ihren Pfadfinderleiter K zu Hilfe, der eine geladene Waffe einsteckte, die der Verteidigung im schlimmsten Fall dienen sollte. Die drei fanden X und Y beim Verlassen einer Wirtschaft, wobei diese das Fahrrad mit sich führten. Auf die mehrmalige freundliche Aufforderung K's, das Fahrrad zurückzugeben, reagierte X nicht. X und Y fingen stattdessen an zu fluchen und X begann, auf K loszugehen. K wich zurück und nahm dann die Waffe aus der Tasche, um einen Warnschuss auf den Boden abzugeben. X, der K an die Gurgel ging, liess auch nach einem zweiten Warnschuss nicht von K ab. Im Folgenden löste sich während des Handgemenges ungewollt ein dritter Schuss aus der Pistole, der X tödlich traf.

Notwehr setzt laut bundesgerichtlicher Rechtsprechung voraus, dass der Täter die Abwehrhandlung bewusst und gewollt zum Zwecke der Abwehr eines Angriffes vornimmt.[193] Wer also z.B. auf jemanden schiesst, ohne zu wissen, dass er sich (objektiv) in einer sein Leben bedrohenden Notwehrsituation befindet, ist mangels Verteidigungswillens nicht gerechtfertigt. Da es freilich in solchen Fällen an einem Erfolgsunwert fehlt, sollte nur wegen Versuchs bestraft werden.[194] Ungewollte Auswirkungen der Notwehrhandlung (fahrlässiges Handeln) sind demgegenüber bereits gerechtfertigt, solange sie nur zur Verteidigung zweckmässig und angemessen sind,[195] also auch vorsätzlich hätten herbeigeführt werden dürfen.

**192** Wohlers, JZ 1999, 441 f.

**193** BGE 79 IV 148, 154; 104 IV 1, 2; Waiblinger, SJK, Nr. 1205, 11; krit. Spendel, Gegen den Verteidigungswillen als Notwehrerfordernis, FS-Bockelmann, München 1979, 245; weiterführend Waider, 90 f.

**194** Donatsch/Tag, 213; Graven/Sträuli, N. 72A.

**195** BGE 79 IV 148, 152 ff.

Im **Fall 22** handelt es sich um die ungewollten Folgen der Verteidigungshandlung, die sich aber im Rahmen einer erforderlichen Verteidigung hält (dazu auch unten VIII. 4.).

### 5. Gesetzlich erlaubte Handlung, Art. 14 StGB

**Literatur** Donatsch/Tag, § 21; Graven/Sträuli, N. 74–78; Rehberg, Zur Lehre vom «Erlaubten Risiko», Zürich 1962; Schubarth, Zur rechtsstaatlichen Problematik des Einbaus von Abhörgeräten durch Organe der Bundesanwaltschaft, BJM 1974, 9; BSK-Seelmann, Art. 14, N. 1 ff.; Stratenwerth, § 10 N. 90–99; Trechsel/Noll, § 27 D.

**Übungsliteratur** Eymann u.a., Fall 6.

Art. 14 hat bei richtiger Interpretation rein deklaratorische Bedeutung und ist genau genommen überflüssig und deshalb missverständlich. Er bringt die Selbstverständlichkeit zum Ausdruck, dass eine Tat gerechtfertigt ist, die das Gesetz erlaubt und natürlich erst recht eine solche, die das Gesetz sogar gebietet. Alles andere wäre ein Verstoss gegen das Prinzip der «Einheit der Rechtsordnung».[196] Als Quelle solcher Erlaubnisse oder Gebote kommt aber die gesamte Rechtsordnung in Betracht, nicht nur das Strafrecht. Schliesslich kann nicht strafbar sein, was das Recht (in anderen Vorschriften) ausdrücklich erlaubt. Als Bestandteil der Rechtsordnung sind rechtlich geregelte Amts- und Berufspflichten, auch wenn sie nicht mehr von Art. 14 (anders als im früheren Art. 32) genannt werden, auch künftig eine wichtige Grundlage für eine Rechtfertigung.[197] Fraglich kann nur sein, ob auch Gewohnheitsrecht (neben Gesetzesrecht) rechtfertigen kann. Dies dürfte, wie schon an den Beispielen der «Wahrnehmung berechtigter Interessen» und der «mutmasslichen Einwilligung» gezeigt wurde, eindeutig zu bejahen sein. Schwerwiegende hoheitliche Eingriffe in die Rechte Einzelner müssen aber in jedem Fall nach dem Grundsatz der Gesetzmässigkeit der Verwaltung durch ein Gesetz im formellen Sinn gedeckt sein.[198] Entgegen der Auffassung des Bundesgerichts[199] wird man aus rechtsstaatlichen Gründen blosse innerdienstliche Verwaltungsvorschriften (Dienstreglemente) nicht als Gesetz ausreichen lassen können.

**196** Anders Rehberg, Risiko, 158 ff.

**197** Vgl. dazu BSK-Seelmann, Art. 14 N. 6–13. Vgl. etwa BGE 135 IV 177, wo sich die Rechtfertigung der Äusserung einer Auskunftsperson schon aus Art. 177 Abs. 1 StPO ergibt.

**198** Donatsch/Tag, 240 f.; Schultz I, 155; Schubarth, BJM 1974, 17 f.; Stratenwerth, § 10 N. 92; Trechsel/Noll, 133.

**199** BGE 94 IV 5; 111 IV 113, 115; 115 IV 162, 164 f., unklar BGE 121 IV 207, 212.

## IV. Schuld

**Literatur** Graven/Sträuli, N. 115–194; Herzberg, Willensunfreiheit und Schuldvorwurf, Tübingen 2010; Krauss, Prinzipien von Rechtfertigung und Entschuldigung im deutschen und schweizerischen Recht, Zweites deutsch-polnisches Kolloquium über Strafrecht und Kriminologie, Baden-Baden 1986, 11; Luthe, Schuldfähigkeit – ein rationales Mittel sozialer Regulation?, ZStrR 1986, 345; Noll, Schuld und Prävention unter dem Gesichtspunkt der Rationalisierung des Strafrechts, FS-Mayer, Berlin 1966, 219; Riklin, § 15; Stratenwerth, § 11; ders., Die Zukunft des strafrechtlichen Schuldprinzips, Heidelberg u.a. 1977; Trechsel/Noll, § 28.

Die tatbestandsmässig-rechtswidrige Tat ist nur strafbar, wenn sie auch schuldhaft begangen wird. Bei einem Strafrechtsfall wirkt sich dies dahingehend aus, dass unter dem Begriff «Schuld» nach möglichen Schuldausschliessungs- oder Entschuldigungsgründen zu suchen ist. Geprüft wird dabei ausschliesslich die sog. Strafbegründungsschuld. Die Tatsache, dass auch bei der Strafzumessung gem. Art. 47 eine «Strafzumessungsschuld» von Bedeutung ist, spielt in der Falllösung für gewöhnlich keine Rolle.

### 1. Normativer Schuldbegriff

**Literatur** BSK-Bommer, Vor Art. 19; Donatsch/Tag, § 23; Jescheck/Weigend, 404–424; Killias, N. 901–910; Roxin, Zur Problematik des Schuldstrafrechts, ZStW 1984, 641; Stratenwerth, § 11 N. 2–7; Trechsel/Noll, § 28; Zielcke, Die halbe Sache der Moral, Merkur 1986, 203.

Dem heute allgemein anerkannten und dem StGB zugrunde liegenden normativen Schuldbegriff zufolge werden auf den Ebenen des Tatbestands und der Rechtswidrigkeit zunächst der Gegenstand der Unrechtswertung und diese Unrechtsbewertung selbst erörtert, dem folgt auf der Ebene der Schuld dann die Entscheidung darüber, ob die tatbestandsmässig-rechtswidrige Tat dem Täter auch individuell zugerechnet werden kann. Bei der Schuld geht es also um die Frage: Ergibt sich, angesichts der Tat und ihrer rechtlichen Bewertung, ein Vorwurf gegen den Täter? Dabei gründet sich das (notwendigerweise) vergleichende, d.h. das Modell eines «massgerecht» sozialisierten Rechtsgenossen zum Massstab nehmende Schuldurteil auf die persönliche Vorwerfbarkeit einer rechtlich fehlerhaften Willensbildung und Willensbetätigung und damit auf die normative Bewertung eines psychischen Sachverhalts (der vorsätzlichen oder fahrlässigen rechtswidrigen Tat). Im Schuldmassstab steckt ein beträchtliches Quantum an Generalisierung[200]: Schuld wird nämlich im Prinzip unterstellt und nur beim Vorliegen bestimmter im Gesetz genannter Gründe, der Schuldausschliessungs- und der Entschuldigungsgründe, im Einzelfall verneint.

Der den Täter treffende Vorwurf liegt dabei darin, dass er sich – in seiner Entscheidung prinzipiell frei – zur Tat entschlossen hat, obwohl eine andere Person an seiner Stelle bei Anspannung der Willenskraft, die dem Täter möglicherweise gefehlt hat, unter den konkreten Umständen anders gehandelt hätte.[201] Zu untersuchen ist also

**200** Stratenwerth, § 11 N. 6.
**201** Jescheck/Weigend, 411.

unter dem Stichwort «Schuld» die Möglichkeit, die rechtliche Sollensforderung zu erkennen und sich nach ihr zu richten.[202]

Hierbei wird der psychisch gesunden Person die prinzipielle Fähigkeit, sich zu rechtstreuem Verhalten zu motivieren, zugeschrieben. Das nicht zu leugnende Problem dieser Schuldkonzeption liegt darin, dass sich die Existenz der postulierten Entscheidungsfreiheit ebenso wenig beweisen wie widerlegen lässt.[203] Erst recht entzieht sie sich nachträglicher forensischer Rekonstruktion.[204] Aus solchen Zweifeln resultiert die heute nicht seltene (aber gleichwohl seltsame) Formulierung des an den Täter gerichteten Vorwurfs, *ein anderer* hätte die Tat nicht begangen.

Richtig an solchen Zweifeln ist, dass es naiv wäre, wie man seit Kant weiss, Freiheit empirisch beweisen zu wollen. Man kann sie nur um der Möglichkeit menschlicher Interaktion willen (weil man den anderen als vernünftig und verantwortlich behandeln will) praktisch (bis zum Beweis des Gegenteils) unterstellen. Ob und ggf. inwieweit es aus diesem Grunde sinnvoll ist, dem anderen vergangenes Verhalten vorzuwerfen, ist jedoch eine andere – rechtsphilosophische – Frage,[205] der hier nicht genauer nachgegangen werden kann.

Zur dogmatischen Struktur der Schuld zählen zunächst die Schuldfähigkeit und ihr Ausschluss (unten 2. und 3.), wozu auch die Problematik der Schuldfähigkeit von juristischen Personen gehört (unten 4.), weiter das Unrechtsbewusstsein (Ausschluss des Verbotsirrtums, unten 5.) und schliesslich die Zumutbarkeit rechtmässigen Verhaltens, d.h. das Fehlen von Entschuldigungsgründen (unten 6–8.).

*Schuld setzt also voraus:*

| | |
|---|---|
| Schuldfähigkeit | seelisch-geistige Gesundheit |
| Unrechtsbewusstsein | Wissen oder Wissenkönnen vom Unrecht |
| Zumutbarkeit rechtmässigen Verhaltens | Fehlen besonderer Konfliktsituationen, z.B. entschuldbarer Notstand |

**202** Stratenwerth, § 11 N. 5 m.w.H.

**203** So die h.M., vgl. Trechsel/Noll, 145. Von der Beweisbarkeit der Willensunfreiheit geht Herzberg, Willensunfreiheit und Schuldvorwurf, aus.

**204** Hierzu, zur fragwürdig gewordenen staatsrechtlichen Legitimation des Schuldausgleichs durch Strafe unter einer demokratischen Verfassung sowie andererseits zur Problematik eines reinen Präventionsstrafrechts instruktiv Roxin, ZStW 1984, 641.

**205** Dazu Zielcke, 203, 213; Seelmann, Sind die Grundannahmen einer Rechtsgesellschaft mit den Resultaten der modernen Hirnforschung vereinbar?, in: Senn/Puskás (Hrsg.), Gehirnforschung und rechtliche Verantwortung, ARSP-Beiheft 111, Stuttgart 2006, 91.

## 2. Schuldunfähigkeit und verminderte Schuldfähigkeit, Art. 19 Abs. 1–3 StGB, insbesondere Alkohol

**Literatur** Bernsmann, Probleme des strafrechtlichen Krankheitsbegriffes, Bochum 1978; BSK-Bommer/Dittmann, Art. 19; Dittmann, Forensische Psychiatrie, in: Freyberger/Schneider/Stieglitz (Hrsg.), Kompendium der Psychiatrie und Psychotherapie, 11. Aufl., Basel 2002; Donatsch/Tag, § 24, 25; Killias, N. 911–924b; Stratenwerth, § 11 N. 24; Trechsel/Noll, § 28 C.

**Übungsliteratur** Eymann u.a., Fälle 1, 12; Maihold, N. 67–68.

**Fall 23 (BGE 107 IV 3 ff.):**

K konsumierte abends in zwei Restaurants verschiedene alkoholische Getränke in nicht mehr genau feststellbarer Menge. Verschiedentlich versuchte er, bei der Serviertochter Geld zu borgen, allerdings erfolglos. Per Taxi begleitete er alsdann seine Freundin nach Hause und begab sich nach Mitternacht wieder per Taxi zurück zum Restaurant, das er zuletzt besucht hatte. Er klopfte an das Wirtshaus, und als niemand öffnete, drang er durch ein Fenster an der Hinterfront des Hauses in das Wirtshaus ein. Schliesslich begab er sich in das Zimmer des allein im Haus wohnenden Wirts und forderte diesen auf, Geld herauszugeben, andernfalls er ihn zusammenschlüge.

In **Fall 23** ist zu prüfen, ob K die Tat schuldhaft begangen hat. Der Vorwurf schuldhafter Tatbegehung darf nach Art. 19 nur diejenigen Personen treffen, die im Zeitpunkt der Begehung der Tat fähig waren,

- das Unrecht der Tat einzusehen (intellektuelles Moment der Einsichtsfähigkeit), und
- dieser Einsicht gemäss zu handeln (voluntatives Moment der Bestimmungs- oder Steuerungsfähigkeit).

Die Schuldunfähigkeit führt zum Ausschluss von Strafe; möglich ist dagegen die Verhängung einer der in Art. 19 Abs. 3 genannten Massnahmen, u.a. auch der Verwahrung!

Der frühere Art. 10 a.F. forderte neben diesen psychologischen Voraussetzungen noch einen besonderen biologischen Defektzustand («Geisteskrankheit, Schwachsinn oder eine andere schwere Störung des Bewusstseins»). Die Revision hat diese Voraussetzung aufgrund Entwicklungen in der modernen Psychologie zunächst auf den Begriff der «schweren psychischen Störung» reduziert (Art. 17 E 1998), zuletzt aber auch diesen fallen gelassen, da er zu unscharf sei und eine Antwort auf die Frage nach den Gründen für die Schuldunfähigkeit nicht Aufgabe des Gesetzgebers sei.[206]

Von allen Persönlichkeitsdefiziten kommt aber der Schuldunfähigkeit infolge Geisteskrankheit eine praktisch herausgehobene Bedeutung zu. Hierunter fallen alle psychischen Anomalien des Täters, die ursächlich auf Erkrankungen des Zentralnervensystems zurückgeführt werden (Psychosen).

**206** Vgl. Nationalrat, Sitzung vom 6.6.2001, Amtl. Bull. 98.038, 19.

Auch alkoholbedingte Rauschzustände können nach der Rechtsprechung des BGer prinzipiell die Einsichts- und Steuerungsfähigkeit ausschliessen. Die Gerichtspraxis ist allerdings äusserst zurückhaltend bei der Anerkennung des Alkoholrausches als Schuldausschliessungsgrund. Die Einsichts- und Steuerungsfähigkeit ist auch *«bei stark Berauschten nur ganz selten völlig aufgehoben. Dies gilt insbesondere bei Delikten, die einfache Tathandlungen erfordern und einen so offensichtlichen Unrechtsgehalt zeigen, dass ihn auch ein getrübtes Bewusstsein noch wahrnehmen kann»*.[207] Das BGer deutet aber im gleichen Entscheid an, dass ein sog. pathologischer Rausch die Zurechnungsfähigkeit völlig ausschliessen könnte.[208] Auch bei sog. Alkoholpsychosen besteht die Möglichkeit eines Ausschlusses der Schuldfähigkeit.[209]

Als Faustregel kann gelten, dass unter einer Blutalkoholkonzentration (BAK) von zwei Gewichts-Promillen die Schuldfähigkeit und damit die Schuld zu bejahen ist, dass demgegenüber jedoch bei einer BAK von über drei Gewichts-Promillen Schuldunfähigkeit vorliegt.[210] Bei einer BAK zwischen zwei und drei Gewichts-Promillen ist gemäss BGer eine verminderte Schuldfähigkeit zu vermuten.[211] Eine gewisse alkoholbedingte Enthemmung und Verdummung der betroffenen Person reicht allerdings zur Bejahung einer Verminderung der strafrechtlichen Zurechnungsfähigkeit bezüglich der konkreten Tat nicht aus. Nicht jede Abweichung von der Norm führt zur Annahme verminderter Schuldfähigkeit, insbesondere auch nicht die Tatsache, dass der Täter in nüchternem Zustand den Handlungsablauf raffinierter hätte koordinieren können.[212]

Das BGer hat im **Fall 23** die Voraussetzungen des Art. 19 Abs. 1 abgelehnt. Der Angeklagte sei in seiner Einsichts- und Steuerungsfähigkeit im konkreten Fall nicht stärker eingeschränkt gewesen als viele andere Straftäter in nüchternem Zustand, auch wenn er im nüchternen Zustand zu einem raffinierteren Vorgehen imstande gewesen wäre.

### 3. Art. 19 Abs. 4 und die «actio libera in causa»

**Literatur** BSK-Bommer, Art. 19 N. 86 ff.; Donatsch/Tag, § 24/4.2; Killias, N. 925–929; Stratenwerth, § 11 N. 31–38; Trechsel/Noll, § 28 C 4.

**Übungsliteratur** Eymann u.a., Fälle 1, 12; Maihold, N. 69.

**207** BGE 106 V 109, 112, 114.

**208** BGE 106 V 109, 112, 115; vgl. auch BGE 109 IV 73, 75.

**209** Vgl. etwa den Fall in BGE 109 IV 73, 75, worin der Täter unheilbar dem Alkohol verfallen war.

**210** Dittmann, 452.

**211** BGE 122 IV 49, 50 f.; vgl. auch BGE 118 IV 1 ff.

**212** BGE 107 IV, 3 ff., 5 mit Verweis auf BGE 102 IV 225, 226.

**Fall 24 (BGE 120 IV 169 ff.):**

Ein mit ca. 2,1 Gewichtspromillen Blutalkohol alkoholisierter Fahrzeugführer liess sich durch das Fehlverhalten eines anderen Verkehrsteilnehmers zu einer mit einer Körperverletzung endenden Verfolgungsjagd provozieren. Dass er im Rausch diese Tat begehen werde, bedachte er beim Sich-Betrinken fahrlässig nicht.

Art. 19 Abs. 4 schränkt Art. 19 Abs. 1–3 insoweit ein, als der schuldlos handelnde Täter auch für die im Zustand der Schuldlosigkeit begangene Tat bestraft wird, wenn er «die Schuldunfähigkeit oder die Verminderung der Schuldfähigkeit vermeiden und dabei die in diesem Zustand begangene Tat voraussehen» konnte. Dies könnte im **Fall 24** aufgrund des Alkoholrausches der Fall sein.

Hinter der Regelung des Art. 19 Abs. 4 steht der im 18. Jahrhundert entwickelte bekannte Rechtsgrundsatz der «ausserordentlichen Zurechnung», wonach eine Tat auch dann zugerechnet wird, wenn der Täter sich selbst vorwerfbar ein Zurechnungsmerkmal entzogen hat. Eine sog. actio libera in causa (also eine in *ihrer Ursache*, aber nicht in sich selbst freie Handlung) gemäss Art. 19 Abs. 4 liegt jedenfalls dann vor, wenn der Täter vorsätzlich gehandelt, nämlich vorsätzlich die eigene Schuldunfähigkeit herbeigeführt hat («actio praecedens» – vorausgehende Handlung) und in diesem Zustand vorsätzlich diejenige tatbestandsmässige Handlung begeht, auf die sein Vorsatz bereits im Zeitpunkt der actio praecedens gerichtet war.

*actio libera in causa:*

| 1. Handlungsteil | 2. Handlungsteil |
|---|---|
| actio praecedens<br>(= causa für die spätere actio libera in causa) | actio libera in causa<br>(d.h. nicht libera in se) |
| Schuld | keine Schuld |

Rechtsprechung und herrschende Lehre haben darüber hinaus auch schon nach bisherigem Recht eine sog. *fahrlässige actio libera in causa* angenommen,[213] wenn der Täter vorsätzlich oder fahrlässig seine Schuldunfähigkeit herbeigeführt hat und dabei bei Anwendung pflichtgemässer Vorsicht voraussehen konnte, dass er in diesem Zustand den Tatbestand eines Fahrlässigkeitsdelikts verwirklichen würde. Nunmehr hat der Gesetzgeber in Art. 19 Abs. 4 die Strafbarkeit auch der fahrlässigen actio libera in causa ausdrücklich vorgesehen.[214] Vom Wortlaut her ist nunmehr sogar die Bestrafung der fahrlässigen actio libera in causa als Vorsatzdelikt möglich, was aber wohl nicht beabsichtigt war.[215]

Art. 263 (Verübung einer Tat in selbstverschuldeter Unzurechnungsfähigkeit), der lediglich das Sich-betrinken oder Sich-betäuben (also ohne subjektive Bezugnahme auf eine später in diesem Zustand zu begehende Straftat) als schuldhafte Handlung mit

**213** Vgl. etwa BGE 117 IV 292 ff., 120 IV 169 ff.; Stratenwerth, § 11 N. 35; Trechsel/Noll, 141.

**214** Vgl. dazu die Botschaft 1998, 29.

**215** BSK-Bommer, Art. 19 N. 95 ff.

der objektiven Strafbarkeitsbedingung der anschliessenden Begehung eines Verbrechens oder Vergehens verknüpft, tritt nicht nur im Fall einer vorsätzlichen, sondern auch im Fall einer fahrlässigen actio libera in causa als subsidiäre Bestimmung hinter diese zurück.[216]

In **Fall 24** ist der Fahrzeugführer wegen Alkoholgenusses vermindert schuldfähig. Er ist gleichwohl gem. Art. 19 Abs. 4 wegen fahrlässiger actio libera in causa ohne Milderung der Strafe strafbar. Der Fahrzeugführer hat sich willentlich und wissentlich betrunken, den Zustand der Schuldunfähigkeit mithin vorsätzlich herbeigeführt, die Folge einer fährlässigen Körperverletzung jedoch nicht vorsätzlich in Kauf genommen, sondern diesbezüglich nur fahrlässig gehandelt. Das führt nach dem jetzigen Recht unbestritten dazu, dass ihm eine Strafmilderung wegen verminderter Schuldfähigkeit nicht zugute kommt.

### 4. Schuldfähigkeit von juristischen Personen?

**Literatur** BSK-Bommer, Vor Art. 19 N. 42; Heine, Das kommende Unternehmensstrafrecht (Art. 100$^{quater}$ f.) – Entwicklung und Grundproblematik, ZStrR 2003, 24; ders., Straftäter Unternehmen: Das Spannungsfeld von StGB, Verwaltungsstrafrecht und Steuerstrafrecht, recht 2005, 1; Kim, Individuelle und kollektive Zurechnung. Schwierigkeiten bei der Bestrafung von Unternehmern und Unternehmen, Basel 2007; Lütolf, Strafbarkeit der juristischen Person, Zürich 1997; Maihold, Strafe für fremde Schuld? Die Systematisierung des Strafbegriffs in der Spanischen Spätscholastik und Naturrechtslehre, Köln/Weimar/Wien 2005; Pieth, Die strafrechtliche Verantwortung des Unternehmens, ZStrR 2003, 353; Postizzi, Sechs Gesichter des Unternehmensstrafrechts, Basel 2006; Seelmann, Unternehmensstrafrecht: Ursachen, Paradoxien und Folgen, in: FS-Schmid, Zürich 2001, 169 ff; Wohlers, Die Strafbarkeit des Unternehmens, SJZ 2000, 381.

Art. 102 sieht nunmehr eine strafrechtliche Verantwortlichkeit (in der Marginalie auch «Strafbarkeit» genannt) des Unternehmens vor: Nach Art. 102 Abs. 1 wird die Straftat dem Unternehmen selbst «zugerechnet», wenn sie «in dem Unternehmen in Ausübung geschäftlicher Verrichtung im Rahmen des Unternehmenszwecks» begangen wird und die Tat «wegen mangelhafter Organisation des Unternehmens keiner bestimmten natürlichen Person zugerechnet werden» kann, während Art. 102 Abs. 2 vom letztgenannten Erfordernis für bestimmte Tatbestände sogar absieht.

Problematisch ist die Regelung im Hinblick auf das Schuldprinzip und den Grundsatz der Personalität der Strafe, wonach Strafe nur für Schuld verhängt wird und nur den Täter selbst treffen darf.[217] Das Schuldprinzip wird bereits deshalb verletzt, weil ein Unternehmen, also eine nicht tatsächlich, sondern nur für das Recht existente juristische Person, keinen Vorsatz fassen kann und nicht schuldfähig ist. Die Straftat wird niemals von dem Unternehmen begangen, sondern von den einzelnen in ihm tätigen natürlichen Personen. Durch die «Bestrafung» des Unternehmens werden ferner nicht nur die Personen von der Strafe betroffen, die die Straftat begangen haben, sondern

**216** So die h.M., vgl. etwa BGE 104 IV 249 ff. und BGE 93 IV 39 ff., a.A. BSK-Bommer, Art. 263 N. 34: Exklusivität.

**217** Zur Entwicklung dieses Prinzips über Theologie und Kanonistik im 16. Jahrhundert vgl. Maihold, insbes. 181 ff., 213 ff., 337 ff.

auch andere Personen darüber hinaus, beispielsweise bei der Bestrafung einer Aktiengesellschaft nicht selten eine Vielzahl wenigstens zum Teil auch unschuldiger Aktionäre.

Man könnte deshalb überlegen, ob man die angedrohte Sanktion entgegen dem Wortlaut (Art. 102 spricht in Abs. 2 ausdrücklich von «bestraft») als (schuldunabhängige) «Massnahme» (dazu unten D I 1) begreifen könnte. Auch dies wäre aber immer noch ungereimt, da auch Massnahmen Vorsatz voraussetzen. Zudem würde es sich dann um eine bisher nicht bekannte generalpräventive Begründung einer Massnahme (die bestehenden Massnahmen sind spezialpräventiv begründet) handeln, deren höherer Abschreckungseffekt im Vergleich etwa zu einer zivilrechtlichen Regelung nur gegeben wäre, wenn man in die Massnahme einen (nur mit Strafe und gerade nicht mit Massnahmen verbundenen) sozialethischen Tadel hineinlesen würde.

Art. 102 lässt sich also weder als Strafe noch als Massnahme sinnvoll begreifen. Der legislatorische Wille scheint hier stärker gewesen zu sein als das Bemühen um eine systematisch stimmige Konzeption der Norm.

Bei der in Art. 102 Abs. 1 geregelten Verantwortlichkeit handelt es sich im übrigen nicht um eine originäre, sondern um eine subsidiäre Haftung. Sie knüpft an die Nichtbestimmbarkeit einer strafbaren natürlichen Person an, die ihrerseits vorsätzlich oder fahrlässig gehandelt haben muss. Die Anlasstat wird dem Unternehmen mittels eines «Organisationsverschuldens» zugerechnet, so dass sich diese Vorschrift letztlich als fahrlässiges Unterlassensdelikt darstellt.[218] Praktisch gesehen kann diese Konstruktion einen Anreiz dazu schaffen, einen Einzelnen im Unternehmen gerade mit der Aufgabe zu betrauen, im Fall eines strafrechtlich relevanten Taterfolgs die Verantwortung zu übernehmen («Sitzdirektor»)[219] – was das Unternehmen auch bei grosszügiger Honorierung billiger zu stehen kommt als die sonst drohende Unternehmensbestrafung.

### 5. Irrtumsprobleme

Da zur Schuld das (zumindest potentielle) Unrechtsbewusstsein gehört, kann ein Irrtum über das Unrecht u.U. die Schuld entfallen lassen. Eindeutig um ein Problem der Schuld handelt es sich beim Irrtum über die Rechtswidrigkeit (meist Verbotsirrtum genannt) in Art. 21, vgl. unten b. Aber auch der Irrtum über die rechtfertigende Sachlage des Art. 13, vgl. unten a), kann erst geprüft werden, wenn über die Frage der Rechtswidrigkeit Klarheit besteht, also nach deren Prüfung. Im strafrechtlichen Gutachten empfiehlt es sich deshalb, auch diesen Irrtum zu Beginn des Prüfungspunktes «Schuld» anzusprechen, obwohl er sich lediglich auf die faktischen Voraussetzungen des Rechtswidrigkeitsurteils bezieht und nicht die Schuld (und schon gar nicht die Rechtswidrigkeit) ausschliesst.

**218** Heine, ZStrR 2003, 30; Pieth, ZStrR 2003, 363.

**219** Clarkson, Kicking Corporate Bodies and Damning their Souls, The Modern Law Review 59 (1996), 557, 562: «One might simply be punishing the vice-president responsible for going to jail.»

### a) Irrtum über eine rechtfertigende Sachlage

**Literatur** Donatsch/Tag, § 18/4 und § 19/2.42; Früh, Die irrtümliche Annahme eines Rechtfertigungsgrundes, Zürich 1961; BSK-Jenny, Art. 13; Killias, N. 306–308; Lerch, Tatirrtum und Rechtsirrtum im schweizerischen Strafrecht, ZStrR 1951, 158; Stratenwerth, § 9 N. 80, § 10 N. 112–114; Trechsel/Noll, § 27 A 1 und B 4; Trechsel/Jean-Richard, N. 6 zu Art. 13; Wili, Schuld und Irrtum im schweizerischen Strafrecht, Bern 1959.

**Übungsliteratur** Eymann u.a., Fälle 1, 4, 6; Maihold, N. 65, 77, 78.

**Fall 25 (BGE 102 IV 65 ff):**

Der G verliess spät nachts das Restaurant Bären in Biel mit dem falschen Hut. S, dem der Hut gehörte, folgte G wenig später nach und verlangte seinen Hut zurück. Nach Diskussionen mit mehreren Anwesenden, die immer heftiger wurden, zückte G, der nur Italienisch sprach, eine Pistole. Die Anwesenden versuchten ihn zu besänftigen. Als sich W dem G mit offenen Händen näherte, richtete G die Pistole auf W und rief ihm auf Italienisch «Halt oder ich schiesse» zu. W näherte sich ihm weiter bis auf anderthalb Meter. G, der sich dadurch bedroht fühlte und davon ausging, dass die Anwesenden ihn anfallen und umbringen wollten, schoss W nieder.

**Fall 26:**

V schlug in der Dämmerung den seinen Garten betretenden Nachbarsjungen X ins Gesicht in der fälschlichen Annahme, es handle sich um seinen eigenen, viel zu spät vom Spielplatz heimkehrenden Sohn S.

In den **Fällen 25** und **26** handelt es sich um einen Irrtum über eine rechtfertigende Sachlage, also über die faktischen Voraussetzungen eines anerkannten Rechtfertigungsgrundes (Notwehr bzw. elterliches Züchtigungsrecht). Bezeichnungen hierfür sind auch «Erlaubnistatbestandsirrtum» oder «Putativrechtfertigung». Für die Behandlung dieses Irrtums gibt es in den europäischen Rechtsordnungen unterschiedliche Lösungsansätze.[220]

Die einhellige Lehre und die Rechtsprechung in der Schweiz wenden auf die irrige Annahme einer rechtfertigenden Sachlage Art. 13 an, werfen dem Täter also trotz Tatbestandsvorsatzes hinsichtlich der Rechtsfolgen keine vorsätzliche Handlungsweise vor und schliessen damit die Vorsatzstrafe aus. Dem Täter ist die (an sich gegebene) vorsätzliche, d.h. wissentliche und willentliche Tatbegehung aufgrund seines vom Schuldtypus des Vorsatzdeliktes abweichenden Vorstellungsbildes nicht vorzuwerfen, denn der im Vorsatz inhärente Handlungsunwert ist aufgrund seines Irrtums aufgehoben.[221]

**220** Dazu BSK-Jenny, Art. 19 N. 1–7.

**221** Vgl. Stratenwerth, § 10 N. 113; zur Geltung des Grundsatzes auch bei irrealen Vorstellungen vgl. Frischknecht, Erlaubnistatbestandsirrtum und irreale Fehlvorstellung, recht 2007, 146–153.

Dieser Auffassung ist beizupflichten. Wie der sich im Tatbestandsirrtum befindende Täter handelt die Person, die eine rechtfertigende Sachlage annimmt (Putativrechtfertigung) «in einer irrigen Vorstellung über den Sachverhalt» im Sinne von Art. 13 Abs. 1. Diese Vorschrift des Art. 13 Abs. 1 ist somit in solchen Fällen aufgrund ihres weiten Wortlauts unmittelbar anwendbar. Etwas anderes gilt freilich für den Fall, dass der vom Täter vorgestellte Rechtfertigungsgrund gar nicht oder nicht in dem angenommenen Umfang existiert; hier handelt es sich um einen Verbotsirrtum i.S. von Art. 21.

Die Einordnung der irrigen Annahme einer rechtfertigenden Sachlage unter den Sachverhaltsirrtum führt in den **Fällen 25** und **26** zu einer Überprüfung anhand von Art. 13 Abs. 1. Jedenfalls im **Fall 26** kommt nur eine Bestrafung wegen einer fahrlässig begangenen Tat (vgl. Art. 13 Abs. 2) in Betracht. Im **Fall 25** gelangt das BGer zu dem Ergebnis, die Abwehr des G sei unverhältnismässig gewesen und hätte deshalb in einer tatsächlichen Notwehrsituation nicht zu einer Rechtfertigung geführt. Der Täter geht in diesem Fall folglich nach Auffassung des BGer nicht von Umständen aus, die, wenn sie gegeben wären, die Voraussetzungen eines Rechtsfertigungsgrundes erfüllen würden. Damit erliegt er im Ergebnis gar nicht einem Sachverhaltsirrtum.

### b) Verbotsirrtum

**Literatur** Donatsch, Unrechtsbewusstsein und Verbotsirrtum, ZStrR 1985, 16; Donatsch/Tag, § 26; Graven, Rechtsirrtum, SJK 1992, Nr. 91; Haug, Bemerkungen zu Art. 20 StGB (Rechtsirrtum) unter besonderer Berücksichtigung der bundesgerichtlichen Praxis, Diss. Bern 1987; Heine/Jenny/Kunz/Vest, Tatbestands- und Verbotsirrtum. In memoriam Prof. Dr. Guido Jenny, ZStrR 2011, 117; BSK-Jenny, Art. 20; Killias, N. 309–314; Stratenwerth, § 11 N. 39–59; Trechsel/Noll, § 29 A; Trechsel/Jean-Richard, Art. 21.

**Übungsliteratur** Eymann u.a., Fall 6; Maihold, N. 65, 74, 78, 101.

**Fall 27 (Abwandlung von Fall 26):**

V schlug den X in der Annahme, ihm stehe ein Züchtigungsrecht allen Kindern gegenüber zu.

**Fall 28 (nach Stratenwerth, § 10 N. 114):**

A tötete den schwerkranken B aus Mitleid und glaubte, hierfür einen Rechtfertigungsgrund zu haben.

In den **Fällen 27** und **28** könnte ein Verbotsirrtum («Irrtum über die Rechtswidrigkeit», wie er nunmehr in der Marginalie bezeichnet wird) vorliegen. Nach dem bis Ende des 19. Jahrhunderts anerkannten Grundsatz «ignorantia iuris nocet» (Unkenntnis des Rechts schadet) war der Irrtum des Täters über die Rechtswidrigkeit stets unbeachtlich. Diese Rechtsfolge implizierte den Anspruch, dass der Täter das Recht zu kennen habe, und geriet mit der zunehmenden kulturellen und nationalen Entgrenzung des modernen Strafrechts sowie mit seiner Ausdehnung weit über den Kern des moralischen Minimums hinaus in Legitimationsnot. Davon ausgehend hat sich die

Theorie durchgesetzt, wonach dem Täter der Irrtum über die Rechtswidrigkeit nicht angelastet werden kann, wenn er diesem nicht schuldhaft erlegen war.[222]

Der Verbotsirrtum ist folglich dadurch charakterisiert, dass dem Täter bei der Begehung der Tat die Einsicht, Unrecht zu begehen, fehlt, er also «nicht weiss und nicht wissen kann, dass er sich rechtswidrig verhält» (vgl. Art. 21).

Dies kann zum einen darauf beruhen, dass dem Täter die Verbotsnorm nicht bekannt ist oder dass er fälschlicherweise glaubt, sein Handeln werde von der Verbotsnorm nicht erfasst (*direkter Verbotsirrtum*, z.B. die Annahme, eine gestohlene Sache als Geschenk anzunehmen, sei nicht verboten). Die Dinge können aber zum anderen auch so liegen, dass sich der Täter im konkreten Fall fälschlicherweise gerechtfertigt glaubt, weil er die rechtlichen Grenzen eines anerkannten Rechtfertigungsgrundes verkennt (so im **Fall 27**: Überdehnung des elterlichen Züchtigungsrechts) oder weil er sein Handeln durch einen in Wahrheit gar nicht existierenden Erlaubnissatz gedeckt sieht (wie in **Fall 28**). In diesen Fällen spricht man von einem *indirekten Verbotsirrtum.*

Praktische Bedeutung hat der direkte Verbotsirrtum vor allem im Nebenstrafrecht sowie in den Fällen, in denen sich der Täter etwa aufgrund seiner Herkunft an einer fremden Rechtskultur orientiert.[223] Fälle des indirekten Verbotsirrtums kommen dagegen häufiger vor, etwa der Irrtum über die Reichweite des Festnahmerechts[224] oder des Schusswaffengebrauchs durch die Polizei.[225]

Art. 21 verlangt für das Entfallen der Schuld, dass der Täter «nicht weiss und nicht wissen kann, dass er sich rechtswidrig verhält» (S. 1), verneint aber den Schuldausschluss (und sieht nur eine Strafmilderung vor), wenn der Irrtum «vermeidbar» war (S. 2). Dies entspricht strukturell der Fahrlässigkeitsklausel beim Sachverhaltsirrtum (Art. 13 Abs. 2) und bedeutet hier wie dort (beim Sachverhaltsirrtum wie beim Verbotsirrtum), dass auch das potentielle Wissen in einem gewissen Umfang für strafrechtliche Zurechnung ausreicht.

Nach der Formel des BGer setzt Verbotskenntnis nur voraus, dass sich der Täter bewusst war, gegen das Recht zu verstossen, «sei es auch ohne genauere Vorstellung». Es genügt demnach «ein bloss unbestimmtes Empfinden, etwas Unrechtes zu tun». Das Bewusstsein blosser Sittenwidrigkeit reicht demnach zwar nicht aus, während jedoch das Wissen um die Strafbarkeit oder gar die Kenntnis der genauen Gesetzesbestimmung nicht erforderlich ist. Steht ein Verhalten im Widerspruch «zu den ethischen, sittlichen Wertvorstellungen weiter Kreise» (wie die Verbreitung harter Pornographie), so liegt nach dem Bundesgericht die Möglichkeit nahe, dass es gegen die Rechtsordnung verstösst.[226] Das Bewusstsein der Rechtswidrigkeit muss sich allerdings gerade auf diejenige Norm beziehen, deren Verletzung dem Täter vorgeworfen wird.

**222** BSK-Jenny, Art. 21 N. 5.

**223** BGE 104 IV 217: Irrtum eines Sizilianers über das Schutzalter für Minderjährige bei sexuellen Handlungen.

**224** BGE 101 IV 402.

**225** BGE 115 IV 162.

**226** BGE 128 IV 201, 210.

Hält in **Fall 28** beispielsweise A die aktive Sterbehilfe für erlaubt, glaubt er sich aber aus einem anderen Grund, etwa wegen Besitzes des für die Tat verwendeten Gifts, im Unrecht, ist er hinsichtlich der Tötung gleichwohl im Verbotsirrtum.[227]

Die Anforderungen an einen unvermeidbaren Verbotsirrtum werden von der Rechtsprechung sehr hoch angesetzt. Unvermeidbar ist ein Irrtum grundsätzlich nur dann, wenn sich «auch ein gewissenhafter Mensch hätte in die Irre führen lassen».[228] Hat der Täter hingegen Anlass, an der Rechtmässigkeit seines Verhaltens zu zweifeln, muss er diese Zweifel ausräumen, sei es durch eigenes Nachdenken oder «Gewissenanspannung», sei es durch Einholung spezieller Informationen bei Behörden oder vertrauenswürdigen Personen.[229] Bei einer Verletzung grundlegender sozialer Normen gilt daher ein Verbotsirrtum regelmässig als vermeidbar. Verletzt das Verhalten *sittliche* Normen, schliesst dies eine Unvermeidbarkeit des *Rechts*irrtums hingegen nicht notwendig aus. Ein unvermeidbarer Irrtum liegt in der Regel vor, wenn die zuständige Behörde das Verhalten des Täters früher stets gebilligt hat oder der Täter wegen eines solchen Verhaltens in einem früheren Verfahren freigesprochen wurde.[230] Hat der Täter zuvor bei einem Anwalt Rechtsrat eingeholt, muss dies jedenfalls dann zur Unvermeidbarkeit des Irrtums führen, wenn es um eine komplexe Materie geht und sich die anwaltliche Prüfung auf die fraglichen rechtlichen Gesichtspunkte bezog.[231]

Bei diesen insgesamt hohen Anforderungen nähert sich die Rechtsprechung praktisch jedenfalls für den Bereich des Kernstrafrechts wieder grundsätzlich dem rechtshistorisch älteren Grundsatz «ignorantia iuris nocet» an. Die Massstäbe des Bundesgerichts lassen in beiden oben genannten Fällen einen Verbotsirrtum als zweifelhaft erscheinen: In **Fall 27** hätte V aufgrund eigener Überlegungen oder nach Erkundigungen wissen können, dass er kein Züchtigungsrecht gegenüber allen Kindern hatte, in **Fall 28** hätte A ebenfalls wissen können, dass er zur aktiven Tötung selbst aus Mitleid nicht berechtigt sei.

### c) Tableau über die wichtigsten Irrtumsarten

Die bisher angesprochenen rechtlich relevanten Irrtümer werden hier noch einmal – in der linken Spalte – zusammengefasst. Als Vorgriff finden sich in der rechten Spalte die jeweiligen Umkehrungen dieser Irrtümer, die später bei der Besprechung des Versuchs noch näher erläutert werden.

**227** BSK-Jenny, Art. 21 N. 11–14.
**228** BGE 75 IV 150, 153.
**229** BGE 99 IV 185, 186; 104 IV 217, 221; BSK-Jenny, Art. 21 N. 15–20; Trechsel/Noll, 145 f.
**230** BGE 91 IV 159, 165; 91 IV 201, 204.
**231** BGE 98 IV 293, 303.

*aa) Irrtum über die Tatbestandsmässigkeit einer Handlung*

| **I. Tatbestandsirrtum** | **Umgekehrter Tatbestandsirrtum** |
|---|---|
| – *Unkenntnis* von Umständen, die die vom Vorsatz umfassten Merkmale des objektiven Tatbestandes ausfüllen<br>Folge: Ausschluss des Tatbestandsvorsatzes Art. 12 Abs. 2 und 13 | – irrige Annahme von Umständen, die die vom Vorsatz umfassten Merkmale des objektiven Tatbestands ausfüllen<br>Folge: Untauglicher Versuch Art. 22 Abs. 1, 3. Var. |

*bb) Irrtum über die Rechtswidrigkeit der tatbestandsmässigen Handlung*

| **II. Direkter Verbotsirrtum** | **Umgekehrter direkter Verbotsirrtum** |
|---|---|
| (*Unkenntnis* des Bestehens/der Reichweite der Verbotsnorm)<br>– Täter kennt Norm nicht oder unterschätzt ihre Reichweite<br>Folge: Art. 21 | (*Irrtum* über das Bestehen/die Reichweite der Verbotsnorm)<br>– Irrige Annahme einer nicht existenten Norm oder Überdehnung einer existenten Norm<br>Folge: strafloses Wahndelikt |
| **III. Indirekter Verbotsirrtum**<br>(Irrtum über das Eingreifen von Rechtfertigungsgründen; Erlaubnisirrtum)<br>– Täter nimmt irrig die Existenz eines Rechtfertigungsgrundes an oder verkennt (überdehnt) die Grenzen eines anerkannten Rechtfertigungsgrundes<br>Folge: Art. 21 | **Umgekehrter indirekter Verbotsirrtum**<br>(Irrtum über das Eingreifen von Rechtfertigungsgründen; Umgekehrter Erlaubnisirrtum)<br>– Unkenntnis von Existenz eines Rechtfertigungsgrundes oder von den Grenzen des vom Täter zu eng aufgefassten Rechtfertigungsgrundes<br>Folge: Strafloses Wahndelikt |
| **IV. Irrige Annahme einer rechtfertigenden Sachlage** («Erlaubnistatbestandsirrtum», Putativrechtfertigung»)<br>– Irrige Annahme der tatsächlichen Voraussetzungen eines anerkannten Rechtfertigungsgrundes<br>Folge: Art. 13, «irrige Vorstellung über den Sachverhalt» | **Unkenntnis einer rechtfertigenden Sachlage** (umgekehrter Erlaubnistatbestandsirrtum)<br>– Unkenntnis vom Vorliegen der Voraussetzungen eines anerkannten Rechtfertigungsgrundes<br>Folge: str., ob vollendete Vorsatztat oder analoge Anwendung der Versuchsregeln wegen fehlenden Erfolgsunwertes |

## 6. Entschuldbarer Notstand, Art. 18

**Literatur** Donatsch/Tag, § 20/6; Müller, Notwehr und Notwehrexzess nach dem neuen Schweizerischen Strafgesetz, Bern 1948; BSK-Seelmann, Art. 18 N. 1–4; Stratenwerth, § 11 N. 65–81; Trechsel/Noll, § 29 B; Trechsel/Jean-Richard, Art. 18.; Vgl. auch die Literatur zu III. 1.

**Übungsliteratur** Maihold, 59, 75, 78.

**Fall 29 (BGE 106 IV 1 ff.):**

Zum Zweck einer möglichst raschen Notfalleinweisung von M, der plötzlich von unerträglichen Kopfschmerzen befallen wurde, beging der um Hilfe gebetene L auf der Fahrt ins Spital mehrere Verkehrsregelverletzungen. U. a. betrug die Geschwindigkeit bis zu 120 km/h an Stellen, wo nur 60 km/h erlaubt waren. Ferner überfuhr L ein Rotlichtsignal. L kannte die befahrene und gut ausgebaute Strecke und gefährdete niemanden konkret.

**Fall 30:**

Ringarzt R, der zum ersten Mal am Boxring assistierte, sollte angesichts der lebensgefährlichen Erschöpfung eines Boxers über die Fortsetzung des Kampfes aus ärztlicher Sicht entscheiden. Die Halle verwandelt sich dadurch in einen Hexenkessel. Sprechchöre forderten die Fortsetzung des Kampfes und als Wurfgeschosse benutzte leere Bierflaschen bedrohten die Gruppe in der neutralen Ecke. Da R Ausschreitungen der Menge befürchtete, hatte er nicht den Mut, Konsequenzen aus seiner medizinischen Einsicht zu ziehen und liess in der Hoffnung weiterboxen, dass der Boxer die verbleibenden Runden überstehen werde. Durch einen Schlag, den der Boxer infolge seines Zustandes nicht mehr abwehren konnte, wurde er tödlich getroffen. R hielt diesen Ausgang des Kampfes für möglich.

**Fall 31:**

X hinderte aufgrund seiner religiösen Überzeugung die Ärzte gewaltsam daran, an seinem Kind eine medizinisch indizierte Bluttransfusion vorzunehmen. Das Kind, das hätte gerettet werden können, starb.

In den **Fällen 29** bis **31** ist das Vorliegen eines entschuldigenden Notstands zu prüfen:

Werden bei einem Eingriff in fremde Rechtsgüter nicht, wie für einen rechtfertigenden Notstand erforderlich, deutlich überwiegende Interessen auf Seiten des Eingreifenden gewahrt, so kann gleichwohl ein *entschuldigender* Notstand vorliegen. Der Notstand kann also rechtfertigende oder entschuldigende Wirkung haben. Diese beiden Wirkungen des Notstands[232] wurden früher in Art. 34 a.F. nicht ausdrücklich unterschieden, werden aber im jetzigen Recht vom Gesetzgeber in Art. 17–18 ausdrücklich geregelt.

Die Anforderungen an die *Notstandslage* sind beim entschuldigenden Notstand weitgehend dieselben wie beim rechtfertigenden: Jemand greift bei Bestehen einer unmittelbaren Gefahr für sich oder sein Gut in fremde Rechtsgüter ein, um sein Gut oder das eines andern zu retten. Wiederum kann es nur um die Rettung von Individualrechtsgütern gehen (s.o., III. 1. a); beim entschuldigenden Notstand wird aber nicht nur von «Gefahr», wie beim rechtfertigenden Notstand, gesprochen, sondern von «Gefahr für Leib, Leben, Freiheit, Ehre, Vermögen oder andere hochwertige Güter» – insoweit sind die Anforderungen höher. Der Revisions-Vorschlag, die Nothilfe in Anlehnung an § 35 d-StGB auf Angehörige und sonstige nahe stehende Personen zu beschränken,[233] hat sich im Ergebnis nicht durchsetzen können.

**232** Vgl. BGE 122 IV 1, 4.
**233** Botschaft 1998, 2009.

Die Anforderungen an die *Notstandshandlung* sind jedoch weniger streng als beim rechtfertigenden Notstand. Die in fremde Rechtsgüter eingreifende Person muss nicht ein höheres Interesse wahren. Greift sie zur Wahrung eines eigenen oder fremden Interesses in das Rechtsgut eines Unbeteiligten ein, so kann die Entschuldigung schon eintreten, wenn die konfligierenden Interessen von vergleichbarem Wert sind.[234] So vermag sogar die Tötung des «Haustyrannen» u.U. vom entschuldigenden Notstand erfasst zu werden.[235] Hinzukommen muss für eine Entschuldigung, dass dem Notstandstäter die Preisgabe des gefährdeten Gutes *«nicht zugemutet werden»* konnte (Abs. 2) – andernfalls ist nur eine Strafmilderung vorgesehen (Abs. 1).

Im **Fall 29** liegt das Problem eben in der Verhältnismässigkeitsabwägung, also in der Frage, ob einander zumindest gleichgewichtige Interessen gegenüberstehen. Es ist deshalb zu prüfen, welche Interessen in die Abwägung eingehen und wie diese zu gewichten sind. Auf der einen Seite sind die akuten Kopfschmerzen des M zu berücksichtigen. Ein ärztliches Gutachten bestätigte die Notwendigkeit möglichst rascher Einlieferung des M, wobei «jede Sekunde von grösster Wichtigkeit sei», auch wenn ex post betrachtet sich die Beschwerden als ungefährlich herausstellten. Für die Bestimmung der Gefahr ist aber auch hier, wie beim rechtfertigenden Notstand, ein objektives, also von einem Verständigen getroffenes ex-ante-Urteil entscheidend (vgl. oben III. 1. a). Andererseits stellen eine derartige Überschreitung der Höchstgeschwindigkeit und das Überfahren eines Rotlichts eine grosse Gefährdung der übrigen Verkehrsteilnehmer dar. Da eine konkrete Gefährdung (es kommt bei Gefährdungen nie nur auf das gefährdete Rechtsgut, sondern immer auch auf den Grad der Gefahr an) von Verkehrsteilnehmern nicht vorlag, hätte sogar eine Rechtfertigung nahe gelegen (deutlich überwiegende Interessen). das Bundesgericht legt sich aber insoweit nicht fest und verweist, ohne zwischen Rechtfertigung und Entschuldigung zu differenzieren, an die Vorinstanz zurück, damit sie den Beschwerdeführer «von Schuld und Strafe freispreche».

In **Fall 30** stellt sich die Frage, ob R die ihm selbst drohende Gefahr wegen einer besonderen Rechtsstellung (hier Garantenpflicht gegenüber dem Boxer) hinnehmen muss (Problem der Gefahrtragungs-/Risikopflicht). Soweit er selbst betroffen ist, besteht diese Pflicht – sein Interesse, sich selbst zu schützen, entschuldigt ihn also nicht. Ferner ist zu diskutieren, ob R sich darauf berufen kann, er wolle die andern Personen in der «neutralen Ecke», also Drittpersonen, vor Lebensgefahren schützen. Da Notstandshilfe gegenüber beliebigen Personen möglich ist, ist R's Verhalten entschuldigt.

Im **Fall 31** schliesslich liegt eine von Art. 18 nicht erfasste Konfliktvariante vor: die des Überzeugungstäters, der im Konflikt zwischen seinem Gewissen und einer Rechtspflicht steht. Die Frage nach seiner Entschuldigung ist umstritten. Diskutabel könnte eine Entschuldigung sein, wenn es sich um einen «harten» Überzeugungstäter handelt. Ein «harter» Überzeugungstäter ist jemand, der bei einem Handeln gegen sein Gewissen psychisch zugrunde gehen würde, dessen Persönlichkeit zerstört werden

**234** Brägger, Der Notstand im Schweizerischen Strafrecht, Diss. Bern 1937, 147; Killias, N. 720.
**235** BGE 122 IV 1, 4; 125 IV 49.

würde. Für ihn liegt angesichts der ausweglosen Konfliktsituation eine Analogie zum entschuldigenden Notstand nahe. Grundsätzlich aber ist im Fall des Überzeugungstäters nur an eine Strafmilderung nach Art. 48 lit.a («achtenswerte Beweggründe») zu denken.

## 7. Entschuldbarer Notwehrexzess, Art. 16

**Literatur** Donatsch/Tag, § 19/6; BSK-Seelmann, Art. 16; Stratenwerth, § 10 N. 85–88 und 11 N. 82; Trechsel/Noll, § 29 D.; Vgl. auch die Literatur zu III. 3.

**Übungsliteratur** Eymann u.a., Fall 4; Maihold, N. 76, 77.

**Fall 32:**

Nachdem A den B in Notwehr niedergeschlagen hatte, prügelte er in Verwirrung weiter auf ihn ein.

**Fall 33:**

Ein Nachtwächter eines Warenlagers gab gegenüber Dieben einen ungezielten Schreckschuss ab. Einer der Diebe wurde dabei tödlich getroffen, da der Nachtwächter aus Furcht vor den ihm als gewalttätig bekannten Männern in Richtung der Diebe und nicht in die Luft schoss.

**Fall 34 (BGE 102 IV 228 ff.):**

Als R eines Tages das Restaurant besuchte, in dem C, mit dem er zerstritten war, mit Freunden Karten spielte, kam C zur Überzeugung, R äussere sich bei den Gästen abfällig über ihn und wolle ihn durch entsprechende Gebärden lächerlich machen. C wollte darauf anlässlich eines Ganges zur Toilette den R zur Rede stellen, worauf R sofort tätlich wurde und dem C Fausthiebe und Fusstritte verabreichte. C zückte ein langes Küchenmesser und stach R nieder, der daraufhin den Verletzungen erlag.

**Fall 35:**

Nach einem heftigen Wortwechsel glaubte A, B greife ihn – mit blossen Händen – an. In Wahrheit lag ein solcher Angriff gar nicht vor. A «verteidigte» sich aus Furcht mit einem Messer, obwohl ein milderes Abwehrmittel auch bei Annahme eines Angriffs gleich wirksam gewesen wäre.

Ein Notwehrexzess liegt vor, wenn die Grenzen der Notwehr überschritten werden.[236] Er ist grundsätzlich strafbar. Art. 16 Abs. 2 schafft jedoch einen Entschuldigungsgrund, und zwar dann, wenn die angegriffene Person «in entschuldbarer Aufregung oder Bestürzung über den Angriff» die Grenzen der Notwehr überschreitet, und zwar unabhängig davon, ob dies bewusst oder unbewusst geschieht. Gemeint ist der sog. asthenische Affekt. Nicht darunter fällt der sog. sthenische Affekt (stärker aktive An-

**236** Fallgruppen bei Müller, 44 ff., 61 ff.

triebe wie Wut oder Rachegefühle). Art. 16 Abs. 1 sieht für andere Exzesse als «Aufregung» oder «Bestürzung» allerdings noch eine obligatorische Strafmilderung vor.

Erfasst vom Entschuldigungsgrund des Art. 16 Abs. 2 wird jedenfalls der sog. intensive Exzess (Überschreitung der Angemessenheit der Abwehr *innerhalb* der zeitlichen Grenzen der Notwehrberechtigung). Ob Fälle des sog. *extensiven* Exzesses, bei dem es schon an der Notwehrlage fehlt, auch unter Art. 16 fallen, wird in Lehre und Rspr. unterschiedlich beantwortet. Ein Teil der Lehre spricht sich dafür aus, insbesondere bei ganz geringfügigen zeitlichen Abweichungen, also bei Handlungen kurz vor oder nach der Notwehrlage, Art. 16 anzuwenden.[237] Dem ist beizupflichten. Die völlige Ausklammerung des extensiven Notwehrexzesses aus dem Anwendungsbereich von Art. 16 würde zu einem Wertungswiderspruch führen: Beim intensiven Notwehrexzess bleiben stets schwerste Folgen entschuldigt (wenn der Abwehrende im entschuldbaren Affekt handelt), während denkbar glimpfliche Folgen vor- oder nachzeitigen Handelns niemals entschuldigt wären. Der aus Erregung versetzte Tritt z.B. würde den Regeln des Verbotsirrtums unterstehen und es käme praktisch nie zur Entschuldigung.

In **Fall 32** ist das Problem, ob auch der extensive Exzess unter Art. 16 fällt. Nach der hier vertretenen Auffassung kommt Art. 16 Abs. 2 zur Anwendung mit der Folge, dass A entschuldigt ist.

**Fall 33** zeigt einen Anwendungsfall der *unbewussten* Überschreitung der Grenzen der Notwehr (intensiver Exzess), der gem. Art. 16 Abs. 2 entschuldigt ist.

In **Fall 34** handelt es sich um eine *bewusste* (d.h. vom Täter wahrgenommene) Überschreitung der Grenzen der Notwehr. Auch diese dürfte von Art. 16 gedeckt sein. Da dieser Notwehrüberschreitung «Enttäuschung, Wut und Verachtung» zugrunde lagen, hielt das BGer nur eine Strafmilderung i.S. des jetzigen Art. 16 Abs. 1 und keine Entschuldigung nach Art. 16 Abs. 2 für angebracht.

Im **Fall 35** handelt es sich, da ein Angriff gar nicht vorlag, um eine Putativnotwehrsituation, jedoch – da das Messer zur Abwehr nicht erforderlich war – kombiniert mit einem unbewussten Exzess. Selbst wenn die fälschlich angenommene Notwehrlage gegeben wäre, ginge der Täter in seiner Verteidigung noch zu weit. Eine Lösungsmöglichkeit wäre, hier wie bei der Putativnotwehr Art. 13 Abs. 1 (Sachverhaltsirrtum) anzuwenden, also den Täter nach dem Sachverhalt zu beurteilen, den er sich vorgestellt hat, und ihn gleichwohl zusätzlich in den Genuss des Art. 16 Abs. 2 kommen zu lassen. Entschuldbare Aufregung und Bestürzung über den vermeintlichen Angriff würden ihn dann genauso entlasten wie bei einem wirklichen Angriff.[238] Jedoch spricht folgende Erwägung dagegen: Das Opfer der Überreaktion hat hier – in Ermangelung eines wirklichen Angriffs – keine Überreaktion veranlasst. Es sollte deshalb auch gegen Überreaktionen geschützt werden. Grundsätzlich wäre deshalb vorzugswürdig, dass

**237** Vgl. die Hinweise bei Stratenwerth, § 10 N. 86.

**238** So im Ergebnis Stratenwerth (allerdings mit sinngemässer Anwendung von Art. 21), § 10 N. 86 und § 11 N. 84.

nur bei einem wirklichen Angriff der asthenische Exzess entschuldigt wird – an eine Ausnahme liesse sich höchstens bei einem vorgetäuschten Angriff denken, weil bei einer Überreaktion des «Verteidigers» auch dann der «Angreifer»[239] einen Teil der Verantwortung trägt. A hat demnach – da eine Notwehrlage nicht gegeben war und von B auch nicht vorgetäuscht wurde – im **Fall 35** schuldhaft gehandelt.

## 8. Irrtum über eine Entschuldigung

**Literatur** Jakobs 17/76; BSK-Jenny, Art. 13 N. 14; Jescheck/Weigend, 507; Stratenwerth, § 11 N. 82–84.

**Fall 36:**

A trank sich Mut an, um den B zu verprügeln. Im Glauben, zwei Gläser Wein würden ihn vor Gericht für sein Tun entschuldigen, schlug er den B anschliessend mehrfach ins Gesicht.

**Fall 37 (BGE 125 IV 49):**

Über Jahre hinweg litt die ganze Familie unter dem Haustyrannen H, der insbesondere die Kinder immer wieder grundlos schlug. Sohn S, in dem fälschlichen Glauben, nur die physische Eliminierung des H werde die Gefahr weiterer ständiger Schlägereien beheben, erstach H hinterrücks mit einem Messer.

Auch über das Vorliegen von Entschuldigungsgründen kann der Täter irren. Soweit dieser Irrtum sich auf die normative Situation bezieht – der Täter nimmt irrig die Existenz eines von der Rechtsordnung gar nicht akzeptierten Entschuldigungsgrundes an oder überdehnt die rechtlichen Grenzen eines anerkannten Entschuldigungsgrundes – gibt es keinen Grund, ihn zu privilegieren: er stellt sich eben gar keine Situation vor, welche die Rechtsordnung privilegiert, befindet sich folglich in keiner von der Rechtsordnung privilegierten Konfliktsituation. Anders dagegen, wenn er irrig die tatsächlichen Voraussetzungen eines existierenden Entschuldigungsgrundes für gegeben hält, weil er sich dann subjektiv in derselben Konfliktssituation befindet wie wenn die Voraussetzungen tatsächlich vorlägen. Dieser Irrtum unterfällt zwar dem allzu weiten Wortlaut des Art. 13 Abs. 1. Es ist jedoch sachgemässer, hier in analoger Anwendung dieselben Voraussetzungen wie für den Verbotsirrtum des Art. 21 vorzusehen. In seinem Sachzusammenhang mit Art. 12 passt Art. 13 nur auf solche Irrtümer über den Sachverhalt, die den Vorsatz berühren.[240] Es macht aber wenig Sinn, im Falle der Vermeidbarkeit des Irrtums über eine entschuldigende Sachlage entsprechend der Regelung des Art. 13 Abs. 2 nur dann zu strafen, wenn die fahrlässige Tatbegehung mit Strafe bedroht ist.

Für die Umkehrung des Irrtums gilt: Wer sein objektiv entschuldigtes Verhalten deshalb für nicht entschuldigt hält, weil er – in Kenntnis der Sachlage – nur die Existenz

239 Ausführlich zu dieser Argumentation Jakobs, 20/33, 587.

240 BSK-Jenny, Art. 13 N. 14; Stratenwerth, § 11 N. 83.

eines Entschuldigungsgrundes nicht kennt oder einen bekannten Entschuldigungsgrund auf sein Verhalten irrig nicht für anwendbar hält, ist gleichwohl entschuldigt. Er befindet sich, und allein dies ist im Bereich der Schuld entscheidend, auch subjektiv in der vom Recht privilegierten Konfliktsituation. Eben letzteres ist nicht der Fall, wenn er die Existenz einer entschuldigenden Sachlage nicht kennt. Es gibt dann keinen Grund für eine Entschuldigung.

In **Fall 36** nimmt A die Existenz eines nicht anerkannten Entschuldigungsgrundes an. Alkoholgenuss als solcher entschuldigt noch nicht, sondern erst, wenn dadurch die Einsichts- und Steuerungsfähigkeit verloren gehen. Und selbst dann würde die Rechtsfigur der «actio libera in causa» (Art. 19 Abs. 4) die Entschuldigung verhindern. Der Irrtum des A ist unbeachtlich.

In **Fall 37** irrt S über die tatsächlichen Voraussetzungen des entschuldigenden Notstandes: Hätte es tatsächlich keinen anderen Ausweg aus der Gefahr als die Tötung des H gegeben, wäre S wegen Notstands entschuldigt. Man sollte hier aus den oben genannten Gründen gleichwohl die Lösung nicht über Art. 13, sondern über Art. 21 analog suchen.

| **Irrtum über die Entschuldigung** (Irrtum über das Eingreifen von Entschuldigungsgründen) | **Umgekehrter Irrtum über die Entschuldigung** |
|---|---|
| 1. Entschuldigungsirrtum | umgekehrter Entschuldigungsirrtum |
| – Täter nimmt irrig die Existenz eines Entschuldigungsgrundes an oder verkennt (überdehnt) die rechtlichen Grenzen eines anerkannten Entschuldigungsgrundes | – Unkenntnis von der Existenz eines Entschuldigungsgrundes oder von Grenzen eines vom Täter zu eng gefassten Entschuldigungsgrundes |
| Folge: Unbeachtlicher Irrtum | Folge: Entschuldigtes Handeln |
| 2. Entschuldigungstatbestandsirrtum | Umgekehrter Entschuldigungstatbestandsirrtum |
| – Irrige Annahme der tatsächlichen Voraussetzungen eines anerkannten Entschuldigungsgrundes (Irrige Annahme einer schuldausschliessenden Sachlage) | – Unkenntnis vom Vorliegen der tatsächlichen Voraussetzungen eines anerkannten Entschuldigungsgrundes (= Unkenntnis vom Vorliegen einer entschuldigenden Sachlage) |
| Folge: Art. 21 sinngemäss | Folge: Handeln nicht entschuldigt |

## V. Das vorsätzliche vollendete unechte Unterlassungsdelikt

**Literatur** Arzt, Zur Garantenstellung beim unechten Unterlassungsdelikt, JA 1980, 553, 647, 712; De Haller, La comission par omission, in: Kuhn et al. (Hrsg.), La nouvelle partie générale du Code pénal suisse, Bern 2006, 35; Donatsch, Garantenpflicht – Hilfe zur Notwehr- und Notstandshilfe?, ZStrR 1989, 345; ders., Garantenstellung und Sorgfaltsbemessung beim fahrlässigen Erfolgsdelikt, recht 1988, 128; Dnatsch/Tag, § 30; Flachsmann, Fahrlässigkeit und Unterlassung, Zürich 1992; Graven, La responsabilité du chef d'entreprise et de l'entreprise elle-même, SJ 1985, 497; Grubmiller, Unterlassen im Strafrecht. Eine vergleichende Darstellung der gesetzlichen Regelungen in der Schweiz und Deutschland, Zürich/Basel/Genf 2011; Heine, Der kommende Allgemeine Teil des Strafgesetzbuches, ius.full 2004, 116; ders., Die Totalrevision des Schweizerischen Allgemeinen Teils des Strafgesetzbuchs, FS-Eser, München 2005, 493; Hruschka, Rettungspflichten in Notstandssituationen, JuS 1979, 385; Kaufmann, Die Dogmatik der Unterlassungsdelikte, Göttingen 1959; Kuhlen, Die Unterscheidung von Tun und Unterlassen, FS-Puppe, Berlin 2011, 669; Meyer, Die Garantenstellung beim unechten Unterlassungsdelikt, Zürich 1974; Moreillon, L'infraction par omission, Genf 1993; Oertle, Die Geschäftsherrenhaftung im Strafrecht, Zürich 1996; Pfander, Die Rechtspflicht zum Handeln aus Vertrag beim unechten Unterlassungsdelikt, Basel 1967; Schubarth, Zur strafrechtlichen Haftung des Geschäftsherrn, ZStrR 1976, 370; Schultz, Aufhebung von Garantenstellungen und Beteiligung durch Unterlassen, JuS 1985, 270; ders., Probleme einer Revision des Allgemeinen Teils des Schweizerischen Strafgesetzbuches, FS-Lackner, Berlin 1978, 889; Seelmann, Nichtstun als Straftat – Bedeutungszuwachs und Problempotential der unechten Unterlassungsdelikte, ZStrR 2007, 262–279; ders., Opferinteressen und Handlungsverantwortung in der Garantenpflichtdogmatik, GA 1989, 241; ders., Rechtsphilosophie, § 3 N. 24 ff.; Stratenwerth, Vor § 14 N. 1–2 und § 14; Stree, Zumutbarkeitsprobleme bei Unterlassungstaten, FS-Lenckner, München 1998; Trechsel/Noll, § 34; Trechsel/Jean-Richard, Art. 11; Ullrich, Strafrechtlich sanktionierte Hilfeleistungspflichten in der Schweiz, Dissenhofen 1980; Vest, Strafrechtliche Garantenpflicht des Geschäftsherrn, ZStrR 1988, 288.

**Übungsliteratur** Eymann u.a., Fälle 2, 5, 8, 12; Maihold, N. 111–119.

Die den meisten Straftatbeständen zugrunde liegende Pflicht, nicht in fremde Rechtsgüter einzugreifen oder sie zu gefährden, kann in der Regel nicht nur durch aktives Handeln, sondern auch durch Unterlassen verletzt werden. Der Allgemeine Teil des StGB enthält für diese Pflichtverletzung eine allgemeine gesetzliche Regelung in Art. 11. Diese wird durch weitere einzelne Spezialtatbestände wie etwa die Unterlassung der Nothilfe (Art. 128) oder die Vernachlässigung von Unterhaltspflichten (Art. 217) ergänzt. Was in Rechtsprechung und Lehre schon seit langem unbestritten war, dass nämlich auch «unechte» Unterlassungsdelikte (die Unterlassung ist nicht, wie bei den «echten» Unterlassungsdelikten, z.B. Art. 128 oder 217, als solche ausdrücklich Gegenstand des Tatbestandes) geahndet werden müssen, wird nun in Art. 11 auch gesetzlich geregelt.[241]

Nach der Formulierung des Bundesgerichts in BGE 113 IV 68 ff. war auch bisher schon ein unechtes Unterlassungsdelikt gegeben, «wenn wenigstens die Herbeiführung des Erfolges durch Tun ausdrücklich mit Strafe bedroht wird, der Beschuldigte durch sein Tun den Erfolg tatsächlich hätte abwenden können und infolge seiner be-

241 Heine, ius.full 2004, 116.

sonderen Rechtsstellung dazu auch so sehr verpflichtet war, dass die Unterlassung der Erfolgsherbeiführung durch aktives Handeln gleichwertig erscheint». Im Vergleich dazu fällt auf, dass die erstmalige gesetzliche Normierung in Art. 11 neben dem expliziten Hinweis darauf, dass ein Delikt auch durch Untätigbleiben begangen werden kann, das Augenmerk auf die Verpflichtung lenkt und den Aspekt des Abwendenkönnens nicht mehr eigens erwähnt. Im Weiteren wird auch klargestellt, dass sich das unechte Unterlassungsdelikt nicht allein auf Erfolgsdelikte beschränkt.[242]

Hervorgehoben wird also durch den neuen Art. 11, dass das unechte Unterlassungsdelikt eine solche besondere Verpflichtung zur Erfolgsabwendung aufgrund einer Rechtsstellung, also eine sog. Garantenpflicht, erfordert. Die Möglichkeit auf Seiten des Garanten, den tatbestandsmässigen Erfolg durch sein Handeln abzuwenden, wird demgegenüber stillschweigend vorausgesetzt. Der Bezeichnung der wichtigsten Voraussetzungen, unter denen eine solche Garantenpflicht angenommen werden kann, ist entsprechend auch der Grossteil der neuen gesetzlichen Regelung gewidmet. Hierbei kann auf eine reichhaltige Rechtsprechung und Lehre zurückgegriffen werden, insbesondere zur Bestimmung weiterer Gründe, die in der Liste ausgewählter Gründe in Abs. 2 nicht erschöpfend erwähnt sind.

Die früher lediglich gewohnheitsrechtliche Fundierung der unechten Unterlassungsdelikte war rechtsstaatlich sicher bedenklich. Fraglich war z.B. inwieweit sich dies mit dem *nulla poena sine lege*-Grundsatz, spezifisch mit Art. 1 StGB und Art. 7 EMRK (SR 0.101) vereinbaren liess.[243] Solche Bedenken wurden gemeinhin zum Anlass genommen, die Strafbarkeit nicht weiter auszudehnen, als wirklich unabweisbar erschien,[244] und sie wurden zu einem entscheidenden Grund dafür, dass das unechte Unterlassungsdelikt jetzt eine gesetzliche Fundierung gefunden hat, «um dem Legalitätsprinzip noch besser Nachachtung zu verschaffen».[245] Angesichts der verbleibenden (und im Fall der Normierung des unechten Unterlassungsdelikts wohl unvermeidlichen) Präzisionsdefizite der gesetzlichen Formulierung sollte auch in Zukunft eher restriktiv mit der Unterlassungsstrafbarkeit umgegangen werden.

Ein weiterer Grund für die erstmalige gesetzliche Normierung ist darin zu sehen, dass die praktische Bedeutung von Unterlassungsdelikten aus mehreren Gründen zunimmt:

Das Anwachsen der staatlichen Leistungsverwaltung und des privaten Dienstleistungssektors in Bereichen vormals individueller Daseinsvorsorge bringt zunehmende Arbeitsteilung und Automatisierung mit sich, die wiederum vermehrt Handlungs-, insbesondere Delegations- und Informationspflichten entstehen lassen. Auch die Vergrösserung des staatlichen Aufgabenspektrums bei gleichzeitiger

**242** Heine, ius.full 2004, 116 m.w.H.

**243** BGE 105 IV 172, 177; JdT 1981 IV 17.

**244** Vgl. BGE 105 IV 172, 177. Vgl. auch Graven, SJ 1985, 512; Meyer, 71 ff.; Rehberg/Donatsch, (alte) 7. Auflage, 255; Schubarth, Systematische Einleitung, N. 129; Stratenwerth, § 14 N. 9; Trechsel/Noll, 235.

**245** Botschaft 1998, 2001; dahingehend auch schon Schultz, FS-Lackner, 892.

partieller Abkehr vom klassischen ordnungsrechtlichen Instrumentarium und einer Hinwendung zum influenzierenden, paktierenden Staat wirft neue Fragen nach entsprechenden Handlungspflichten staatlicher Organe gegenüber der Bevölkerung oder Einzelnen auf.

Auch prozessuale Gründe verstärken diesen Trend: Beweisprobleme lassen die Rechtsprechung mitunter auf Unterlassungsdelikte ausweichen. Dies wird z.B. deutlich bei Fahrzeughaltern, denen nicht nachzuweisen ist, dass sie selbst gefahren sind. Nachweisen kann man ihnen aber u.U., dass sie das Fahren anderer hätten verhindern können. Ärzte sind eher selten eines aktiven Fehlverhaltens zu überführen, wohl aber eines Unterlassens der indizierten Behandlung oder der Aufklärung.[246]

Phänomene wie das Anwachsen zum Teil formularmässig begründeter Pflichten zu selbstschädigenden Informationen (z.B. gegenüber Versicherungen oder staatlichen Sozialbehörden) sind eine weitere Ursache für die Zunahme der praktischen Bedeutung unechter Unterlassungsdelikte. Sie begründen aber zugleich auch Zweifel an der Qualität des jeweiligen Unterlassens als eindeutig «kriminellen Unrechts» und legen eine restriktive Interpretation der Garantenpflichten nahe. Auch aus diesem Grund ist daher die Strafbarkeit auf solche Fälle zu begrenzen, in denen sich die Gleichstellung des Unterlassens mit dem aktiven Handeln eindeutig aufdrängt, wie das Gesetz es nunmehr auch fordert.

Während das französische Recht unechte Unterlassungsdelikte überhaupt nicht kennt,[247] dafür punktuell bei einzelnen Straftatbeständen des BT eine verstärkte Repression gegen unterlassene Hilfeleistung vorsieht[248] und aus dem Fehlen einer entsprechenden gesetzlichen Vorschrift auf die Straflosigkeit beim unechten Unterlassen schliesst,[249] enthält auch das deutsche Recht eine ausdrückliche gesetzliche Bestimmung (§ 13 des deutschen Strafgesetzbuches), wonach der Täter aus dem jeweiligen ein Handeln umschreibenden Tatbestand auch dann strafbar ist, wenn er *«rechtlich dafür einzustehen hatte, dass der Erfolg nicht eintritt»* und sein Unterlassen überdies dem aktiven Handeln *«gleichwertig»* war. Fraglich bleibt aber auch hier, ob eine solche auf Rechtspflichten abstellende Generalklausel mit dem Bestimmtheitsgebot vereinbar ist.[250] Das italienische Recht legt in ähnlicher Weise fest: *«Non impedire un evento, che si ha l'obbligo giuridico di impedire, equivale a cagionarlo»* (Art. 40 II I-CP).

**246** Zu Beweisproblemen insbesondere Arzt, Der Einfluss von Beweisschwierigkeiten auf das materielle Strafrecht, in: Vereinigung Österreichischer Richter (Hrsg.), Strafrechtliche Probleme der Gegenwart, Bd. 8, Ottenstein 1981, 77–92.; ders., Beweisnot als Motor materiellrechtlicher Innovationen, FS-Bundesgerichtshof, München 2000, 755, 760 ff.; Seelmann, JuS 1987, 35.

**247** Meyer, 119; Moreillon, 65 ff.

**248** BJ, Bericht 28; Hurtado Pozo, N. 1307.

**249** Botschaft 1998, 2001; darin zitiert Stéfani, Levasseur, Bouloc, Droit pénal, 185.

**250** Skeptisch auch Schultz, Bericht und Vorentwurf zur Revision des Allgemeinen Teils und des Dritten Buches «Einführung und Anwendung des Gesetzes» des Schweizerischen Strafgesetzbuches, Bern 1987, 25.

Der Gesetzgeber hat nun aber anders als im VE 1993 und E 1998 sowie anders als z.B. in Deutschland und Österreich beschlossen, nicht ein allgemeines Prinzip der Verpflichtung gesetzlich festzuhalten, sondern die Rechtspflicht zu konkretisieren, indem in Abs. 2 lit. a–d beispielhaft besondere Entstehungsgründe für die Garantenpflicht (Gesetz, Vertrag, freiwillig eingegangene Gefahrengemeinschaft, Schaffung einer Gefahr) erwähnt werden. Dies sind bekannte Fallgruppen aus der Bundesgerichtspraxis. Es handelt sich dabei ganz offensichtlich nicht um eine abschliessende Aufzählung («namentlich ...») und es ist im Gesetzgebungsverfahren ausdrücklich festgehalten worden, dass diese Entstehungsgründe für die Garantenpflichten durch die Rechtsprechung laufend weiterentwickelt werden können.[251]

Dem Unterlassungsdelikt liegt folgende Prüfungsstruktur zugrunde:

**1. Tatbestand**

**a) Objektiver Tatbestand**

aa) Gefährdung oder Verletzung eines strafrechtlich geschützten Rechtsgutes lediglich nicht verhindert oder doch durch Handeln verursacht?

bb) Nichtvornahme der objektiv gebotenen Handlung zur Abwendung der Gefährdung oder Verletzung eines strafrechtlich geschützten Rechtsgutes bei
- tatsächlicher, individueller Möglichkeit der Erfolgsabwendung (Handlungsmöglichkeit) – diese Voraussetzung ist zwar nicht ausdrücklich ins Gesetz aufgenommen, ergibt sich aber schon daraus, dass das Recht nichts Unmögliches fordern kann – und
- hypothetischer Kausalität zwischen unterlassener Handlung und Gefährdung oder Verletzung eines strafrechtlich geschützten Rechtsgutes (die erwartete Handlung hätte den konkreten Erfolg mit an Sicherheit grenzender Wahrscheinlichkeit verhindert).

cc) Garantenstellung u.a. aus Gesetz, Vertrag, freiwillig eingegangener Gefahrengemeinschaft oder Schaffung einer Gefahr
- als rechtsgutbezogener Beschützergarant und/oder
- als gefahrenquellenbezogener Überwachergarant (Verkehrssicherungspflicht; Pflicht zur Beaufsichtigung Dritter; Ingerenz).

dd) Zumutbarkeit der erwarteten Handlung

**b) subjektiver Tatbestand**

aa) Unterlassungsvorsatz:
- Wille zum Untätigbleiben
- in Kenntnis aller objektiven, unrechtsbegründenden Tatumstände und
- im Bewusstsein, der Erfolgsabwendungsmöglichkeit

bb) Sonstige subjektive Tatbestandsmerkmale

**2. Rechtswidrigkeit**

Zu beachten ist hier insbesondere das Problem der Pflichtenkollision.

**3. Schuld**

Zu beachten ist hier insbesondere das Problem des Gebotsirrtums.

**4. Vorwurfsidentität**

**5. Strafmilderung**

251 Nationalrat, Sitzung vom 6.6.2001, Amtl. Bull. 98.038, 17.

## 1. Tatbestand

### a) Objektiver Tatbestand

**Literatur** Trechsel/Noll, § 34 C.

#### *aa) Taterfolg durch Handeln verursacht oder nur Unterlassung (Abgrenzung Handeln/Unterlassen)?*

**Fall 38:**

Arzt A behandelte einen Schwerkranken mit Hilfe eines Reanimators. Als er bemerkte, dass der Kranke wohl nie wieder das Bewusstsein erlangen würde, schaltete A das Gerät ab.

**Fall 39:**

Bootseigentümer B hielt im Bewusstsein der Folgen sein Boot fest, als ein Rettungsbereiter es an sich nehmen wollte, um einen Nichtschwimmer zu retten. Der Nichtschwimmer ertrank, hätte aber aller Voraussicht nach mit dem Boot gerettet werden können.

**Fall 40 (BGE 129 IV 119):**

A, Direktor einer Firma, die Kontakte zwischen Sportveranstaltern und potentiellen Kunden vermittelte, empfahl einer Jugendgruppe für Kanufahrten auf der Rhone einen Veranstalter, der nicht die erforderliche Konzession hatte. Es kam durch Fehler dieses Veranstalters zu einem tödlichen Sportunfall. A wurde wegen fahrlässiger Tötung angeklagt.

**Fall 41:**

Rechtsanwalt R sass schweigend im Restaurant mit am Tisch, als seine Mandanten einen Erpressungsversuch begingen.

**Fall 42:**

Arzt A bemerkte trotz entsprechender Symptome nicht, dass bei seinem Patienten eine Bauchfellentzündung vorlag und veranlasste deshalb nicht die dringend angezeigte Operation. Stattdessen verabreichte er schmerzstillende Mittel. Der Patient, der bei rechtzeitiger Operation mindestens einen Tag länger gelebt hätte, verstarb.

Ausgehend davon, dass die Feststellung eines «Unterlassens» ein Werturteil bedeutet («Unterlassen» als *enttäuschte Erwartung*), ist das Unterlassen als sozialerhebliches Verhalten zu begreifen, das bestimmten Anforderungen in einer konkreten Situation widerspricht und hierin einer im Tatbestand abstrakt umschriebenen «Handlung», einem tatbestandsmässigen Verhalten normativ äquivalent ist.[252] Beim «Unterlassen» geht es darum, dass sich der Täter anders verhält, als es zur Vermeidung einer Rechts-

**252** BGE 113 IV 68, 72; 117 IV 130, 132. Vgl. Moreillon, 62; Donatsch/Tag, 314 f.; krit. Trechsel/Noll, 253 f.

gutsverletzung/-gefährdung in der konkreten Situation erforderlich gewesen wäre. Hierin ist auch schon das massgebliche Unterscheidungskriterium angelegt: Während aktives Handeln stets eine causa für den eingetretenen Erfolg darstellt, fehlt es beim Unterlassen gerade an jener wirklichen Kausalität.[253] Eine Unterlassung ist niemals «causa efficiens» für den eingetretenen Erfolg. Sie ist nicht über natürliche Kausalgesetze mit dem Erfolg verknüpft; für den Bereich der Kausalität gilt der Grundsatz ‹ex nihilo nihil fit›. Die vermisste Handlung ist immer nur hypothetisch kausal für die Verhinderung des Erfolgseintrittes.

Für die Abgrenzung zwischen Handeln und Unterlassen wird heute zumeist das *Subsidiaritätsprinzip* zugrunde gelegt:[254] Man prüft ein Unterlassen überhaupt erst dann, wenn ein für den Taterfolg rechtlich relevantes kausales Handeln *nicht* vorliegt, d.h. von vornherein nicht vorhanden ist oder (z.B. wegen Rechtfertigung) nicht zugerechnet wird. Hat jemand einen anderen in Notwehr niedergeschlagen, so muss das anschliessende Liegenlassen ohne Hilfe zu holen durchaus als Unterlassen geprüft werden.

Abgrenzungsfragen stellen sich zunächst bei Grenzverwischungen durch die moderne Technik und durch Veränderungen in Organisationsformen. Moderne Technik und veränderte Organisationsformen führen dazu, dass Handeln und Unterlassen in Bezug auf eine Rechtsgutsverletzung mitunter willkürlich austauschbar werden.[255] Handlungspflichten können mit Unterlassungspflichten (und umgekehrt) vertauscht werden.

Ein Beispiel bietet **Fall 38**: Hier liegt eindeutig kausales Handeln vor, doch bedeutet eine Interpretation als Handeln, von aktiver Sterbehilfe und Strafbarkeit nach Art. 111 ausgehen zu müssen. Vor Einführung dieser technischen Apparaturen hätte der Arzt aber schlicht die Weiterbehandlung eingestellt, was als passive Sterbehilfe u.U. (falls von mutmasslicher Einwilligung gedeckt) sogar straflos gewesen wäre. Scheint es aber gerecht, dass allein der technische Fortschritt die Rechtslage für den Arzt verschlechtert? Mit dieser Überlegung wird deshalb nach herrschender Auffassung in solchen Fällen wertend überwiegend Unterlassen angenommen.[256] Dies bedeutet, dass sich der Arzt durch Abbruch der Lebenserhaltung nur strafbar macht, wenn er kraft Garantenstellung verpflichtet ist, seine Bemühungen (bzw. diejenigen der Maschine) fortzusetzen. Dieser Versuch, dem Arzt in der rechtlichen Konstruktion entgegen zu kommen, lässt sich, auch wenn das Ergebnis akzeptabel erscheint, mit

**253** So auch BGE 102 IV 100, 102.

**254** Graven/Sträuli, 78; Killias, N. 411; Moreillon, 61; Riklin, § 19 N. 8; Stratenwerth, 3. Abschnitt N. 2; Trechsel/Noll, 239 f.; vgl. auch BGE 115 IV 199, 203; 120 IV 265, 271; 121 IV 10, 14 und 121 IV 109, 120; a.A. – Kombination aus Schwerpunkt- und Subsidiaritätstheorie – Donatsch/Tag, 289 ff. unter Hinweis auf BGE 103 IV 289, 290 ff.; 103 IV 3, 3 ff.; 117 IV 130, 131 f., wo jeweils wertend Unterlassen angenommen wird; eine Kriterienkombination schlägt auch Grubmiller, 86, vor.

**255** Seelmann, JuS 1987, 34.

**256** Donatsch/Tag, 289 ff.; Trechsel/Noll, 241; Riklin, Sterbehilfe, 336 f.

einer klaren Abgrenzung von Handeln und Unterlassen nicht vereinbaren. De lege ferenda sollte deshalb ein spezieller Rechtfertigungsgrund geschaffen werden.[257]

Ein weiteres Problemfeld für Abgrenzungen ist das «Unterlassen durch Handeln» (Unterbrechen rettender Kausalverläufe).

Im **Fall 39** erscheint das Festhalten des Bootes auf den ersten Blick als Handeln. Gleichwohl ist dieses Verhalten nicht causa efficiens für den Tod des Ertrinkenden. Das Festhalten des Bootes wirkt in keiner Weise auf den Vorgang des Ertrinkens ein. Die wertende Annahme eines Handelns erscheint deshalb angesichts der für Handlungsdelikte erforderlichen nicht nur hypothetischen, sondern realen Kausalität verfehlt.[258] Dasselbe gilt für den Spaziergänger, der, um bei einem Einbruch nicht zu «stören», einen Umweg wählt[259] – er handelt nicht kausal für den Einbruch, unterlässt also nur das Eingreifen.

Schliesslich gibt es noch doppelrelevantes Verhalten, insbesondere beim Fahrlässigkeitsdelikt – also Verhalten, das einen Ansatzpunkt sowohl für die Annahme von Handeln als auch für die von Unterlassen anbietet. Auch und gerade bei *doppelrelevantem Verhalten* darf nicht einfach nach dem Schwerpunkt der Vorwerfbarkeit abgegrenzt werden. Dies würde auch hier zur Preisgabe der Dogmatik zu Lasten der Rechtssicherheit führen.[260] Unterscheidungsbemühungen beim Fahrlässigkeitsdelikt müssen vielmehr davon ausgehen, dass *jede fahrlässige Handlung auch ein Unterlassungsmoment aufweist*, nämlich die Unterlassung der gebotenen Sorgfalt.[261] Beschränkt sich der Anteil des Unterlassens hierauf, so liegt – wie im **Fall 40** – ein Handeln vor, mit dem das Unterlassen «wesensnotwendig» verbunden ist.[262] Gibt dagegen der Wartungsverantwortliche für einen Helikopter den Rat, den Flug fortzusetzen, so hat diese Handlung selbständige – und damit vorrangige – Bedeutung gegenüber dem Unterlassen des Eingreifens (BGE 133 IV 158).

In anderen problematischen Fällen ist genau zu klären, ob überhaupt doppelrelevantes Verhalten vorliegt. Die Annahme der Doppelrelevanz erfordert dabei zunächst einmal einen Handlungsaspekt, der wiederum nur mit dem Kausalitätskriterium ermittelt werden kann.

Im **Fall 41** ist dieser Handlungsaspekt aber zweifelhaft, so dass sich die durch die Annahme doppelrelevanten Verhaltens auftretenden Abgrenzungsfragen gar nicht stellen; es bleibt nur Raum für Gehilfenschaft durch Unterlassen.

Im **Fall 42** muss ebenfalls zunächst anhand des Kausalitätskriteriums geklärt werden, ob die fehlerhafte Behandlung überhaupt für den Verletzungserfolg kausal geworden ist.[263] Dies ist hier zu verneinen, da die Verabreichung von Schmerzmitteln

**257** Vgl. Bericht des Bundesrates zum Postulat Ruffy, Juli 2000, 6.

**258** Seelmann, JuS 1987, 34.

**259** Stratenwerth, 3. Abschnitt N. 2.

**260** Seelmann, JuS 1987, 35.

**261** BGE 121 IV 109, 120. Donatsch/Tag, 293; Flachsmann, 108; Trechsel/Noll, 239.

**262** Dazu Trechsel/Noll, 239.

nicht lebensverkürzend wirkte. Fehlt es aber an einem für den Eintritt des tatbestandlichen Erfolges kausalen Handeln, so bleibt nur ein Unterlassen übrig. Wäre das Handeln hingegen kausal gewesen (wobei auch hier hypothetische Zusatzursachen in das conditio-sine-qua-non-Kriterium nicht eingehen dürfen), so wäre der Patient an diesem Handeln gestorben. In BGE 108 IV 3 wäre deshalb an die aktive Aufforderung zum Durchhalten bei der «kosmischen Ernährung» anzuknüpfen gewesen, die schliesslich zum Tod durch Verhungern führte, statt an das blosse Unterlassen der Einweisung in ein Spital.[264] Ist in solchen Fällen aktiven für den Erfolg kausalen Handelns zugleich die für das Unterlassungsdelikt erforderliche hypothetische Kausalität des Unterlassens gegeben (bei richtiger Diagnose und Operation hätte der Patient mit an Sicherheit grenzender Wahrscheinlichkeit einen Tag länger gelebt), so tritt das Unterlassen bei gleicher innerer Tatseite als subsidiär hinter das Handeln zurück.

Die Abgrenzung zwischen Handeln und Unterlassen bei doppelrelevantem Verhalten erfolgt somit nach zwei Kriterien:

- zunächst ist nach den *Kausalitätskriterien* zu entscheiden, ob überhaupt ein *Handlungsmoment* vorliegt (sonst ist ohnehin nur Raum für ein Unterlassen);
- falls hiernach *Doppelrelevanz bejaht* werden kann, tritt das *Unterlassen* nach den Regeln der Gesetzeskonkurrenz als *subsidiär* hinter das Handeln zurück.[265]

*bb) Handlungsmöglichkeit und hypothetische Kausalität*

**Literatur** Donatsch/Tag, § 30/2; Hruschka, Strafrecht nach logisch-analytischer Methode, 2. Aufl. 1988, 304 ff., 426 ff.; Stratenwerth, § 14 N. 30–38; Trechsel/Noll, § 34 C 4–5; Trechsel/Jean-Richard, Art. 11 N. 17.

Die Möglichkeit der Erfolgsabwendung (Handlungsmöglichkeit und hypothetische Kausalität) tritt bei den Unterlassungsdelikten an die Stelle des realen Kausalzusammenhangs bei den erfolgsbezogenen Begehungsdelikten.

(1) Handlungsmöglichkeit

**Fall 43:**

Arzt A behandelte den Infarktpatienten P mit dem Medikament X. P starb, hätte aber gerettet werden können, wenn A das Medikament Y angewendet hätte. Die Wirkung des Medikaments Y war der medizinischen Fachwelt bereits bekannt. A hatte aber in den letzten Jahren keine medizinische Zeitschrift mehr gelesen.

Die Möglichkeit der Erfolgsabwendung setzt zunächst einmal die Handlungsmöglichkeit voraus.[266] Gefordert ist also nur das, was dem Täter in der Gefahrensituation *physisch real möglich war.* Auch physisch Mögliches kann aber u.U. psychisch unmöglich

**263** Zu Fällen dieser Art Arzt, JA 1980, 554.
**264** Trechsel/Jean-Richard, Art. 11 N. 6.
**265** Trechsel/Noll, 247.
**266** Donatsch/Tag, 312 f.; Moreillon, 81; Stratenwerth, § 14 N. 38; Trechsel/Noll, 249.

sein. Die Feststellung einer solchen psychischen Unmöglichkeit ist allerdings mitunter nicht einfach:

Im **Fall 43** geht es um die Frage, ob die vorwerfbare individuelle Unkenntnis der zur Erfolgsabwendung geeigneten Massnahmen trotz genereller Erkennbarkeit die (psychische) Handlungsmöglichkeit ausschliesst. Dies wird für diejenige individuelle Unkenntnis, die nicht ad hoc behoben werden kann, überwiegend bejaht.[267] Die Handlungsmöglichkeit liegt nach h.M. entgegen einer subjektiv-individuellen Sichtweise aber beispielsweise vor, wenn ein rettungspflichtiger Nichtschwimmer nur nicht sieht, dass hinter ihm ein Rettungsring hängt, wenn er also seine Unkenntnis ad hoc – durch Sich-Umsehen – beheben könnte.[268] Danach wäre im **Fall 43** die Handlungsmöglichkeit zu verneinen. Freilich ist die Tat wegen der Vorwerfbarkeit des Fehlens der Handlungsmöglichkeit im Ergebnis doch zuzurechnen.[269]

Richtigerweise wird man in der Tat mit der h.M. den Massstab für die Erkennbarkeit der zur Erfolgsabwendung einsetzbaren Massnahmen individuell bestimmen müssen (strafbar ist nur das Unterlassen der dem Täter zum Zeitpunkt der Gefahrenlage *möglichen* Handlung).[270] Entscheidend kann also nicht sein, dass einem *anderen* in der *sozialen Rolle* (hier: einem gewissenhaften Arzt) die Handlung infolge vorheriger Lektüre möglich gewesen wäre. Die individuellen Fähigkeiten müssen aber von einem Dritten objektiv beurteilt werden, d.h. ein verständiger Dritter muss bestimmen, ob sich A in der konkreten Situation hätte kundig machen können (also objektiv-individueller Massstab). Danach wäre im **Fall 43** nur dann von der Handlungsmöglichkeit des A auszugehen, wenn er im Zeitpunkt der Unterlassung noch die Möglichkeit gehabt hätte, sich kundig zu machen (etwa durch einen schnellen Blick in ein bereitliegendes Buch).

**267** Kaufmann, 41 ff.
**268** Maiwald, JuS 1981, 478.
**269** Hruschka, Strafrecht, 304 ff., 426 ff.: «ausserordentliche Zurechnung» – die Situation ist ähnlich wie bei der «actio libera in causa», vgl. oben IV. 3; ähnlich Maiwald, JuS 1981, 479.
**270** Vgl. BGE 109 IV 137, 139; 116 IV 386, 389 f.; 117 IV 78, 80 und 117 IV 130, 132.

| Mögliche Perspektiven für die Annahme «psych.» Unmöglichkeit | | |
|---|---|---|
| 1 | 2 | 3 |
| subj. individuell: | obj. individuell: | obj. rollenbezogen: |
| sogar bloss subj. Nichterkennbarkeit schliesst Handlungsmöglichkeit aus (Rettungsringfall) | entscheidend sind Fähigkeiten und Kenntnisse eines Vernünftigen in der *sozialen Rolle* und der *konkr. Situation* des Täters | wie 2, aber *ohne* Abstellen auf *konkr. Situation* |
| *arg.*: dem Pflichtigen Unmögliches kann das Recht nicht verlangen | *arg.*: bloss subj. Unfähigkeit und Unkenntnis ist keine Frage der Rechtspflicht, sondern nur der Schuld h.M. | *arg.*: subj. Elemente der Pflichtwidrigkeit sind nur Schuldelemente |

(2) Hypothetische Kausalität

**Fall 44:**

Arzt A erkannte bei seiner Diagnose nicht eine innere Blutung des Patienten, an der dieser einige Tage später starb. Ob der Patient länger gelebt hätte, wenn A die erforderliche Operation veranlasst hätte, liess sich nicht mit an Sicherheit grenzender Wahrscheinlichkeit feststellen.

Weiter ist hypothetische Kausalität erforderlich:

Die *hypothetische Kausalität* liegt vor, wenn durch eine Handlung des Unterlassenden der Taterfolg hätte verhindert werden können. Als auf den Zeitpunkt der Handlungspflicht bezogene Prognose, der freilich das Wissen ex post (d.h. zum späteren Beurteilungszeitpunkt) zugrunde zu legen ist, bleibt die Entscheidung darüber notwendig unsicher: Was gewesen wäre, wenn ..., kann niemand mit letzter Sicherheit sagen. Für ausreichend zur Zurechnung wird deshalb beim Unterlassungsdelikt gehalten, dass «mit an Sicherheit grenzender Wahrscheinlichkeit» der Taterfolg durch die gebotene Handlung hätte verhindert werden können.[271]

Bei Zweifeln daran wird von der h.M. in entsprechender Anwendung des Grundsatzes «in dubio pro reo» die Zurechnung abgelehnt (keine direkte Anwendung, weil nicht gegenwärtige oder vergangene Tatsachen in Zweifel stehen, sondern eine Prognose). Im **Fall 44** läge dann keine hypothetische Kausalität vor. Andere Autoren stellen darauf ab, ob durch das gebotene Handeln das *Risiko* des Erfolgseintritts *vermindert* worden wäre.[272] Danach müsste man im **Fall 44** die hypothetische Kausalität bejahen. Soweit diese Auffassung trotz Zweifeln an der Erfolgsverhinderungsmöglichkeit ex post die Rettungschance ex ante zu Lasten des Täters in Rechnung stellt, würde damit aber

**271** BGE 88 IV 107, 109; 90 IV 246, 251 f.; 101 IV 28, 31 f.; 102 IV 100, 102; 105 IV 18, 19; 106 IV 398, 402: «hohe Wahrscheinlichkeit»; 108 IV 3, 7: «höchste Wahrscheinlichkeit»; 109 IV 137, 139; 130 IV 6, 17 f.: «sehr wahrscheinlich». Donatsch/Tag, 313 f.; Killias, N. 408 ff.; Moreillon, 94; Riklin, § 19 N. 31; Trechsel/Jean-Richard, Art. 11 N. 18; Trechsel/Noll, 249 ff.

**272** Stratenwerth, § 14 N. 37; Walder, Probleme bei Fahrlässigkeitsdelikten, ZBJV 1968, 161, 177 ff.; Walder, Die Kausalität im Strafrecht, ZStrR 1977, 113, 157 ff.

das Unterlassungsdelikt fälschlich in ein Gefährdungsdelikt mit objektiver Strafbarkeitsbedingung umgedeutet. Vorzuziehen wird demnach also die traditionelle «in dubio pro reo»-Regel sein.[273]

### *cc) Garantenstellung*

**Literatur** Donatsch/Tag, § 30/2.11; Gallas, Studien zum Unterlassungsdelikt, Heidelberg 1989; Stratenwerth, § 14 N. 11–29; Trechsel/Noll, § 34 C 3; Trechsel/Jean-Richard, Art. 11 N. 7–16.

**Übungsliteratur** Eymann u.a., Fälle 2, 8, 12; Maihold, N. 100, 108, 117–119.

**Fall 45:**

A fuhr bei Dunkelheit und nebligem Wetter den in gleicher Richtung gehenden, erheblich angetrunkenen D an und verletzte ihn schwer. Dass er irgendwie schuldhaft zu diesem Unfall beigetragen hat, ist nicht erwiesen, auch nicht, dass er fahruntüchtig war oder sich sonst vorschriftswidrig verhalten hat. A hielt an, lief einige Meter zurück und rief laut «Hallo», als er niemand sah. Da er keine Antwort erhielt, setzte er einige Minuten später seine Fahrt fort, obwohl er auch weiterhin damit rechnete, einen Menschen angefahren und so schwer verletzt zu haben, dass dieser möglicherweise hilflos auf der Fahrbahn lag und deshalb auf der stark befahrenen Strasse durch andere Autos in erhebliche Gefahr geriet; damit, dass dieser Mensch tödlich verletzt werden könnte, rechnete er nach seiner insoweit unwiderlegten Einlassung nicht. D, der zunächst bewusstlos quer auf der rechten Fahrbahn lag und sich infolge seiner Verletzungen auch später nicht allein aus seiner hilflosen Lage befreien konnte, wurde einige Zeit danach, bevor Hilfsmassnahmen anderer Autofahrer wirksam geworden waren, von einem Lastwagen überfahren und tödlich verletzt.

**Fall 46:**

Arzt A wurde von Frau F dringend und mehrfach gebeten, ihrem unheilbaren schweren und schmerzhaften Leiden ein Ende zu bereiten. Als A eines Tages F, die eine Überdosis Schlaftabletten genommen hatte, bewusstlos antraf, wartete er untätig an ihrem Bett auf den Todeseintritt. F wäre bei rechtzeitigem Eingreifen von A zu retten gewesen, allerdings wären schwere Gehirnschädigungen zurückgeblieben.

Abs. 2 des neuen Art. 11 knüpft die Verhinderungspflicht daran, dass dem Unterlassenden «aufgrund seiner Rechtsstellung» (Garantenstellung) diese Pflicht obliegt und macht damit deutlich, dass es sich um eine Rechtspflicht handeln muss. Die «namentlich» genannten Quellen der Rechtsstellung «Gesetz», «Vertrag», «freiwillig eingegangene Gefahrengemeinschaft» und «Schaffung einer Gefahr» werden seit langem diskutiert und sind sehr zweifelhaft und umstritten.[274] «Gesetz» als Quelle von Garantenpflichten ist als Kriterium zugleich zu weit und zu eng. So gibt es in der Familie, für welche das ZGB die Rechte und Pflichten regelt, gleichwohl Beziehungen, die nach

**273** Trechsel/Noll, 252 f.

**274** Donatsch/Tag, 301; Graven/Sträuli, 78 f.; Stratenwerth, § 14 N. 11; Heine, FS-Eser: «Abgrenzungsstreitigkeiten programmiert»; krit. auch Grubmiller, 140.

gängigem Verständnis allein über die «enge Lebensgemeinschaft» eine Garantenpflicht begründen können (z.B. Beziehungen zu den Schwiegereltern) und solche, die trotz gesetzlich ausgeformter Pflicht (etwa zum ehelichen Beistand nach Art. 159 Abs. 3 ZGB) keine Garantenstellung zur Folge haben (z.B. bei verfeindeten Ehepartnern). Noch deutlicher wird die Unbrauchbarkeit der traditionellen Kriterien für Quellen von Garantenpflichten beim «Vertrag»:[275] Der Babysitter, der nicht zum Dienst erscheint, wird nicht etwa schon aus dem Abschluss des Betreuungsvertrages garantenpflichtig – und tritt er den Dienst an, muss auch eine eventuelle Nichtigkeit des Vertrages einer Garantenstellung keinen Abbruch tun.[276] Die Garantenpflicht entsteht somit nicht schon durch die Vereinbarung als solche.[277] Der Gesichtspunkt der «Schaffung einer Gefahr» (*Ingerenz*) ist ohne Einschränkung uferlos. Auch die Garantenstellung aus «freiwillig eingegangener Gefahrengemeinschaft» lässt die erforderlichen rechtsstaatlichen Konturen vermissen: Die Grenzen zu bloss moralischen Verpflichtungen bleiben unklar.[278] Das Gesetz hat trotz solcher Zweifel diese Vierergruppe von Verpflichtungsgründen nunmehr ausdrücklich aufgenommen, allerdings nur als «namentlich», also im Bewusstsein der Unvollständigkeit dieser Aufzählung, und – besonders wichtig – in Begrenzung auf eine entsprechende «Rechtsstellung» des Verpflichteten. «Aus den Umständen» allein also kann sich entgegen der Auffassung des Bundesgerichts[279] eine Garantenpflicht nicht ergeben, weil diese Begründung unter dem Gesichtspunkt von Art. 1 StGB viel zu unbestimmt erscheint.[280]

Fragt man, wann man auf Grund «seiner Rechtsstellung» im Sinne des Art. 11 zum Handeln verpflichtet ist, so lassen sich Garantenpflichten deshalb besser auf zwei Grundpositionen zurückführen:[281]

- auf besondere Schutzpflichten für bestimmte Rechtsgüter (= «*rechtsgutbezogene Obhutspflichten*») gegen Gefahren, und
- auf die Verantwortlichkeit für bestimmte Gefahrenquellen (Ingerenz, Verkehrssicherungspflicht, Pflicht zur Beaufsichtigung Dritter = «*gefahrenquellenbezogene Sicherungspflichten*») zum Schutz eines Rechtsguts oder mehrerer Rechtsgüter.

Die Garantenpflichten schliessen einander gegenseitig nicht aus. Es kommt häufig vor, dass der Handelnde aus der Sphäre der Gefahr und gleichzeitig aus derjenigen des potentiellen Opfers verpflichtet ist.[282] Eltern haben beispielsweise die Pflicht, von ihren Kindern für Dritte ausgehende Gefahren abzuwenden (Sicherungspflicht), aber auch ihre Kinder vor Gefahren durch Dritte zu bewahren (Obhutspflicht).

**275** Dazu Gallas, 76 ff.

**276** Vgl. Übersicht bei Flachsmann, 48.

**277** Donatsch/Tag, 305; Stratenwerth, § 14 N. 16; Trechsel/Jean-Richard, Art. 11 N. 11; Trechsel/Noll, 245.

**278** Kritisch in Bezug auf die Lebensgemeinschaft Donatsch/Tag, 311.

**279** BGE 81 IV 112, 120, 121; 96 IV 155, 174.

**280** Donatsch/Tag, 30.

**281** Vgl. BGE 113 IV 68, 73; Donatsch/Tag, 300; Graven/Sträuli, 79 f.; Kaufmann, 283; Moreillon, 79 f.; Schultz, Rechtsprechung, ZBJV 1971, 451; Stratenwerth, § 14 N. 11; Trechsel/Noll, 242 f.

**282** Arzt, JA 1980, 654; Philipps, Der Handlungsspielraum, Frankfurt a.M. 1974, 150.

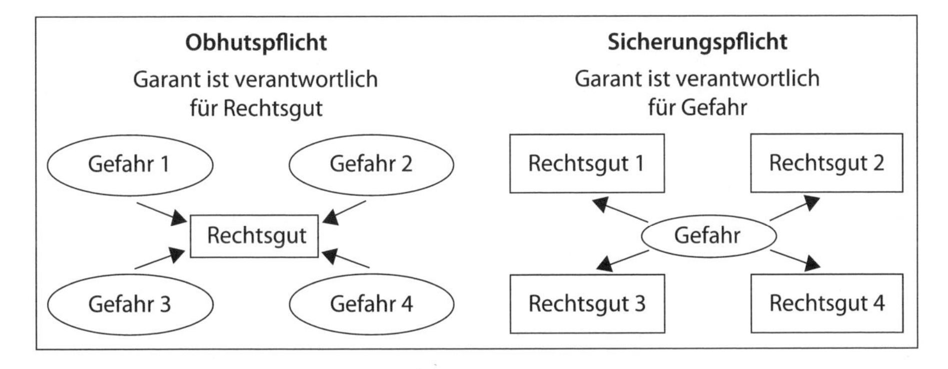


Die Unterscheidung von Sicherungs- und Obhutsgarantenpflichten ist sinnvoll, sie besagt aber noch zu wenig über den Pflichtenkreis, die Reichweite der jeweiligen Pflicht und über die Täterqualität. Vor allem aber lassen die für diese beiden Grundtypen von Garantenpflichten in Anspruch genommenen Legitimationsprinzipien (Vertrauensbegründung für die Obhutsgarantenpflichten, Gefahrschaffung für die Sicherungsgarantenpflichten) nicht klar genug erkennen, warum sie für das Entstehen einer Rechtspflicht – genauer, einer sogar strafrechtlich relevanten Rechtspflicht – entscheidend sein sollen.[283] Die Gefahr ist gross, dass einfach zivilrechtliche Pflichten unbesehen zu strafrechtlich relevanten Garantenpflichten erklärt werden.

Eine um Präzisierung bemühte Antwort auf die Frage nach den Quellen der Garantenpflichten muss am Kriterium für den Rechtscharakter der jeweiligen Pflichten, insbesondere für die Abgrenzung zu bloss moralischen Pflichten, ansetzen. Dies hat vor dem Hintergrund der traditionellen Unterscheidung von Rechts- und moralischen Pflichten zu erfolgen: mit Zwang bewehrte Rechtspflichten und nicht zwangsweise durchsetzbare moralische Pflichten werden in der philosophischen Tradition danach unterschieden, ob es sich um ein Verbot, andere in ihren Freiheitsrechten zu verletzen, handelt – dann Rechtspflicht – oder um eine Pflicht, die eigene Vollkommenheit und das Wohlergehen anderer zu fördern – dann nur moralische Pflicht.[284]

*Handlungspflichten können deshalb rechtlich nur dann verpflichtend sein, wenn sie sich auf ein Verletzungsverbot zurückführen lassen.*[285]

Auf dieses «*neminem laedere*» lässt sich eine Handlungspflicht zum einen dann zurückführen, wenn der Verpflichtete einem anderen die Abwehrbereitschaft gegenüber Gefahren entzogen (Obhutspflicht) oder selbst die Gefahr geschaffen/erhöht hat (Sicherungspflicht), wenn er also durch sein Verhalten selbst ursächlich für die Verletzung geworden ist.[286]

**283** Vgl. auch Donatsch/Tag, 301; Stratenwerth, § 14 N. 11; Trechsel/Noll, 242.

**284** Seelmann, Rechtsphilosophie, § 3 N. 11 ff.

**285** Ausführlich Seelmann, Solidaritätspflichten, 295 ff.; Feinberg, Harm to others, New York u.a. 1984, 3 ff.; zum Folgenden auch Grubmiller, 160 ff.

**286** Hierzu im einzelnen Seelmann, Opferinteressen und Handlungsverantwortung in der Garantenpflichtdogmatik, GA 1989, 241, 251 ff.; Riklin, § 19 N. 18 f.; Stratenwerth, § 14 N. 18 ff.; Trechsel/Noll, 247 f.; grundsätzlich auch Gallas, 85, 91, einschränkend 92.

Diese Verantwortlichkeit aus eigenem Vorverhalten verdichtet sich aber nur dann zu einer Garanten(obhuts)pflicht, wenn beim Entziehen von Abwehrbereitschaft das Vorverhalten geeignet ist, entsprechendes Vertrauen in die Übernahme der Abwehrbereitschaft entstehen zu lassen.[287] Das Vorverhalten muss weiter auch tatsächlich solches Vertrauen geschaffen haben, da es anderenfalls an der Schutzwürdigkeit des Verletzten fehlen würde. Faktisches Vertrauen ist somit notwendige, aber noch nicht hinreichende Bedingung für das Entstehen der Handlungspflicht – sonst würde das besonders leichtsinnige Opfer privilegiert.

Und bei vorausgehender Gefahrschaffung bzw. -erhöhung kommt Unterlassen einem aktiven Verletzen nur dann gleich und kann auch nur dann gegen eine Garanten(sicherungs)pflicht verstossen, wenn gegen Gefahren der jeweiligen Art normalerweise nicht jedermann selbst Vorsorge trifft.[288]

Die Obhuts- und die Sicherungspflichten können verschiedene konkrete Ursachen haben. Die Verantwortlichkeit aus Abwehrbereitschaft entziehendem Vorverhalten (Obhutspflichten) kann in der Übernahme der Abwehrbereitschaft für den zunächst selbst Abwehrbereiten und den zugunsten anderer Abwehrbereiten bestehen. Die Verantwortlichkeit aus gefahrschaffendem bzw. -erhöhendem Vorverhalten (Sicherungspflichten) beinhaltet die eigene Gefahrverursachung (Ingerenz) und die Übernahme der Gefahrverantwortlichkeit für sachliche Gefahrenquellen oder für das Handeln von Personen.

Die Obhuts- und die Sicherungspflichten lassen sich danach also wie folgt systematisieren:

1. Verantwortlichkeit aus Abwehrbereitschaft entziehendem Vorverhalten (Obhutspflichten)
   a) Übernahme der Abwehrbereitschaft für den zunächst selbst Abwehrbereiten
   b) Übernahme der Abwehrbereitschaft für den zugunsten anderer Abwehrbereiten
2. Verantwortlichkeit aus gefahrschaffendem/-erhöhendem Vorverhalten (Sicherungspflichten)
   a) Eigene Gefahrverursachung: Ingerenz
   b) Übernahme der Gefahrverantwortlichkeit
      aa) für sachliche Gefahrenquellen
      bb) für das Handeln von Personen

**287** Donatsch/Tag, 308 f., allerdings für den Fall bestimmter Sicherungspflichten; BGE 101 IV 396, 400; 103 IV 289, 292 f.; zw. insoweit BGE 136 IV 188, wonach Finanzintermediäre eine Garantenpflicht zur Verhinderung von Geldwäscherei und damit zugunsten eines Kollektivrechtsguts haben. Dies dürfte im Hinblick auf die Vertrauensposition nur bei Staatsorganen der Fall sein.

**288** In diesem Sinne Graven/Sträuli, 83 f.; Riklin, § 19 N. 19; Trechsel/Noll, 248.

Ausserdem werden allerdings einige wenige Pflichten allgemein anerkannt, die sich in den angegebenen Rahmen nicht direkt einordnen lassen. Solche Handlungspflichten, denen ein Vorverhalten im dargestellten Sinne nicht notwendig zugrunde liegt, sind z.B. die Pflichten der Eltern gegenüber ihren Kindern[289] (Art. 272, 301, 302 ZGB) und die Pflichten des Staates oder Pflichten gegenüber dem Staat. Zugunsten ihres Rechtscharakters lässt sich aber immerhin anführen, dass diese Handlungspflichten ihrerseits notwendige Bedingungen für normativ geordnete zwischenmenschliche Beziehungen sind, dass sie als notwendige Voraussetzungen für die anderen freiheitsverbürgenden Rechtspflichten begriffen werden müssen. Unter diesen engen Voraussetzungen können über Pflichten aus individuell zu verantwortendem Vorverhalten hinaus eben auch soziale Solidaritätspflichten Rechtspflichten sein. Die blosse rechtliche und/oder soziale Zuordnung zu Organisationen, Institutionen oder Sachen reicht hierfür jedoch nicht aus.[290]

In **Fall 45** ist die Frage relevant, ob es eine Ingerenzhaftung («Schaffung einer Gefahr») auch bei rechtmässigem Vorverhalten gibt. Diese Frage ist umstritten. Nach heute überwiegend vertretener Auffassung muss die Gefahrenlage aus sorgfaltspflichtwidrigem Verhalten hervorgegangen sein.[291] Gemäss BGE 108 IV 3, 5 ist andererseits bereits derjenige Garant, der *«durch sein Tun eine Gefahr geschaffen oder eine solche vergrössert hat»*. So hat das BGer eine Garantenpflicht des Lenkers und Halters eines Autos gegenüber einer von Mitfahrern angegriffenen Insassin mit der Begründung bejaht, das Zurverfügungstellen des Wagens habe die Gefahrenlage für die Insassin geschaffen.[292] Die Schweizerische Rechtsprechung hat sich genau genommen mit der Frage, ob *nur* eine pflichtwidrige Gefährdung eine Garantenstellung begründe, noch nicht ausdrücklich beschäftigt.[293]

Richtig ist, dass Handlungspflichten zur Vermeidung eines tatbestandsmässigen Erfolges nicht generell aus jedem gefahrbegründenden Vorverhalten erwachsen, so wie es andererseits plausibel erscheint, jedenfalls bei rechtswidrigem Vorverhalten im anschliessenden Nichtverhindern des Erfolges einen Verstoss gegen das Prinzip des «neminem laedere» zu sehen.[294] Auch bei erlaubten Risiken muss aber Ingerenz bejaht werden, wenn durch das Vorverhalten ein höheres Risiko gesetzt wird, als beim unumgänglich alltäglichen Verhalten.[295] Dieses höhere Risiko ist jeweils rechtsgutsbezogen zu bestimmen («adäquate» Versursachung[296]). Wird beispielsweise bei

**289** Ausführlich D. Albrecht, Die Begründung von Garantenstellungen bei familiären und familienähnlichen Beziehungen, Köln/Berlin/Bonn/München 1998, 183 ff.

**290** Donatsch/Tag, 301 f.; Stratenwerth, § 14 N. 25 ff.; ders., recht 1984, 96; Trechsel/Noll, 243.

**291** Riklin, § 19 N. 19; Stratenwerth, § 14 N. 21; Trechsel/Jean-Richard, Art. 11 N. 14; offen gelassen Trechsel/Noll, 247; Zusammenhang mit Rechtswidrigkeit des Vorverhaltens verneinend Donatsch/Tag, 308.

**292** BGE 120 IV 265, 270.

**293** Vgl. BGE 75 IV 60, 62.

**294** Buchanan, Justice and Charity, Ethics 1987, 5561; Hruschka, JuS 1979, 386.

**295** Jakobs, 29/42; Ullrich, 58 ff.; a.A. Stratenwerth, § 14 N. 21.

**296** Dazu Stratenwerth, § 14 N. 19.

einem nächtlichen Einbruch der Eigentümer wach und fällt er, da er kein Licht einschaltet, die Kellertreppe hinunter, so ergibt sich für den Einbrecher noch keine Hilfspflicht aus «Ingerenz»: Der Einbruch als solcher schafft noch kein höheres Lebensrisiko. Für das höhere Risiko kann in anderen Fällen etwa das Bestehen einer zivilrechtlichen Gefährdungshaftung oder einer Versicherungspflicht ein Indiz sein. In solchen Fällen (wozu auch die Benutzung eines Personenwagens gehören dürfte) übersteigt die durch das Vorverhalten begründete Gefahr den Bereich der Gefahren, gegen den jeder normalerweise selber Vorsorge trifft. Auch ein durch Rechtfertigungsgründe gerechtfertigtes Verhalten schliesst deshalb nicht schon notwendig die Garantenpflicht aus Ingerenz aus. Zugunsten des Unterlassenden muss aber in diesen Fällen höheren Risikos das Opferverhalten in Anrechnung gebracht werden. Wenn die Gefahrenlage nämlich nur entstanden ist, weil das Opfer seinerseits Sonderrisiken (in **Fall 45** das Gehen im betrunkenen Zustand auf der Strasse) geschaffen hat, entfällt eine Garantenpflicht.[297]

Die hier vertretene Auffassung nimmt also im **Fall 45** zwar eine Erhöhung des allgemeinen, unumgänglichen Lebensrisikos für den Täter an, kommt aber dennoch – wegen Mitverschuldens des Opfers – nicht zu einer Garantenstellung.

Im **Fall 46** war der Arzt zwar Garant aus Verantwortlichkeit aus eigenem Vorverhalten (Übernahme der Abwehrbereitschaft für den zunächst selbst Abwehrbereiten). Da die Selbstschädigung aber frei verantwortlich erfolgt ist, entfällt eine Obhutsgarantenpflicht des Arztes.

### *dd) Zumutbarkeit*

**Literatur** Stratenwerth, § 14 N. 51.

Weitgehende Übereinstimmung besteht darin, dass auch bei den unechten Unterlassungsdelikten die Strafbarkeit des Untätigbleibens unter dem Vorbehalt der Zumutbarkeit normgemässen Verhaltens steht. Die systematische Platzierung und rechtliche Wirkung dieses haftungseinschränkenden Korrektivs ist jedoch unklar (Tatbestandsausschluss, Rechtfertigung, Entschuldigung?). Richtigerweise wird man bereits das Entstehen der Erfolgsabwendungspflicht von der Zumutbarkeit des Handelns abhängig machen müssen.[298] Die Reichweite der Zumutbarkeit ergibt sich daraus, dass die Handlungspflicht eines Garanten nicht weiter reichen darf als die entsprechende Duldungspflicht. Dies zeigt die Parallele zu den Jedermannspflichten. So findet z.B. die Jedermanns-Handlungspflicht des Art. 128 ihre Grenze am Ausmass der Jedermanns-Duldungspflicht des Art. 17: Zumutbarkeit der Hilfe in Notfällen kann für einen unbeteiligten Dritten im Fall des Art. 128 jedenfalls nur bestehen, wenn das zu schützende Interesse, wie bei der Duldungspflicht im Fall des Agressivnotstandes nach Art. 17, deutlich überwiegt.[299] Dieser Zusammenhang von Handlungs- und Dul-

**297** Stratenwerth, § 14 N. 22; Trechsel/Noll, 247 f.

**298** Vgl. Donatsch, ZStrR 1989, 364; Stree, FS-Lenckner, 401.

**299** Donatsch, ZStrR 1989, 367 f.; Hruschka, Strafrecht, 96, 121; Stratenwerth, § 14 N. 51.

dungspflichten bei den Jedermannspflichten ist mutantis mutandis auch auf die Garantenpflichten als spezielle Pflichten zu übertragen. Auch hier gibt den Massstab für die Handlungspflicht die parallele Duldungspflicht. Eine solche Duldungspflicht beim speziell Verantwortlichen kennt der Defensivnotstand: Der Eigentümer einer Sache beispielsweise, von der für eine andere Person Gefahr ausgeht, muss einen Eingriff in seine Interessen bis hin zu dem Punkt dulden, an dem seine Interessen die zu schützenden Interessen unverhältnismässig überwiegen (Art. 57 Abs. 1 OR, ausführlich dazu oben III. 1.). Dieser Gedanke liefert zugleich die äusserste Grenze einer Handlungspflicht des in gleicher Weise speziell verpflichteten Sicherungsgaranten: Er ist immerhin bis zum unverhältnismässigen Überwiegen eigener Interessen zum Handeln verpflichtet. Diesselbe Grenze muss im übrigen auch für Obhutsgarantenpflichten gelten, die ihren Grund im gleichen Prinzip der Tatverantwortung haben.[300]

Die Auffassung, grundsätzlich brauche niemand eine konkrete Lebensgefährdung auf sich zu nehmen oder gar das eigene Leben zu opfern,[301] lässt sich auch im hier dargestellten systematischen Zusammenhang akzeptieren: Da eine Handlungspflicht unter sonst gleichen Umständen mehr fordert als eine Duldungspflicht (eben zu handeln, nicht nur zu dulden), muss sie eher an strengere Voraussetzungen gebunden sein. Aber sogar eine entsprechende Duldungspflicht hat allenfalls der rechtswidrig Angreifende, nicht der aus anderen Gründen Duldungspflichtige. Handelnd sein Leben für einen anderen aufzuopfern ist deshalb erst recht grundsätzlich keinem Schutzpflichtigen zuzumuten.[302] Ausnahmen kommen lediglich für Personen mit besonderen – über eine Garantenpflicht hinausreichenden – Gefahrtragungspflichten in Betracht.

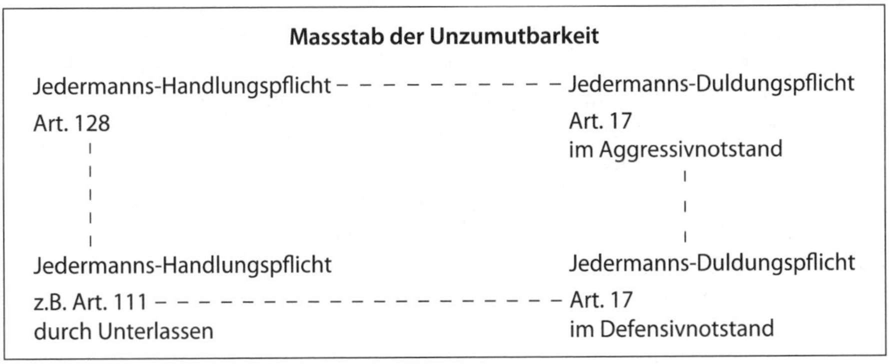

**Massstab der Unzumutbarkeit**

Jedermanns-Handlungspflicht - - - - - - - - - - Jedermanns-Duldungspflicht
Art. 128 | Art. 17 im Aggressivnotstand
| |
Jedermanns-Handlungspflicht z.B. Art. 111 durch Unterlassen - - - - - - - - - - Jedermanns-Duldungspflicht Art. 17 im Defensivnotstand

300 Hruschka, Strafrecht, 159; ähnlich Jakobs, 15. Abschnitt N. 15.

301 Ullrich, 78 ff.

302 Donatsch, ZStrR 1989, 367 f.

### b) Subjektiver Tatbestand

Schwerer zu bestimmen ist allerdings der Gegenstand des *Vorsatzes* beim Unterlassungsdelikt. Insbesondere ist problematisch, in welchem Umfang sich der Vorsatz auf die Handlungspflicht und die Handlungsmöglichkeit beziehen muss. Nur die tatsächlichen Voraussetzungen der Handlungspflicht sind Gegenstand des Vorsatzes, während das Wissen von der Handlungspflicht als solcher (wie von der Unterlassungspflicht bei den Handlungsdelikten) zur Schuld gehört und ein Irrtum über sie höchstens zum Verbotsirrtum nach Art. 21 StGB führt.[303] Gegen diese scheinbar klare Aufteilung spricht allerdings, dass das Bewusstsein, die Verantwortung für einen bestimmten Sachbereich zu tragen, auch bei einer Anzahl von Handlungsdelikten, wie etwa den Amtsdelikten, zur Kenntnis des Delikts-Tatbestands gehört. Indessen lässt sich die Problematik durchaus in die angegebene Systematik integrieren: Die tatsächlichen Merkmale, die eine Garantenpflicht begründen, sind normative Merkmale, bei denen zum Vorsatz auch die Kenntnis des Täters vom sozialen Kontext gehört, in den die Tatsachen eingeordnet sind. Zum Vorsatz bei Pflichten aus Entziehung der Abwehrbereitschaft gehört also auch die Kenntnis der jeweiligen Vertrauenssituation einschliesslich ihrer normativen Komponente – des Grundes, warum vertraut werden darf. Zum Vorsatz bei den Pflichten aus gefahrschaffendem oder -erhöhendem Vorverhalten gehört die – wenn auch laienhafte – Kenntnis der den Verkehrspflichten zugrundeliegenden Gefahrzuständigkeit, in den Fällen der «Ingerenz» z.B. die Kenntnis des «höheren Risikos».[304]

Noch nicht ausreichend für den Vorsatz ist die blosse Erkennbarkeit der Handlungsmöglichkeit – sie führt so wenig wie die auf Gleichgültigkeit beruhende Unkenntnis der selbstgeschaffenen Gefahr bei Handlungsdelikten zum Vorsatz, sondern begründet allenfalls Fahrlässigkeit. Andererseits ist für den Vorsatz aber auch nicht erforderlich, dass der Täter sich der konkreten Handlung bewusst ist, durch die er den Erfolg verhindern kann.[305] Hierfür spricht, dass sich die erforderliche Handlung nicht immer schon ex ante in ihrem gesamten Verlauf bestimmen lässt, sondern häufig der erste notwendige Schritt darin besteht, zu ergründen, welche konkrete Handlung hilft. Es genügt also für den Vorsatz schon, dass dem Täter die Möglichkeit rettenden Eingreifens bewusst ist; er muss wissen, dass er mit Aussicht auf einen nicht unwahrscheinlichen Erfolg Hilfsmassnahmen beginnen kann.

**303** Donatsch/Tag, 316; Riklin, § 19 N. 34; Stratenwerth, § 14 N. 41; Trechsel/Noll, 253.
**304** Stratenwerth, § 14 N. 41.
**305** Vgl. Stratenwerth, § 14 N. 42.

## 2. Rechtswidrigkeit: Pflichtenkollision

**Literatur** Stratenwerth, § 10 N. 62–65; Trechsel/Noll, § 27 E; Trechsel/Jean-Richard, Art. 14 N. 10, 15.

**Fall 47:**

Zwei Badegäste, X und Y, riefen gleichzeitig um Hilfe und drohten zu ertrinken. V, der Vater des X, rettete den ihm unbekannten Y. X wäre zu retten gewesen, wenn V ihn statt Y aus dem Wasser gezogen hätte.

Im Fall der rechtfertigenden Pflichtenkollision (vgl. dazu auch oben III. 2. a), die für das Zusammentreffen zweier Handlungspflichten gilt, handelt der Täter nicht rechtswidrig, wenn er die höherrangige auf Kosten der anderen Pflicht erfüllt – aber auch dann nicht, wenn er einer von zwei gleichwertigen Pflichten nachkommt.[306] Dass der Täter in solchen Fällen nicht nur entschuldigt ist, liegt darin begründet, dass die Rechtsordnung nichts Unmögliches verlangen kann. Höherrangig kann eine Pflicht dann sein, wenn es sich hinsichtlich desselben Rechtsguts, – wie im **Fall 47** – um eine Garantenpflicht gegenüber einer allgemeinen Hilfspflicht aus Art. 128 handelt,[307] wenn unterschiedlich bewertete Rechtsgüter geschützt werden sollen oder auch wenn der Grad der Gefahren für die zu schützenden gleichwertigen Rechtsgüter unterschiedlich hoch ist.

Im **Fall 47** ist V nicht gerechtfertigt, weil er nicht die höherrangige Pflicht erfüllt hat.

## 3. Schuld: Gebotsirrtum

**Literatur** Stratenwerth, § 14 N. 41 f., 49.

**Fall 48:**

A hörte Hilfeschreie aus dem Wasser. Er bemerkte aber nicht, dass es sein eigenes Kind war, das um Hilfe schrie und blieb untätig. Das Kind ertrank.

**Fall 49 (Abwandlung von Fall 48):**

A hörte die Hilfeschreie und wusste auch, dass sie von seinem eigenen Kind kamen. Er glaubte aber, nicht zur Rettung des Lebens gegenüber seinem Kind verpflichtet zu sein, weil er von einer Garantenpflicht für Väter nichts wusste.

Zum Tatbestand der Begehungsdelikte gehören nur die Umstände, aus denen sich das rechtliche Verbot einer Handlung ergibt; das Verbot selbst, eine bestimmte Handlung vorzunehmen, d.h. die Unterlassungspflicht (der Normbefehl) ist Gegenstand des Unrechtsbewusstseins. Auf das Verbot bezogene Wissensmängel betreffen also nicht den

**306** Donatsch/Tag, 252 f.; Riklin, § 14 N. 73; Stratenwerth, § 10 N. 64 f.; Trechsel/Noll, 134; a.A. Graven/Sträuli, 94.

**307** Stree, FS-Lenckner, 403.

Tatbestandsvorsatz, sondern das Unrechtsbewusstsein und führen zu einem (direkten) Verbotsirrtum.

Entsprechend verhält es sich mit den Unterlassungsdelikten: Zu deren Tatbestand gehören nur die Umstände, aus denen sich die Handlungspflicht ergibt, nicht die Handlungspflicht selbst.

Im **Fall 48** bleibt A in Unkenntnis der seine Garantenstellung begründenden Tatumstände untätig. Er irrt damit über die tatsächlichen Voraussetzungen der Garantenpflicht, also über die Garantenstellung. Ein solcher Irrtum ist somit Tatbestandsirrtum.[308]

Im **Fall 49** hingegen kennt der unterlassende A alle (tatsächlichen) Umstände, die seine Garantenpflicht begründen, glaubt aber gleichwohl, die rechtlich geforderte Handlung unterlassen zu dürfen. Dies ist – analog dem direkten Verbotsirrtum – ein Irrtum über die Rechtswidrigkeit des Untätigbleibens («direkter Gebotsirrtum»), der nach Art. 21 zu beurteilen ist.[309]

**308** Also: Ausschluss des Vorsatzes (Art. 13); Riklin, § 19 N. 34; Stratenwerth, § 14 N. 41; Stree, FS-Lenckner, 394; Trechsel/Noll, 253.

**309** Vgl. Donatsch/Tag, 316; Stratenwerth, § 14 N. 41; Stree, FS-Lenckner, 395 f.; Trechsel/Noll, 253.

Das Tableau der Irrtumsarten (oben IV. 5. c) kann also im Hinblick auf die Unterlassungsdelikte wie folgt vervollständigt werden:

| **Irrtum über die Tatbestandsmässigkeit einer Unterlassung** | |
|---|---|
| *I. Tatbestandsirrtum* | *Umgekehrter Tatbestandsirrtum* |
| (soweit ein Sachverhaltsirrtum nach Art. 13 Tatbestandsmerkmale betrifft, hat sich der Begriff des Tatbestandsirrtums eingebürgert) | |
| – Unkenntnis von Umständen, die die vorsatzumfassten Merkmale des objektiven Tatbestandes ausfüllen (bei Unterlassungsdelikten z.B. die Unkenntnis der die Garantenstellung begründenden Tatumstände) | – Irrige Annahme von Umständen, die die vorsatzumfassten Merkmale des objektiven Tatbestandes ausfüllten (bei Unterlassungsdelikten z.B. die irrige Annahme von Umständen, die eine Garantenstellung begründen, d.h. Irrtum über Tatumstände, aber richtige Subsumtion) |
| Folge: Ausschluss des Tatbestandsvorsatzes, Art. 13 | Folge: Untauglicher Versuch, Art. 22, Abs. 1, 3. Var. |
| **Irrtum über die Rechtswidrigkeit der tatbestandsmässigen Unterlassung** | |
| *II. Direkter Gebotsirrtum* | *Umgekehrter direkter Gebotsirrtum* |
| (Irrtum über das Bestehen/die Reichweite der Gebotsnorm) | (Irrtum über das Bestehen/die Reichweite der Gebotsnorm) |
| – Täter kennt die Norm nicht oder unterschätzt ihre Reichweite | – Irrige Annahme einer nicht existenten Norm oder Überdehnung einer existenten Norm |
| (bei Unterlassungsdelikten z.B. Unkenntnis der Rechtspflicht trotz Kenntnis der die Garantenstellung begründenden Umstände resp. Kenntnis der Garantenpflicht, aber Irrtum über ihre Reichweite) | (bei Unterlassungsdelikten z.B. bei irriger Annahme, dass die in tatsächlicher Hinsicht richtig erkannte Beziehung zum Opfer rechtlich als Garantenstellung zu qualifizieren sei, d.h. Irrtum über rechtliche Bewertung trotz richtiger Erkenntnis der Tatumstände) |
| Folge: Art. 21 | Folge: strafloses Wahndelikt |

### 4. Vorwurfsidentität

Art. 11 Abs. 3 schränkt die Strafbarkeit ein auf die Fälle, in denen dem Täter für sein Unterlassen, «derselbe Vorwurf gemacht werden kann, wie wenn er die Tat durch ein aktives Tun begangen hätte». Mit dieser Formulierung soll zweierlei erreicht werden: Zum einen soll klar gestellt werden, dass das Begehen durch Unterlassen dem Tätigkeitsdelikt bezüglich der Strafwürdigkeit ähnlich ist. Zum anderen soll aber zugleich auch darauf hingewiesen werden, dass die beiden Deliktsformen eben nicht ohne weiteres «verglichen werden können»[310]. Es kann durchaus zweifelhaft sein, ob sich die im Gesetz zur Umschreibung einer Tathandlung im Fall aktiven Handelns verwendeten Tätigkeitswörter überhaupt auf die Deliktbegehung durch Unterlassung anwenden lassen.[311]

**310** Nationalrat, Sitzung vom 6.6.2001, Amtl. Bull. 98.038, 17.
**311** Stratenwerth, § 14 N. 33.

Die Klausel lässt sich als Aufforderung verstehen, die Strafwürdigkeit des Begehens durch Unterlassen besonders eingehend zu prüfen. Sie verdankt ihre Existenz nicht zuletzt dem Bedenken, dass man unter Umständen beim Vorliegen eines Erfolgs zu voreilig eine Analogie zwischen dem Unterlassen und der Deliktsbegehung durch ein Tun herstellt. Eine wichtige Aufgabe der Ausfüllung dieser Klausel muss die Wahrung des Schuldgrundsatzes sein. Der Unterlassungstäter ist meist (ausgenommen vielleicht die Ingerenzfälle) der per definitionem sozial integrierte Täter, der gerade wegen seiner Organisations- und Institutionszugehörigkeit überhaupt erst zum handlungspflichtigen Garanten geworden ist. Eine aus dem spezialpräventiven Gesichtspunkt des Resozialisierungsbedarfs legitimierte Strafe läuft hier deshalb ins Leere. Aber auch eventuelle generalpräventive Erfordernisse erscheinen in vielen Unterlassungsfällen geringer als bei Handlungsdelikten: In der Rechtsgemeinschaft dürfte das Vergeltungsbedürfnis gegenüber dem Unterlassungstäter selten jenen Umfang erreicht haben wie gegenüber Handlungstätern.

### 5. Strafmilderung

Neben der Klausel zur Vorwurfsidentität in Abs. 3 sieht das Gesetz in Abs. 4 zudem vor, dass dem Gericht die Möglichkeit offen steht, die Strafe zu mildern. Diese fakultative Strafmilderung wurde trotz einiger Kritik aus den Reihen der Vernehmlassungsteilnehmer[312] aufgenommen. Ausschlaggebend hierfür war der Umstand, dass die aufgewendete kriminelle Energie bei einem Delikt durch Unterlassen oft geringer ist als beim Handlungsdelikt.[313]

## VI. Versuch und Vorbereitung

**Literatur** Arzt, Strafbarer Versuch und Vorbereitung, recht 1985, 78; Donatsch/Tag, § 11; Germann, Über den Grund der Strafbarkeit des Versuchs, Aarau 1914; BSK-Jenny, Vor Art. 22 – Art. 23; Köhler, 451–485; Kuttner, Kanonistische Schuldlehre von Gratian bis auf die Dekretalen Gregors IX., Vatikan 1935; Stratenwerth, § 12; Trechsel/Noll, § 30; Waiblinger, Versuch, SJK 1957, Nr. 1199 ff.; Zaczyk, Das Unrecht der versuchten Tat, Berlin 1998.

**Übungsliteratur** Eymann u.a., Fälle 2, 3, 9, 10; Maihold, N. 79–91.

Seitdem im Hochmittelalter zuerst im Kirchenrecht und dann über das Kirchenrecht auch im weltlichen Recht letztlich aus der Theologie der Beichte stammende subjektive Tatelemente das Strafrechtsdenken zu beeinflussen begannen, hat dies zu zwei praktisch relevanten Entwicklungen geführt: Das Fehlen subjektiver Tatelemente (z.B. das Fehlen des Vorsatzes) konnte Strafbarkeit ausschliessen – ein erkennbar vorsätzliches Handeln ohne objektiven Taterfolg wurde andererseits aber doch auch als strafwürdig erkannt; wirkungsgeschichtlich besonders bedeutsam war hierfür 1532 der Art. 178 der Constitutio Criminalis des Kaisers Karl V. (Constitutio Criminalis Carolina). Auf der Basis einer modernen Zurechnung zur Subjektivität des Individuums

312 Botschaft, 1998, 2002.

313 Nationalrat, Sitzung vom 6.6.2001, Amtl. Bull. 98.038, 17.

sind eben schon das Ausholen zum Schlag oder der fehlgehende Schuss Verletzungen der geschuldeten Anerkennung gegenüber dem Opfer und der Rechtsgemeinschaft. Rechtlich relevant kann ein solcher Vorsatz freilich nur sein, wenn er die Grenze der Rechtssphäre des Täters nach aussen überschritten hat, wenn er objektive Realität geworden ist. Neben den Tatentschluss muss deshalb ein wenn auch rudimentäres objektives Element der Tat treten.

### 1. Tatentschluss

Versuch ist die unvollständig gebliebene, aber vom Vollendungsvorsatz erfasste begonnene Tat. Mangels zureichender objektiv-tatbestandlicher Merkmale kann das konkret verwirklichte deliktische Unrecht der Versuchstat nur ausgehend von der Willensrichtung des Täters, nach seinem Tatplan, ermittelt werden.

Ausgangspunkt für die Untersuchung der Strafbarkeit einer nicht vollendeten Tat ist daher die Frage nach einem die subjektiven Tatbestandsvoraussetzungen umfassenden Tatentschluss. Das wird im Gutachten an erster Stelle, vor dem «Beginn der Ausführung», geprüft: Versuch ist dann gegeben, wenn sämtliche subjektiven Tatbestandsmerkmale erfüllt sind und der Täter seine Tatentschlossenheit manifestiert hat, indem er mit der Ausführung der Tat begonnen hat, ohne dass alle objektiven Tatbestandsmerkmale verwirklicht wären.[314] Dieses subjektive Unrechtselement des Versuchs umfasst den auf alle objektiven Tatumstände bezogenen Vorsatz, wobei Eventualvorsatz hier ebenso wie beim vollendeten vorsätzlichen Delikt i.d.R. genügt, sowie sämtliche weiteren subjektiven Tatbestandsmerkmale, also etwa geforderte Absichten und Gesinnungsmerkmale.[315]

Der Vorsatz fehlt bei blosser Tatgeneigtheit, wenn kein endgültiger Tatentschluss mit unbedingtem Handlungswillen vorliegt, wenn sich der Täter also selbst noch eine Entscheidung vorbehält. Davon zu unterscheiden ist der endgültige (vorbehaltlose) Tatentschluss, dessen Umsetzung gleichwohl vom ungewissen Eintritt einer objektiven Bedingung abhängt. Eine solche äussere Bedingung hindert den Vorsatz nicht. Die Abgrenzung ist freilich im Einzelfall oft schwierig.[316]

### 2. Beginn der Ausführung

**Literatur** Arzt, Strafbarer Versuch und Vorbereitung, recht 1985/3, 78; BSK-Jenny, Art. 22 N. 7–20; Donatsch/Tag, § 11/3; Riklin, § 17 N. 24–31; Stratenwerth, § 12 N. 21–34; Trechsel/Noll, § 30 B 2; Walder, Straflose Vorbereitung und strafbarer Versuch, ZStrR 1982, 225–275.

**Übungsliteratur** Eymann u.a., Fälle 3, 10; Maihold, N. 82, 83.

**314** BGE 103 IV 65, 68; 112 IV 65; 120 IV 199, 206; 122 IV 246, 248.
**315** Vgl. BGE 120 IV 199, 206.
**316** Vgl. m.w.N. BSK-Jenny, Art. 21 N. 3.

### a) Handlungsdelikte

**Fall 50 (BJM 1959, 126 ff.):**

Der in Basel lebende E hatte von einer Verwandten erfahren, dass seine Frau im Wagen eines jungen Mannes ins Tessin verreist sei. Daraufhin geriet der von Eifersucht geplagte E in Wut und Verzweiflung und fasste den Plan, ihr nachzureisen und sie dort in einer verfänglichen Situation zu erschiessen. Nachdem er in Bern bei einem Trödler einen Revolver erstanden hatte, reiste der eifersüchtige Ehemann seiner Ehefrau nach San Nazzaro nach. Er fragte dort zunächst in einem Grotto nach ihrem Verbleiben. Auf der Strasse fand er dann zufällig einen Personenwagen mit Basler Kontrollschildern. Sofort erkundigte er sich bei der telephonischen Auskunft nach dem Inhaber des Wagens. Aufgrund der erhaltenen Auskunft war er nun überzeugt, den gesuchten Liebhaber gefunden zu haben. Alsdann begab er sich in sein Hotelzimmer. Knapp drei Stunden später, es war schon früher Morgen, ergriff er seinen geladenen und entsicherten Revolver und nahm die Suche nach seiner Ehefrau erneut auf. Diesmal fand er anhand einer von der Tochter erhaltenen Ansichtskarte das Haus, in dem diese logierte, und entdeckte auf dem Balkon seine Frau, die im Hinblick auf die offenbar bevorstehende Abreise mit der Abnahme der Wäsche beschäftigt war. Nur dem Umstand, dass ihr Anblick entgegen seiner Erwartung zu keinerlei Beanstandung Anlass bot, war es schliesslich zu verdanken, dass E. seinen schussbereiten Revolver nicht gebrauchte.

**Fall 51 (SJZ 1980, 183 f. und AGVE 1980 Nr. 13):**

A kehrte um 22 Uhr nachts von Basel nach Hause zurück. Da ihm das Benzin auszugehen drohte, fuhr er auf einen Parkplatz beim Regionalspital Rheinfelden und wartete auf eine günstige Gelegenheit, aus einem andern Wagen Benzin zu stehlen. Bei Zeitungslektüre wartete er jedoch vergeblich. Deshalb fuhr er weiter zum Parkplatz bei der Solbadklinik und fand dort einen geeigneten Personenwagen vor. Ebenso schienen ihm die Verhältnisse günstig und er parkierte neben dem andern Personenwagen, entstieg seinem Auto und packte den mitgebrachten Plastikschlauch aus. Als er den im Kofferraum mitgeführten Benzinkanister ergriff und beim parkierten Auto niederkniete, trat unvermittelt eine andere Person hinzu. A verliess den Parkplatz fluchtartig.

**Fall 52 (BGE 120 IV 113 ff. = Pra 83 [1994] Nr. 255):**

B und Y kamen überein, in der Villa des Z einen Raub auszuführen. Dabei hätte Y die in der Villa Anwesenden anbinden sollen, während B die Anwesenden mit den mitgeführten, geladenen und entsicherten Waffen hätte bedrohen und so die Öffnung des Tresorschranks erzwingen sollen. Am vereinbarten Abend begaben sie sich in die Nähe der benachbarten Villa, von wo aus sie den Eingang und den Parkplatz der Villa Z überwachen konnten. Da jedoch zuviele Leute aus der Villa kamen und gingen, war es ihnen unmöglich, die Anzahl der Leute in der Villa zu schätzen, weshalb sich B und Y entschlossen, die Durchführung des Raubes zu verschieben.

Das objektive Unrechtselement (der objektive Tatbestand) des Versuchs liegt im Beginn der Ausführungshandlung, der im Anschluss an den Tatentschluss (den subjektiven Tatbestand) geprüft wird. Ob dieser Beginn der Ausführungshandlung bereits vorliegt, ist in den **Fällen 50** und **51** fraglich. Die Abgrenzung von Versuch und grundsätzlich (vgl. aber unten 5.) strafloser Vorbereitung orientiert sich an diesem den äusseren Handlungsablauf betreffenden Merkmal. H.L. und Rspr. folgen für die

Bestimmung des Merkmals allerdings einer subjektiven Betrachtungsweise, wobei aber objektive Elemente berücksichtigt werden.[317]

Nach der Formel des Bundesgerichts zählt zur Ausführung der Tat schon «*jede Tätigkeit, die nach dem Plan, den sich der Täter gemacht hat, auf dem Weg zum Erfolg den letzten entscheidenden Schritt darstellt, von dem es in der Regel kein Zurück mehr gibt, es sei denn wegen äusserer Umstände, die eine Weiterverfolgung der Absicht erschweren oder verunmöglichen*» (sog. Schwellentheorie).[318]

Die von Bundesgericht und h.L. vertretene Schwellentheorie verträgt sich auch mit der Konzeption des StGB, wonach auch der (bloss) untaugliche Versuch prinzipiell strafbar ist (vgl. Art. 22 Abs. 1, 3. Alt.).

Für alle Arten des Versuchs gilt: Da sich das nur bruchstückhaft verwirklichte Geschehen nur vom Tatplan her begreifen lässt, liefert die Vorstellung des Täters von der Tat, sein konkreter Tatvorsatz, die Grundlage für die durch einen Dritten und damit objektiv vorzunehmende Beurteilung der Frage, ob mit der Ausführungshandlung bereits begonnen wurde.

Damit nicht mehr vereinbar ist

- eine rein objektive Abgrenzung (wonach der Beginn mit tatbestandsmässigen Ausführungen relevant sein soll)
- eine rein subjektive Abgrenzung (wonach für den Versuchsbeginn allein das Vorstellungsbild des Täters massgebend ist).

Solche älteren Auffassungen[319] sollten deshalb, da mit dem Gesetz nicht vereinbar, im Gutachten (z.B. in der Klausur) auch nicht erörtert werden.

**317** Ausführlich BSK-Jenny, Art. 22 N. 7 ff.

**318** St. Rspr. seit BGE 71 IV 205, 211, zuletzt BGE 119 IV 224, 227; BGE 131 IV 100. Krit. BSK-Jenny, Art. 22 N. 17.

**319** Vgl. noch BSK-Jenny, Vor Art. 22 N. 12–15; Riklin, § 17 N. 24 ff.; Stratenwerth, § 12 N. 22 ff.

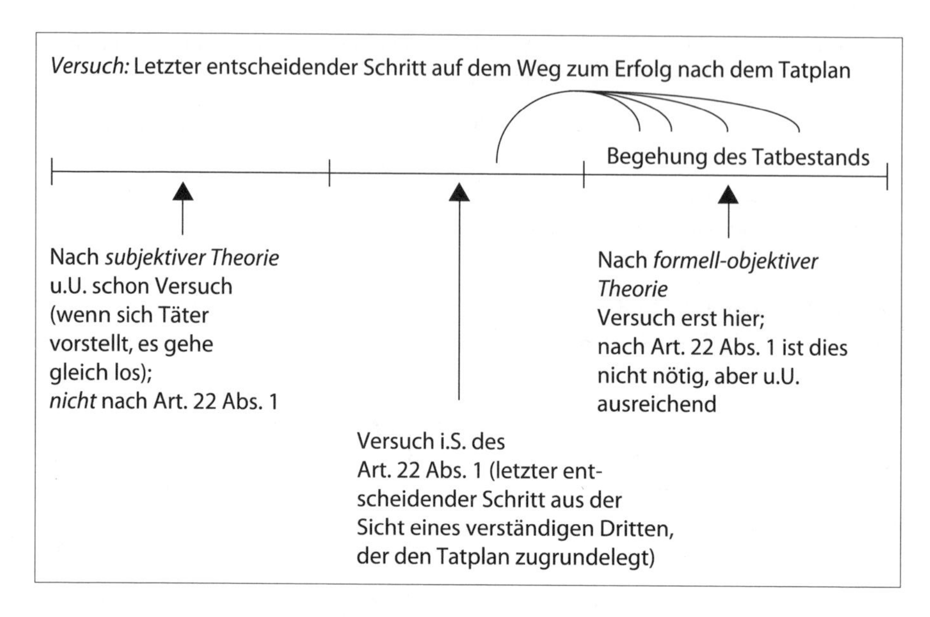


Dennoch ist auch die bundesgerichtliche Rechtsprechung interpretationsbedürftig. Welches sind die Kriterien dafür, dass sich sagen lässt, es finde gerade der «letzte entscheidende Schritt» auf dem Weg zum Taterfolg statt?

Folgende Kriterien lassen sich bilden:

1. positiv:
   a) zeitliche und räumliche Nähe zur Tatbestandserfüllung[320]
   b) Einbruch in die Schutzsphäre des Opfers
2. negativ:
   a) retardierendes Verhalten (z.B. sich ausruhen, sich stärken; auch wenn dieses Verhalten nach dem Tatplan dazu dient, den richtigen Zeitpunkt für die Tatausführung zu bestimmen)
   b) Ausüben von Gemeingebrauch (Nutzen von Örtlich-/Räumlichkeiten) oder von Rechten in sozial üblicher Weise, es sei denn, dass dieses Verhalten nach der Tätervorstellung schon selbst die Ausführungshandlung sein soll.[321]

Im Schrifttum stösst man bisweilen auf die Auffassung, dass für die Abgrenzung Versuch/straflose Vorbereitung auf die Gefährdung des Rechtsguts abzustellen sei (so wohl auch BGE 120 IV 113, 117, wo ausgeführt wird, dass ein Versuch «*offensichtlich*»

**320** Vgl. etwa BGE vom 1.9.1981. In Rep. 1982, 63 ff., wo es um die Vorbereitung eines Ausbruchs aus der Strafanstalt Orbe ging, sowie Walder, 262 ff. und BGE 131 IV 100, wo das Treffen mit einem 14-Jährigen (in Wahrheit einem verdeckten Ermittler) an einem öffentlichen Ort bereits – schwerlich vertretbar – wegen örtlichen und zeitlichen Zusammenhangs zur Tatbestandserfüllung und Einwirkung auf den Rechtskreis des Opfers (implizit unterstellt auch in BGE 134 IV 266) – als Versuch sexueller Handlungen mit einem Kind (Art. 187 Ziff. 1, 21 Abs. 1, 23 Abs. 1) eingestuft wird.

**321** Vgl. Jakobs 25/65.

vorliege, weil «... *der Täter in der Art der Ausführung des Raubversuchs seine besondere Gefährlichkeit offenbart hat ...»).*[322]

Gegen das Abstellen auf die Gefährdung spricht aber

- die Strafbarkeit des (bloss) untauglichen (das Rechtsgutsobjekt also i.d.R. gar nicht tangierenden) Versuchs
- der Gesetzeswortlaut, der formal auf den Beginn der Ausführung abstellt, so dass auch abstrakte Gefährdungsdelikte u.U. versucht werden können.[323]

Bedenklich ist auch, wenn man zwar nicht auf eine objektive Gefährdung, aber auf eine Gefährdung aus der Sicht Dritter (der «Rechtsgemeinschaft») abstellt – etwa i.S. einer Gefährdung angstfreier Daseinsgewissheit des jeweiligen Rechtsguts («rechtserschütternder Eindruck»). Diese Gewissheit wird zwar auch durch den (bloss) untauglichen Versuch tangiert. Das Abstellen auf eine solche Gefährdung hat aber den Nachteil, dass fraglich ist, welches Ausmass an Gefährdung im konkreten Fall zur Bejahung eines Versuchs vorliegen muss.

In **Fall 50** hat E nach seinem Tatplan den letzten entscheidenden Schritt zur vorsätzlichen Tötung getan, als er vor dem Hotel, wo seine Frau logierte, mit geladenem und entsichertem Revolver nur deshalb nicht auf seine Frau schoss, weil deren Anblick (also ein äusserer Umstand) entgegen seinen Erwartungen zu keinen Beanstandungen Anlass bot.

In **Fall 51** ist der Täter gerade dabei, den letzten entscheidenden Schritt vorzunehmen. Es liegt ein Grenzfall vor. Je nachdem, ob man den «point of no return» schon ansetzt, wenn A neben dem entsprechenden Fahrzeug niederkniet oder erst, wenn der Schlauch in die Tanköffnung eingeführt wird, ist Versuch zu bejahen oder nicht. Die räumliche und zeitliche Nähe zur Tatbestandserfüllung spricht jedoch in beiden Fällen eher für die Annahme eines Versuchs.

Im **Fall 52** ist Versuch zu bejahen, wenn der endgültige (vorbehaltlose) Tatentschluss zum Raub gefasst ist, dessen Umsetzung nur noch vom ungewissen Eintritt einer objektiven Bedingung abhängt. Das BGer hat dies bejaht. Fraglich ist in **Fall 52** allerdings, ab wann Versuch eines qualifizierten Delikts (hier: Art. 140 Ziff. 4) angenommen werden kann. Erst mit dem Überschreiten der Schwelle zum qualifizierten Delikt liegt ein Versuch des qualifizierten Delikts und nicht mehr bloss ein Versuch des Grundtatbestands vor. Der Täter muss bereits ein Element des qualifizierten objektiven Tatbestands ausgeführt haben.[324]

Art. 22 Abs. 1 statuiert eine fakultative Strafmilderung nach den Kriterien von Art. 48a. Das aber heisst, dass unter Umständen für den Versuch auch dieselbe Strafe wie für die vollendete Tat verhängt werden kann. Insbesondere beim Vorliegen von

**322** Vgl. auch Schwander Nr. 239 und Walder, 237 f.

**323** Vgl. auch BSK-Jenny, Art. 22 N. 16.

**324** BGE 120 IV 113, h.M.; qualifizierter Raub erst ab dem Zeitpunkt, in dem der Täter das Opfer einer Lebensgefahr aussetzt; in casu nicht vorliegend.

Strafschärfungsgründen lässt sich diese Regelung, dass der Versuch nur milder bestraft werden *kann*, durchaus begründen.

### b) Unterlassungsdelikte

**Literatur** Donatsch/Tag, § 30/2.41; Flachsmann, Fahrlässigkeit und Unterlassung, Zürich 1992; Kaufmann, Die Dogmatik der Unterlassungsdelikte, Göttingen 1959; BSK-Seelmann, Art. 11 N. 71–75; Trechsel/Noll, § 34 D.

**Übungsliteratur** Maihold, N. 114, 119.

Die Probleme des versuchten Unterlassungsdelikts sind nicht von grosser praktischer Bedeutung: Unterlassen wird bei Ausbleiben des tatbestandsmässigen Erfolgs selten von Aussenstehenden wahrgenommen. Da es beim Unterlassungsversuch keine besondere Vorsatzproblematik gibt, bereitet nur die Bestimmung des «Beginnens der Ausführung» des Tatbestands Schwierigkeiten. Zielt diese Formulierung beim Handlungsdelikt auf den Beginn der tatbestandsrelevanten Handlung, so kann es entsprechend beim Unterlassungsdelikt nur um den Beginn der Tatbestandsrelevanz des Unterlassens gehen. Dieser Beginn ist aber äusserlich beim Unterlassenden nicht wahrzunehmen. Vielmehr schafft die Handlungspflicht erst eine Tatbestandsrelevanz des Unterlassens. Im Zeitraum zwischen dem Beginn dieser Handlungspflicht und dem Eintritt des tatbestandsmässigen Erfolgs ist also grundsätzlich ein Versuch des Unterlassungsdelikts möglich.

Umstritten ist aber gerade, wann diese Handlungspflicht beginnt: erst wenn der Pflichtige den letztmöglichen Zeitpunkt zum Tätigwerden verstreichen lässt[325] oder schon mit der ersten Rettungsmöglichkeit oder, wie die h.M. annimmt, in dem Augenblick, da durch die Verzögerung der Rettungshandlung eine unmittelbare Gefahr für das geschützte Handlungsobjekt entsteht oder eine bereits entstandene Gefahr sich vergrössert.[326] Die letztere Auffassung kann im Einzelfall dazu führen, dass bereits die erste Rettungsmöglichkeit ergriffen werden muss (etwa wenn das Kind, das ins Wasser fällt, zu ertrinken droht) oder aber erst die letzte Rettungsmöglichkeit (wenn die Gefahr eindeutig erst zu einem bestimmten Zeitpunkt droht).

Gegen eine generelle Festlegung der Handlungspflicht schon auf den Zeitpunkt der ersten Rettungsmöglichkeit spricht, dass die Handlung zu diesem Zeitpunkt u.U. noch nicht erforderlich für die Verhinderung des tatbestandsmässigen Erfolges ist. Dasselbe aber gilt auch für die Festlegung auf den Moment der Gefahrentstehung oder Gefahrerhöhung: Häufig kann der Taterfolg auch noch später abgewehrt werden und mehr als eben dieses Ergebnis verlangt das Gesetz nicht. Gegen die generelle Festlegung auf den Zeitpunkt der letzten Rettungsmöglichkeit wird zwar eingewandt, die Verpflichtung gehe immer schon auf Gefahrminderung und nicht auf Erfolgsabwendung als solche.[327] Dieser Einwand hat aber die hier für die Unterlassungsdelikte abge-

**325** So Kaufmann, 210 ff.; Trechsel/Noll, 254.

**326** So Donatsch/Tag, 312.

**327** Donatsch/Tag, 317; Stratenwerth, § 15 N. 3; Trechsel/Noll, 254.

lehnte Risikoerhöhungslehre zur Voraussetzung und würde generell den Versuch der Unterlassung in ein Gefährdungsdelikt uminterpretieren. Richtigerweise lässt man den Versuch des Unterlassungsdelikts also erst mit dem Verstreichenlassen der letzten Rettungsmöglichkeit beginnen.

Der Versuch setzt nämlich nicht an irgendeine Rechtsguts- oder Rechtsgutsobjektgefährdung an, sondern ganz formell an die Tatbestandsverwirklichung. So wie bei den Handlungsdelikten eine Gefährdung des Rechtsguts(-objekts) weder hinreichende noch notwendige Bedingung der Versuchsstrafbarkeit ist, sondern nur das (u.U. vermeintliche) unmittelbare Ansetzen zur Tatbestandsverwirklichung, so führt die Koppelung des Unterlassungsversuchs an den Beginn der Pflicht zur Abwendung des Erfolgs dazu, dass erst im Zeitpunkt der letzten Handlungsmöglichkeit Versuch gegeben sein kann.[328] Die Konsequenz davon ist, dass es nur einen fehlgeschlagenen oder einen beendeten untauglichen Versuch beim Unterlassungsdelikt gibt.[329]

### 3. Untauglicher Versuch und Wahndelikt

**Literatur** P. Albrecht, Der untaugliche Versuch, Basel 1973; Arzt, 83 f.; Donatsch/Tag, § 12/2; Riklin, § 17 N. 15–19; Roxin, Die Abgrenzung von untauglichem Versuch und Wahndelikt, JZ 1996, 981; Schild Trappe, Allerlei zum neuen Allgemeinen Teil des Strafgesetzbuches, in: Hubschmid/Sollberger (Hrsg.), Zur Revision des Allgemeinen Teils des Schweizerischen Strafrechts und zum neuen materiellen Jugendstrafrecht, Bern 2004, 11–14; Stratenwerth, § 12 N. 40–45; Trechsel/Noll, § 30 D.

**Übungsliteratur** Eymann u.a., Fall 2; Maihold, N. 74, 81, 84, 104.

**Fall 53:**

U wollte T im Schlaf töten und stach auf ihn ein. T ist aber bereits zuvor einem Herzinfarkt erlegen, was U nicht wissen konnte.

**Fall 54:**

A wurde eines Abends auf dem Nachhauseweg nach einem Bier mit Kollegen Zeugin eines Raubs auf offener Strasse. Täter war der ihr flüchtig bekannte P. A unterliess die Strafanzeige, wobei sie annahm, als Bekannte des P zur Anzeige verpflichtet zu sein.

**Fall 55:**

C hat den B in flagranti ertappt und mit kräftigen Schlägen vertrieben, als dieser in seine Gartenlaube eingedrungen und im Begriffe war, dort gelagerte Gegenstände mitzunehmen. A ging dabei davon aus, eine unerlaubte Notwehrüberschreitung begangen zu haben.

**328** A.A. Donatsch/Tag, 317; Stratenwerth, § 15 N. 3; Trechsel/Noll, 254.
**329** Vgl. Flachsmann, 77.

**Fall 56:**

Die A, die im Auftrag einer Privatfirma in Amtsräumen putzte, nahm ein Geschenk entgegen und glaubte deshalb, sich als Amtsträgerin aus Art. $322^{sexies}$ (Vorteilsannahme) strafbar zu machen.

**Fall 57 (BGE 106 IV 254, 256 f.):**

B kaufte von D einen Lancia HPE 2000. Gemäss Vertrag sollte das Eigentum am bereits übergebenen Wagen erst mit vollständiger Begleichung des Kaufpreises übergehen. Der Eigentumsvorbehalt wurde aber von D nicht in das Eigentums-vorbehalts-Register eingetragen. B verkaufte anschliessend das Fahrzeug an einen gutgläubigen Dritten, unterliess es jedoch, den Kaufpreis an D zu bezahlen.

### a) Untauglicher Versuch

Im heutigen Recht (Art. 22 Abs. 1) unterscheidet sich der (normale) untaugliche Versuch in den Rechtsfolgen nicht mehr vom tauglichen Versuch. Er ist grundsätzlich strafbar, die Strafe kann jedoch, wie bei jedem Versuch, gemildert und im Fall des Rücktritts und der tätigen Reue kann sogar von Strafe abgesehen werden. Die Unterscheidung zwischen dem *bloss* untauglichen und dem tauglichen Versuch ist daher jetzt praktisch überholt.[330] Eine Besonderheit gilt aber nunmehr noch für den Fall «groben Unverstandes».

Beim untauglichen Versuch aus «grobem Unverstand», der gem. Art. 22 Abs. 2 zwingend zur Straflosigkeit führt, geht der Täter aus grobem Unverstand irrig von Tatumständen aus, die im Falle ihres tatsächlichen Vorliegens den gesetzlichen Tatbestand ausfüllen würden.[331] Da die irrtümlich vorgestellten Tatumstände in Wirklichkeit nicht vorliegen, kann die Vollendung von vornherein nicht gelingen. Der grob unverständige Versuch kann wie der normal untaugliche Versuch des Art. 22 Abs. 1, 3. Var. ein umgekehrter Tatbestandsirrtum sein, wenn die Untauglichkeit des Tatobjekts (so im **Fall 53**, Tötungsversuch an einer Leiche: normal untauglicher Versuch) oder des Tatmittels (Backpulver als «Gift»: aus grobem Unverstand untauglicher Versuch) nicht erkannt wurde.

Der Unterschied zwischen dem normal untauglichen Versuch und dem aus grobem Unverstand untauglichen Versuch besteht darin, dass im Normalfall des untauglichen Versuchs ein mit der Angelegenheit vertrauter Experte, im Fall des aus grobem Unverstand untauglichen Versuchs jeder vernünftige Mensch ohne weiteres die Untauglichkeit hätte erkennen können.[332] Verlässt sich der Täter gar auf übersinnliche Kräfte («Totbeten»), geht er also gar nicht von natürlichen Kausalzusammenhängen aus, so dürfte bereits sein Vorsatz entfallen und die Tat nicht nur wegen Art. 22 Abs. 2 obligatorisch straflos, sondern bereits tatbestandslos sein («abergläubischer Versuch»).

**330** Vgl. Stratenwerth, § 12 N. 41 ff.; Schild Trappe, 12 f.
**331** BGE 124 IV 97, 99 f.; 126 IV 53, 57; 129 IV 329.
**332** Dazu BGE 70 IV 49, 50.

Somit ergeben sich folgende Stufen des untauglichen Versuchs:

| | |
|---|---|
| *1.* | *«normaler» untauglicher Versuch* (Art. 22 Abs. 1, 3. Var.)<br>z.B. Tötungsversuch an Leiche (untaugliches Objekt)<br>Schwangerschaftsabbruch mit Kopfschmerztabletten (untaugliches Mittel) |
| → | wie ein tauglicher Versuch mit fakultativer Strafmilderung strafbar |
| *2.* | *untauglicher Versuch wegen groben Unverstands* (Art. 22 Abs. 2)<br>z.B. Schwangerschaftsabbruch mit Kamillentee |
| → | absolut straflos auf Grund spezieller Regelung |
| *3.* | *abergläubischer Versuch*<br>z.B. «totbeten» |
| → | absolut straflos mangels Vorsatz |

#### b) Wahndelikt

Während der Täter beim untauglichen Versuch irrtümlich von einem Lebenssachverhalt ausgeht, dessen Vorliegen zur Strafbarkeit des Handelns führen würde, liegt es beim straflosen Wahndelikt anders. Hier irrt der Täter nicht über den Sachverhalt, sondern glaubt, dass sein in tatsächlicher Hinsicht richtig erkanntes Verhalten rechtswidrig sei, obwohl dies nicht der Fall ist. Es handelt sich um den Umkehrfall des Verbotsirrtums.

Ein solcher Irrtum kann darauf beruhen, dass der Täter

aa) einen Verstoss gegen gar nicht existierende Strafvorschriften annimmt oder den Anwendungsbereich einer Verbotsnorm überdehnt (umgekehrter direkter Verbots- oder Subsumtionsirrtum[333]) – der Täter meldet z.B. einen ihm bekannt gewordenen Raub nicht und glaubt, dadurch eine Straftat zu begehen **(Fall 54)**;

bb) trotz Eingreifens eines Rechtfertigungsgrundes sein Verhalten für rechtswidrig hält (umgekehrter indirekter Verbotsirrtum, vgl. oben IV. 5) – der Täter weiss nichts von der Existenz eines anerkannten und im konkreten Fall auch eingreifenden Rechtfertigungsgrundes oder fasst die Grenzen eines Rechtfertigungsgrundes zu eng auf, z.B. er verteidigt sich in angemessener Weise, weiss aber nichts von einem Notwehrrecht oder kennt zwar dieses Recht, glaubt aber, es rechtfertige nicht die Verteidigung von Sachwerten **(Fall 55)**.

#### c) Abgrenzungsprobleme zwischen untauglichem Versuch und Wahndelikt

Abgrenzungsprobleme zwischen dem prinzipiell strafbaren untauglichen Versuch und dem straflosen Wahndelikt gibt es insbesondere in zwei Sachgebieten: beim «untauglichen Subjekt» und bei Irrtümern, die sich auf das Vorfeld eines Tatbestands beziehen.

*aa) «Untaugliches Subjekt»*

Nicht ausdrücklich in Art. 22 Abs. 1, 3. Var. genannt wird der Versuch des «untauglichen Subjekts», bei welchem der Täter in dem Sinn über seine eigene Täterqualifika-

**333** Vgl. BGE 120 IV 199, 206 sowie oben IV. 5.

tion irrt, als er irrig von deren Vorliegen ausgeht. So nimmt die Täterin im **Fall 56** irrig an, Amtsträgerin zu sein. Da sie hier zu ihren Ungunsten über das Vorliegen eines – sie betreffenden – Tatbestandsmerkmals («Beamte») irrt, scheint ein – untauglicher – Versuch vorzuliegen. Mit der in der Schweiz vorherrschenden Auffassung ist jedoch von einem straflosen Wahndelikt auszugehen. Anders als im Fall des Versuchs am untauglichen Objekt und mit untauglichen Mitteln ist der Irrende in diesem Fall überhaupt nicht Adressat der Norm, so dass nicht nur kein Erfolgsunwert, sondern nicht einmal ein Handlungsunwert vorliegt.[334]

Die folgende Graphik zeigt diese Problematik auf und weist zugleich noch einmal auf das Umkehrverhältnis der Irrtümer hin.

**Umkehrungsverhältnis**

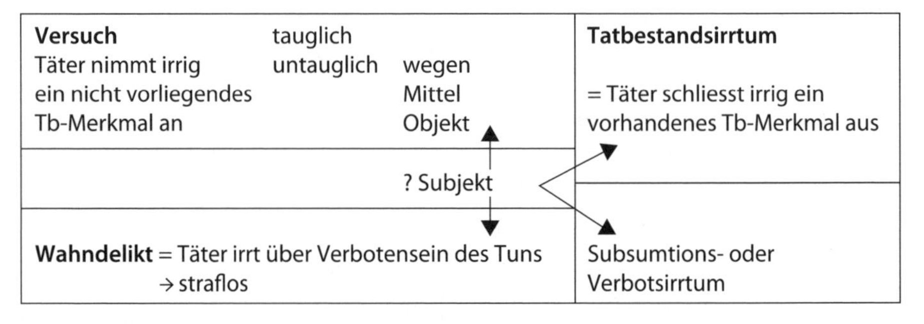


*bb) Vorfeldirrtümer*

Abgrenzungsschwierigkeiten zwischen untauglichem Versuch und Wahndelikt macht auch der Fall, bei dem jemand über ein normatives Tatbestandsmerkmal irrt, das sich auf rechtliche Transaktionen im Vorfeld des Tatbestands bezieht, wie z.B. beim Irrtum über die Fremdheit einer Sache im **Fall 57.**[335] B geht in diesem Fall irrig davon aus, dass ein wirksamer Eigentumsvorbehalt vorliegt. Da jedoch dieser nicht im dafür vorgesehenen Register eingetragen wurde (Art. 715 Abs. 1 ZGB), verfügte B in Wirklichkeit nicht über eine fremde Sache im Sinne von Art. 137 (unrechtmässige Aneignung). Der nicht eingetragene Eigentumsvorbehalt hat nämlich keine absolute, sondern nur eine relative Wirkung. Demnach fehlt objektiv das Tatbestandsmerkmal der Fremdheit der Sache, der Täter ging (subjektiv) aber von dieser Fremdheit aus. Die Schwierigkeit besteht nun darin, dass B infolge des Irrtums über die Tauglichkeit des Wagens (Tatobjekt) zur unrechtmässigen Aneignung irrte, Grund dafür aber ein Irrtum über die Rechtslage (wirksamer Eigentumsvorbehalt?) war. Somit gibt es Ansatzpunkte für einen untauglichen Versuch wie für ein Wahndelikt. Überwiegend wird in solchen Fällen ein untauglicher Versuch angenommen, da der Täter die Strafrechtsnorm rechtlich korrekt einschätzt und lediglich über Umstände irrt, die im Vorfeld des Tatbestands die Rechtslage mit Auswirkungen für diesen Tatbestand bestimmen.

**334** Jakobs 25/43; BSK-Jenny, Art. 22 N. 31 f.; Stratenwerth, § 12 N. 47 ff.; Trechsel/Noll, 170 f.
**335** Vgl. dazu Roxin, 982 f.

Zum Abschluss seien die verschiedenen rechtlich zu beurteilenden Irrtümer und ihre Umkehrungen noch einmal zusammengestellt.

*cc) Irrtümer und ihre Umkehrungen*

| | |
|---|---|
| 1. *Sachverhaltsirrtum*<br>Art. 13 | *Umgekehrter Sachverhaltsirrtum* |
| a) Tatbestandsirrtum | untauglicher Versuch Art. 22 Abs. 1, 3. Alt. |
| b) Irrtum über tatsächliche Voraussetzungen der Rechtfertigung | entspricht nach h.M. untaugl. Versuch (a.A. Vollendung) |
| c) Irrtum über tatsächliche Voraussetzungen der Entschuldigung | Unkenntnis des Vorliegens eines Entschuldigungsgrundes<br>→ unbeachtlich, d.h. strafbar |
| 2. *Verbotsirrtum*<br>Art. 21 | *Umgekehrter Verbotsirrtum* |
| a) direkter Verbotsirrtum (Normunkenntnis) | strafloses Wahndelikt |
| b) indirekter Verbotsirrtum (Überdehnung der *rechtl.* Reichweite eines Rechtfertigungsgrundes) | strafloses Wahndelikt |
| 3. *Entschuldigungsirrtum*<br>(Überdehnung der rechtl. eines Entschuldigungsgrundes)<br>→ unbeachtlich | *Umgekehrter Entschuldigungsirrtum*<br>Entschuldigung |

In **Fall 53** irrte U über das Menschsein des T, unterlag also einem umgekehrten (Annahme eines real nicht bestehenden Tatbestandsmerkmals) Tatbestandsirrtum über die Qualität des für eine Strafbarkeit nach Art. 111 erforderlichen Tatobjekts. Es liegt ein – strafbarer – untauglicher Versuch vor.

In **Fall 54** existiert hingegen die Norm, gegen die A zu verstossen glaubt, überhaupt nicht. Dieser umgekehrte direkte Verbotsirrtum ist ein strafloses Wahndelikt.

Auch in Fall 55 handelt es sich um ein strafloses Wahndelikt, diesmal in Form des umgekehrten indirekten Verbotsirrtums: Das Verhalten von C ist in Wirklichkeit nicht rechtswidrig,

In **Fall 56** nimmt A irrig an, Beamtin und damit gem. Art. 322sexies strafbar zu sein. Obwohl sie also über das Tatsubjekt irrt, handelt es sich um ein strafloses Wahndelikt, da sie nicht Adressatin der in Art. 322sexies enthaltenen Verbotsnorm ist.

In **Fall 57** irrte B über das rechtliche «Vorfeld» des Tatbestandsmerkmals der Fremdheit der Sache, was nach herrschender Ansicht zu einem untauglichen Versuch und nicht zu einem Wahndelikt führt, da er die Strafrechtsnorm rechtlich korrekt einschätzt.

## 4. Rücktritt und tätige Reue

**Literatur** Donatsch/Tag, § 12/1; Heine, Die Totalrevision des Schweizerischen Allgemeinen Teils des Strafgesetzbuches, FS-Eser, 493; Hentschel-Heinegg, Versuch und Rücktritt, ZStW 1997, 29; BSK-Jenny, Art. 23 N. 1 ff.; Krauss, Der strafbefreiende Rücktritt vom Versuch, JuS 1981, 883; Riklin, § 17 N. 37–46; Roxin, Über den Rücktritt vom unbeendeten Versuch, FS-Heinitz, Berlin 1972, 251; Stratenwerth, § 12 N. 51–72; Trechsel/Noll § 30 B 4 und C 2.

**Übungsliteratur** Eymann u.a., Fall 3; Maihold, N. 85–91.

**Fall 58 (BGE 112 IV 66 ff.):**

N beschloss, ihren Ehemann E zu töten. Unter starkem Alkohol- und Medikamenteneinfluss stiess sie ihrem schlafenden Gatten ein Fleischmesser in den Hals. Nach der Tat ging sie davon aus, E werde ohne Hilfe sterben. Sie half ihrem Ehemann, der versuchte, das Blut zu stillen, sich auf dem Bett niederzulegen, rief eine für Bluttransfusionen ausgerüstete Ambulanz herbei und suchte das Dienstbüchlein, das die Blutgruppe von E enthielt. Im Spital stellte sich schliesslich heraus, dass die Verletzungen nicht schwerwiegend waren und das Leben des E nie in Gefahr war, dass aber Lebensgefahr bestanden hätte, wenn N die Halsschlagader getroffen hätte.

**Fall 59:**

A stiess B mit Tötungsvorsatz ein Messer in die Brust. Er ging davon aus, B werde nun ohne Hilfe sterben. Als B ihn um die Benachrichtigung einer Ambulanz bat, reichte er B das Telefonbuch. Dieser rief an und wurde auf Grund des Anrufs gerettet.

**Fall 60 (BGE 83 IV 1 ff.):**

Frau B stellte nach einem Unfall das Begehren um Ausrichtung von Krankentaggeldern, obwohl sie zwei Tage nach dem Unfall an einer neuen Stelle erneut die Arbeit aufgenommen hatte. Als der Versicherungsvertreter beim neuen Arbeitgeber vorsprach, zog Frau B ihr Begehren zurück.

**Fall 61 (BGE 108 IV 104 ff.):**

G machte in einem Prozess als Zeuge eine falsche Aussage. Es bedurfte «der eindringlichen Intervention der Ehefrau, des Schwagers und einer anderen Person, verbunden mit der Drohung, dass sich bei Nichtbefolgen der Ratschläge ernsthafte Schwierigkeiten ergeben würden», damit sich G schliesslich überwinden konnte, vor dem Kantonsgericht auf seine unrichtigen Aussagen zurückzukommen.

**Fall 62:**

X wollte dem Y einen «Denkzettel» verpassen und schlug deshalb mit einem Knüppel auf ihn ein. Hierbei hielt er es für möglich und fand sich auch damit ab, dass Y hieran sterbe. Schliesslich liess er, da er sein Ziel («Denkzettel») für erreicht hielt, von Y ab, wobei er nunmehr aber nicht mehr von einem möglichen Todeseintritt ausging.

### a) Grund für die Privilegierung

Der Rücktritt vom Versuch bildet nach h.M. einen persönlichen Strafaufhebungs- oder Strafminderungsgrund, wobei die Strafaufhebung nicht zwingend (Art. 23 Abs. 1), sondern lediglich fakultativ ist. Das neue Recht regelt zudem speziell den Rücktritt vom Versuch bei mehreren Tatbeteiligten in Art. 23 Abs. 2–4.[336] Die Ratio des Rücktrittsprivilegs ist umstritten: Nach der von Feuerbach begründeten «kriminalpolitischen Theorie» will das Gesetz dem Täter die Rückkehr in die Legalität erleichtern und ihm eine «goldene Brücke» zum Rückzug bauen.[337] Mit dem Argument, derartige Motive spielten in der entscheidenden Situation keine Rolle[338] wird demgegenüber die sog. «Eindruckstheorie» oder Verdienstlichkeitstheorie favorisiert: durch den freiwilligen Rücktritt werde in der Rechtsgemeinschaft der «rechtserschütternde Eindruck» der Tat wieder aufgehoben, weshalb die Strafbedürftigkeit des Versuchs entfalle. Richtig daran ist, dass der Täter, der aus freien Stücken die Tat nicht vollendet oder ihre Vollendung hindert, dem Opfer und der Rechtsordnung die geschuldete Anerkennung zollt. Eine bedenkliche Vermischung von Recht und Moral wäre es dagegen, auf die «Prämientheorie» abzustellen, wonach die Strafbefreiung oder -milderung sich als Belohnung für den Gesinnungswandel darstelle.[339]

### b) Anforderungen an den Rücktritt und die tätige Reue

*aa) Allgemeines*

Für die Anforderungen an den Rücktritt (Art. 23 Abs. 1) gelten unterschiedliche Voraussetzungen, die sich an den unterschiedlichen Versuchstypen orientieren. Der Vorschrift liegt die Unterscheidung von unbeendetem und beendetem Versuch zugrunde,[340] die, obwohl schon in Art. 22 Abs. 1 der Sache nach angesprochen, ausser für den Rücktritt praktisch keine Bedeutung hat[341] und daher im Gutachten erst im Fall einer Rücktrittsproblematik zu prüfen ist.

*Unbeendet* ist ein Versuch, wenn der Täter noch nicht alles getan hat, was nach seiner Tatvorstellung zur Vollendung notwendig ist. Beendet ist ein Versuch hingegen, wenn der Täter glaubt, alles hierzu Erforderliche getan zu haben, wobei es ausreicht, dass er von der naheliegenden Möglichkeit des Erfolgseintrittes ausgegangen ist. Ein solcher beendeter Versuch liegt im **Fall 58** vor. Die Unterscheidung ist daher relevant, weil der Rücktritt beim beendeten Versuch («tätige Reue») ein Tätigsein verlangt («… trägt er dazu bei, die Vollendung der Tat zu verhindern»), während der Rücktritt beim unbeendeten Versuch nur die Aufgabe der Tathandlung erfordert («Führt der Täter die strafbare Tätigkeit nicht zu Ende …»).

**336** Kritisch zum Inhalt dieser Regelung Heine, FS-Eser, 503 f.

**337** BSK-Jenny, Art. 23 N. 1; Stratenwerth, § 12 N. 52; Trechsel/Noll, 162; Jescheck/Weigend, 538 f. m.w.N.

**338** So etwa Jescheck/Weigend, 538 f. und Stratenwerth, § 12 N. 52.

**339** Zum Ganzen auch Trechsel/Noll, 162; Riklin, § 17 N. 37.

**340** BSK-Jenny, Art. 23 N. 7 ff.; Stratenwerth, § 12 N. 53 ff.

**341** Vgl. BGE 127 IV 97.

Für die Abgrenzung nach dem Vorstellungsbild des Täters kommt es auf die Sicht des Täters nach Abschluss der letzten Ausführungshandlung, auf seinen sog. «Rücktrittshorizont», an.[342] Das BGer geht demgegenüber in BGE 119 IV 154, 162 von einem unbeendeten Versuch aus, wenn der «eigentliche Angriff» auf das geschützte Rechtsgut noch nicht stattgefunden hat, legt also offenbar objektive Kriterien zugrunde.

Ein Rücktritt vom Versuch ist ausgeschlossen, wenn der Täter erkennt, dass er die Tat mit den ihm zur Verfügung stehenden Mitteln nicht mehr, oder doch zumindest nicht ohne zeitlich relevante Zäsur, vollenden kann (wenn z.B. die für einen Raubüberfall als Opfer auserwählte Tankstelle unbesetzt ist) und eine Aufgabe der weiteren Tatausführung mithin nicht mehr in Betracht kommt. Der Versuch ist dann *fehlgeschlagen*. Die Möglichkeit des Rücktritts bleibt demgegenüber bestehen, wenn dem Täter bewusst ist, dass er die Tat mit den bereits eingesetzten oder anderen vorhandenen Mitteln noch vollenden könnte (bei «nur» einem Schuss auf das Opfer, der nicht tödlich ist, wenn die Pistole mit mehreren Patronen geladen ist und der Täter das Opfer ohne weiteres noch töten könnte).[343]

*bb) Besonderheiten beim unbeendeten Versuch*

Für den Rücktritt vom unbeendeten Versuch genügt es, wenn der Täter, *«die strafbare Tätigkeit nicht zu Ende»* führt (Art. 22 Abs. 1, 1. Var.; Art. 23 Abs. 1, 1. Var.). Die Aufgabe der konkreten Ausführungshandlung ist hierfür ausreichend. Unter strafbarer Tätigkeit im Sinne der zitierten Bestimmung muss dabei ein formeller Straftatbestand verstanden werden. Das heisst umgekehrt, dass die gesetzliche Regelung des Rücktritts nicht die Aufgabe jeglicher deliktischer Absicht erfordert. Ist das zunächst begonnene Delikt dagegen als Grundtatbestand auch im neuen Delikt enthalten, wie z.B. die sexuelle Nötigung (Art. 189) in der Vergewaltigung (Art. 190) oder die Nötigung (Art. 181) in der Geiselnahme (Art. 185), liegt bei Aufgabe nur der Qualifikation konsequenterweise eine hinsichtlich des Grundtatbestands die Aufgabe der Tatausführung ausschliessende Tatidentität vor.

*cc) Besonderheiten beim beendeten Versuch*

Beim beendeten Versuch (Art. 22 Abs. 1, 2. Var., Art. 23 Abs. 1, 2. Var.) kann nur durch gegenläufige, ernsthafte Rettungsaktivitäten tätige Reue gezeigt werden. Hierzu reicht es allerdings aus, dass der Täter bewusst und gewollt eine für die Verhinderung des Erfolgseintritts wenigstens mitursächliche Kausalkette in Gang gesetzt hat.[344] Nicht erforderlich ist, dass der Täter das aus seiner Sicht Beste zur Erfolgsabwendung getan und eine aus seiner Sicht «optimale» Rettungsleistung erbracht hat. Ob tätige Reue vorliegt, ist nach subjektiven Gesichtspunkten zu entscheiden. Nach dem neuen Recht (Art. 23 Abs. 3), das insoweit der bisherigen bundesgerichtlichen Rechtsprechung entspricht, kann tätige Reue selbst dann vorliegen, wenn der Täter davon ausgeht, die aus seiner Sicht zur Erfolgsabwendung notwendigen Massnahmen getroffen zu haben,

**342** H.M. BSK-Jenny, Art. 23 N. 7 m.w.N.

**343** So auch BSK-Jenny, Art. 23 N. 5.

**344** So wohl auch Stratenwerth, § 12 N. 67 und BGE 112 IV 66, 68.

auch wenn der Nichteintritt des Erfolgs schliesslich auf äusseren Gründen beruhte, wie etwa wenn der Täter die beigebrachten Verletzungen als gravierender einstuft als diese tatsächlich sind (vgl. **Fall 58**).[345]

Ein Rücktritt vom Versuch eines Unterlassungsdelikts ist nach der hier vertretenen Auffassung (vgl. oben 2.b am Ende.) nur in der Form der tätigen Reue beim beendeten untauglichen Versuch denkbar.[346]

#### *dd) Besonderheiten beim untauglichen und fehlgeschlagenen Versuch*

Auch der Rücktritt vom untauglichen und objektiv fehlgeschlagenen Versuch ist nach Art. 23 Abs. 3 möglich. Da es nämlich nicht auf die objektive Sachlage, sondern auf das Vorstellungsbild des Täters ankommt, kann dieser noch die Ausführung nicht zu Ende führen oder sich um den Nichteintritt des Erfolges bemühen, solange er die Untauglichkeit bzw. den Fehlschlag nicht erkannt hat. Nimmt beispielsweise ein Einbrecher, der mit Diebstahlsvorsatz die Tür einer Villa aufgebrochen hat, von dem Diebstahl Abstand, so kommt ihm die Privilegierung von Art. 23 Abs. 3 auch dann zugute, wenn die Villa vor ihm leergeräumt war, ohne dass er davon bereits Notiz genommen hat.[347]

Umgekehrt ist der Täter, der fälschlich glaubt, das aus seiner Sicht Notwendige zur Vollendung getan zu haben, oder der irrtümlich von einem Fehlschlag ausgeht, nicht zurückgetreten, bloss weil die Vollendung aufgrund des Nichtweiterhandelns ausbleibt.[348]

#### *ee) Besonderheiten bei mehreren Tatbesteiligten*

Bei mehreren Tatbeteiligten kann jeder von ihnen unter den Voraussetzungen der tätigen Reue, also indem er zur Tatverhinderung beiträgt, privilegiert werden (Art. 23 Abs. 2). Das blosse Abstandnehmen von der weiteren Teilnahme, entsprechend dem Rücktritt vom unbeendeten Versuch, reicht hier also nicht. Bei mehrern Tätern kann darüber hinaus auch das blosse ernsthafte Bemühen um die Tatverhinderung für die Privilegierung sogar dann genügen, wenn die Tat unabhängig von seinem Tatbeitrag begangen wird (Art. 23 Abs. 4).

#### *ff) Freiwilligkeit («aus eigenem Antrieb»)*

Der Rücktritt muss schliesslich «aus eigenem Antriebe», d.h. freiwillig erfolgen (Art. 23 Abs. 1 u. 2). Einigkeit besteht darüber, dass damit nicht etwa eine sittlich wertvolle Motivation vom Täter erwartet wird. Ohne wesentliche Unterschiede im Ergebnis werden für die Freiwilligkeit aber verschiedene Definitionen angeboten. Nach ständiger Rechtsprechung[349] ist für die Frage der Freiwilligkeit entscheidend, ob der Täter noch «Herr seiner Entschlüsse» bleibt, also weder durch eine äussere Zwangslage

**345** Vgl. auch Stratenwerth, § 12 N. 69 und Trechsel/Noll, 167.

**346** A.A. Donatsch/Tag, 317; Stratenwerth, § 15 N. 3; Trechsel/Noll, 254.

**347** Schwurgericht Tessin, SJZ 1953, 364, Nr. 147.

**348** BSK-Jenny, Art. 23 N. 4 u. 6; Trechsel/Noll, 180.

**349** Zuletzt BGE 118 IV 167, 170, vgl. auch BGE 83 IV 1, 1 f.

daran gehindert, noch durch seelischen Druck unfähig wurde, die Tat zu vollbringen. Ein die Vollendung hindernder Umstand darf also aus Sicht des Täters nicht zwingender Natur gewesen sein.

Oder es wird darauf abgestellt, ob der Entschluss, von der Tatausführung abzusehen, auf autonomen Motiven beruht.[350] Als Beweggründe kommen danach in Betracht: Gewissensbisse, Mitleid und auch Furcht vor Entdeckung. Der Anstoss zum Rücktritt kann dabei auch von aussen kommen (Opfer, Mittäter). Entscheidend ist nur, dass sich aus der Handlungssituation selbst aus der Sicht des Täters keine Notwendigkeit zum Rücktritt ergibt.[351]

Eine klare Abgrenzung wird durch die von Roxin begründete Formel ermöglicht, wonach Unfreiwilligkeit anzunehmen ist, wenn der Täter die Tat zwar objektiv immer noch ausführen könnte, dies aber «*nach Massgabe der Verbrechervernunft*»[352] angesichts veränderter Umstände (also einer «nachträglichen Risikoerhöhung»[353]) unklug wäre; denn hier liegt dem Rücktritt weiterhin eine rechtsfeindliche Motivation zugrunde.[354]

**350** BGE 108 IV, 104, 105.
**351** Eingehend Stratenwerth, § 12 N. 61. m.w.N.
**352** Kritisch zu diesem Begriff aber Stratenwerth/Kuhlen, 5. Aufl., Köln 2004, § 11 N. 88.
**353** Vgl. dazu Roxin, FS-Heinitz, 251, 256.
**354** Vgl. BGE 108 IV 104, 106; Stratenwerth, § 12 N. 62; zum Ganzen BSK-Jenny, Art. 23 N. 9 ff.

Insgesamt ergibt sich somit für die Prüfung des Rücktritts vom Versuch folgendes Flussdiagramm:

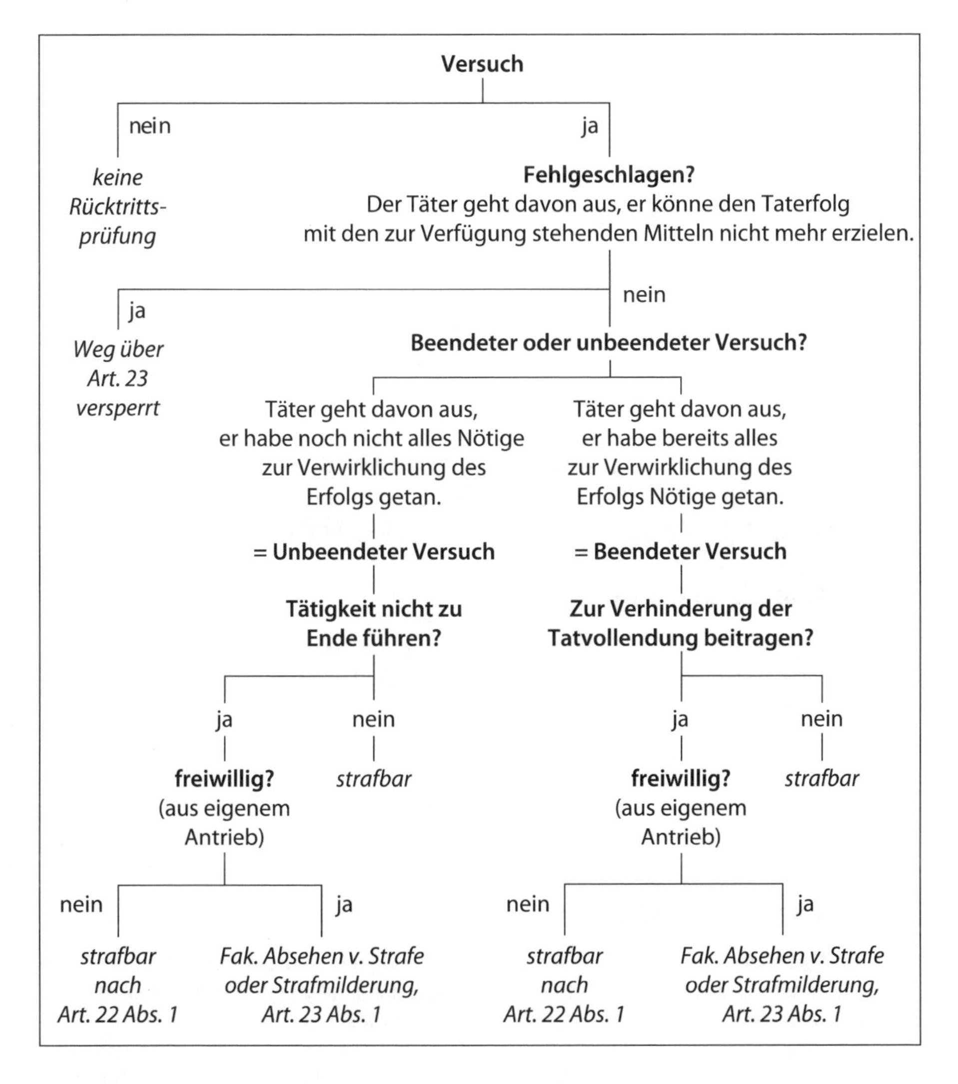


In **Fall 58** hat sich N einer versuchten Tötung schuldig gemacht. Sie könnte aber strafbefreiend vom Versuch zurückgetreten sein. Da für den Rücktritt die subjektive Vorstellung des Täters massgeblich ist und N davon ausging, dass E ohne Hilfe sterben werde, handelt es sich um einen beendeten Versuch, bei dem für eine Privilegierung tätige Reue verlangt wird. Eine solche hat N geleistet. Obwohl der Taterfolg «aus anderen Gründen» ausblieb, wird die N aus Art. 23 Abs. 3 privilegiert.

Im **Fall 59** geht es um die Unterscheidung des Rücktritts vom unbeendeten und vom beendeten Versuch der vorsätzlichen Tötung. Hierfür ist entscheidend, ob A nach Beibringung der Verletzung von einer Lebensgefahr für B ausging. Falls ja, kommt nur tätige Reue als Rücktritt vom beendeten Versuch in Frage. A müsste also die Vollendung verhindert haben. Das hat er durch einen hierfür kausalen Beitrag getan.

Im **Fall 60** liegt ein unfreiwilliger Rücktritt vor, weil das ins Auge gefasste Betrugsopfer sich als misstrauisch erweist. Demnach lag die Entdeckungsmöglichkeit nahe, und Frau B hielt die Vollendung der Tat für unklug. Der Rücktritt ist nicht freiwillig erfolgt.

Die Unfreiwilligkeit wird ebenfalls deutlich im **Fall 61**, wo dem Täter i.S. rationaler Entscheidung praktisch gar nichts anderes übrig bleibt, als die Falschaussage zu widerrufen.[355]

Im **Fall 62** geht es um das Problem, ob der Rücktritt auch in den Fällen noch möglich ist, in denen der Täter von weiteren Tathandlungen absieht, weil er sein aussertatbestandliches Ziel (hier: «Denkzettel») bereits erreicht hat. Die Anforderungen an den Rücktritt vom unbeendeten Versuch sind an sich hier erfüllt. Stellt man aber auf das aussertatbestandliche Handlungsziel ab, so könnte der weitere Tatplan sinnlos geworden und damit schon begrifflich kein Nicht-zu-Ende-Führen der Tat mehr möglich sein. Indessen wird man für die Frage des möglichen Rücktritts auch hier auf den Tatbestand (vorsätzliche Tötung) abstellen müssen – diese gibt X immerhin auf.

## 5. Vorbereitung als selbständiges Delikt

**Literatur** Meylan, Les actes préparatoires délictueux en droit pénal suisse (Art. 260$^{bis}$ CP), Lausanne 1990; Riklin, § 17 N. 47–50; Rossi, Die Strafbarkeit der Vorbereitungshandlung im Schweizerischen Strafrecht, Zürich 1942; Schultz, Strafbare Vorbereitungshandlungen und deren Abgrenzung vom Versuch, ZStrR 1990, 68., insbes. 84 ff; Stratenwerth, § 12 N. 4–6; Trechsel/Noll, § 30 B3.

**Übungsliteratur** Maihold, N. 88.

**Fall 63 (BGE 118 IV 366 ff.):**

Am Abend des 7. März 1989 sprachen A, B, C und D im Restaurant «Y.» in Wil über einen bewaffneten Raubüberfall, und D wies auf die dafür geeignete Bank Z. hin. Die Gesprächsteilnehmer vereinbarten, sich am 14. März 1989 im gleichen Restaurant «zur Besprechung des genauen Vorgehens, der erforderlichen Ausrüstung, der Rollenverteilung etc.» erneut zu treffen. Diese Begegnung fand verabredungsgemäss statt. Beim Gespräch in dem vor dem Restaurant abgestellten Auto des D wurde eingehend über das Vorgehen und die Beschaffung der erforderlichen Ausrüstung diskutiert. Dabei informierte D ausführlich über die örtlichen und personellen Verhältnisse in der Bank. Zudem zeigte er seinen Komplizen die bereits vorhandenen und als Fesselungsmaterial geeigneten Kabelbinder. Das genaue Vorgehen beim Überfall wurde abgesprochen, ein Revolver und eine Pistole waren bereits vorhanden, anderes Material sollte noch beschafft werden. Ebenso wurde in der Folge der Tatort besichtigt.

355 BGE 108 IV 104, 106.

Schliesslich wurde für die Tat ein Treffen am 17. März 1989, gegen 18.00 Uhr, im Restaurant «Y.» in Wil vereinbart. Dort wäre nochmals die Rollenverteilung repetiert worden, und B hätte die alten Kleider mitbringen sollen. Da A zu diesem Treffen mit erheblicher Verspätung und der D sowie B überhaupt nicht erschienen, wurde der Raubüberfall nicht ausgeführt. D hat sich nicht zum vereinbarten Treffen eingefunden, weil es ihm «leichtsinnig» erschien, eine Bank überfallen zu wollen, und er nicht an den möglichen Erfolg des Unternehmens geglaubt hat.

Gewisse Straftatbestände stellen bereits Vorbereitungshandlungen unter Strafe, so z.B. die Geldfälschung (Art. 244), die Warenfälschung (Art. 155), Sprengstoffdelikte (Art. 226) und das Inverkehrbringen von Betäubungsmitteln oder das Anstaltentreffen zum Handel mit Betäubungsmitteln (Art. 19 BetmG).[356] Vorbereitungshandlungen werden somit in bestimmten Fällen zu selbständigen Delikten aufgewertet.

Mit Art. 260$^{bis}$ hat der Gesetzgeber unter dem Eindruck der Terrorismuswelle Ende der 70er-Jahre Fälle allgemeiner Vorfeldkriminalität erfasst. Bestraft werden planmässige, konkrete technische oder organisatorische Vorkehrungen zu besonders schweren, abschliessend aufgezählten Verbrechen. Auch Art. 260ter (kriminelle Organisation) pönalisiert eine Vorbereitungshandlung. Art. 260bis Abs. 2 sieht vor, dass der Rücktritt von Vorbereitungshandlungen im Unterschied zum Rücktritt vom Versuch zwingend zur Straflosigkeit führt, wenn er aus eigenem Antrieb erfolgt ist. Zur Freiwilligkeit kann auf das zum Rücktritt vom Versuch Gesagte verwiesen werden (oben 4. b.ff).

In **Fall 63** gelangte D von sich aus zu einer besseren Einsicht. Dass diese nicht sittlich begründet war, ändert nichts daran, dass er aus eigenem Antrieb (Art. 260bis Abs. 2) von den (nach dem Plan der Täter noch nicht zu Ende geführten) Vorbereitungshandlungen zurückgetreten ist. Hat der Täter wie im konkreten Fall noch nicht alle geplanten Vorbereitungshandlungen zu Ende geführt, so genügt für die Bejahung des Rücktritts, dass er aus eigenem Antrieb auf die Ausführung eines wesentlichen Teils der Vorbereitungshandlungen verzichtet.[357]

## VII. Täterschaft und Teilnahme

**Literatur** BSK-Forster, Vor Art. 24 und Art. 24–27; Donatsch/Tag, § 13–16; Graven/Sträuli, 282 ff.; Huber, Die mittelbare Täterschaft beim gemeinen vorsätzlichen Begehungsdelikt, Zürich 1995; Killias, N. 601 ff.; Peter, Zur Mittäterschaft nach schweizerischem Strafrecht, Freiburg 1984; Riklin, § 18; Schultz, Täterschaft und Teilnahme im modernen schweizerischem Strafrecht, ZStrR 71 (1956), 244; Stratenwerth, § 13; Trechsel/Noll, § 31; Trechsel/Jean-Richard, Vor Art. 24 und Art. 24–27; Waknine, La participation, in: Kuhn et al. (Hrsg.), La nouvelle partie générale du Code pénal suisse, Bern 2006, 103.

### 1. Allgemeines

Von jeher war eine zentrale Frage moralischer und juristischer Zurechnungslehren, welche Taten jemandem als gerade von ihm zu verantwortende Taten zuzurechnen

**356** Vgl. zum Ganzen auch die Aufzählung bei Riklin, § 17 N. 50.
**357** BGE 118 IV 366, 369.

sind, insbesondere unter welchen Voraussetzungen ihm auch das Tun anderer (ganz oder teilweise) zugerechnet werden kann. Für diesen Problembereich stehen heute in der strafrechtlichen Zurechnungslehre die Begriffe «Täterschaft» und «Teilnahme».

Nach Art. 24–27 sowie nach h.L. und Rspr. bestehen mit der Täterschaft als Verantwortlichkeit für die eigene Tat und mit der Teilnahme als Verantwortlichkeit aus der Beteiligung an fremder Tat zwei Grundformen der Deliktsbeteiligung. Während die Teilnahme in den Art. 24–27 geregelt ist, wird die Täterschaft in den Art. 26 f. stillschweigend vorausgesetzt, nicht aber definiert. Insbesondere mittelbare Täterschaft und Mittäterschaft sind nirgends gesetzlich geregelt. Nur bei der Regelung der örtlichen Zuständigkeit wird in Art. 343 Abs. 2 auch von der Mittäterschaft gesprochen. H.L. und Rspr. haben diese Lücken gefüllt.

Bei einander äusserlich ähnelnden oder gar deckungsgleichen Handlungsvollzügen wirft die Abgrenzung von Anstiftung und mittelbarer Täterschaft sowie von Gehilfenschaft und Mittäterschaft besondere Schwierigkeiten auf. Die Rspr. suchte diese Abgrenzungsschwierigkeiten bis vor kurzem[358] vornehmlich durch Rückgriff auf subjektive Elemente zu lösen. Dabei war das Mass des schuldhaften Willens entscheidend. Demgegenüber stellen die Vertreter der Tatherrschaftslehre sowie die neuere Bundesgerichtspraxis[359] den Grad des planenden, lenkenden und gestaltenden Einflusses auf das deliktische Geschehen («Tatherrschaft») in den Vordergrund.

Der mitunter betriebene Aufwand in der Auseinandersetzung zwischen den Vertretern subjektiver und objektiver Unterscheidungskriterien von Täterschaft und Teilnahme erscheint angesichts der erreichten Annäherung auf theoretischer Ebene in Gestalt subjektiv-objektiver Kriterienmischungen nicht mehr ganz gerechtfertigt. Sämtliche Abgrenzungsvarianten leiden zudem daran, dass strukturelle Besonderheiten der einzelnen Straftatbestände die Heranziehung ergänzender, modifizierender Kriterien erfordern.

Soweit, wie bei den Amtsdelikten, unechten Unterlassungsdelikten (sog. Sonderdelikte) sowie bei eigenhändigen Delikten,[360] die Eigenhändigkeit der Tatausführung oder eine besondere tatbestandsspezifische Täterqualität vorausgesetzt wird, erübrigt sich bei einem Fehlen dieser besonderen Subjektsqualität eine Abgrenzung ohnehin: es kommt nur Teilnahme in Betracht.[361]

Einen Einheitstäterbegriff, der zur Folge hat, dass jeder Beteiligte an einer Straftat Täter ist, kennt das schweizerische Recht im Unterschied etwa zum österreichischen (§ 12 öStGB) oder italienischen Recht (Art. 110 CP)[362] nicht. Auch der neue Allgemeine Teil unterscheidet weiterhin zwischen Täterschaft und Teilnahme (Art. 24 ff.).

**358** So zuletzt BGE 115 IV 161, 161 f.

**359** Vgl. BGE 118 IV 227, 230; 118 IV 397, 399 f.; 120 IV 17, 23; 120 IV 136, 141; 120 IV 265, 271 f.

**360** Zu Inhalt und Notwendigkeit dieser Kategorie Stratenwerth, § 13 N. 18.

**361** Vgl. BGE 111 IV 74, 80 f.

**362** Dort wird dann allerdings bei der Strafzumessung die – von der Art und Intensität der Mitwirkung beeinflusste – individuelle Tatschuld berücksichtigt.

Die Bestrafung der an einer Straftat Beteiligten ist *akzessorisch*, d.h. abhängig von der Existenz einer zumindest versuchten Haupttat. Dies ergibt sich bereits aus dem Wortlaut von Art. 24 Abs. 1 und Art. 25. Diese Akzessorietät erfährt aber Durchbrechungen in zwei Richtungen. Aus dem heute kaum mehr umstrittenen Umstand, dass der Strafgrund der Teilnahme die Beteiligung an fremdem *Unrecht* ist, muss gefolgert werden, dass die *Schuldhaftigkeit* der Haupttat *nicht* Voraussetzung für die Strafbarkeit der Teilnahme ist (*limitierte* Akzessorietät). Noch weiter geht diese Limitierung der Akzessorietät in Art. 27, der persönliche (evtl. auch Unrechts-) Merkmale nur bei demjenigen berücksichtigt, bei dem sie vorliegen (Ausnahme: straf*begründende* persönliche Merkmale, bei welchen Akzessorietät gilt; in Art. 26 ist dafür aber eine Strafmilderung vorgesehen). Eine Durchbrechung in umgekehrter Richtung findet sich in Art. 24 Abs. 2, wonach die *versuchte und erfolglose Anstiftung zu einem Verbrechen strafbar* ist, eine Haupttat in diesem Fall also nicht notwendig vorzuliegen braucht.

## 2. Abgrenzungskriterien

**Literatur** Donatsch/Tag, § 15/1.3; Riklin, § 18 N. 5–23; Stratenwerth, § 13 N. 1–18.

Das Bundesgericht ging bis vor kurzem für die Abgrenzung von Täterschaft und Teilnahme von einer primär subjektiven Auffassung aus. Nach dieser kam es, wie bereits erwähnt, auf das Mass des schuldhaften Willens an, wobei aber auch objektive Momente berücksichtigt werden mussten. Nie gingen die schweizerische Lehre und Rechtsprechung so weit wie das deutsche Reichsgericht und der deutsche Bundesgerichtshof in früheren Urteilen, wonach entsprechend der sog. «animus-Theorie» jeder (Mit-) Täter sein konnte, wenn er die Tat nur als seine eigene wollte (den «animus auctoris» hatte).[363]

Gemäss der heutigen bundesgerichtlichen Rspr. und der h.L. wird die Abgrenzung von Täterschaft und Teilnahme – ungeachtet der verschiedenen Akzentuierungen – ausgehend von einem restriktiven, tatbestandsbezogenen Täterbegriff fast ausnahmslos über den subjektive wie objektive Kriterien gleichermassen verbindenden Topos der Tatherrschaft vorgenommen. Wer in eigener Person alle objektiven und subjektiven Merkmale eines Tatbestands erfüllt, ist immer (unmittelbarer) Täter.

Die Qualifizierung mehrerer Beteiligter bestimmt sich hingegen danach, ob ihren jeweiligen Tatbeiträgen bei Entschluss, Planung oder Ausführung ein (mit-)gestaltendes Gewicht zukommt. Mittäter ist gemäss der Rspr., *«wer bei der Entschliessung, Planung oder Ausführung eines Delikts vorsätzlich und in massgebender Weise mit andern Tätern so zusammenwirkt, dass er als Hauptbeteiligter dasteht.»* Es komme darauf an, *«ob der Tatbeitrag nach den Umständen des konkreten Falles und dem Tatplan für die Ausführung des Delikts so wesentlich ist, dass sie mit ihm steht oder fällt»*.[364]

Dabei muss sich der tatbestandliche Erfolg als Resultat eines zielgerichteten, den Tatablauf beherrschenden Willens darstellen. Insofern ist Tatherrschaft der final len-

**363** Vgl. etwa RGSt 74, 84 ff. (Badewannenfall) oder BGHSt 18, 87 ff. (Staschynskij).
**364** BGE 120 IV 265, 271 f.

kende, gestaltende Einfluss der «Schlüsselfigur» auf die Deliktsverwirklichung. Bei unmittelbarer, eigenhändiger Tatbestandsverwirklichung manifestiert sich dieser Einfluss in der «Handlungsherrschaft», bei der mittelbaren Täterschaft insbesondere in der «Wissens-» oder «Willensherrschaft» des den Tatmittler steuernden Hintermannes. Bei arbeitsteiligem Zusammenwirken zeigt er sich als «funktionale Tatherrschaft», bei welcher Art und Gewicht der wechselseitig einander ergänzenden und aufeinander abgestimmten Tatbeiträge für das Gelingen der Tat so wesentlich sind, dass eine durchgehende, wechselseitige Abhängigkeit der Beteiligten untereinander entsteht. Die Deliktsverübung steht und fällt mit den jeweiligen Tatbeiträgen.

Unterschiedliche Auffassungen bestehen bei der Frage, ob mittelbare Täterschaft auch bei voll verantwortlicher Tatausführung des Tatmittlers möglich ist (vgl. unten 3.b und **Fall 72**).

Fraglich ist ferner, welches Gewicht die objektiv geleisteten Beiträge von Mittätern zu welchem Zeitpunkt haben müssen, also z.B. ob ein Mitwirken bei der Ausübung ein notwendiges Element der (Mit-)Täterschaft bildet oder ob schon ein massgebliches Mitwirken bei Entschlussfassung und Planung zur Annahme von Täterschaft ausreicht (vgl. dazu die **Fälle 73–78**).

## 3. Mittelbare Täterschaft

**Literatur** Graven/Sträuli, 294 ff.; Huber, Die mittelbare Täterschaft beim gemeinen vorsätzlichen Begehungsdelikt, Zürich 1995; Killias, 605 ff.; Roxin, Täterschaft und Tatherrschaft, 7. Aufl., Berlin 2000, 142 ff.; Stratenwerth, § 13 N. 20–48; Trechsel/Noll, 207–209;

**Übungsliteratur** Eymann u.a., Fälle 5, 9, 10; Maihold, N. 96, 97, 101.

**Fall 64:**

A stellte dem B ein Glas Wasser mit einem tödlichen Gift ans Bett und behauptete, es handle sich um ein zwar bitteres, aber sehr gesundes Mineralwasser. B trank das vergiftete Wasser und starb.

**Fall 65:**

Arzt A erklärte dem Patienten P wider besseres Wissen, P sei unheilbar krank und werde bald eines qualvollen Todes sterben. P setzte daraufhin seinem Leben ein Ende.

**Fall 66 (Sirius-Fall, BGHSt 32, 38 ff):**

A überzeugte die ihm hörige B davon, dass er ein «Sirianer» vom Stern Sirius sei. Er habe den Auftrag dafür zu sorgen, dass einige wertvolle Menschen (darunter B) nach dem Zerfall ihrer Körper auf dem Sirius weiterleben können. Hierzu sei eine spirituelle Weiterbildung notwendig, die durch die Annahme eines neuen Körpers ermöglicht werde. Er forderte die B dazu auf, beim Baden einen Föhn in das Wasser fallen zu lassen. B werde in einem neuen Körper «in einem roten Raum am Genfersee» wieder zu neuem Leben erwachen. Trotz mehrerer Versuche überlebte B.

**Fall 67:**

X bat aus dem Zugabteil heraus den am Bahnsteig spazierenden Y, ihm einen dort stehenden Koffer hereinzureichen. Y tat dies, ohne zu wissen, dass der Koffer dem Z gehörte.

**Fall 68 (Abwandlung von Fall 67):**

Y wusste, dass der Koffer dem Z gehörte. X hielt den Y aber für gutgläubig.

**Fall 69 (Abwandlung von Fall 67):**

X nahm an, dass Y wisse, dass Z der Eigentümer des Koffers sei. Y hielt aber X für den Eigentümer.

**Fall 70:**

A brachte den B dazu, einen Blumenstock aus dem Fenster des 2. Stocks zu kippen, in der Hoffnung, der Hauswart, den A nicht leiden konnte, an den B aber nicht dachte, stehe unter dem Fenster.

**Fall 71:**

Aufgrund einer falschen Aussage des A verurteilte das Gericht den B zu einer Freiheitsstrafe.

**Fall 72 (Katzenkönig-Fall, BGHSt 35, 347 ff.):**

Frau H, P und R lebten in einem «von Mystizismus und Irrglauben geprägten Beziehungsgeflecht» zusammen. Durch gezielte Irreführung hatten H und P dem leicht beeinflussbaren R eingeredet, ein das Böse verkörpernder und die Menschheit bedrohender «Katzenkönig» verlange ein Menschenopfer in der Gestalt der Frau N (auf deren Tötung es H und P aus Hass und Eifersucht abgesehen hatten); andernfalls müssten Millionen von Menschen sterben. Die Gewissensbisse des R («Fünftes Gebot») zerstreute H dadurch, dass sie sich auf einen göttlichen Auftrag berief sowie darauf hinwies, dass der R durch die Tötung der N die Menschheit retten könne. Daraufhin suchte der R die N auf und stach auf heimtückische Weise mehrmals erfolglos mit einem Messer auf sie ein.

### a) Erscheinungsformen der mittelbaren Täterschaft

Die mittelbare Täterschaft geht von der Konstellation aus, dass die Verwirklichung eines Straftatbestands nicht unmittelbar durch den Täter erfolgt, sondern dass sich dieser dazu einer anderen Person (eines Tatmittlers) bedient. Der mittelbare Täter («Hintermann» oder «Hinterfrau») übt dabei i.d.R. kraft überlegenen Willens oder Wissens bestimmenden Einfluss über den Tatmittler aus.

In der Lehre und Rspr. ist für die Person des Tatmittlers meist nur von unvorsätzlicher oder schuldloser Tatbegehung die Rede. Denkbar ist jedoch auch eine objektiv tatbestandslose oder eine gerechtfertigte Mitwirkung des Tatmittlers.

Mittelbare Täterschaft in Form der Wissens- und/oder Willensherrschaft ist also möglich, wenn der Tatmittler einen der folgenden Defekte aufweist: Er handelt

- objektiv tatbestandslos (solche Fälle liegen unter Umständen bei Selbstschädigung des Tatmittlers vor);
- vorsatzlos (z.B. infolge Irrtums, was insbesondere in der Wirtschaftskriminalität von Bedeutung ist);[365]
- gerechtfertigt (vgl. auch unten zu Fall 71);[366]
- schuldlos (etwa bei Schuldunfähigkeit, unvermeidbarem Verbotsirrtum oder Nötigungsnotstand);
- strafunmündig (strafunmündig sind Kinder bis zur Vollendung des 10. Altersjahres, Art. 3 Abs. 1 des Bundesgesetzes über das Jugendstafrecht – JStG, das gleichzeitig mit dem neuen Allgemeinen Teil des StGB in Kraft getreten ist).

Im **Fall 64** liegt mittelbare Täterschaft vor, weil ein Irrtum des B über die Verletzungsbedeutung seines Handelns besteht. Die Überlegenheit des A im Wissen betrifft hier also die Verletzung als solche und verschafft dem A somit Tatherrschaft («Wissensherrschaft») über das als Tatmittler gegen sich selbst vorgehende schon objektiv tatbestandslos handelnde Opfer.

Im **Fall 65** ist mittelbare Täterschaft hingegen abzulehnen, da man die hierfür erforderliche Tatherrschaft verneinen muss. Im Unterschied zum **Fall 64** weiss der Irrende hier, welche Folgen sein Handeln hat. Er erliegt lediglich einem Motivirrtum. Mitunter wird angenommen, auch der Verursacher schwerer Motivirrtümer könne mittelbarer Täter sein. Man wird dies aber nur für Ausnahmefälle akzeptieren können. Nur wenn eine Zwangslage oder Paniksituation vorläge, die dem Hintermann den erforderlichen Einfluss auf das Geschehen dermassen sicherte, dass es keine andere Wahl für B mehr gäbe, wäre eine abweichende Bewertung des Verhaltens von A möglich.

**Fall 66** (Sirius-Fall) enthält Aspekte des Irrtums über die Verletzungsbedeutung (wie **Fall 64**) und des Motivirrtums (wie **Fall 65**), insbesondere weil die Interpretation des Sachverhalts nach mehreren Richtungen hin offen ist. Unstreitig läge mittelbare Täterschaft vor, wenn B durch A verschleiert worden wäre, dass sie zu Tode kommen würde (Irrtum über die Verletzungsbedeutung des Handelns). A hätte dann kraft seines überlegenen Wissens ein Übergewicht, womit er eine der unmittelbaren Tatbegehung gleichwertige Tatherrschaft erlangen würde. Eine andere Beurteilung könnte sich ergeben, wenn man davon ausgeht, dass B geglaubt habe, sie würde in der Badewanne sterben und hinfort nur noch ein «höheres Leben» *nach* dem Tode führen. Es dürfte zweifelhaft sein, ob man hier mittelbare Täterschaft mit der Begründung annehmen könnte, dass A sich in einem Irrtum über den konkreten Handlungssinn befand.[367] Eher muss man von einem unerheblichen blossen Motivirrtum ausgehen, wenn B sich in verantwortungsfähigem Zustand befand und folglich gewusst hat, dass sie ster-

**365** Vgl. dazu Huber, 142 f.

**366** A.A. Stratenwerth, § 13 N. 27–29; vgl. Trechsel/Jean-Richard, Vor Art. 24 N. 6.

**367** So aber BGHSt 32, 38, 43.

ben werde und deshalb die Tatherrschaft bei ihr und nur bei ihr lag.[368] A könnte dann nach schweizerischem Recht höchstens als Teilnehmer am Suizid belangt werden, wenn er aus selbstsüchtigen Motiven gehandelt hätte (Art. 115).

Im **Fall 67** ist Y ein vorsatzlos handelndes Werkzeug. Es liegt mittelbare Täterschaft vor, weil X die Wissensherrschaft und damit die Tatherrschaft innehat. Die Abwandlungen des **Falles 67** in den **Fällen 68** und **69** stellen Irrtümer des Hintermanns über seine eigene Beteiligungsrolle dar. Gemäss der Tatherrschaftslehre fehlt es im Fall 68 dem Hintermann an der objektiven Seite der mittelbaren Täterschaft, da eine bloss vorgestellte, real aber fehlende Tatherrschaft für sich alleine noch keine (vollendete) Täterschaft begründen kann. Andererseits liegt objektiv Anstiftung i.S. des Art. 24 Abs. 1 vor, es fehlt aber der Anstiftervorsatz und damit die subjektive Tatseite. Deshalb handelt es sich um einen untauglichen Versuch des Diebstahls in mittelbarer Täterschaft. Umstritten ist, ob nicht doch zusätzlich Anstiftung zum Diebstahl vorliegt. Man müsste dann damit argumentieren, dass der Anstiftungsvorsatz als «Minus» im Tätervorsatz enthalten ist. Von einem solchen «Minus» kann aber angesichts der gleichen Strafdrohung für Täter und Anstifter nicht ernsthaft die Rede sein.[369] Im **Fall 69** liegt mittelbare Täterschaft zwar objektiv vor, nicht aber subjektiv: Y handelte zwar in Unkenntnis der wahren Gewahrsams- und Eigentumsverhältnisse, X hatte aber kein Tatherrschaftsbewusstsein. Anstiftung durch X liegt nur subjektiv, nicht aber objektiv vor, da es bereits am Vorsatz des Y fehlt. Das geschilderte Verhalten ist nur als versuchte (erfolglose) Anstiftung im Rahmen des Art. 24 Abs. 2 (also nur bei Verbrechen, wie hier bei einem Diebstahl) strafbar.

Im **Fall 70** ist B im Hinblick auf Art. 129 zwar doloses (vorsätzliches), aber ohne das geforderte subjektive Tatbestandsmerkal «skrupellos» handelndes Werkzeug. Insofern liegt bei ihm ein Defekt vor. A hat aber weder die Willens- noch die Wissensherrschaft, sondern bloss eine «normative» oder «soziale» Sonderstellung inne, weil der Tatbestand des Art. 129 (Gefährdung des Lebens in skrupelloser Weise) vom Tatmittler mangels eigener Skrupellosigkeit gar nicht begangen wird. Das die Strafbarkeit begründende Motiv der Skrupellosigkeit liegt nämlich nur beim Hintermann vor. Deshalb sind weder A noch B strafbar,[370] da eine bloss «normative Tatherrschaft» keine Überlegenheit gibt und so ein Widerspruch in sich ist. Läge dagegen das strafbegründende Merkmal der skrupellosen Gesinnung beim Vordermann, nicht aber beim Hintermann vor, wäre letzterer wegen Anstiftung zu Art. 129 zu bestrafen, falls er nur von der Skrupellosigkeit des Vordermanns wüsste (strenge Akzessorietät bei straf*begründenden* persönlichen Merkmalen). Zugunsten des Anstifters tritt dann aber eine obligatorische Strafmilderung ein (Art. 26).

**368** So etwa Roxin, Urteilsanmerkung zu BGH vom 5.7.1983, NStZ 1984, 70, 72.

**369** Vgl. dazu Stratenwerth, § 13 N. 156, der sich aber nicht zu der Frage einer Vorsatzumdeutung äussert und nur zur Annahme der Anstiftung gelangt, um die Milderungsmöglichkeit bei der Versuchsstrafbarkeit zu vermeiden.

**370** Huber, 185 f.

Im **Fall 71** handelt das Gericht als Werkzeug subjektiv und objektiv rechtmässig.[371] A ist mittelbarer Täter. Fraglich bleibt aber in solchen Fällen rechtmässig handelnder Tatmittler, ob mittelbare Täterschaft auch dann vorliegt, wenn der Hintermann beim Vordermann eine Notwehr- oder Notstandssituation herbeiführt. Zum Teil wird in diesen Fällen gefordert, dass der Hintermann die Tatherrschaft sowohl gegenüber dem Vordermann als auch gegenüber dem Angreifer haben müsse, da er nur dann die gesamte Tat wirklich steuere.

### b) Möglichkeit der Täterschaft hinter dem Täter?

Umstritten sind Fälle vermeidbaren Verbotsirrtums[372] und Fälle, in denen der Tatmittler durch Täuschung einem für ihn unbeachtlichen error in persona erliegt[373] und folglich als vollverantwortlicher Vorsatztäter einzustufen ist. Auch die Fälle des Handelns auf Befehl sind umstritten. Das Militärstrafrecht bestimmt in Art. 20 Abs. 1 MStG, dass der Vorgesetzte bei Handeln des Untergebenen auf Befehl stets als Täter haftet.

Die Frage, ob mittelbare Täterschaft auch die Möglichkeit der Tatbegehung «durch» einen vorsätzlich, rechtswidrig und schuldhaft («volldeliktisch») handelnden Tatmittler erfasst («Täter hinter dem Täter»), oder ob solche Fallkonstellationen ausnahmslos dem Bereich der Anstiftung zuzuweisen sind, ist schon konstruktiv umstritten. Bisherige Lehrmeinungen scheinen eine solche Begründung der mittelbaren Täterschaft aus normativen Überlegungen zu verneinen,[374] da nur über das Verantwortungsprinzip eine geeignete und scharfe Abgrenzung zwischen Täterschaft und Teilnahme möglich sei: Es müsse klar unterschieden werden, wer verantwortlich sei – erkläre das Gesetz, indem es z.B. den vermeidbaren Verbotsirrtum nicht entschuldige, den Irrenden für verantwortlich erkläre, so könne nicht zusätzlich der ihn Verleitende auch noch täterschaftliche Verantwortung tragen.

Vom Ausgangspunkt der Tatherrschaftslehre her ist für die Abgrenzung zwischen mittelbarer Täterschaft und Anstiftung entscheidend, ob der Hintermann nach Art und Gewicht seines Tatbeitrages und seines Tatwillens die Modalitäten der Tatbestandsverwirklichung derart beherrscht, dass sich der Erfolg als das Werk seines zielstrebig gestaltenden, lenkenden Willens darstellt. Charakteristikum der Tatherrschaft ist damit die bewusste und finale Steuerung des tatbestandmässigen Geschehensablaufs.

Das Problem mittelbarer Täterschaft bei volldeliktisch die Tat begehendem Tatmittler spitzt sich damit auf die Frage zu, inwieweit in bezug auf dieselbe konkrete Rechtsgutsverletzung die Tatherrschaft sowohl des unmittelbar Handelnden, d.h. des Tatmittlers, als auch des Hintermanns denkbar ist.

Die Möglichkeit einer gespaltenen Tatherrschaft resultiert aus der Konstruktion, dass sowohl der Hintermann als auch der Tatmittler notwendige Bedingungen für den Tat-

**371** Vgl. auch Donatsch/Tag, 182 und Trechsel/Noll, 207.

**372** Vgl. dazu Huber, 226 ff. und Stratenwerth, § 13 N. 34.

**373** Vgl. dazu Trechsel/Noll, 208 f. (Teigroller-Fall).

**374** Siehe nur Huber, 75 ff., m.w.N.

erfolg setzen, die, hintereinander geschaltet, auf die konkrete Rechtsgutsverletzung hinwirken. Gerade weil der Hintermann das finale Handeln des Tatmittlers beherrscht, erstreckt sich seine Wirkung durch diesen hindurch auf das Tatobjekt und konstituiert auf diese Weise seine Tatherrschaft neben der des unmittelbaren Täters. In bestimmten Fällen können somit in bezug auf dieselbe Rechtsgutsverletzung sowohl Tatmittler als auch Hintermann eine gleichsam abgestufte Tatherrschaft innehaben. Die Handlungsherrschaft des Tatmittlers wird dabei – im Unterschied zur Anstiftung – von der Wissens- oder Willensherrschaft des die Sachlage richtig erfassenden Hintermannes überlagert. Die höherstufige Tatherrschaft des Hintermannes berechtigt daher, ihm die konkrete Tatbestandsverwirklichung als eigenes Werk zuzurechnen.

Zu solchen Fällen werden mitunter nur durch einen Machtapparat begangene Verbrechen gerechnet, in denen der Tatmittler als beliebig austauschbares Werkzeug des Machtapparats erscheint.[375] Sie können sowohl im Rahmen der Staatsorganisation als auch bei organisierter Kriminalität auftreten. Der Katzenkönigfall (**Fall 72**) gibt Anlass zu überlegen, ob nicht doch darüber hinaus auch andere Konstellationen des «Täters hinter dem Täter» denkbar sind.

Im **Fall 72** liegt kein Ausschluss der Vorsatzschuld wegen irriger Annahme des Vorliegens einer Notstandssituation vor, da R nur über die rechtlichen Grenzen von Art. 17 irrt. Er handelt in einem vermeidbaren Verbotsirrtum i.S. des Art. 21, d.h. R ist strafrechtlich verantwortlich (allenfalls Schuldmilderung). Es stellt sich hier also das Problem, wie der «Täter hinter dem Täter» strafrechtlich zu beurteilen ist. Der deutsche BGH hat hier mittelbare Täterschaft bejaht, weil massgeblich sei, dass H das Geschehen mit Hilfe des von ihr bewusst hervorgerufenen Irrtums gewollt ausgelöst und gesteuert habe. Für den bestimmenden Einfluss des Hintermannes (hier der «Hinterfrau») kommt es danach nicht darauf an, ob der Verbotsirrtum des Vordermannes vermeidbar ist oder nicht.[376]

Demgegenüber wird vornehmlich unter Betonung des sog. «Verantwortungsprinzips» nur Anstiftung und nicht mittelbare Täterschaft der H angenommen. Nur wenn der Vordermann für seine Tat nicht verantwortlich sei, wenn er also z.B. infolge nicht vermeidbaren Verbotsirrtums schuldlos handle, könne mittelbare Täterschaft vorliegen.[377] Dahinter steht letztlich die Überlegung, dass ein auf im Rechtssinne freier Willensbildung beruhendes und damit persönliche Verantwortung begründendes Verhalten, am Massstab derselben Wertordnung gemessen, nicht zugleich auch als von einem anderen beherrscht und damit unfrei gedacht werden kann. Der Mangel an freier Selbstbestimmung, der die Qualifizierung als «Werkzeug» ermöglicht, ist aber nicht notwendigerweise mit demjenigen Mangel identisch, der wegen Schuldunfähigkeit (Art. 19) oder unvermeidbaren Verbotsirrtums (Art. Art. 21) die strafrechtliche Verantwortlichkeit entfallen lässt.[378] Die Handlungs- und Tatherrschaft eines vollver-

**375** Stratenwerth, § 13 N. 40 f.; dazu auch Huber, 275 ff.

**376** Roxin, 193 ff.

**377** So Stratenwerth, § 13 N. 34 m.w.N.

**378** Roxin, 193 ff. und 233 ff.

antwortlichen Tatmittlers schliesst die höherstufige Tatherrschaft eines Hintermannes in der Form des mittelbaren Täters zwar in der Regel – aber nicht immer – aus. Eine solche Ausnahme liegt in **Fall 72** wegen der Wissensherrschaft der H über das Geschehen vor.

## 4. Mittäterschaft in Abgrenzung zur Gehilfenschaft

**Literatur** Peter, Zur Mittäterschaft nach schweizerischem Strafrecht, Freiburg 1984; Riklin, § 18 N. 7–15; Schild Trappe, Harmlose Gehilfenschaft?, Bern 1995; Stratenwerth, § 13 N. 49– 66 und 112–124; Trechsel/Noll, 200–206 und 219–222; Vest, Mittäterschaft des Nichtlenkers für Verkehrsverletzungen?, ZStrR 2001, 113; Wohlers, Gehilfenschaft durch «neutrale» Handlungen – Ausschluss strafrechtlicher Verantwortlichkeit bei alltäglichem bzw. berufstypischem Verhalten, ZStrR 1999, 425.

**Übungsliteratur** Eymann u.a., Fälle 1, 3, 7, 11; Maihold, N. 94, 95, 99, 100.

**Fall 73 (BGE 129 IV 6):**

A und B beteiligten sich an einer Protestaktion gegen den Transport von nuklearen Brennelementen. Während andere Beteiligte selber an physischen Blockaden teilnahmen, indem sie sich etwa an Geleise anketteten oder diese besetzten, waren A und B nur als Wachen und Betreuer der Angeketteten (Logistik, Verpflegung usw.) tätig.

**Fall 74:**

A und B verabredeten einen Raub an C. C sollte hierbei nur durch einen äthergetränkten Wattebausch kampfunfähig gemacht werden. Der Raub wurde wie geplant durchgeführt. C erwachte jedoch etwas zu früh aus seiner Betäubung. A tötete daraufhin den C durch Erwürgen.

**Fall 75 (BGE 108 IV 88 ff.):**

Nach einem Banküberfall von vier RAF-Terroristen in der Bahnhofstrasse von Zürich flüchteten die Täter mit Velos und zu Fuss, wobei sie Schusswaffen einsetzten, und trennten sich im späteren Verlauf ihrer Flucht. Während sich der Terrorist W in Richtung Tramhaltestelle Bahnhofsquai entfernte und dort schliesslich verhaftet wurde, flüchteten seine drei Kumpanen durch das Shop-Ville und erschossen dabei eine Passantin und verletzten einen Polizeibeamten.

**Fall 76 (OGer ZH in SJZ 66 [1970], Nr. 164):**

Drei junge Burschen, X, Y und Z, hatten geplant, aus dem Tresor der Firma O. AG Gratifikationsgeld zu entnehmen. Y wirkte dabei insofern mit, als er an den Gesprächen über die Planung teilnahm. Als ehemaliger Angestellter der Firma O. AG konnte er zudem genaue Angaben über das Geld, die Gewohnheiten des Kassiers sowie den Zeitpunkt und den Ort der Verwahrung machen. Ferner kaufte er dem gemeinsamen Plan entsprechend verschiedene zur Tatausführung benötigte Gegenstände (etwa Äther zur Betäubung des Kassiers, ein ausländisches Nummernschild sowie eine Spraydose). Noch vor der Tat erklärte Y plötzlich gegenüber X und Z, dass er bei der Angelegenheit nicht mehr mitmache. X und Z führten den Raub in der Folge ohne Y aus.

**Fall 77:**

Von den drei fliehenden Einbrechern A, B und C wollte A verabredungsgemäss auf einen Verfolger schiessen. Dabei bemerkte er nicht, dass es sich bei dem scheinbaren Verfolger um seinen Komplizen B handelte, auf den er mit Tötungsvorsatz schoss. Der Schuss verfing sich im aufgekrempelten Hemdärmel des B. B blieb unverletzt.

**Fall 78 (BGE 119 IV 289 ff.):**

Die X. AG führte u.a. ausländisches Wildfleisch in die Schweiz ein. In den Jahren 1984 bis 1987 wurden insgesamt 450 Tonnen afrikanisches Antilopenfleisch eingekauft. Sodann verkaufte die X-AG dieses Fleisch an diverse Abnehmer als «Antilopenfleisch» weiter, aber das Fleich gelangte später unter Verletzung der Kennzeichnungspflicht der Lebensmittelgesetzgebung durch dubiose Abnehmer mit Bezeichnungen wie «Reh», «Gems» und «Hirsch» in den Handel. Dem Vizepräsidenten F des Verwaltungsrats der X. AG sowie B, dem leitenden Angestellten der X. AG für die Abteilung Nahrungsmittel, konnte eine Beteiligung an den Umbenennungen nicht nachgewiesen werden.

### a) Mittäterschaft

Mittäterschaftliches Handeln setzt das bewusste und gewollte Zusammenwirken mehrerer auf der Grundlage eines gemeinsamen Tatentschlusses voraus. Im Unterschied zur unmittelbaren und mittelbaren Täterschaft bestehen in der Lehre und Rspr. z.T. erheblich unterschiedliche Auffassungen zu verschiedenen dogmatischen Fragen der Mittäterschaft. Umstritten ist insbesodere das Gewicht des Tatbeitrags, das zur Annahme von Mittäterschaft notwendig ist.

Folgende Voraussetzungen bestehen für die Annahme der Mittäterschaft:

#### *aa) Gemeinsamer Tatentschluss*

Zunächst bedarf es eines *gemeinsamen Tatentschlusses*, d.h. der wechselseitigen Übereinstimmung, eine bestimmte Tat durch arbeitsteiliges Zusammenwirken zu begehen. Der Tatentschluss muss nicht notwendigerweise ausdrücklich, sondern kann auch stillschweigend durch schlüssiges Verhalten getroffen werden. Es ist sogar denkbar, dass sich verschiedene Mittäter nicht einmal kennen. Dann genügt es, wenn sie wissen, dass andere mitwirken.

Der Tatentschluss eines Mitwirkenden kann grundsätzlich auch noch nach Beginn der Tatausführung erfolgen (sog. *sukzessive Mittäterschaft*).[379] Dies ist unproblematisch, solange der später Hinzutretende durch eigene Tatbeiträge zur weiteren Tatbestandsverwirklichung beiträgt und dadurch noch ein funktionales, arbeitsteiliges Zusammenwirken erreicht werden kann. Der später Hinzutretende macht sich in diesem Fall den Vorsatz der andern zu eigen. Problematisch ist hingegen, ob bereits verwirklichte qualifizierende Tatumstände, die als solche abgeschlossen sind, als Teil der Gesamttat dem später Hinzutretenden als Mittäter zugerechnet werden können. Sukzessive Mittäterschaft liegt bei Diebstahl vor, wenn jemand sich einen Teil der Beute

**379** Dazu jetzt auch BGE 130 IV 58, 66 im «Raser-Fall» (oben Fall 11).

aneignet und damit den gesamten Tatbestand in eigener Person begeht. Das BGer[380] bejahte in einem Fall Mittäterschaft, in dem sich die Beute noch im geschützten Bereich befand und der Gewahrsamsbruch demzufolge noch nicht abgeschlossen (und damit der Diebstahl nicht vollendet) war, als eine weitere Person hinzutrat.

Im **Fall 73** ging das BGer bei Berücksichtigung des Tatplans davon aus, auch A und B seien Mittäter einer Nötigung. Im Interesse einer effizienten Arbeitsteilung hätten sie wichtige Funktionen im Rahmen der konzertierten Blockadeaktion übernommen und so einen massgeblichen Tatbeitrag zur Durchführung der Blockadeaktionen geleistet.

Es gibt keine Zurechnung von Exzessen einzelner Mittäter. Abredewidriges Verhalten wird nur denjenigen zugerechnet, die sich abredewidrig verhalten. Insofern limitiert der gemeinsame Tatentschluss und Tatplan die Zurechnung.

Dies zeigt **Fall 74.** Dort sind A und B Mittäter eines Raubes, A ist darüber hinaus Täter einer vorsätzlichen Tötung i.S. von Art. 111. B ist nur dann auch nach Art. 111 in Mittäterschaft strafbar, wenn sich sein (Eventual-)Vorsatz auch auf *die* fragliche Gewalthandlung (Erwürgen) des A erstreckt, durch die der weitergehende Erfolg herbeigeführt worden ist. Ist dies nicht der Fall, könnte B immer noch Fahrlässigkeit (i.S. von Art. 117) in Bezug auf den Todeserfolg vorzuwerfen sein. Dies ist aber zu verneinen, weil A im vorliegenden Fall *erheblich* über das vereinbarte und gebilligte Mass hinausgegangen ist. Somit liegt ein Exzess vor, der dem B nicht zuzurechnen ist, so dass A das Tötungsdelikt als Alleintäter verantworten muss. Kein Exzess liegt aber vor bei Abweichungen einer Ausführungshandlung vom Plan, mit denen nach den Umständen des Falles gerechnet werden muss, und solchen, bei denen die verabredete Tatverwirklichung durch eine in ihrer Schwere und Gefährlichkeit gleichwertige ersetzt wird.

*bb) Gemeinsame Tatausführung*

Des Weiteren muss auf der Grundlage des gemeinsamen Tatentschlusses ein *objektiver Tatbeitrag* erbracht worden sein.

Nach st.Rspr. setzt die Mittäterschaft in dieser Hinsicht voraus, dass eine Person «*bei der Entschliessung, Planung oder Ausführung eines Delikts vorsätzlich und in massgebender Weise mit andern Tätern zusammenwirkt, so dass er als Hauptbeteiligter dasteht*». Ferner ist notwendig, dass «*der Tatbeitrag nach den Umständen des konkreten Falles und dem Tatplan für die Ausführung des Delikts so wesentlich ist, dass sie mit ihm steht oder fällt*».[381] Der Tatbeitrag eines Mittäters darf also die Tat nicht bloss kausal fördern, d.h. die Erfolgschancen erhöhen, denn dann läge nur Gehilfenschaft vor. Vielmehr erfordert Mittäterschaft in objektiver Hinsicht über den blossen Willen der Mittäterschaft[382] hinaus eine funktionale Arbeits- und Rollenteilung der Beteiligten.[383] M.a.W. muss der Tatbeitrag eines Mittäters so wesentlich für das Gelingen der Tat sein, dass

**380** BGE Pra 70 (1981) Nr. 121.

**381** BGE 120 IV 265, 272.

**382** So aber die frühere Rspr., zuletzt BGE 115 IV 161, 161 ff.

**383** Vgl. BGE 125 IV 134, 134 ff.

ihm tatgestaltende Wirkung zukommt, die eine wechselseitige Abhängigkeit der Beteiligten und ihrer Tatbeiträge begründet.

Ist dies der Fall, kann der Tatbeitrag nach der Rspr. auch nur im Planungs- und Vorbereitungsstadium geleistet werden, soweit der «untere Schwellenwert» der funktionalen Tatherrschaft noch erreicht wird.[384] Die Erheblichkeit des fraglichen Tatbeitrags wäre danach unter Einbeziehung aller Umstände des konkreten Geschehensablaufs und somit nur durch eine ausschliesslich wertende argumentative Auseinandersetzung mit dem Sachverhalt zu beantworten. Dem ist jedoch zu widersprechen. Die Möglichkeit von Mittäterschaft auch im Vorbereitungsstadium würde die Abgrenzung zur Gehilfenschaft zu sehr in den Bereich des bloss rechtspolitisch Zweckmässigen verlegen. Mittäterschaft setzt deshalb richtigerweise funktionales arbeitsteiliges Tätigwerden im *Ausführungsstadium* voraus.

Im **Fall 75** fragt sich, ob W Mittäter des Tötungs- sowie des Verletzungsdelikts ist. Das BGer bejahte dies – damals noch in Anwendung der subjektiven «Willenstheorie» – und legte dar, dass Mittäter nicht nur sein könne, wer selbst an der eigentlichen Tatausführung beteiligt ist, denn raffinierte Delinquenten hielten sich bei der «Handarbeit» häufig im Hintergrund auf. Selbst die Möglichkeit, auch während der Ausführung der Tat noch auf diese Einfluss zu nehmen, sei keine notwendige Voraussetzung für die Annahme von Mittäterschaft.[385] Eine genaue Planung einer Flucht sei naturgemäss nicht möglich, es habe aber in casu eine generelle Vereinbarung bestanden, sich bei Störung der Tatausführung durch Dritte in gegenseitigem Zusammenwirken dagegen zur Wehr zu setzen. Für das BGer ist offenbar ein Erbringen des eigenen arbeitsteiligen Beitrags im Zeitraum der Tatausführung entbehrlich und es lässt einen engen zeitlichen, räumlichen und sachlichen Bezug zur Tat der übrigen genügen. Dem kann aus den eben genannten Gründen nicht zugestimmt werden.

Beim **Fall 76** stand nach dem Sachverhalt fest, dass es ohne Y höchstwahrscheinlich gar nicht zum Raub gekommen wäre. Trotzdem nahm das Gericht zu Recht nur Gehilfenschaft des Y an, da die Tatherrschaft im Ausführungsstadium allein bei X und Z lag. Y hatte keinen bestimmenden Einfluss auf das Geschehen mehr, die Tatausführung als solche stand und fiel nicht mehr mit seiner Mitwirkung.[386]

Im **Fall 77** macht sich A, der einem unbeachtlichen error in persona erlag, eines versuchten Mordes schuldig (Skrupellosigkeit wegen Verdeckungsabsicht). Problematisch ist aber, ob seine Komplizen, insbesondere das potentielle Opfer B, Mittäter des Mordversuchs sind. Teilweise wird dieser Irrtum auch für die Komplizen als unbeachtlich aufgefasst. Geboten sei eine einheitliche Behandlung des Irrtums für alle Mit-

**384** BGE 108 IV 88, 92; dagegen Donatsch/Tag, 172.

**385** BGE 108 IV 88, 92; anders wohl aber BGE 118 IV 397, 399 f.

**386** Vgl. Donatsch/Tag, 175, anders aber wohl im angeführten Beispiel; vgl. dazu auch Trechsel/Noll, 219 f.; a.A. Stratenwerth, § 13 N. 61 f., der Mittäterschaft auch in dem Fall annimmt, dass der Tatbeitrag des Zurücktretenden bereits erfolgt ist und die Tat ohne den Zurücktretenden ausgeführt wird, wenn der Tatbeitrag für die Ausführung des Deliktes als unerlässlich erscheint, d.h. in entscheidender Weise auf die Ausführung weiterwirkt.

täter; ihr Vorsatz müsse nur die objektiven Tatbestandselemente umfassen, also die Tötung eines Menschen, nicht aber die Verfolgereigenschaft.[387] Soweit man dieser Ansicht folgt, liegt für B ein (untauglicher) Versuch vor, da objektiv das deliktische Verhalten nicht an einem «anderen Menschen» verübt wurde, sondern an sich selbst, was keinen vollendeten Straftatbestand erfüllt. Demgegenüber wird man einwenden müssen, dass der gemeinsame Tatentschluss konkreter als der Tatbestandsvorsatz sei und daher durchaus auf «Verfolger» als Opfer einer Tötungshandlung beschränkt werden kann. Hätte A absichtlich auf B geschossen, läge ein B nicht zuzurechnender Exzess vor und die Überschreitung des Tatplans im Irrtum (über die Person des «Verfolgers») ändert daran nichts.

### b) Gehilfenschaft

Gehilfenschaft liegt demgegenüber dann vor, wenn die beteiligte Person sich auf die blosse physische oder psychische Unterstützung der Haupttat beschränkt und die Haupttat nicht mit der erbrachten Hilfe steht und fällt. Der Gehilfe hat also keine Tatherrschaft inne, sondern die Haupttat wird durch seinen Tatbeitrag lediglich als die Tat eines anderen gefördert. Dabei muss der Täter der Haupttat nicht einmal um die Hilfe wissen.

*Objektiv* ist hierfür erforderlich, dass der Gehilfe zu der vorsätzlichen und rechtswidrigen Haupttat (Prinzip der limitierten Akzessorietät: es muss sich nicht notwendig um eine *schuldhafte* Tat handeln), die mindestens in das Versuchsstadium gelangt sein muss, Hilfe leistet. Fraglich kann dabei sein, ob durch den Tatbeitrag des Gehilfen der *Erfolg* der Tat oder nur die Tat*handlung* kausal mitbewirkt oder gefördert worden oder sogar nur eine Chancenerhöhung für den Erfolg der Haupttat eingetreten sein muss. Gemäss dem BGer ist Hilfeleistung im Sinne der Gehilfenschaft *«jeder kausale Beitrag, der die Tat fördert, so dass sich diese ohne Mitwirkung des Gehilfen anders abgespielt hätte. Nicht erforderlich ist, dass es ohne die Hilfeleistung nicht zur Tat gekommen wäre. (…) Der Gehilfe muss die Erfolgschancen der tatbestandserfüllenden Handlung erhöhen.»*[388] Letzteres kann aber nach dem Gesetz nicht ausreichen. Die Bestimmung einer unteren Relevanzschwelle ist nämlich notwendig, weil versuchte Gehilfenschaft (im Unterschied zur versuchten Anstiftung) in jedem Fall straflos ist. Diese Straflosigkeit würde unterlaufen, wenn man die blosse Chancenerhöhung der Haupttat aus der Sicht ex ante schon für die Gehilfenschaft ausreichen liesse. Wenn eine Handlung vollkommen ohne Einfluss auf den vom Haupttäter beabsichtigten Taterfolg gewesen ist, hat sie die Haupttat nicht tatsächlich gefördert, weshalb lediglich ein strafloser (untauglicher oder fehlgeschlagener) Versuch einer Gehilfenschaft oder ein Hilfs*angebot*, das den Haupttäter nicht erreicht hat, vorliegt.

Nimmt man bei **Fall 78** für diejenigen Abnehmer, die das Fleisch unter falscher Bezeichnung in den Handel bringen, das Vorliegen einer Urkundenfälschung (Falschbeurkundung, Art. 251 Ziff. 1) an, so stellt sich die Frage, ob in der Tatsache des blos-

**387** Vgl. dazu Jakobs, 21/45.

**388** BGE 120 IV 265, 272.

sen Verkaufs von Antilopenfleisch als solcher (sog. *Alltagshandlung* oder «neutrale Handlung») bereits eine Förderung dieser Haupttat erblickt werden kann. Das BGer bejahte das Vorliegen einer Gehilfenschaft, indem es ausführte, dass sich Antilopenfleisch in der Schweiz erfahrungsgemäss nur mit grosser Mühe absetzen lasse und keinesfalls in derart grossen Mengen.[389] Damit sind allerdings nur Umstände benannt, die für das Vorliegen eines *Vorsatzes* bezüglich der Haupttat bei den Importeuren sprechen mögen. Bei Alltagshandlungen *Alltagshandlung* wird man aber bereits objektiv ein «Hilfe leisten» verneinen müssen, sofern sie noch sozialadäquat sind. Sie werden erst dann zur strafbaren Gehilfenschaft, wenn sie ein über das zulässige Mass hinausgehendes, unerlaubtes Risiko schaffen. Damit eine allgemein unverfängliche Handlung zur Gehilfenschaft wird, ist erforderlich, dass sie unter den vorliegenden Umständen nur den Sinn haben kann, dass sie zur Begehung eines Deliktes beiträgt. Dessen muss sich der Gehilfe auch bewusst sein.[390] Drei Fallgruppen wird man hierzu zählen müssen: Die Verletzung von Sorgfaltsnormen, deren Sinn der Ausschluss deliktischen Anschlusshandelns ist; das kollusive Zusammenwirken mit dem Haupttäter und schliesslich das Schaffen eines Risikos für ein Rechtsgut, das der eigenen Obhut unterliegt.[391] All diese Voraussetzungen strafbarer Gehilfensschaft sind hier zu verneinen.

Auch nach Vollendung eines Deliktstatbestands kann noch Gehilfenschaft geleistet werden, wie z.B. bei Fluchthilfe gegenüber dem mit der Beute fliehenden Dieb; u.U. ist dabei eine Abgrenzung zur Begünstigung (Art. 305), zur Hehlerei (Art. 160)[392]; und/oder zur Geldwäscherei (Art. 305$^{bis}$)[393], notwendig.

Bei einigen Deliktstatbeständen – vornehmlich des Nebenstrafrechts – werden Handlungen, die unter die Gehilfenschaft im klassischen Sinn fallen würden, verselbständigt und mit Strafandrohung versehen, so z.B. im Betäubungsmittelstrafrecht (etwa Art. 19 BetmG).[394]

*Subjektiv* erfordert die Gehilfenschaft vorsätzliches Handeln in doppelter Hinsicht: Zum einen hinsichtlich der zu vollendenden, in ihrem wesentlichen Unrechtsgehalt nicht zwingend detailliert vorgestellten Haupttat, zum andern hinsichtlich der Unterstützungshandlung.[395]

**389** BGE 119 IV 289, 294.

**390** Stratenwerth, § 13 N. 120; vgl. zum Ganzen auch Schild Trappe, 182 ff.

**391** Genauer Wohlers, 436 ff.

**392** Vgl. BGE 111 IV 51, 53 f. und Stratenwerth/Jenny/Bommer, BT I, § 20 N. 16.

**393** Dazu BGE 119 IV 59, 63 und 119 IV 242, 244 f.

**394** Nach BGE 106 IV 295, 297 soll aber Gehilfenschaft dazu trotzdem noch denkbar sein.

**395** Vgl. BGE 121 IV 109, 120.

## 5. Anstiftung

**Literatur** Bommer, Anstiftung und Selbstverantwortung, plädoyer 2002, 34; Donatsch/Tag, § 13; Graven/Sträuli, 298 ff.; Killias, N. 614 ff.; Riklin, § 18 N. 45–59; Riklin, Lockspitzelproblematik, recht 1986/4, 40; Schobloch, «Man wird ja wohl noch fragen dürfen ...» Neutrales Alltagshandeln bei Anstiftung?, ZStrR 2003, 77; Stratenwerth, § 13 N. 95–111; Trechsel, Der Strafgrund der Teilnahme, Diss. Bern 1967; Trechsel/Noll, 210–217.

**Übungsliteratur** Eymann u.a., Fälle 1, 9; Maihold, N. 48, 82, 83, 102, 104.

**Fall 79:**

A, O und S beabsichtigten, aus der Wohnung der M Geld zu rauben. Da der A bereits einmal wegen schweren Raubes verurteilt worden war, wollte er sich an der Tat selbst nicht beteiligen, sollte jedoch an der Beute teilhaben. O und S rechneten dabei damit, bei der Durchsuchung des Wohnzimmers von Frau M bemerkt zu werden und wollten sie mit dem Niederschlagen bedrohen, um unerkannt entkommen zu können. A schlug vor, sie sollten eine Schusswaffe mitnehmen und Frau M ausserdem tatsächlich niederschlagen. Die Täter liessen sich dazu umstimmen und führten die Tat, wie von A empfohlen, unter Mitnahme einer Schusswaffe aus.

**Fall 80:**

Wie im Fall 79 wollten O und S eine Schusswaffe mitnehmen und Frau M niederschlagen. A überredete sie dazu, die Schusswaffe zu Hause zu lassen und sich auf eine Drohung mit Niederschlagen zu beschränken.

**Fall 81 (BGE 112 Ia 18 ff. vereinfacht):**

Aufgrund von Angaben des im Ausland Inhaftierten Y kam den schweizerischen Strafverfolgungsbehörden zu Ohren, dass X ein grösseres Kokaingeschäft plante und dafür den Y um Vermittlung von Fr. 200 000.– ersucht habe. Nebst der Anordnung einer Telefonüberwachung gegen X setzten die Polizeibehörden auch einen Polizeifunktionär («Toni») als Scheinkäufer auf den X an, der darauf auf Vermittlung des Y mit X Kontakt aufnahm, wobei es zu «Bemühungen um Abwicklung eines Kokaingeschäfts» kam und X dem «Toni» auch spontan Stoff anbot. Dabei war es stets «Toni», der den X kontaktierte, um sich nach dem Stand der Dinge zu erkundigen.

**Fall 82 (BGE 81 IV 147 ff. vereinfacht):**

K war von den Eigentümern eines Grundstücks beauftragt worden, dafür einen Käufer zu suchen. Er fand ihn schliesslich in W. Als Verkaufspreis wurde ein tieferer Preis beurkundet als gezahlt worden war. Die Differenz behielt K für sich. Nachdem es in der Sache zu einem Strafverfahren gekommen war, suchte T, ein Bekannter von K, den W auf und bat ihn, falsch auszusagen. Auch K selbst telefonierte mit dem W und ersuchte ihn zur Falschaussage. Im Strafverfahren gegen K sagte W dann wider besseres Wissen aus, er habe nur den beurkundeten tieferen Verkaufspreis bezahlt.

Anstiftung ist das vorsätzliche Bestimmen einer anderen Person zur Deliktsverübung durch Hervorrufen des Tatentschlusses.[396] Da sich aber nahezu jeder Beitrag eines Teilnehmers auf die Planung (= Tatentschluss) des Täters auswirken und damit die Haupttat kausal fördern kann und im Unterschied zu der in Art. 25 geregelten Gehilfenschaft Art. 24 für den Anstifter *dieselbe* Strafandrohung wie für den Haupttäter vorsieht, besteht ein Bedürfnis nach einer klaren Abgrenzung zur Gehilfenschaft (v.a. zur psychischen Gehilfenschaft).

Auch kann aus diesem Grund die Hervorrufung des Tatentschlusses nicht durch beliebige Mittel erfolgen, z.B. durch das Arrangement einer tatauslösenden Situation. Vielmehr ist eine Willensbeeinflussung in der Form eines psychischen Kontakts zwischen Anstifter und Angestiftetem notwendig.[397] Diese für die Anstiftung notwendige Intention zur Willensbeeinflussung dürfte die von der Gehilfenschaft her bekannte Problematik «neutraler Handlungen» (oben 4 b) im Fall der Anstiftung von vornherein irrelevant erscheinen lassen.[398] Nicht erforderlich ist, dass der Anstifter einen erheblichen Widerstand des Anzustiftenden überwinden muss.[399]

Die Haupttat, zu der angestiftet wurde, muss wenigstens bis zum Versuch gediehen sein, damit nach den Regeln der (limitierten) Akzessorietät die Beteiligung strafbar ist. Kommt es nicht zu einem Versuch der Haupttat, so ist die (dann nur versuchte) Anstiftung nur im Fall des Art. 24 Abs. 2, also nur bei Verbrechen, selbständig strafbar.

In subjektiver Hinsicht gelten die allgemeinen Regeln, der Vorsatz muss sich also auf den gesamten objektiven Tatbestand beziehen. Das bedeutet für die Anstiftung, dass der Vorsatz die zumindest in ihren Grundzügen konkret individualisierte Haupttat erfassen muss, daneben aber auch die Anstiftungshandlung. Man spricht deshalb häufig – etwas missverständlich – vom «doppelten Anstiftervorsatz». In beiden Fällen, auch dies entspricht den allgemeinen Regeln, genügt Eventualvorsatz.[400]

Bei einer Person, die sich zur Verübung eines konkreten Delikts – allgemeine Tatbereitschaft reicht noch nicht aus – schon entschlossen hat (sog. *omnimodo facturus*), kann ein Tatentschluss zu derselben Tat naturgemäss nicht mehr herbeigeführt werden.[401] In diesem Fall liegt ein untauglicher Versuch der Anstiftung vor, der nach Art. 24 Abs. 2 bei Verbrechen strafbar ist. Zudem wird meistens psychische Gehilfenschaft vorliegen. Zu einer konkreten Tat bereits entschlossene Personen können aber zu einer *ganz anderen Straftat* unstreitig noch angestiftet werden.[402]

Ob im **Fall 79**, wo man von einer «Aufstiftung» sprechen könnte, A als Anstifter zum schweren Raub in Frage kommt, hängt davon ab, auf welche Weise die Unterschei-

**396** Eventualdolus genügt, siehe BGE 128 IV 11, 15.
**397** So richtig Stratenwerth, § 13 N. 101.
**398** Vgl. Schobloch, 92 m.w.N., a.A. Bommer, 36 f.
**399** Vgl. dazu BGE 100 IV 1, 2; 127 IV 12.
**400** BGE 128 IV 15.
**401** Vgl. auch BGE 127 IV 122, 127.
**402** BGE 124 IV 34, 38.

dung zwischen ursprünglich intendierter und ausgeführter Tat zu treffen ist. Es sind insbesondere folgende Argumentationsweisen denkbar:

- Strafbarkeit des A als *Anstifter* zu Art. 140 *Ziff. 2* (bewaffneter Raub), da das Bestimmen zur qualifizierten Tat eine Anstiftung zu einer eigenständigen, eben gesteigerten Unrechtsdimension («aliud») ist, deren Eigenständigkeit nicht dadurch aufgehoben wird, dass die Täter zum Grunddelikt (Art. 140 *Ziff. 1*) bereits entschlossen sind. Bei einer unselbständigen Qualifizierung wie hier lässt sich aber schwerlich von einem «aliud» sprechen.
- Strafbarkeit des A nur als *Gehilfe* zu Art. 140 *Ziff. 2*, falls in dem Vorschlag ein tatfördernder Beitrag (psychische Gehilfenschaft) zur Gesamttat zu sehen ist. Eine Strafbarkeit der Anstiftung zu den qualifizierten Tatumständen als solchen kommt demgegenüber nur in Betracht, soweit sie selbständig (d.h. in einem eigenen Tatbestand) strafbar sind; das wäre hier der Fall für die Körperverletzung.

In **Fall 80** (sog. «Abstiftung») ist zunächst zu klären, ob die durch «Abstiftung» veranlasste Tat (Art. 140 *Ziff. 1*) gegenüber der geplanten Tat (Art. 140 Ziff. 2 und Art. 123) ein aliud in obigem Sinne ist,[403] so dass dazu zugleich mit der «Abstiftung» zu einer anderen Tat angestiftet wird. Dies ist im vorliegenden Fall abzulehnen. Falls hinsichtlich der durchgeführten leichteren Tat *psychische Gehilfenschaft* des A in Betracht kommt (z.B. weil er durch seine «Abstiftung» die Täter in ihrem Tatentschluss bestärkt, da nun ein geringeres Strafrisiko besteht), ist zu prüfen, ob eine Strafbarkeit des A unter dem Gesichtspunkt der Risikoverminderung bereits auf Tatbestandsebene oder aufgrund Notstands (Art. 17) auf der Rechtfertigungsstufe entfällt.

Im **Fall 81** stellt sich die Frage, ob Toni als Anstifter zu bestrafen ist. Die ganz h.M.[404] will in solchen Fällen, in denen der Tatprovokateur ein Polizeifunktionär ist, die Strafbarkeit dieses Tatprovokateurs verneinen. Dies wird immer dann, wenn der Provokateur die Vollendung der Tat gar nicht will (z.B. der Dieb soll schon beim Einstecken der Ware festgenommen werden) damit begründet, eine Bestrafung wegen Anstiftung setze Tatvollendungsvorsatz voraus. Wo wie im **Fall 81** der Provokateur sogar diesen Vollendungsvorsatz hat (Art. 19 f. BetmG sind abstrakte Gefährdungsdelikte und deshalb bereits mit dem Eingehen auf Vertragsverhandlungen vollendet), erwägt man eine Rechtfertigung, z.B. aus Art. 14 oder 17.

Dem wird man nicht folgen können. Nach dem Wortlaut von Art. 24 Abs. 1 *(«... vorsätzlich zu dem von diesem verübten Verbrechen oder Vergehen bestimmt ...»)* muss auch die Bestimmung zum Versuch – auch er ist ein Verbrechen oder Vergehen – eine Anstiftung sein. Entsprechend genügt auch, wenn der Täter nur zum Versuch bestimmt. Was die Rechtfertigung angeht, so stellt sich beim Einsatz eines agent provocateurs zunächst die Frage, ob dessen Tatprovokation vom geltenden Recht in einer Vorschrift ausserhalb des StGB erlaubt ist. Die Provokation von Straftaten wird aber auch an anderer Stelle nicht generell zugelassen, so dass eine Rechtfertigung aus Art. 14 wegen

**403** Ähnlich Riklin, § 18 N. 70; vgl. auch Trechsel/Jean-Richard, Vor Art. 24 N. 30.
**404** Nachweise bei Riklin, § 18 N. 85.

solcher Gesetze nicht besteht. Die StPO[405] erlaubt zwar für eine Reihe von Straftaten in Art. 293 unter restriktiven Bedingungen[406] die Konkretisierung eines schon bestehenden Tatentschlusses. Insoweit besteht ein konkreter Rechtfertigungsgrund für Anstiftungen. Dieser dürfte aber angesichts der sehr aktiven Funktion des «Toni» in Fall 81 nicht greifen. Darüber hinausgehend wird gelegentlich, mit der Begründung der agent provocateur wolle einen bereits Tatverdächtigen überführen und schütze so den staatlichen Strafanspruch, auf Notstandsregeln zurückgegriffen. Für Art. 17, der nur die Rettung individueller Güter rechtfertigt, kommt aber bereits das Rechtsgut des «staatlichen Strafanspruchs» als Schutzgut gar nicht in Betracht. Ein übergesetzlicher Notstand dürfte demgegenüber bereits an der Spezialität der StPO-Vorschriften, die eine solche Befugnis gerade *nicht* vorsehen, jedenfalls aber am Fehlen einer Unmittelbarkeit der Gefahr für den «staatlichen Strafanspruch» scheitern.

In **Fall 82** stellt sich die Frage, ob Mitursächlichkeit der Hervorrufung des Tatentschlusses zur Vollendung des Anstiftungstatbestands genügt. Das BGer hat dies bejaht, *«wenn mehrere unabhängig voneinander jemanden so unter Druck setzen, dass die Beeinflussung durch den einen allein schon genügen würde, den Täter zur Tat zu bestimmen»*[407]. Eine zweite Anstiftung ist aber nur möglich, soweit der Angestiftete nicht schon endgültig zur Tat entschlossen war. Demgegenüber ist für den Fall, dass K vom Tatentschluss des W nicht wusste, dieser aber bereits zur Tat entschlossen war, nur von einem untauglichen Anstiftungsversuch auszugehen.[408] Wusste K vom Tatentschluss, liegt nicht einmal ein Versuch der Anstiftung vor, es kann sich aber um (psychische) Gehilfenschaft handeln (s.o., bei den Erläuterungen zu den **Fällen 79 und 80**).

### 6. Besondere persönliche Verhältnisse (Art. 27 StGB)

**Fall 83:**

A stiftete seine Freundin dazu an, ihr Kind gleich nach der Geburt zu töten.

#### a) Allgemeines

Art. 27 begrenzt die Akzessorietät der Teilnahme. Er sieht vor, dass besondere persönliche Verhältnisse, Eigenschaften und Umstände, die die Strafbarkeit erhöhen, vermindern oder ausschliessen, nur bei der Person berücksichtigt werden, bei der sie vorliegen. Dies betrifft zum einen unstreitig allgemeine *Schuld*merkmale, z.B. Art. 19, aber zum anderen auch spezielle schuldbezogene Regelungen wie z.B. Art. 114 (Tötung auf Verlangen: auch hier ist verminderte Schuld der Grund für die Privilegierung).

**405** SR 312.0.

**406** Vgl. Art. 293 Abs. 2 dieses Gesetzes: Die Tätigkeit «darf für den Entschluss einer konkreten Straftat nur von untergeordneter Bedeutung sein».

**407** BGE 81 IV 147, 149.

**408** Vgl. Stratenwerth, § 13 N. 103; Trechsel/Noll, 223.

In **Fall 83** ist die Haupttat ein Delikt, bei welchem die Kindesmutter B nach Art. 116 privilegiert behandelt wird. Da sich ihr Freund A nicht in der vom Gesetz privilegierten besonderen seelischen Situation seiner Freundin befand und es sich auch bei der Privilegierung des Art. 116 um die Berücksichtigung schuldmindernder persönlicher Merkmale handelt, macht sich A wegen Art. 27 einer Anstiftung zum Grundtatbestand der Törungsdelikte, also zur vorsätzlichen Tötung nach Art. 111 i.V.m. Art. 24 strafbar.

Problematisch ist die Anwendung von Art. 27 auf die Kategorie der *Unrechts*merkmale. *Sonderpflichten* qualifiziert das neue Recht nunmehr in Art. 26 ausdrücklich als Merkmale, die beim nichtpflichtigen Teilnehmer lediglich die Strafe mildern. Art. 27 ist folglich auf sie nicht anwendbar – so wie es schon bisher die bundesgerichtliche Rechtsprechung gesehen hat.[409] Auf andere – subjektive – Unrechtsmerkmale wie z.B. spezielle Absichten (z.B. in Art. 139) wendet die h.L. Art. 27 zu Recht nicht an, weil diese tatbezogene Sachumstände (und deshalb nicht persönliche Merkmale im Sinn des Art. 27) sind (vgl. hierzu auch **Fall 70** oben). Subjektive persönliche Merkmale, die das Unrecht, zugleich aber auch das Mass der Schuld betreffen, wie die Mordmerkmale (Art. 112), fallen demgegenüber unstreitig unter Art. 27.

Nicht erwähnt in Art. 27 sind die *strafbegründenden* persönlichen Merkmale. Aus dem klaren Gesetzeswortlaut ist demnach zu folgern, dass diese streng akzessorisch behandelt werden. Der neue Art. 26 sieht für diese Fälle allerdings zu Recht eine obligatorische Strafmilderung vor.

### b) Allgemeine Übersicht über Akzessorietätslockerungen i.S. des Art. 27 StGB anhand von Beispielen

| Täter | Teilnehmer (oder Mittäter) | Bestrafung des Teilnehmers[1]/ Mittäters |
|---|---|---|
| Art. 111 | Schuldunfähig i.S. Art. 19 | Anwendung von Art. 27 (persönliches Merkmal); vgl. BGE 87 IV 49, 52 |
| Art. 112 (Mord; besonders verwerfliche Gesinnung; = täterbezogenes Merkmal) | Keine eigene besonders verwerfliche Gesinnung oder auch nur Kenntnis davon | Anwendung von Art. 27. Die Skrupellosigkeit ist sachliches und persönliches Merkmal zugleich; vgl. BGE 120 IV 265, 275 |
| Art. 112 (Mord; besonders verwerfliche Art der Ausführung; tatbezogenes Merkmal) | Keine eigene besonders verwerfliche Art der Ausführung oder auch nur Kenntnis davon | Anwendung von Art. 27 auch hier, weil Skrupellosigkeit auch als persönliches Merkmal ausschlaggebend |
| Art. 113 (Totschlag = täterbezogenes Merkmal) | Kein Affekt vorliegend | Anwendung von Art. 27 (persönliches Merkmal) |
| Art. 114 (Tötung auf Verlangen aus achtenswerten Beweggründen) | Keine achtenswerten Beweggründe | Anwendung von Art. 27 (persönliches Merkmal) |

**409** BGE 81 IV 285, 289 f.

| Täter | Teilnehmer (oder Mittäter) | Bestrafung des Teilnehmers[1]/ Mittäters |
|---|---|---|
| Art. 116 (Kindstötung; Merkmal der Muttereigenschaft) | (Ohne Muttereigenschaft) | Anwendung des Art. 27 (persönliches Merkmal), Bestrafung nach Art. 111; zweifelnd aber BGE 87 IV 49, 53 |
| Art. 139/140 (Merkmal der Gefährlichkeit) | Keine eigene Gefährlichkeit | Anwendung von Art. 27 (persönliches Merkmal); vgl. BGE 105 IV 182, 186 f. und 106 IV 109, 113 a.A. (sachliches Merkmal) BGE 109 IV 161, 165; BSK-Forster, Art. 26 N. 22. |
| Beamteneigenschaft bei *unechten* Sonderdelikten, z.B. Urkundenfälschung im Amt (Art. 317) | Fehlende Beamteneigenschaft | Art. 26, Akzessorietät Strafbarkeit aus Art. 317, Milderung |
| Beamteneigenschaft bei *echten* Sonderdelikten, (Amtsmissbrauch, Art. 312) | Fehlende Beamteneigenschaft | Art. 26, Akzessorietät Strafbarkeit aus Art. 312, Milderung |

1 Der Teilnehmer ist i.V.m. Art. 24 oder 25 zu bestrafen.

## 7. Täterschaft und Teilnahme beim Unterlassungsdelikt

**Übungsliteratur** Maihold, N. 100, 117.

Bei der oft sehr schwierigen Bewältigung von Beteiligungsproblemen im Zusammenhang mit Unterlassungsdelikten sind zwei Grundkonstellationen zu unterscheiden:

### a) Die Beteiligung am Unterlassungsdelikt

**Fall 84:**

Die nicht im Haus wohnende Grossmutter G überredet die Mutter M dazu, deren Kind (also das Enkelkind der G), verhungern zu lassen, was dann auch geschieht.

Eine Teilnahme *am* Unterlassungsdelikt ist gemäss h.L. nach den allgemeinen Grundsätzen möglich, allerdings wird sich die Mitwirkung am Unterlassungsdelikt auf Anstiftung oder psychische Gehilfenschaft (Ermuntern, Bestärken) beschränken, denn physische Gehilfenschaft dürfte mangels Beweises der bewirkten kausalen Förderung eines Unterlassens nur selten angenommen werden.

Die in **Fall 84** vorliegende Anstiftung der G gegenüber der M zur Tötung des Kindes durch Unterlassen (der M) ist unproblematisch. G als Anstifterin kommt jedoch in den Genuss einer Strafmilderung. Die Strafbarkeit der M rührt nämlich aus ihrer Garantenpflicht, also aus einer *besonderen Pflicht* i.S. des Art. 26, her. Diese Garantenpflicht *begründet* hier, was die Tötungsdelikte angeht, die Strafe. Damit ist auch insoweit den Voraussetzungen des Art. 26 Genüge getan. In Art. 26 sieht das neue Gesetz vor, dass Teilnahme am Sonderdelikt durch Personen, denen die Sonderpflicht nicht obliegt, milder zu bestrafen ist.

Dieser generell sinnvollen Neuregelung könnte man aber im besonderen Fall eines Unterlassungsdelikts entgegenhalten, dass eine Teilnahme durch Handeln, die eine Anstiftung zwangsläufig immer darstellt, die Garantenstellung aufwiege und deshalb nicht generell Milde verdiene.

### b) Die Beteiligung durch Unterlassen

**Fall 85:**

Vater V greift nicht ein, als grössere Kinder seinen Sohn S lebensgefährlich verprügeln.

**Fall 86:**

Vater V greift nicht ein, als sein Sohn S kleinere Kinder lebensgefährlich verprügelt.

**Fall 87:**

A ist Angestellter einer Sicherheitsfirma und mit der Überwachung einer Filiale eines Grossverteilers beauftragt. Er lässt den in flagranti ertappten B mit einem grösseren Geldbetrag an der Kasse entlaufen.

Zu klären ist weiter, unter welchen Voraussetzungen der den Begehungstäter nicht Hindernde seinerseits als Täter strafbar ist. Einfach ist die Situation, wenn eine Garantenpflicht des nicht Hindernden gar nicht besteht: Da bei (unechten) Unterlassungsdelikten als Täter nur strafbar sein kann, wen eine Handlungspflicht (Garantenstellung) trifft, kann eine mitwirkende Person bei Fehlen der entsprechenden Garantenpflicht nur als Teilnehmer bestraft werden. Diese Teilnahme ihrerseits kann aber nur eine durch Handeln sein, weil die Strafbarkeit einer Teilnahme durch Unterlassen auch eine Garantenpflicht voraussetzen würde. Es gibt keine Teilnahme durch Unterlassen für den Nicht-Garanten. Ist der Teilnehmende allerdings selbst Garant, so stellt sich die Frage, ob er als Täter oder Gehilfe strafbar ist. Anstiftung durch Unterlassen gibt es nicht.[410]

In den **Fällen 85 und 86** liegt bei V eine Sicherungs- bzw. eine Obhutsgarantenpflicht vor. Ob der Garant, der die Verletzung des unter seiner Obhut Stehenden oder die Begehung einer Straftat durch einen von ihm zu Beaufsichtigenden zulässt, Täter oder nur Gehilfe dieser Tat ist, hängt entscheidend davon ab, ob die Garantenstellung als solche bereits hinreichendes Täterkriterium ist, oder ob eine Abgrenzung nach bestimmten Kriterien zu erfolgen hat. Dazu gibt es unterschiedliche Argumentationsmöglichkeiten:

– *Annahme regelmässiger Täterschaft des Unterlassenden* wegen der sich aus der Garantenpflicht ergebenden Erfolgsabwendungspflicht. Nach Stratenwerth[411] ist je-

**410** H.L., anders offenbar aber BGE 116 IV 1, 3.
**411** Stratenwerth, § 15 N. 15 f.

der an der Unterlassung Mitwirkende ohne weiteres Unterlassungstäter. Nur wo das Gesetz zusätzliche, über die unterlassene Erfolgsabwendung hinausgehende Anforderungen stelle (besondere subjektive Merkmale, eine Sonderpflicht oder die Eigenhändigkeit der Ausführung), sei eine *Teilnahme* durch Unterlassen möglich; dabei erfolge eine aushilfsweise Anwendung der Teilnahmebestimmungen.[412] In **Fall 87** würde dies, anders als in den Fällen 85 und 86, zur Annahme von Gehilfenschaft des Garanten (A) durch Unterlassen führen, da A weder Aneignungswillen noch Bereicherungsabsicht hat. Macht man im übrigen aber jeden garantenpflichtigen Unterlassenden zum Täter, so verzichtet man unter Schlechterstellung von Unterlassenden auf eine Differenzierungsmöglichkeit, wie sie im Fall des Handelns besteht.
- *Annahme regelmässiger Gehilfenschaft des Unterlassenden*, weil die unterlassende Person i.d.R. nur Randfigur des Tatgeschehens ist und die Tat somit nicht mit deren Mitwirkung steht und fällt, also keine Tatherrschaft des Unterlassenden vorliegt. Auch das erscheint zu undifferenziert, weil es den Unterlassenden generell besser stellt als den Handelnden.
- *Differenzierung nach Tatherrschaftskriterien.*[413] Dies ist gleichfalls problematisch, weil es Tatherrschaft im klassischen Sinn bei Unterlassungen nicht gibt, andererseits aber die potentielle Tatherrschaft als Handlungsmöglichkeit Voraussetzung jeder Unterlassungsstrafbarkeit ist.
- *Differenzierung nach Qualität und Inhalt der Garantenpflicht.* Soweit dies dahingehend verstanden wird, dass ein Obhutsgarant (V im **Fall 85**) stets Täter, ein Sicherungsgarant (V im **Fall 86**) dagegen nur Gehilfe ist,[414] kann es nicht überzeugen. Das Argument, dass der Obhutsgarant ja auch Täter sei, wenn er seinen Schutzbefohlenen nicht vor Naturgewalten schützt, beweist zu viel: Auch der Sicherungsgarant für Gefahren, die aus Naturkräften stammen, kann nur Täter sein.

Nur ein unterschiedliches Gewicht der Garantenpflichten (z.B. im Verhältnis Eltern/Babysitter gegenüber dem Kind) kann deshalb eine Differenzierung begründen. In den Fällen 85 und 86 liegt kein solches vermindertes Gewicht der Garantenstellung des Vaters vor. Er ist also in beiden Fällen *Täter* eines Unterlassungsdelikts.

**412** Ähnlich Riklin, § 19 N. 37.

**413** Dafür offenbar Trechsel/Noll, 263.

**414** Vgl. Schönke/Schröder-Heine, N. 103 ff. in Vorbem. §§ 25 ff. m.w.N.

# VIII. Fahrlässigkeit

**Literatur** Arzt, Vorsatz und Fahrlässigkeit, recht 1988/6, 66–72; Corboz, Homicide par négligence, SemJud 1994, 169–218; Donatsch, Sorgfaltsbemessung und Erfolg beim Fahrlässigkeitsdelikt, Zürich 1987; Donatsch/Tag, § 31–34; Graven/Sträuli, 215 ff.; BSK-Jenny, Art. 12 N. 63–105; Killias, N. 401 ff.; Riklin, § 16 N. 33–68; Rutz, Der objektive Tatbestand des Fahrlässigkeitsdelikts, ZStrR 1973, 358; Schubarth, Art. 117; Stratenwerth, § 16 N. 1 ff.; Trechsel/Noll, 267–282; Walder, Probleme bei Fahrlässigkeitsdelikten, ZBJV 1968, 161.

## 1. Allgemeines

Die Fahrlässigkeitstat ist gekennzeichnet durch die ungewollte Verletzung einer (im Gesetz regelmässig nicht konkretisierten) Sorgfaltspflicht, wobei der Täter die Tatbestandsverwirklichung nicht notwendig vorausgesehen haben muss. In aller Regel – nämlich bei den fahrlässigen Erfolgsdelikten – ist der strafrechtliche Vorwurf freilich an den Eintritt des tatbestandsmässigen Erfolgs geknüpft. Diese Annäherung an die Erfolgshaftung hängt mit der schon dem Kirchenrecht des Hochmittelalters bekannten Einsicht zusammen, dass nur bekannt gewordene Unvorsichtigkeit einen Skandal verursacht, also das Normvertrauen der Mitbürger erschüttern kann. Ganz gerecht ist es freilich nicht, dass man nur denjenigen Unvorsichtigen, der «Pech» hat, bestraft. Diesem Gerechtigkeitsproblem kann man dadurch entgehen, dass man schon die Gefährdung als solche bestraft (Gefährdungsdelikte). Das schafft allerdings Beweisprobleme, denn eine Gefährdung ohne Taterfolg lässt sich oft nur schwer erkennen. Auch kann mit einer Zunahme von Gefährdungsdelikten eine unerwünschte Inflation des Strafrechts einhergehen.

Das Gesetz geht mit Fahrlässigkeitsdelikten eher sparsam um und kennt sie in der Regel nur bei hochrangigen Rechtsgütern. Art. 12 Abs. 1 stellt im übrigen klar, dass eine Fahrlässigkeitsstrafbarkeit von einer ausdrücklichen Regelung in einzelnen Tatbeständen abhängt.

Im Zentrum des Fahrlässigkeitsvorwurfs steht die Sorgfaltspflichtverletzung. Diese Verletzung der durch ergänzende richterliche Wertung ausgeformten Verhaltensanforderungen geschieht

- *unbewusst fahrlässig*, wenn der Täter die im konkreten Fall erforderliche Sorgfaltspflicht nicht beachtet und dabei gar nicht erkennt, dass er den Tatbestand eines Fahrlässigkeitsdelikts verwirklicht, dies aber hätte erkennen müssen, wenn also der Täter «*die Folge seines Verhaltens aus pflichtwidriger Unvorsichtigkeit nicht bedenkt*», Art. 12 Abs. 3, 1. Var. Die Vereinbarkeit der Bestrafung aus unbewusster Fahrlässigkeit mit dem Schuldprinzip ist gelegentlich bestritten worden.
- *bewusst fahrlässig*, wenn der Täter zwar die Möglichkeit der Tatbestandsverwirklichung erkennt, aber diese nicht in Kauf nimmt, sondern pflichtwidrig darauf vertraut, sie werde sich nicht realisieren, wenn der Täter also auf die Folgen «*nicht Rücksicht nimmt*», Art. 12 Abs. 3, 2. Var. Sein Vertrauen darf dabei sogar leichtfertig oder frivol sein,[415] allerdings reicht nicht die blosse (unberechtigte)

**415** BGE 69 IV 75, 80.

Hoffnung «die Sache werde glimpflich ausgehen».[416] Im Fall einer solchen unberechtigten Hoffnung läge Vorsatz vor.

Unbewusst fahrlässiges Verhalten ist grundsätzlich in gleicher Weise strafbar wie bewusst fahrlässiges Verhalten.[417] Das Unrecht bei einem Täter, der nicht einmal an die Sorgfaltsnorm und ihre mögliche Verletzung denkt, ist nämlich nicht in jedem Fall kleiner als bei dem, der die Sorgfaltspflichtverletzung für möglich hält und auf das Ausbleiben des tatbestandsmässigen Erfolgs vertraut.[418]

Fraglich ist, ob die ergänzungsbedürftigen Fahrlässigkeitstatbestände mit dem Gesetzmässigkeitsprinzip (Art. 1) und dem daraus resultierenden Analogieverbot (vgl. oben Teil 2, A. I. 3) vereinbar sind. Da sich Sorgfaltsnormen niemals abschliessend rechtlich regeln lassen, wird man, will man nicht gänzlich auf die Bestrafung fahrlässigen Verhaltens verzichten, diese Ergänzungsbedürftigkeit hinnehmen müssen.

Die Verurteilung aus einem fahrlässigen *Erfolgsdelikt* wie z.B. Art. 117 (fahrlässige Tötung) oder 125 (fahrlässige Körperverletzung) setzt im Tatbestand voraus, dass

- der *Taterfolg* eingetreten ist (einen fahrlässigen Versuch gibt es nicht),
- für den Taterfolg die Tathandlung *kausal* war (wobei nach der hier vertretenen Auffassung an dieser Stelle nur die natürliche Kausalität geprüft wird, eine wertende Eingrenzung der Erfolgszurechnung hingegen unter dem Oberbegriff der objektiven Zurechnung vorgenommen wird),
- Kausalverlauf und Taterfolg nach einem individuellen Massstab für den Täter in wesentlichen Zügen *vorhersehbar* waren,[419]
- das Täterverhalten (Handlung oder Unterlassung) im Hinblick auf den voraussehbaren Erfolgseintritt die *individuell zu beachtende Sorgfalt* vermissen liess,
- der eingetretene Erfolg dem Täterverhalten nach wertenden Gesichtspunkten auch tatsächlich *zugerechnet* werden kann (sog. objektive Zurechnung).

Daraus ergibt sich folgender Aufbau:

**Aufbau des Fahrlässigkeitsdelikts**

Tatbestand

- Taterfolg
- Kausalität
- Vorhersehbarkeit des Taterfolgs
- Sorgfaltspflichtverletzung
- Objektive Zurechnung

Rechtswidrigkeit

Schuld

**416** BGE 130 IV 58, 64.

**417** Vgl. Stratenwerth, § 16 N. 17 m.w.H.

**418** Riklin, § 16 N. 36.

**419** BGE 130 IV 7, 10.

Nach der heute wohl herrschenden Meinung sowie nach der Rspr. ist im Rahmen der Schuldprüfung – wie beim Vorsatzdelikt – (nur) noch zu prüfen, ob

- das Verhalten des Täters auf eine *fehlende oder verminderte Schuldfähigkeit* zurückzuführen (Art. 19 f.),
- der Täter über die *virtuelle Verbotskenntnis* verfügte (Verbotsirrtum, Art. 21),
- richtiges Verhalten dem Täter nicht *zumutbar* war.

Die Fahrlässigkeit hat demnach in Abweichung zur älteren Lehre nicht eine doppelte Funktion als Verhaltens-, wie auch als Schuldnorm.

Bei fahrlässigen *Gefährdungsdelikten* ist lediglich zu prüfen, ob das nach dem Tatbestand umschriebene sorgfaltspflichtwidrige Verhalten vorliegt, das bei diesen Delikten nur in einer Rechtsgutsgefährdung besteht. Im Strafgesetzbuch gibt es nur wenige fahrlässige Gefährdungsdelikte, so z.B. Art. 225, 2. Var., 229 Ziff. 2 und 230 Ziff. 2, deren praktische Bedeutung eher gering ist. Praktisch bedeutende fahrlässige Gefährdungsdelikte finden sich v.a. im Nebenstrafrecht (SVG, BetmG, USG, LMG, STEG).

## 2. Vorhersehbarkeit und Sorgfaltspflichtverletzung

**Literatur** Cassani, Infraction sociale, responsabilité individuelle: de la tête, des organes et des petites mains, in: Berthoud (Hrsg.), La responsabilité pénale du fait d'autrui, Lausanne 2002, 43; Donatsch, Sorgfaltsbemessung und Erfolg beim Fahrlässigkeitsdelikt, Zürich 1987; Kunz, Le Défaut de Prévoyance en droit pénal suisse, RDP 1994, 361–373; Schubarth, Art. 117 N. 14–46; Stratenwerth, Zur Individualisierung des Sorgfaltsmassstabs beim Fahrlässigkeitsdelikt, FS-Jescheck, Berlin 1985, 285; Wiprächtiger, Strafbarkeit des Unternehmers. Die Entwicklung der bundesgerichtlichen Rechtsprechung zur strafrechtlichen Geschäftsherrenhaftung, AJP 2002, 754.

**Übungsliteratur** Eymann u.a., Fälle 2, 8, 11; Maihold, N. 108, 109.

**Fall 88 (BGE 97 IV 169 ff.):**

M war als Chef der Sektion Flugmaterial beim eidgenössischen Luftamt u.a. Verantwortlicher für die Prüfung von Helikoptern auf ihre Flugtüchtigkeit. Am 5. Mai 1967 startete er mit einem Helikopter zu einem Trainingsflug, wobei er den Fotographen F als Passagier mitnahm.

Der Helikopter wurde vor Beginn des Fluges ordnungsgemäss vollgetankt. Trotzdem befand sich die Füllstandsanzeige bei Übernahme des Helikopters auf ¾. Nach 30 Flugminuten stellte M fest, dass sich die Anzeige auf ½ befand. Er überlegte sich, ob das Instrument ungenau anzeige oder irgendwo Brennstoff ausfliesse. Nach weiteren 15 km Flug zeigte das Instrument noch ¼ an, was ihm «nicht mehr ganz normal erschien». 1 km vor dem Zielflughafen zeigte die Anzeige noch ⅛, doch trotz Bedenken wollte M noch weiter fliegen, weil er die Flugplatzzone vor sich sah und er glaubte, die restlichen ca. 500 m noch ungefährdet zurücklegen zu können. Kurze Zeit später versagte der Hauptmotor seinen Dienst und der Helikopter stürzte vor dem Flugplatz in einen Wald ab, wobei F den Tod fand und M verletzt wurde.

**Fall 89 (BGE 122 IV 145 ff.):**

B wurde von seinem Arbeitgeber mit dem Einbau eines Türchens an einem elektrischen Schiebetor in einer unterirdischen Parkgarage betraut. Er hatte eine Ausbildung als Schlosser absolviert, besass aber kein Fachdiplom und hatte keine Erfahrung auf diesem Gebiet. Die Arbeit wurde genau nach Anweisung seines Vorgesetzten durchgeführt. Erst nach der Montage bemerkte B, dass die Angeln des Tors sich an der Garagenwand rieben. Ferner wurden keine Sicherheitsvorkehrungen getroffen, die verhindern sollten, dass das Türchen während der Schiebebewegung geöffnet werden könnte. Beim Spielen mit dem Tor wurde der vierjährige K vom offenen Türchen gegen die Wand gedrückt und starb kurz danach an den erlittenen inneren Verletzungen.

**Fall 90:**

B, Chefarzt der chirurgischen Abteilung am Kantonsspital, sah sich seit einiger Zeit der Kritik seiner Kollegen ausgesetzt. Die gestiegene, hohe Zahl von «Kunstfehlern» wurde von den Kollegen als Indiz für den altersbedingten Leistungsabbau des verdienten Chefarztes gewertet, der zudem methodisch nicht mehr nach neuesten Erkenntnissen arbeitete. Auch B wusste um die zunehmende Häufung von Komplikationen bei den von ihm behandelten Patienten. Um den seinem Renommée schadenden Gerüchten entgegen zu treten, entschloss er sich eines Tages, bei einer Leberoperation eine für ihn neue, hohe Anforderungen auch an einen hierin geübten Chirurgen stellende Methode anzuwenden. Obwohl B mit höchster Konzentration vorging, unterlief ihm ein – tödlicher – Fehler.

**Fall 91:**

Wie wäre im obigen Fall zu entscheiden, wenn dem B sein altersbedingter Leistungsabbau verborgen geblieben wäre?

### a) Inhalt der Vorhersehbarkeit und der Sorgfaltspflicht

Inhalt der allen Fahrlässigkeitsdelikten zugrunde liegenden Pflicht ist zunächst, die aus dem konkreten Verhalten erwachsenden *Gefahren* für das geschützte Rechtsgut zu *erkennen* und sich darauf einzustellen. Zu prüfen ist, ob der Täter nach dem gewöhnlichen Lauf der Dinge und seinen persönlichen Verhältnissen den Taterfolg hätte vorhersehen können.[420] Weiter darf keine Verletzung einer Sorgfaltspflicht vorliegen. Gefordert ist insofern eine Umsicht und Aufmerksamkeit, deren Grad dabei insbesondere von der Nähe der Gefahr und vom Wert des gefährdeten Rechtsgutes abhängt.[421]

Im Fall der unbewussten Fahrlässigkeit folgt schon aus der blossen Erkennbarkeit der Rechtsgutsgefährdung die Pflicht, den Eintritt des tatbestandsmässigen Erfolges zu vermeiden. Dies heisst, dass situationsabhängig

– gefährliche Handlungen zu unterlassen sind (da sonst dem Täter der Vorwurf der *Übernahmefahrlässigkeit* (dazu gleich unter b) gemacht werden kann, wie in BGE 106 IV 312, 312 f., wo ein Sprengmeister den an ihn gestellten Anforderungen nicht genügte),

**420** Dazu Riklin, § 16 N. 44 ff.

**421** Vgl. BGE 121 IV 286, 289; 127 IV 62, 65.

- bei sozial adäquaten, aber gefahrgeneigten Handlungen alle erforderlichen Vorsichts-, Kontroll- und Überwachungsmassnahmen zu treffen sind, um die damit verbundenen Gefahren auszuschliessen oder zu vermindern.

### b) Individueller Massstab

Es wird von einem *individualisierten Massstab der Vorhersehbarkeit und einem individualiserten Sorgfaltsmassstab* ausgegangen. Dies folgt aus dem Wortlaut in Art. 12 Abs. 3, wonach die zu beobachtende Vorsicht sich nach den Umständen und den persönlichen Verhältnissen bemisst. Bis vor einigen Jahren war fraglich, ob diese Individualisierung auf der Stufe der Tatbestandsmässigkeit oder der Schuld zu erfolgen hat, was nicht aus Art. 12 Abs. 3 direkt gefolgert werden kann.[422] Die neuere Lehre und offenbar auch die Rspr.[423] gehen nunmehr davon aus, dass die Vorhersehbarkeit und die Sorgfaltspflichtverletzung die Tatbestandsstufe betreffen und auch die Individualisierung bereits auf der Tatbestandsebene vorzunehmen ist. Dafür spricht in der Tat, dass das Recht von niemandem mehr verlangen kann, als dieser individuell zu leisten in der Lage ist[424] – dass es dies, schon weil andere häufig genau auf diese speziellen Kenntnisse und Fähigkeiten vertrauen, aber auch fordern darf.

Individuelles Sonderwissen und besondere Fähigkeiten werden deshalb sorgfaltspflichterhöhend und unterdurchschnittliche Fähigkeiten werden sorgfaltspflichtmindernd berücksichtigt (subjektiver Massstab). Im Fall der Sorgfaltspflichtminderung hat es bei diesem Zwischenergebnis aber häufig nicht sein Bewenden. Es muss nämlich, um des Schutzes anderer Beteiligter willen, im Ergebnis doch möglich sein, jemandem vorzuwerfen, dass er sich überhaupt ohne die nötigen Kenntnisse und Fähigkeiten auf eine bestimmte gefahrenträchtige Handlung eingelassen hat. Deshalb ist festzuhalten, dass über die sog. Übernahmefahrlässigkeit («Übernahmeverschulden») gleichwohl ein Vorwurf in Fällen erhoben werden kann, in denen der betroffenen Person kein konkretes Fehlverhalten (und damit auch keine individuelle Fahrlässigkeit) in einer bestimmten Situation anzulasten ist. In solchen Fällen wird der Vorwurf vorverlagert und bezieht sich nunmehr darauf, dass der Täter eine Tätigkeit oder Verantwortung übernommen hat, der er für ihn erkennbar nicht gewachsen sein konnte.[425]

In **Fall 88** geht es um individuelles Sonderwissen, das im konkreten Fall zulasten des M berücksichtigt wird. M wird an seinen speziellen Fähigkeiten gemessen, die er als verantwortliche Person in der dafür zuständigen Behörde hatte. Er hätte deshalb wissen und voraussehen müssen, dass bei einer derartigen auffälligen Dysfunktion der Füllstandsanzeige etwas nicht stimmt und hätte den Flug sofort unterbrechen müssen.

Beim **Fall 89** werden individuelles Minderwissen, mangelnde Erfahrung und Weisungsgebundenheit (gegenüber dem Arbeitgeber) zugunsten des B berücksichtigt. Was die korrekte Ermittlung des Sorgfaltsmassstabs angeht, hat das BGer zu Recht

**422** Vgl. dazu Donatsch, 58 f.

**423** Vgl. etwa 120 IV 300, 307, 312.

**424** Vgl. auch BSK-Jenny, Art. 12 N. 81.

**425** Dazu BSK-Jenny, Art. 12 N. 82; Riklin, § 16 N. 57.

ausgeführt, dass generelle (ungeschriebene) Vorsichtsregeln der betroffenen Person die Pflicht auferlegen, alle möglichen Massnahmen zu ergreifen, damit das Tor keine Gefahr für Dritte darstellt. Das Vorliegen einer Fahrlässigkeit wurde dann aber verneint, da B nach seinen persönlichen Verhältnissen (Ausbildung, Fähigkeiten, Erfahrung) und aufgrund seiner Weisungsgebundenheit nicht imstande war, die nötige Sorgfalt aufzubringen. Dies zeigte sich nach dem Dafürhalten des BGer auch beispielhaft darin, dass B erst nach Installation des Garagentors bemerkte, dass es sich am Beton rieb.

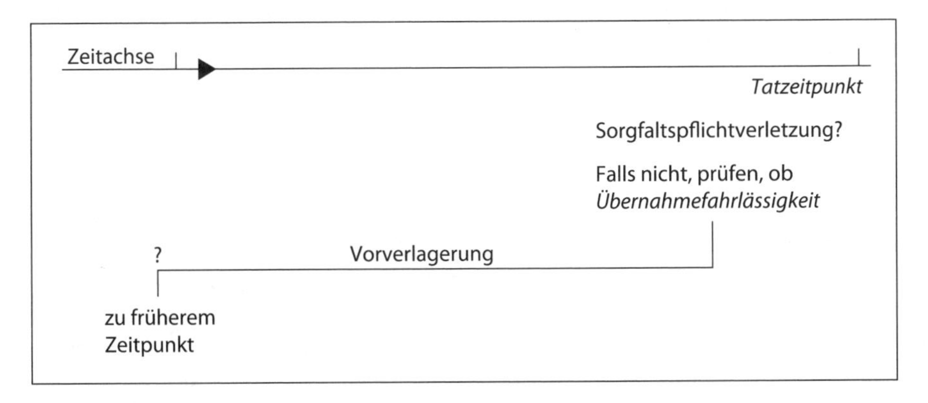


**Fall 90** ist ein Beispiel für die sog. Übernahmefahrlässigkeit. Da die ärztlichen Kunstregeln nicht gesetzlich festgelegt sind, muss für die Konkretisierung der Sorgfaltspflicht auf allgemeine Regeln zurückgegriffen werden: Wer eine (rechtsgutgefährdende) gefährliche Tätigkeit ausüben will, muss sich vorher erkundigen und informieren, ob er dieser Tätigkeit gewachsen ist. Sprechen fehlende Übung oder körperliche und/oder intellektuelle Leistungsdefizite dagegen, muss von der gefährlichen Tätigkeit Abstand genommen werden. Im vorliegenden Fall waren dem B genügend Indizien für seine nachlassende Leistungsfähigkeit bekannt; die Gefahr war also jedenfalls für B erkennbar. Da es sich zudem um eine neue, ihm unbekannte Operationsmethode handelte, hätte er folglich nicht, jedenfalls nicht ohne Mitwirkung eines erfahrenen Kollegen, operieren dürfen. Dass B selbst die ihm gemäss seinen Fähigkeiten mögliche Leistung erbracht hat, ändert nichts daran, dass ihm aus der Übernahme der ihn überfordernden Tätigkeit ein Vorwurf gemacht werden kann. Da Erfolg und Kausalverlauf für ihn voraussehbar waren, ist der Fahrlässigkeitsvorwurf begründet.

Auch in **Fall 91** ist vom Vorliegen einer Übernahmefahrlässigkeit auszugehen, wurde doch die Operationsmethode erstmals angewandt. Die Sorgfaltspflichtverletzung liegt in der Tatsache, dass die Operation überhaupt durchgeführt wurde. Wie in **Fall 90** ist der Fahrlässigkeitsvorwurf berechtigt, hätte B doch trotz nachlassender Leistungsfähigkeit noch erkennen können, dass eine ohne erfahrene Assistenz erstmalig angewandte neue Operationsmethode besondere Risiken birgt. Anders wäre dieser Fall aber etwa bei einer Routineoperation zu beurteilen gewesen.

### c) Herkunft der Sorgfaltsregeln

Zur *Konkretisierung des Sorgfaltsmassstabs* können in vielen Lebensbereichen Rechts- oder Verkehrsnormen («allgemein anerkannte Verhaltensregeln»[426]) herangezogen werden. Als Rechtsnormen kommen etwa das Strassenverkehrsgesetz (SVG) und darauf beruhende Verordnungen, Verordnungen über die Verhütung von Unfällen, das Bundesgesetz über den Gewässerschutz (GSchG), das Bundesgesetz über die Sicherheit elektrischer Installationen (STEG) oder kantonale Bau- und Umweltschutzgesetze in Frage. Auch gewisse in der Schweiz übernommene Vorschriften der EU können direkt beigezogen werden. Bestehen für bestimmte Lebensbereiche keine gesetzlichen Sorgfaltsnormen, so können andere anerkannte Regel-werke und Richtlinien, «auch wenn diese von einem privaten oder halböffentlichen Verband erlassen wurden»[427] den Inhalt der Sorgfaltspflicht bestimmen, etwa Leitsätze des Schweizerischen Elektrotechnischen Vereins (SEV), technische Vorschriften oder Empfehlungen z.B. der Elektrizitätswerke, Weisungen der EMPA, Merkblätter der SUVA, die FIS-Skiregeln, die Eishockey-Spielregeln (dazu o. I.4.b.2), Richtlinien von diversen Kommissionen, Spiel- und Sportregeln, Standes- und Kunstregeln (etwa der FMH, der SAMW oder des SIA), Betriebsreglemente und -ordnungen sowie Pflichtenhefte. Dazu gehören aber auch Pflichten so allgemeiner Art wie etwa «die Heilkunst nach anerkannten Grundsätzen der ärztlichen Wissenschaft und Humanität auszuüben».[428] Nach der Rspr. bestimmen solche besonderen oder allgemeinen Vorschriften *primär* das Mass der zu beachtenden Sorgfalt, und von einem Verstoss gegen sie kann in der Regel der Schluss auf die Sorgfaltspflichtwidrigkeit gezogen werden.[429] Befolgung wie Nichtbefolgung dieser Sorgfaltsregeln stellen aber immer nur ein widerlegbares Indiz für die Einhaltung oder Vernachlässigung der (letztlich eben vom Gericht zu bestimmenden) im Verkehr erforderlichen Sorgfalt und die Voraussehbarkeit des Erfolges dar.

Anerkannt ist, dass *Sorgfaltsnormen* nicht alle erdenklichen Situationen regeln können und folglich *lückenhaft* sind. An die Sorgfaltspflicht können im Einzelfall bei aussergewöhnlichem Gefährdungssachverhalten höhere Anforderungen gestellt werden. Grundlegend ist in solchen Fällen die Einhaltung allgemeiner Rechtsgrundsätze, insbesondere des *allgemeinen Gefahrensatzes*.[430] Dieser beinhaltet die Pflicht, dass jeder, der einen Gefahrenzustand schafft, alles Zumutbare tun muss, damit die Gefahr zu keiner Verletzung fremder Rechtsgüter führt.[431] Es ist m.a.W. unter Fahrlässigkeitsgesichtspunkten nicht jedes Verhalten erlaubt, das nicht ausdrücklich verboten ist.[432]

**426** BGE 130 IV 7, 11.

**427** BGE 130 IV 7, 11.

**428** BGE 130 IV 7, 11; zur Bedeutung des Wartungshandbuchs für Sorgfaltspflichten bei der Flugzeugwartung vgl. BGE 133 IV 158.

**429** BGE 114 IV 173, 175.

**430** BGE 127 IV 62, 65.

**431** BGE 106 IV 80, 81, vgl. auch BGE 121 IV 10, 14 f.

**432** Vgl. schon BGE 85 IV 45, 48, wo es um nicht verbotenes Trittbrettfahren bei einem Traktor ging.

### d) Geschäftsherrenhaftung

Eine *Sorgfaltspflichtverletzung* kann auch darin bestehen, dass der *Pflicht, einen Betrieb zweckmässig und korrekt zu organisieren*, nicht genügend nachgekommen wird. Diese Haftung erscheint auf den ersten Blick als eine Haftung für fremdes Verhalten. Doch geht es auch hier darum, dass eine verantwortliche Person ein Unternehmen oder die Arbeit von einzelnen Untergebenen nicht zweckmässig organisiert hat, d.h. dass sie sie nicht passend ausgesucht, nicht korrekt instruiert oder nicht ausreichend überwacht hat. Die Haftung erweist sich somit als Haftung für eigenes (Organisations-)Verschulden, wobei zivilrechtliche Grundsätze zu Art. 55 OR bis zu einem gewissen Grade in das Strafrecht übernommen werden können.[433] Im Von-Roll-Urteil[434] wird eine Sorgfaltspflichtverletzung darin gesehen, dass die Verantwortlichen eines risikoträchtigen Betriebs kein Sicherheitsdispositiv aufstellen, um das Risiko unerlaubter Waffenexporte zu verhindern. Allerdings nähert sich eine solche Haftung aus Zuständigkeit einer verschuldensunabhängigen Haftung an, die den im Strafrecht tragenden Grundsatz des Schuldprinzips verletzen könnte.

## 3. Objektive Zurechenbarkeit

**Literatur** Arzt, Vorsatz und Fahrlässigkeit, recht 1988/6, 71; Corboz, Homicide par négligence, SemJud 1994, 203–210; Hurtado Pozo, Le principe de la légalité, le rapport de la causalité et la culpabilité: réflexions sur la dogmatique pénale, ZStrR 1987, 23 (insbes. 41–46); Schubarth, Art. 117 N. 47–63; Stratenwerth, § 16 N. 15 und § 9 N. 41 ff.

**Übungsliteratur** Eymann u.a., Fälle 7, 8, 11, 12; Maihold, N. 33, 35, 36, 108.

**Fall 92 (BJM 1996, 204 ff.):**

C fuhr mit ihrem Auto trotz regnerischem Wetter und Dunkelheit mit ca. 30 km/h durch die K.strasse. Vor einem Fussgängerstreifen erblickte sie im allerletzten Moment den nur 157 cm grossen, gehbehinderten, an Osteoporose leidenden N, der langsam die Strasse überqueren wollte. Obwohl C noch auszuweichen versuchte, kam es zur Kollision mit N, der schwer verletzt ins Spital eingeliefert wurde. N riss – bereits auf dem Weg der Besserung – im Spital die Fixation, die seine Knochenbrüche fixieren sollte, weg, was eine Fettembolie zur Folge hatte. Diese führte in Verbindung mit der ebenfalls aufgrund des Unfalls eingetretenen Lungenentzündung zu einem Herz-Kreislauf-Versagen.

**Fall 93:**

Wie Fall 92, aber N starb infolge des Genusses durch Salmonellen verseuchter Spitalnahrung.

**Fall 94 (Fall nach Riklin, § 13 N. 41):**

Der Fahrer eines Autos fährt mit 100 km/Std. durch eine Ortschaft. Ein Selbstmörder wirft sich unter die Räder des Fahrzeugs und wird überfahren. Der Fahrzeuglenker hätte

433 Vgl. BGE 121 IV 10, 15.

434 BGE 122 IV 103, 103 ff.; dazu und generell zur Entwicklung des Gedankens der Geschäftsherrenhaftung in der bundesgerichtlichen Rechtsprechung: Wiprächtiger,754; Cassani, 43.

auch bei pflichtgemässem Verhalten den Erfolg mit an Sicherheit grenzender Wahrscheinlichkeit nicht verhindern können, d.h. wenn er lediglich mit 50 km/Std durch die Ortschaft gefahren wäre.

**Fall 95 (BGHSt 30, 228 ff.):**

Der Citroenfahrer A bemerkte bei Nebel das Stauende zu spät, fuhr auf einen Lastwagen auf und schleuderte auf die Überholspur. Der Lastwagenfahrer B half ihm aus dem Wrack. In diesem Moment fuhr C mit seinem Ford auf den Citroen auf und schob das Wrack 10 Meter weiter nach vorn, wodurch A und B verletzt wurden. Um den Kettenunfall zu komplettieren, steuerte D eine knappe Sekunde später seinen Opel auf den Ford des C. Wäre C mit seinem Ford vor dem Citroen des A zu stehen gekommen, hätte der Opel des D durch die Wucht des Aufpralls den Ford auf den Citroen und beide Fahrzeuge etwa 5 Meter nach vorne versetzt, was die gleichen Verletzungen bei A und B hervorgerufen hätte.

**Fall 96 (BJM 1985, 211 ff.):**

P und L kamen zusammen mit zwei Kollegen überein, vom Birskopf den Rhein – der im Sommer 1983 nach einer langen und niederschlagsarmen Hitzeperiode einen ausserordentlich tiefen Wasserstand aufwies – hinunter zu schwimmen. Es existierten keine starken Strömungen und Schwimmen im Rhein war zu jenem Zeitpunkt selbst für jemanden, der keine Erfahrung beim Schwimmen in einem fliessenden Gewässer hatte, ungefährlich. Zudem wurde eine vernünftige und einfache Route gewählt und die Strömungen waren nicht stark. L konnte zwar schwimmen, hatte aber, anders als der erfahrene P, keine Erfahrung im Schwimmen in fliessenden Gewässern. Beim Versuch, einen Pfeiler der Eisenbahnbrücke anzuschwimmen, verpasste L diesen Pfeiler und ertrank in der Folge.

**Fall 97 (BJM 1971, 127 ff.):**

Ein Triebwagen der Waldenburgerbahn fuhr in Richtung Liestal mit 51 km/h (statt der erlaubten 45 km/h). Bei der Station «Talhaus» gab der Lokomotivführer L nach Vorschrift Pfeifsignale. Plötzlich versuchte ein Ehepaar in einem VW-Bus hinter einem parkierten Lastwagen noch schnell die Geleise zu überqueren. Trotz Vollbremsung wurde der VW-Bus vom Triebwagen erfasst und gegen einen stationierten Lastwagen geschleudert. Die beiden Ehegatten erlitten schwere Verletzungen, denen sie kurze Zeit später erlagen.

Der Tatbestand des fahrlässigen Erfolgsdelikts ist trotz kausaler Erfolgsverursachung, objektiver und subjektiver Pflichtwidrigkeit des Verhaltens des Täters und Vorhersehbarkeit des Erfolgseintritts nur dann erfüllt, wenn dem Täter über das blosse Setzen einer notwendigen Bedingung für den Erfolg hinaus dieser Erfolg auch normativ zugerechnet werden kann. Einige Fallgruppen eines *Fehlens der objektiven Zurechnung* (Risikoverringerung, erlaubtes Risiko, atypische Kausalverläufe) wurden bereits beim Vorsatzdelikt besprochen (oben I. 3.).

Beim Fahrlässigkeitsdelikt treten hierzu noch einige *weitere Fallgruppen*. Für die Zurechnung des Erfolgs eines Handelns oder Unterlassens zu einem Fahrlässigkeitstatbestand ist nämlich Bedingung, dass der tatbestandsmässige Erfolg seine spezifische Voraussetzung gerade in der Sorgfaltspflichtverletzung gehabt hat. Im konkreten Taterfolg muss sich m.a.W. gerade diejenige Gefahr realisiert haben, die durch das sorgfaltspflichtwidrige Handeln (resp. Unterlassen) des Täters geschaffen oder gesteigert bzw. nicht vermindert worden ist (sog. *Zurechnungszusammenhang zwischen Sorgfaltspflichtwidrigkeit und Erfolg*, auch Risiko-, Pflichtwidrigkeitszusammenhang oder Relevanz der Sorgfaltspflichtverletzung genannt.[435]

Trotz äquivalent-kausalen, sorgfaltspflichtwidrigen und gefahrschaffenden Täterverhaltens wird danach die Erfolgszurechnung verneint in Fällen

1. *atypischer Kausalverläufe*, die hier in ihren Besonderheiten bei Fahrlässigkeitsdelikten noch einmal aufgegriffen werden (**Fälle 92 und 93**),
2. in denen auch bei *sorgfaltspflichtgemässem Alternativverhalten* der gleiche Erfolg eingetreten wäre (dazu **Fälle 94 und 95**) oder
3. in denen das Opfer bewusst und einvernehmlich eine *Gefährdung durch einen anderen* eingegangen ist (**Fall 96**) und schliesslich
4. in denen der eingetretene Erfolg aus anderen Gründen nicht vom *Schutzzweck* der das erlaubte Risiko umgrenzenden *Sorgfaltsnorm* erfasst wird (dazu **Fall 97**).

Die Gemeinsamkeit dieser vier Voraussetzungen, die eine Zurechnung des Erfolgs verhindern, liegt darin begründet, dass der *Erfolg nicht vom Schutzzweck der Sorgfaltsnorm erfasst* wird. Nicht der Täter ist für den Erfolg «zuständig», sondern der Zufall, das Opfer oder Dritte. Die ersten drei Voraussetzungen bilden dabei besondere, schon lange anerkannte Fallgruppen. Die vierte Fallgruppe ist ein «Sammelbecken» für andere Aspekte des fehlenden Schutzzweckzusammenhangs.

*Zu 1. (Atypische Kausalverläufe)*

Besonders atypische Kausalverläufe, die weder nach dem gewöhnlichen Lauf der Dinge noch nach allgemeiner Lebenserfahrung zu erwarten sind, stehen ausserhalb des Schutzzwecks der Sorgfaltsnorm. Das lässt sich damit erklären, dass aus Sicht der Rechtsgemeinschaft das *Unrecht* der Sorgfaltspflichtverletzung in den Hintergrund tritt im Vergleich mit dem *Unglück* eines tückischen Geschehensablaufs. Die Tat kann so «am Täter vorbei» erklärt werden. Grosse Teile der Lehre und das BGer prüfen demgegenüber in solchen Fällen (in der Regel mit demselben Ergebnis) bei der Kausalität unter dem Titel des adäquaten Kausalverlaufs, ob gewisse ungewöhnliche Kausalverläufe ausserhalb der Lebenserfahrung ausgeschieden werden. Zudem wird mit dem Begriff der sog. «Unterbrechung des Kausalzusammenhangs» operiert.[436] Dies ist aus den oben I. 2. genannten Gründen missverständlich und deshalb abzulehnen.

In **Fall 92** stellt sich die Frage, ob der tatbestandliche Erfolg seine spezifische Voraussetzung gerade in der Sorgfaltspflichtverletzung gehabt hat, was die insoweit strenge Rechtsprechung vom gewöhnlichen Lauf der Dinge und von der allgemeinen Lebenserfahrung abhängig macht. Im vorliegenden Fall liegt der Erfolg nicht ausserhalb desjenigen Geschehens, das bei solchen Unfällen nach dem gewöhnlichen Lauf der Dinge und allgemeiner Lebenserfahrung erwartet werden kann.

**435** Vgl. Riklin, § 13 N. 41 und § 16 N. 63; Stratenwerth, § 16 N. 15; Trechsel/Noll, 270 ff.
**436** Vgl. etwa BGE 115 IV 100, 100 ff. und 120 IV 300, 300 ff.

Anders präsentiert sich **Fall 93**, denn dort hat sich gerade *nicht* die Gefahr verwirklicht, die C geschaffen hat. Die verwirklichte Gefahr ging vom Spital und dessen Essen aus, also von einem allgemeinen Lebensrisiko, und für den Erfolg kann C deshalb nicht verantwortlich gemacht werden, weil die vorhergehende Sorgfaltspflichtverletzung der C (unachtsames, nicht den Verhältnissen angepasstes Fahren) dieses Risiko nicht erkennbar gesteigert hat.

*Zu 2. (Sorgfaltspflichtgemässes Alternativverhalten)*

Die Vermeidbarkeit des Taterfolgs ist nach h.L. und Rspr. haftungsbegründende Voraussetzung des Fahrlässigkeitstatbestandes, da es nicht Zweck einer Sorgfaltsnorm sein kann, Unvermeidliches zu vermeiden.

Diese Vermeidbarkeit liegt in Fällen nicht vor, *in denen der Erfolg mit hoher Wahrscheinlichkeit auch bei sorgfaltspflichtgemässem Verhalten eingetreten wäre.*[437] Hierbei geht es um eine Prognose, die stark auf tatsächliche Begebenheiten (Beweisrecht!) abstellt.[438] Die Vertreter der auf Roxin zurückgehenden *Risikoerhöhungstheorie* bejahen demgegenüber eine objektive Zurechnung des Erfolgs bereits dann, wenn die Sorgfaltspflichtverletzung nachweisbar eine erheblich gesteigerte Gefahr für das geschützte Rechtsgut mit sich gebracht hat.[439]

Die Risikoerhöhungstheorie dürfte jedoch nicht mit der gegenwärtigen Rechtslage vereinbar sein. So würde durch den Verzicht auf den (prozessualen) Nachweis, dass bei sorgfältigem Handeln der Erfolg höchstwahrscheinlich nicht eingetreten wäre, der Satz «in dubio pro reo» verletzt und der Unterschied zwischen Gefährdungsund Verletzungsdelikt verwischt. Abzulehnen ist deshalb auch die Auffassung des BGer (das grundsätzlich zu Recht auf dem Boden der Wahrscheinlichkeitstheorie argumentiert), die Risikoerhöhungstheorie sei anzuwenden, wenn über einem hypothetischen Geschehensablauf beweismässig keine Aussage gemacht werden könne.

Die Prüfung, ob das gebotene Alternativverhalten denselben Erfolg herbeigeführt hätte, stellt sich bekanntlich auch bei der «hypothetischen Kausalität» der Unterlassung (s.o., V. 1. A) bb)). Auch dort ist eine Zurechnung dann zu bejahen, wenn der Erfolg bei rechtmässigem Alternativverhalten höchstwahrscheinlich entfiele.

Im **Fall 94** entfällt eine strafrechtliche Zurechnung, da der Taterfolg mit an Sicherheit grenzender Wahrscheinlichkeit auch bei korrekter Geschwindigkeit eingetreten wäre.

Auch im **Fall 95** wäre zwar der Erfolg ebenso bei pflichtgemässem Verhalten des C eingetreten. Er wäre dann allerdings nicht durch ihn, sondern durch D verursacht worden. Die durch einen *anderen* gesetzte Reserveursache kann aber die Verantwortlichkeit des C – anders als dessen eigenes hypothetisch pflichtgemässes Verhalten – nicht beseitigen. Begründen lässt sich dies damit, dass ein Rechtsgut, das man bei

**437** Vgl. BGE 116 IV 306, 310; 133 IV 171 («avec une haute vraisemblance») Wahrscheinlichkeitstheorie.

**438** Vgl. etwa BGE 105 IV 18, 20.

**439** Vgl. Stratenwerth, § 9 N. 42; jetzt wohl auch BGE 130 IV 6, 18.

einer durch Dritte drohenden Gefahr aufgäbe, schutzlos würde: die blosse Mehrzahl der Gefährdenden würde ihnen allen das unverdiente Privileg eines Entfallens der Zurechnung verschaffen.

*Zu 3. (Einvernehmliche Fremdgefährdung des Opfers)*

Eine Unzuständigkeit des Täters für den Taterfolg ergibt sich weiter dann, wenn dieser Taterfolg in die Zuständigkeit des Opfers fällt.

Hierzu gehören Fälle der Mitwirkung an bewusst eingegangenen, einvernehmlichen Fremdgefährdung (z.B. Fahrt als Beifahrer mit einem erkennbar alkoholisierten Fahrer) – während bei der Mitwirkung an fremder Selbstgefährdung (z.B. beim gemeinsamen Drogenkonsum oder bei einvernehmlich ungeschütztem Sexualverkehr mit bekanntermassen HIV-Infizierten) angesichts der Tatbestandslosigkeit des Suizids die Strafbarkeit von vornherein auf die Fälle des Art. 115 (Verleitung und Beihilfe zum Selbstmord) beschränkt ist.[440] Der Schutzbereich einer Norm, die den Rechtsgutsinhaber vor rechtswidrigen Angriffen Dritter bewahren soll, endet dort, wo der eigene Verantwortungsbereich des Betroffenen beginnt. Die Zurechnung erfolgt erst dann, wenn der Täter das Risiko kraft überlegenen Wissens besser erfasst als der sich selbst Gefährdende.

Im **Fall 96** stellt sich die Frage, ob dem P fahrlässige Tötung zur Last fällt. Auch bei sorgfältigstem Vorgehen besteht immer ein erlaubtes Restrisiko. L handelte in eigener Verantwortung und diese Verantwortung kann nicht schon deshalb auf P übergewälzt werden, weil dieser mehr Erfahrung im Schwimmen hatte. P bleibt also straflos, und zwar schon deshalb, weil der Tod des L in dessen Eigenverantwortlichkeit begründet liegt und die Voraussetzungen des Art. 115 nicht gegeben sind. Eine einvernehmliche Fremdgefährdung, bei der erst der Gedanke des Fehlens der objektiven Zurechnung zur Straflosigkeit führen würde, hätte dagegen vorgelegen, wenn P den L in einem (wie L wusste) nicht ganz wassertüchtigen Boot mitgenommen hätte und L beim Kentern des Bootes ertrunken wäre (vgl. im übrigen zu dieser Konstellation auch unten 6.a).

*Zu 4. (Schutzzweck der Sorgfaltsnorm)*

Generell ist der konkrete Erfolg der Sorgfaltspflichtverletzung schliesslich nur dann zurechenbar, wenn das übertretene Sorgfaltsgebot gerade den Zweck hatte, derartige Risikoverschiebungen zu verhindern. Der Schutzbereich der den Pflichtenverstoss begründenden Sorgfaltsnorm muss also gerade auch den eingetretenen Erfolg umfassen. Deshalb ist eine genaue teleologische Auslegung der das erlaubte Risiko begrenzenden Sorgfaltspflicht notwendig.

**440** Zur Differenzierung von eigenverantwortlicher Selbstgefährdung und Mitwirkung an fremder Selbstgefährdung BGE 131 IV 1, 8; für den Fall des Laufs über glühende Kohlen (im entscheidenden Fall Selbstgefährdung) BGE 134 IV 149; gegen eine solche Differenzierung Eicker, Einverständliche Fremdgefährdung und Einwilligung im Risiko. Eine strafrechtsdogmatische Betrachtung unter besonderer Berücksichtigung von BGE 134 IV 26, recht 2009, 143.

In **Fall 97** verhält sich der Triebwagenfahrer rechtswidrig und verursacht den Tod des Ehepaars. Bei Einhaltung der zulässigen Höchstgeschwindigkeit wäre er erst später am Unfallort angekommen und hätte das Ehepaar nicht erfasst. Jedoch liegt der Erfolg nicht im Schutzbereich der Norm. An der konkreten Stelle war die Geschwindigkeitsbeschränkung aus rein bahntechnischen Gründen (Entgleisungsgefahr, Lärmschutz), nicht aber wegen der Gefahr des plötzlichen vorschriftswidrigen Querens von Fahrzeugen aufgestellt worden.

In einem Entscheid[441] erwägt auch das Bundesgericht diese Problematik des späteren Ankunftszeitpunkt an einem Ort wegen einer vorherigen Überschreitung der Geschwindigkeit an einem anderen Ort und gelangt zum richtigen Ergebnis (keine Zurechnung in diesem Fall). Allerdings gibt es die falsche Begründung, es fehle in einem solchen Fall an der natürlichen Kausalität des Fahrens mit überhöhter Geschwindigkeit für den späteren Unfall.

### 4. Rechtswidrigkeit

**Literatur** Donatsch/Tag, § 32/3.2; Graven/Sträuli, 99 ff.; Schubarth, Art. 117 N. 64–81; Stratenwerth, § 16 N. 18–25; Trechsel/Noll, 275 f.; Trechsel/Jean-Richard, Art. 12 N. 43 m.w.H.

**Übungsliteratur** Eymann u.a., Fall 4; Maihold, N. 54, 58.

Grundsätzlich gilt bei den Fahrlässigkeitsdelikten für die Rechtswidrigkeit dasselbe wie bei Vorsatztaten. Die Rechtswidrigkeit kann auch hier durch Rechtfertigungsgründe ausgeschlossen werden. Allerdings gibt es eine Besonderheit:

Eine *Rechtfertigung durch Notwehr* tritt in Fällen ein, in denen der herbeigeführte Verteidigungserfolg auch bei vorsätzlichem Handeln gerechtfertigt gewesen wäre.[442] Eine Rechtfertigung greift also auch dann, wenn die in den Schranken des Erforderlichen erfolgte Verteidigungshandlung ungewollte Auswirkungen zeitigt, diese Auswirkungen aber vorsätzlich hätten herbeigeführt werden dürfen. Dies ist etwa der Fall, wenn bei einem lebensbedrohlichen Angriff eine Feuerwaffe als Schlaginstrument benutzt wird und sich dabei – ohne Willen des sich Verteidigenden – ein tödlicher Schuss löst, falls nur im konkreten Fall die Waffe auch als Schusswaffe hätte eingesetzt werden dürfen. Entscheidend ist also, dass objektiv eine Verteidigung in Notwehr erfolgt und diese von einem generellen Verteidigungswillen getragen ist – ein Verteidigungswille bezogen auf den spezifischen Taterfolg braucht nicht vorzuliegen, wenn dieser vorsätzlich hätte herbeigeführt werden dürfen (vgl. dazu auch oben III. 4. c).

Wird nämlich eine *fahrlässige Handlung in Unkenntnis einer rechtfertigenden Sachlage* begangen, so entfällt mangels Erfolgsunwerts im Unterschied zu vorsätzlichen Verbrechen oder Vergehen (Strafbarkeit als Versuch) die Strafbarkeit, denn es gibt keinen – primär nur den Handlungsunwert erfassenden – Versuch bei den Fahrlässigkeitsdelikten.[443]

**441** BGE 94 IV 23, 26.
**442** Vgl. BGE 79 IV 148, 151.
**443** Stratenwerth, § 16 N. 24.

## 5. Fahrlässigkeitsschuld

**Literatur** Stratenwerth, § 16 N. 26–29; Trechsel/Noll, 243 f.

Wie oben (2.b) ausgeführt, wird schon im Tatbestand des Fahrlässigkeitsdelikts ein individueller Sorgfaltsmassstab angelegt und von einer individuellen Voraussehbarkeit ausgegangen. Deshalb ist nach der heute wohl herrschenden Lehre sowie nach der Rspr. im Rahmen der Schuldprüfung nur noch zu untersuchen, ob *Schuldfähigkeit* (Art. 19 f.) und *Unrechtsbewusstsein* (Art. 21: virtuelle Verbotskenntnis) vorlagen und ob rechtmässiges Verhalten in der konkreten Situation *zumutbar* war.[444]

Bei der Frage der Schuldfähigkeit ist zu beachten, dass das neue Recht in Art. 19 Abs. 4 nunmehr auch ausdrücklich die fahrlässige «actio libera in causa» unter Strafe stellt («Konnte der Täter die Schuldunfähigkeit ... vermeiden und dabei die in diesem Zustand begangene Tat voraussehen ...»).

## 6. Sonderfragen zur Fahrlässigkeit

**Literatur** Häring, Die Mittäterschaft beim Fahrlässigkeitsdelikt, Basel 2006; Riedo/Chvojka, Fahrlässigkeit, Mittäterschaft und Unsorgfaltsgemeinschaft, ZStrR 2002, 152–168.

### a) Einwilligung

Die *Problematik der Einwilligung bei Fahrlässigkeitsdelikten* besteht insbesondere bei Kampf- und Risikosportarten, aber auch bei riskanten medizinischen Eingriffen sowie allgemein bei gefährlichen Tätigkeiten. Bei der Einwilligung, die unter dem Gesichtspunkt der eigenverantwortlichen Fremdgefährdung schon die objektive Zurechnung (dazu oben 3., zu 3 – «eigenverantwortliche Fremdgefährdung») und bereits aus diesem Grund die Tatbestandsmässigkeit entfallen lässt, ist zwischen der Einwilligung in eine Gefahr und der Einwilligung in einen Erfolg zu unterscheiden. Auch die Einwilligung in eine Lebensgefahr ist im Unterschied zur Einwilligung in den Erfolg eines Tötungsdelikts beachtlich, wenn sachlich mindestens vertretbare Gründe vorliegen[445] und wenn die Gefahr, in die eingewilligt wird, nicht zu nahe am Erfolg liegt, da sich sonst die Einwilligung in die Gefahr als Einwilligung in den Erfolg darstellen würde.[446] Auch grobes oder vorsätzliches Fehlverhalten wird durch die stillschweigende Einwilligung der Teilnehmer einer Sportart in das Risiko nicht gedeckt.[447]

**444** Anders noch Schultz I, 171 f., 184–194.

**445** Stratenwerth, § 16 N. 20; Schubarth, Systematische Einleitung, N. 167; allgemein zur Einwilligung in eine Gefährdung Arzt, 72, sowie Weissenberger, Die Einwilligung des Verletzten bei Delikten gegen Leib und Leben, Diss. Basel 1996, 60 ff., 142 ff. m.w.H.

**446** BGE 114 IV 100, 103.

**447** Für den Sportbereich: BGE 109 IV 102, 102 ff.

### b) Teilnahme

**Übungsliteratur** Maihold, N. 110.

Eine *Mittäterschaft oder Teilnahme* gibt es nach h.M. bei Fahrlässigkeitsdelikten nicht, weil ein gemeinsamer Tatentschluss i.S. eines Vorsatzes bezüglich der Teilnahmehandlung notgedrungen fehlt. In BGE 113 IV 58, 59 f. («Rolling-Stones»Fall) hat dies das BGer jedoch anders gesehen und fahrlässige Mittäterschaft angenommen.[448]

Die besseren Argumente sprechen tatsächlich dafür, die Figur einer fahrlässigen Mittäterschaft zu akzeptieren. Es gibt einerseits ein praktisches Bedürfnis für diese Rechtsfigur bei Fällen, in denen gemeinsam sorgfaltspflichtwidrig gehandelt wird, ohne dass der Erfolg einem der Handelnden eindeutig zugerechnet werden könnte. Eine derartige wechselseitige Zurechnung von Handlungsteilen erscheint andererseits in solchen Fällen nicht weniger gerecht als bei Vorsatzdelikten. Und schliesslich sind die dogmatischen Probleme behebbar: Der gemeinsame Tatentschluss z.B. bezieht sich bei gemeinsamem fahrlässigen Handeln nicht auf den gesetzlichen Tatbestand, sondern auf jene natürliche Handlung, die dem sorgfaltspflichtwidrigen Verhalten zugrunde liegt.[449]

Auch eine fahrlässige Mitwirkung am Vorsatzdelikt ist möglich, wirft aber spezielle Probleme auf.[450]

### c) Unterlassen

**Übungsliteratur** Eymann u.a., Fälle 2, 8; Maihold, N. 115.

Auch bei *Unterlassungsdelikten* ist nach h.M. die fahrlässige Tatbestandsverwirklichung überall dort strafbar, wo das Gesetz eine Strafbarkeit des fahrlässigen Handlungsdelikts vorsieht. Der dabei vorausgesetzte Sorgfaltsmangel kann alle Merkmale des objektiven Tatbestands betreffen: Er kann in vorwerfbar mangelnder Erkenntnis der tatbestandsmässigen Situation einschliesslich der eigenen Garantenstellung, in sorgfaltspflichtwidriger Nichtbeachtung des bevorstehenden Erfolgseintritts oder auch in mangelhafter Ausführung der gebotenen Rettungshandlung bestehen. Zu beachten ist, dass beim fahrlässigen Unterlassungsdelikt Fragen des Pflichtwidrigkeits- und des Schutzzweckszusammenhangs eine besonders wichtige Rolle spielen.[451]

Die Strafbarkeit fahrlässigen Unterlassens wirft allerdings im Hinblick auf seine Strafbedürftigkeit Fragen auf. Schon das vorsätzliche unechte Unterlassungsdelikt, bei dem

**448** Ablehnend etwa Donatsch/Tag, 357 f.; Trechsel/Noll, 206 m.w.N.; zustimmend Arzt, Vorsatz und Fahrlässigkeit, recht 1988/6, 66; Riedo/Chvojka, 156 ff.; Walder, Urteilsanmerkung zu BGE 113 IV 58, recht 1989/7, 56–59; Häring, passim; in BGE 105 IV 330, 333 f. hat das BGer eine Fahrlässigkeitshaftung für das Verursachen einer Brandstiftung durch unvorsichtiges Reden verneint.

**449** In diesem Sinn überzeugend Häring, § 14.

**450** Zur Problematik eines sog. Regressverbots vgl. Stratenwerth, § 16 N. 44–46 und Wehrle, Fahrlässige Beteiligung am Vorsatzdelikt – Regressverbot?, Basel 1996.

**451** Vgl. zum Ganzen: BSK-Seelmann, Art. 11 N. 76 ff. und Stratenwerth, § 17 N. 1 ff.

es am Evidenzerlebnis einer kausalen Erfolgsverursachung fehlt und das nur über eine Rechtspflicht zugerechnet wird, verdient geringere Strafe als das Handlungsdelikt (vgl. Art. 11 Abs. 3 und 4). In Kombination mit dem gegenüber dem Vorsatzdelikt wesentlich weniger strafwürdigen Fahrlässigkeitsdelikt ergibt sich deshalb eine zweifach verringerte Strafwürdigkeit gegenüber dem vorsätzlichen Handlungsdelikt. So hat denn auch der Internationale Strafrechtskongress 1984 in Kairo in seiner Entschliessung gefordert, die Strafbarkeit fahrlässiger *Unterlassungs*delikte zu begrenzen.

## IX. Konkurrenzen

**Literatur** BSK-Ackermann, Art. 49; Cardinauy, Faut-il réviser le concours, art. 68 du code pénal suisse?, JdT 1988, 136; Donatsch/Tag, § 38; Eicker, Grundzüge strafrechtlicher Konkurrenzlehre, ius.full 2003, 146; Glanzmann-Tarnutzer, Die neue Rechtsprechung des Bundesgerichts zur verjährungsmässigen Einheit gemäss Art. 71 Abs. 2 StGB, AJP 2001, 557; Hurtado Pozo, Droit pénal, Partie spéciale I, Nouvelle édition refondue et augmentée, Genf/Zürich/Basel 2009; Killias, N. 1100 ff.; Niggli, Retrospektive Konkurrenz – Zusatzstrafe bei Kassation des Ersturteils, SJZ 1995, 377; Schmid, Das fortgesetzte Delikt am Ende?, recht 1991/9, 134; Stratenwerth, § 18, 19; Trechsel/Noll, 283–292; Trechsel/Affolter-Eijsten, Art. 49; Wehrle, Die Bedeutung erstinstanzlicher Urteile bei der retrospektiven Konkurrenz (Art. 68 Ziff. 2 StGB), SJZ 2000, 56.

**Übungsliteratur** Maihold, N. 120–123.

### 1. Allgemeines

**Literatur** Donatsch/Tag, § 38/1; Trechsel/Noll 283–285; Trechsel/Affolter-Eijsten, Art. 49 N. 1 f.

Konkurrenzregeln legen bei mehrfacher Verwirklichung einzelner oder mehrerer Straftatbestände fest, aus welchen Tatbeständen der Täter zu bestrafen ist. Ihr Verständnis wird allerdings gleichermassen durch terminologischen Wildwuchs wie durch divergierende Lehrmeinungen und Urteile erschwert. Die Konkurrenzregeln gelten gewöhnlich als Nahtstelle zwischen Straf- und Schuldfrage, weil einerseits erst durch sie das Endergebnis der Zurechnung ermittelt werden kann, nämlich aus welchen Strafgesetzen sich die Strafbarkeit ergibt, und weil sie andererseits gleichzeitig die Bildung des konkreten Strafrahmens vorbereiten. Sie gehören aber noch in die Lehre von der Straftat, weil gerade das Schuldprinzip verbietet, dass die mehrfache Verwirklichung einzelner oder mehrerer Straftatbestände in eine lineare Kumulation jeweilig verwirkter Einzelstrafen mündet. Anderenfalls würde der Unrechts- und Schuldgehalt der Taten überstiegen und auch die überproportional zunehmende Strafempfindlichkeit des Angeklagten ausser Acht gelassen. Dies findet seinen Ausdruck in Regeln

- über den Anwendungsvorrang der jeweiligen Straftatbestände («unechte Konkurrenz», auch «Gesetzeskonkurrenz» genannt), wenn ein Tatbestand hinter den anderen zurücktritt und somit nicht wirklich in Konkurrenz zum anderen steht, und
- über die Bildung des angesichts nebeneinander anwendbarer Straftatbestände oder der mehrfachen Tatbestandsverwirklichung massgeblichen Strafrahmens («echte Konkurrenz»).

Konkurrenzregeln werden aber auch an anderer Stelle relevant. Ist jemand wegen einer Straftat schon verurteilt oder freigesprochen worden, kann dieselbe Tat nicht ein weiteres Mal Gegenstand eines rechtsstaatlichen Strafverfahrens gegen den Betroffenen sein («ne bis in idem»). Dabei ist die Frage umstritten, ob sich die Tatidentität auf den Lebensvorgang im allgemeinen oder auf den konkreten Gegenstand der ersten Anklage und des ersten Gerichtsverfahrens bezieht. Allgemein anerkannt ist aber, dass Tatidentität jedenfalls dann vorliegt, wenn die Straftatbestände, deren sich der Betroffene möglicherweise schuldig gemacht hat, zu den bereits gerichtlich verfolgten in unechter Konkurrenz stehen.

Im Art. 49 ist die Frage der Bildung des im konkreten Fall anzuwendenden Strafrahmens für die Fälle der echten Konkurrenz geregelt, in denen ein Täter mehrere Freiheitsstrafen oder mehrere Geldstrafen verwirkt hat. Denn um den Strafrahmen festzulegen, reicht es nicht aus zu ermitteln, welcher Straftatbestände sich der Täter schuldig gemacht hat; in einem zweiten Schritt muss festgestellt werden, ob aus diesen Strafgesetzen auch konkret eine Bestrafung erfolgen darf.

Wenn bei der schuldhaften Verwirklichung mehrerer Tatbestände das Unrecht des einen Tatbestandes schon durch die Anwendung eines anderen Tatbestandes erfasst und abgegolten wird, muss ersterer hinter letzteren bei der Strafrahmenermittlung ganz zurücktreten. Es besteht also dann nicht wirklich eine Konkurrenz. Die Strafbarkeit ergibt sich dann allein aus den Strafgesetzen, die nicht verdrängt werden. Soweit trotz Verwirklichung beider oder mehrerer Tatbestände letztlich nicht alle für die Strafrahmenermittlung Anwendung finden, spricht man von unechter Konkurrenz (oder auch Gesetzeskonkurrenz). Diese ist im Gesetz nur unvollständig geregelt und wird nicht von Art. 49 erfasst. Das Vorliegen einer unechten Konkurrenz (Gesetzeskonkurrenz) ist in jedem Fall zuerst zu prüfen, da es ggf. die Prüfung einer wirklichen Konkurrenz ausschliesst.

## 2. Unechte Konkurrenz (Gesetzeskonkurrenz)

**Literatur** Stratenwerth, § 18; Trechsel/Noll, 284.

**Fall 98 (BGE 111 IV 124 ff.):**

Der Angeklagte verletzte seine Frau an der Hand und liess sie dann im Stich.

**Fall 99 (OGer ZH in SJZ 66 [1970] Nr. 164) = Fall 76:**

Drei junge Burschen, X, Y und Z, hatten geplant, aus dem Tresor der Firma O. AG Gratifikationsgeld zu entnehmen. Y wirkte dabei insofern mit, als er an den Gesprächen über die Planung teilnahm. Als ehemaliger Angestellter der Firma O. AG konnte er zudem genaue Angaben über das Geld, die Gewohnheiten des Kassiers sowie den Zeitpunkt und den Ort der Verwahrung machen. Ferner kaufte er dem gemeinsamen Plan entsprechend verschiedene zur Tatausführung benötigte Gegenstände (etwa Äther zur Betäubung des Kassiers, ein ausländisches Nummernschild sowie eine Spraydose). Noch vor der Tat erklärte Y plötzlich gegenüber X und Z, dass er bei der Angelegenheit nicht mehr mitmache und beendete jegliche Mitarbeit. X und Z führten den Raub in der Folge ohne Y aus.

Variante: Y entschloss sich zur freiwilligen Abstandnahme von der Tat erst nachdem er gemeinsam mit X und Z damit begonnen hatte, den Kassier zu betäuben. Obwohl er versuchte, auch X und Z zur Aufgabe zu bewegen und das Gebäude sofort verliess, führten X und Z die Tat durch.

**Fall 100 (BGE 119 IV 154 ff.):**

U fälschte 1992 mit Hilfe eines Farbkopierers mindestens 1945 500-Franken-Banknoten im Nominalwert von Fr. 972 500.–, um sie als echt in Umlauf zu setzen. Danach versuchte er erfolglos, dem A falsche Banknoten im Nominalwert von Fr. 940 000.– zum Preis von Fr. 150 000.– zu veräussern und verkaufte sie schliesslich für Fr. 70 000.– an B, der sie aber infolge seiner Verhaftung nicht mehr als echtes Geld in Umlauf bringen konnte.

**Fall 101 (BGE 91 IV 211 ff.):**

Der Autofahrer Trumpf folgte einem anderen Fahrzeug, das ihn gerade überholt hatte, auf 50m Abstand mit 100 km/h, obwohl er sich einer Ortschaft näherte. Am Ortseingang begann gerade die 72-jährige Frau Schmid mit ihrem Enkelkind die Strasse zu überqueren, was Trumpf erst sah, nachdem das vor ihm fahrende Kraftfahrzeug die beiden passiert hatte. Der 50 m lange Bremsweg reichte nicht aus, rechtzeitig anzuhalten. Sein Wagen erfasste Frau Schmid, die auf der Stelle getötet wurde.

Durch die Regeln der unechten Konkurrenz (Gesetzeskonkurrenz) wird bei der Verwirklichung verschiedener Tatbestände durch denselben Täter in Rechnung gestellt, dass in einigen Fällen der deliktische Gehalt des einen Tatbestands schon durch einen anderen abgegolten wird. Die so berücksichtigten Tatbestände dürfen die Strafbarkeit nicht mit eigenständiger Bedeutung (mit)begründen, sondern müssen aus der Strafrahmenbildung ausgeklammert werden.

Dieses Grundprinzip äussert sich in logisch-teleologischen oder in ausschliesslich teleologischen Gründen für den Vorrang einiger Strafnormen vor anderen, zwei Varianten, die normalerweise unter den Bezeichnungen der Spezialität und der Subsidiarität (einschliesslich der Konsumtion) diskutiert werden.

Vielfach wird auch danach unterschieden, ob die Verletzung mehrerer Straftatbestände einer oder mehreren Handlungen entspringt (siehe 3.). Letzteres führt dann dazu, dass bei Verwirklichung von Tatbeständen, die zueinander im Verhältnis unechter Konkurrenz stehen, die Tatbestände, die für die Strafrahmenbildung nicht herangezogen werden, als mitbestrafte Vor-oder Nachtat bezeichnet werden. In einer vollständigen Fall-Lösung ist diese Feststellung jedoch höchstens ein Ergebnis; sie kann nämlich eine Begründung, warum die Vor-oder Nachtat durch die Bestrafung aus einem anderen Delikt mitumfasst ist, nicht ersetzen.

### a) Logisch-teleologisch zu begründender Vorrang: Spezialität

Spezialität liegt vor, wenn ein Straftatbestand einen anderen in allen Teilen in sich einschliesst.[452] Sie ist ein logisch feststellbares Verhältnis zweier Tatbestände: Der spezielle

**452** BGE 91 IV 211, 213; 96 IV 155, 165.

Tatbestand enthält über den generellen Tatbestand hinaus noch weitere Tatbestandsvoraussetzungen, so dass er nicht in all den Fällen erfüllt ist, in denen der generelle Tatbestand die Strafbarkeit begründet. Nach der Regel «lex specialis derogat legi generali» (das spezielle Gesetz geht dem generellen vor) tritt für die Strafrahmenbestimmung das generelle Gesetz gänzlich zurück. Das ergibt sich allerdings noch nicht allein aus der logischen Beziehung beider Tatbestände, sondern erst aus der teleologischen[453] Erwägung, dass in einer solchen logischen Spezialitätsbeziehung nur dieses Ergebnis praktisch Sinn macht.

Die Spezialität ergibt sich entweder begrifflich oder im Wege der systematischen Analyse des Anwendungsbereichs der entsprechenden Bestimmungen.

*Schon begrifflich* ergibt sich die Spezialität von unselbständigen Abwandlungen eines Grundtatbestandes, wie sie Qualifizierungen und Privilegierungen darstellen. Wer sich der Tötung auf Verlangen, Art. 114, schuldig macht, verwirklicht gleichzeitig den allgemeineren Tatbestand der vorsätzlichen Tötung, Art. 111, ist aber nur nach dem privilegierenden Art. 114 strafbar. Wer sich der Freiheitsberaubung und Entführung, Art. 183, sowie der dazu qualifizierten Geiselnahme, Art. 185, schuldig macht, ist allein aus Art. 185 zu bestrafen. Im letzten Beispiel wird die Spezialität dadurch deutlich, dass der Wortlaut des Geiselnahmetatbestandes ausdrücklich die Freiheitsberaubung und Entführung nennt. Ebenfalls schon begrifflich ergibt sich die Spezialität zusammengesetzter Delikte gegenüber den kombinierten Grundtatbeständen. Klassisches Beispiel hierfür ist der Raub, Art. 140, der Nötigung, Art. 181, und Diebstahl, Art. 139, einschliesst.[454]

Nicht begrifflich sondern erst durch *systematische Analyse* des deliktischen Gehalts lässt sich ermitteln, dass die falsche Anschuldigung, Art. 303, die Verleumdung, Art. 174, mit einschliesst und daher das speziellere Gesetz ist.[455]

### b) Rein teleologisch zu begründender Vorrang: Subsidiarität

Stellt von zwei Delikten das eine zwar nicht im logischen Sinn einen speziellen Tatbestand, aber doch eine stärkere, intensivere Angriffsform dar, die mit höherer Strafe bedroht ist, so ist das andere nur hilfsweise, das heisst subsidiär, anwendbar. Hierbei bestimmt sich der Vorrang also rein teleologisch. In wenigen Fällen, z.B. in Art. 155 (Warenfälschung), ist die Subsidiarität ausdrücklich angeordnet. Im Übrigen ergibt sich Subsidiarität nicht nur aus dem Besonderen, sondern auch aus dem Allgemeinen Teil des Strafrechts. Subsidiär sind zum Beispiel abstrakte zu den korrespondierenden konkreten Gefährdungsdelikten, Gefährdungsdelikte zu den entsprechenden Verletzungsdelikten[456], die Versuchsform als Durchgangsstadium zur Vollendung, die Gehil-

**453** Telos = Zweck.

**454** BGE 71 IV 205, 209.

**455** BGE 69 IV 114, 116.

**456** Anders kann es sein, wenn das Verletzungsdelikt nur fahrlässig begangen wird. BGE 136 IV 76 nimmt zwischen fahrlässiger Tötung und Gefährdung des Lebens (Art. 117 und 129) echte Konkurrenz an.

fenschaft zur Anstiftung, die Teilnahme zur Täterschaft und die Unterlassung zur Tatbegehung durch aktives Handeln.

Um einen Sonderfall der Subsidiarität handelt es sich bei der *Konsumtion*[457]. Ein Tatbestand wird durch einen anderen konsumiert, wenn er erstens in dem anderen *wertmässig* enthalten ist.[458] Dies entspricht der Situation in allen Fällen der Subsidiarität. Der konsumierte Tatbestand wird aber zweitens *typischerweise* als Begleit-, Vor- und Nachtat in Verbindung mit dem vorrangigen Delikt begangen (Beispiel: Sachbeschädigung an der Kleidung bei Tötung durch Messerstich in die Herzgegend); das ist nicht in allen Fällen der Subsidiarität so. Wegen der typischen Kombination wird unterstellt, dass der Unrechts- und Schuldgehalt des subsidiären Tatbestands nach den Intentionen des Gesetzgebers mit umfasst ist. Weicht das konkrete Tatgeschehen aber von diesen typischen, gesetzlich gleichsam mitbedachten Begleitumständen ab und vertieft es den regelmässig entstehenden Schaden, muss der deliktische Gehalt durch die Annahme von Tateinheit gesondert erfasst werden. Dies gilt auch für Fälle, in denen die Begleittaten zugleich Grundlage weiterer Straftaten sind.

Die verdrängten Tatbestände haben aber bedeutsame Konsequenzen für die Rechtsfolgen der Tat:

- Wenn wegen Rücktritts vom Versuch eines Delikts von einer Bestrafung Umgang genommen wird, wird die Strafbarkeit nach den – an sich subsidiären – Delikten relevant, die vor, im oder nach dem Versuchsstadium begangen worden sind.
- Nach den verdrängten Tatbeständen verwirkte Nebenstrafen und Massnahmen dürfen verhängt werden.
- Der verdrängte Tatbestand behält seine Bedeutung für Teilnehmer. Wer zu einer verdrängten mitbestraften Nachtat Hilfe leistet (zum Beispiel Gehilfenschaft zur mitbestraften Verwertung der deliktisch erlangten Beute), ist hiernach strafbar, auch wenn der Haupttäter nur wegen der Vortat belangt werden kann. Wer zu einer Körperverletzung angestiftet hat, bleibt als Anstifter zu Art. 123 Abs. 1 Ziff. 1 strafbar, auch wenn der Haupttäter den Vorsatz, zu dem er bestimmt wurde, erweitert und sich der vorsätzlichen Tötung schuldig macht.

Im **Fall 98** ist fraglich, ob zwischen vorsätzlicher Körperverletzung und Unterlassung der Nothilfe unechte Konkurrenz (Subsidiarität) besteht. Das Bundesgericht wertet den Entschluss des Täters, die Nothilfe zu unterlassen, als Zäsur und nimmt zwischen beiden Komplexen nicht etwa Subsidiarität unter Zurücktreten der Unterlassung der Nothilfe, sondern echte Konkurrenz an.[459]

---

**457** In Teilen der Lehre wird die Konsumtion nicht selten als eigenständige Kategorie der Spezialität und der Subsidiarität zur Seite gestellt, z.B. Stratenwerth, § 18 N. 3 ff.; prinzipiell wie hier dagegen BSK-Ackermann, Art. 49 N. 18.

**458** BGE 91 IV 211, 213 f.

**459** BGE 111 IV 124, 126; zustimmend Noll, BT, 69; Thormann/von Overbeck, Art. 128 N. 9; a.A. Hurtado Pozo, Partie spéciale, N. 666; Moreillon, 242; differenzierend, nämlich Realkonkurrenz nur bejahend, wenn Gefahr eines schwereren Erfolges besteht, Schubarth, Art. 128 N. 37 oder wenn der Erfolg schwerer als beabsichtigt ausfiel, also teilweise fahrlässig herbeigeführt wurde, Trechsel/Fingerhuth, Art. 128 N. 14.

In **Fall 99** (identisch mit 76) urteilte das Oger ZH, dass die an sich hinter die Strafbarkeit wegen Täterschaft zurücktretende Strafbarkeit für Tatbeiträge im Vorbereitungsstadium unter dem Gesichtspunkt der Gehilfenschaft gegeben ist, wenn die dem ursprünglichen Tatplan entsprechende Strafbarkeit wegen Täterschaft mangels Eintritt des einzelnen Tatbeitrags in das Versuchsstadium nicht vorliegt.

Ähnlich ist die Variante zu beurteilen: Y ist als Gehilfe zu bestrafen, wenn sein Verhalten im Vorbereitungsstadium Gehilfenschaft begründet, auch wenn der Richter wegen des Rücktritts von der Bestrafung wegen Versuchs absieht.

**Fall 100** führt vor Augen, dass das Verhältnis von Art. 240 und 242 umstritten ist. Während Stratenwerth/Bommer, BT II den Art. 242 durch Art. 240 konsumiert sehen,[460] beschränkt die Rechtsprechung die Konsumtion auf den unbeendeten Versuch des Inumlaufsetzens[461] und nimmt im übrigen echte Konkurrenz an.[462] Da es sich bei der Fälschung von Geld aber nur um ein noch in der Rechtssphäre des Täters geschehenes Gefährdungsdelikt in Bezug auf die Verletzung des Art. 242 handelt, müsste eigentlich Art. 240 subsidiär zu Art. 242 sein. Wegen der höheren Strafdrohung für Art. 240 ist aber im Ergebnis Stratenwerth zuzustimmen.

In **Fall 101** muss geprüft werden, ob die Widerhandlung gegen Art. 26 Abs. 2, Art. 32 und Art. 90 SVG durch die fahrlässige Tötung (Art. 117) konsumiert wird. Zwischen zwei Bestimmungen muss trotz der Verschiedenheit der geschützten Rechtsgüter nicht notwendigerweise echte Konkurrenz bestehen.[463] Gesetzeskonkurrenz liegt auch dann vor, wenn der eine Tatbestand zwar nicht in allen einzelnen Merkmalen, wohl aber wertmässig, dem Verschulden und Unrecht nach, im andern enthalten ist, so dass die eine Bestimmung zur anderen subsidiär ist. Hier ist der Eintritt der Verletzung nur die Folge der vorausgegangenen abstrakten und der aus dieser hervorgegangenen konkreten Gefährdung einer oder mehrerer bestimmter Personen. Das Verschulden, das in der Gefährdung der Verkehrssicherheit und der Sicherheit einzelner Personen durch pflichtwidrige Unvorsichtigkeit liegt, macht auch gerade das Fahrlässigkeitsverschulden durch den Verstoss gegen die Sorgfaltsnorm aus.[464] Nach dem Bundesgericht gilt die nach Art. 117 ausgesprochene Strafe daher notwendigerweise auch das in der Gefährdung der Verkehrssicherheit liegende Verschulden mit ab und Art. 117 verdrängt die ebenfalls verwirkten SVG-Straftatbestände.

**460** Stratenwerth/Bommer, BT II, § 33 N. 23.

**461** BGE 119 IV 154, 159, 162 ff.

**462** BGE 77 IV 14, 16 f.; 80 IV 252, 255 ff.

**463** BGE 85 IV 173, 180 f.

**464** BGE 91 IV 30, 32 f.

### 3. Echte Konkurrenz

**Literatur** Stratenwerth, § 19; Trechsel/Affolter-Eijsten, Art. 49 N. 4–6; Wehrle, Die Bedeutung erstinstanzlicher Urteile bei der retrospektiven Konkurrenz (Art. 68 Ziff. 2 StGB), SJZ 2000, 56.

**Fall 102 (BGE 118 IV 91 ff.):**

M handelte regelmässig auf dem Platzspitz in Zürich mit ca. 30 g Heroin. Am 23. August fuhr er mit der drogenabhängigen B in einem Personenwagen nach Laufenburg/AG und übergab ihr etwa ein halbes Gramm Heroin zum eigenen Konsum.

**Fall 103 (BGE 117 IV 408 ff.):**

S war Geschäftsführer der im Weinhandel tätigen G-AG. In der Zeit vom Sommer 1976 bis Ende 1981 bezog er mehrfach Wein. Statt unmittelbar für die G-AG einzukaufen bezog er den Wein auf Rechnung der von ihm beherrschten V.SA und fakturierte die Lieferung anschliessend zu einem erhöhten Preis seiner Arbeitgeberfirma G-AG weiter.

**Fall 104 (BGE 120 IV 6 ff.):**

Der Primarlehrer A nahm über Jahre hinweg mit vielen Kindern im schulischen Bereich mehrfach sexuelle Handlungen vor. Durch raffiniertes und sehr subtiles Vorgehen in Ausnützung seiner Stellung als Lehrer und Vertrauter missbrauchte er das Vertrauen und brach den Widerstand der Kinder. Besonders intensiv betroffen waren ein 1971 geborenes Mädchen und ein 1972 geborener Knabe während der fünften und sechsten Klasse (1983–1985). Auch nach ihrem Übertritt in die Oberstufe 1987/1988 nahm er an ihnen sexuelle Handlungen vor und zwar weiterhin im schulischen Milieu und in den Klassenlagern.

Art. 49 betrifft die Fälle, in denen keine unechte Konkurrenz vorliegt und der Täter somit durch eine oder mehrere Handlungen mehrere Strafen verwirkt hat. Art. 49 unterscheidet dabei erstens zwischen gewöhnlicher und retrospektiver Realkonkurrenz: Bei letzterer müssen Taten beurteilt werden, die vor solchen anderen Taten begangen wurden, für die der Täter schon zu Freiheitsstrafe verurteilt wurde.[465] Zweitens unterscheidet Art. 49 Ziff. 1 anders als der frühere Art. 68 a.F. nicht mehr zwischen der Verwirkung mehrerer Freiheitsstrafen und mehrerer Geldstrafen. Es gilt nunmehr in jedem Fall das *Prinzip der Asperation*, wonach von der Strafe für die schwerste Tat auszugehen ist, deren Dauer angemessen, aber bis maximal um die Hälfte oder bis zum Erreichen des gesetzlichen Höchstmasses erhöht wird.

Art. 49 Abs. 1 erwähnt schliesslich weiter den Unterschied zwischen der Verwirkung mehrerer Strafen durch eine und durch mehrere Handlungen (Idealkonkurrenz bzw. Realkonkurrenz – dies entspricht auch dem früheren Recht), ohne daran unterschiedliche Rechtsfolgen zu knüpfen. Ob der Täter durch *eine* oder durch *mehrere* Handlungen *mehrere Strafen* verwirkt hat, ist also für Art. 49 irrelevant. Es kann aber für den Gerichtsstand von Bedeutung sein.[466] Ausserdem ist die Frage, ob der Täter nur eine

465 Zu letzterer vgl. BGE 121 IV 97, 102 f.; 127 IV 106; Wehrle 56 ff., 59.
466 BGE 118 IV 91 ff.

Handlung begeht, dann erheblich, wenn er mit dieser Handlung entgegen Art. 49 nur eine Strafe verwirkt. In diesem Fall führt die Handlungseinheit gar nicht zu einer Konkurrenz im Sinne des Art. 49.[467]

Zu prüfen ist somit jeweils vor Anwendung des Art. 49, ob das gesamte Verhalten des Täters eine Handlung mit nur einer Strafe als Folge darstellt.

#### a) Einfache Handlungseinheit

Eine Handlung liegt jedenfalls dann vor, wenn ein Willensentschluss in einem Akt realisiert wird, wenn also z.B. aufgrund eines Tatentschlusses ein Faustschlag gegen einen anderen geführt wird.

Darüber hinaus führen wertende Betrachtungen dazu, wegen der bloss quantitativen Steigerung des verwirklichten Unrechts mehrere Handlungsakte zu einer Handlungseinheit zusammenzufassen. Zu einer Handlung zusammengefasst werden vor allem die sukzessive und die wiederholte Verwirklichung des gleichen Tatbestandes, Qualifizierungen und Privilegierungen eingeschlossen, wenn sie von einem einheitlichen Willen getragen werden und auf einem einheitlichen Tatentschluss beruhen. Dies ist insbesondere der Fall bei der mehrfachen Verwirklichung eines Tatbestandes durch mehrere unmittelbar aufeinander folgende zusammenhängende Einzelakte, zum Beispiel bei mehreren Faustschlägen in einer Schlägerei oder der Zusammenfassung mehrerer falscher Angaben in einer Falschaussage.

#### b) Natürliche Handlungseinheit

Insbesondere die Rechtsprechung hat das Konzept einer sogenannten *natürlichen Handlungseinheit* entwickelt. Diese liegt vor, wenn das gesamte, auf einem einheitlichen Willensakt (einheitliches Ziel, einmaliger Entschluss) beruhende Tätigwerden des Täters kraft eines engen räumlichen und zeitlichen Zusammenhangs der Einzelakte bei natürlicher Betrachtungsweise objektiv noch als ein einheitliches, zusammengehörendes Geschehen erscheint,[468] und ein einheitlicher Deliktserfolg herbeigeführt wird.

#### c) Juristische Handlungseinheit

Dieselbe Handlung im Rechtssinne liegt auch bei der sogenannten *«juristischen» oder «rechtlichen» Handlungseinheit* vor. Sie ist objektiv gekennzeichnet durch gleichartige Handlungen, die gegen dasselbe Rechtsgut gerichtet sind, in einem örtlichen und zeitlichen Zusammenhang stehen[469] und subjektiv auf einem alle Handlungen umfassenden Entschluss[470] beziehungsweise Gesamtvorsatz beruhen.[471]

**467** Vgl. auch BSK-Ackermann, Art. 49 N. 6.
**468** BGE 98 IV 97, 104 ff.; 133 IV 256 (im konkreten Fall bei Betrügereien u.a. an verschiedenen Orten an drei verschiedenen Tagen abgelehnt).
**469** BGE 102 IV 74, 78.
**470** BGE 118 IV 91, 93.
**471** BGE 118 IV 91, 93; 102 IV 74, 78.

Rechtliche Handlungseinheit liegt vor

- bei mehraktigen Delikten, wie z.B. bei Raub, der bestimmte Nötigungshandlungen und Diebstahl miteinander kombiniert,
- bei sogenannten Dauerdelikten, bei denen alle Tätigkeiten, die der Begründung und Aufrechterhaltung des deliktischen Zustandes dienen, in Handlungseinheit zueinander stehen, zum Beispiel bei Freiheitsberaubung und Hausfriedensbruch, wenn der Täter zur Gefangennahme einer Person in deren Wohnung eindringt.

In **Fall 102** lässt sich schon wegen der räumlichen Distanz weder eine natürliche noch eine juristische Handlungseinheit mit den Taten in Zürich annehmen.

#### d) Fortsetzungszusammenhang

Lange wurden unter dem Begriff des *«Fortsetzungszusammenhangs»* mehrere natürliche Handlungen zu einer (juristischen) Handlungseinheit zusammengefasst, wenn gewisse objektive Voraussetzungen sowie ein einheitlicher Willensentschluss vorlagen. Mit dieser Rechtsfigur sollte namentlich die Möglichkeit eingeführt werden, bei an sich real konkurrierenden strafbaren Handlungen auf die Strafschärfung nach Art. 49 zu verzichten.[472]

Die Zusammenfassung mehrerer für sich strafbarer Handlungen zu einer Straftat hatte aber die Konsequenz, dass der nüchtern kalkulierende Täter, der eine grössere Deliktsserie plante und durchführte, gegenüber demjenigen privilegiert wurde, der sich immer wieder vornahm, keine ähnlichen Taten mehr zu verüben, aber dennoch rückfällig wurde (Augenblicksversagen) und dem daher alle Handlungen real konkurrierend zur Last gelegt wurden.[473] Auch führte diese Rechtsfigur dazu, dass sich die Rechtskraft einer Verurteilung ebenfalls auf die dem Gericht unbekannten Ausführungshandlungen bezog,[474] dass die Antragsfrist des Art. 31 auch für frühere Handlungen erst mit der letzten Ausführungshandlung[475] und dass die Verjährung für sämtliche Teilakte erst mit der letzten Teilhandlung begann.[476]

Die Aufgabe der Rechtsfigur der fortgesetzten Handlung durch BGE 116 IV 121, 121 ff. hatte indes zunächst nicht zur Folge, dass der Beginn der Verjährung für jede einzelne Handlung selbständig festgelegt worden wäre. Dieselben Ergebnisse wie bei der Annahme einer «fortgesetzten Handlung» erreichte die Rechtsprechung nunmehr für die Verjährung durch die Annahme einer «verjährungsrechtlichen Einheit» bei andauerndem pflichtwidrigen Verhalten. In BGE 131 IV 83 gibt das Bundesgericht die Rechtsprechung zur «verjährungsrechtlichen Einheit» allerdings wegen der Unklarheit des Kriteriums eines andauernden pflichtwidrigen Verhaltens[477] und der damit zu-

**472** BGE 90 IV 130, 132; 91 IV 64, 66.
**473** Kritisch: BGE 116 IV 121, 124.
**474** BGE 90 IV 130, 132.
**475** BGE 80 IV 6, 7 ff.
**476** BGE 105 IV 12, 13; 93 IV 93, 94; krit. BGE 117 IV 408, 412; Stratenwerth, § 19 N. 14.
**477** «Verjährungsrechtliche Einheit», bejaht in BGE 117 IV 408, 413 f. wegen fortwährender ungetreuer Geschäftsbesorgung und in BGE 120 IV 6, 9 f. wegen vielfacher Vornahme sexueller

sammenhängenden Auswirkungen zu ungunsten des Beschuldigten gerade bei der Verjährung wieder auf. Solche Fragen brauchen allerdings im materiell-rechtlichen Gutachten nicht erörtert zu werden.

Nach Aufgabe der Rechtsfigur des fortgesetzten Delikts kann diese Rechtsfigur in den **Fällen 103 und 104** nicht mehr angenommen werden und Art. 49 Abs. 1 ist anwendbar.

### e) Teilidentität und Klammerwirkung

Eine Handlung liegt schliesslich nicht nur dann vor, wenn ein und dieselbe Handlung mehrere Erfolge herbeiführt (ein Messerstich gegen die Herzgegend verletzt nicht nur den Menschen, sondern beschädigt auch seine Kleidung), sondern auch, wenn nur Teile der Ausführungshandlungen dieselben sind. Dies kann in Einzelfällen dazu führen, dass zwei an sich getrennte Handlungen durch eine dritte zu einer Handlung miteinander verklammert werden, weil die Ausführungshandlung der dritten jeweils zu einem Teil identisch mit den beiden Handlungen ist.

Kann unter den vorgenannten Kriterien Handlungseinheit nicht begründet werden, liegen mehrere selbständige Handlungen vor.

Handlungen mit Kindern, verneint in BGE 118 IV 309, 315 ff. für mehrfache Annahme von Geschenken und in BGE 119 IV 199, 201 für mehrfache üble Nachrede; zur Strafantragsfrist bei ununterbrochener Vernachlässigung von Unterhaltspflichten BGE 118 IV 325, 328 f. Zur Problematik Glanzmann-Tarnutzer, 557; vgl. weiter BGE 126 IV 141 (Bestechung); 127 IV 49 (Veruntreuung).

## Konkurrenzen

### Prüfungsschema

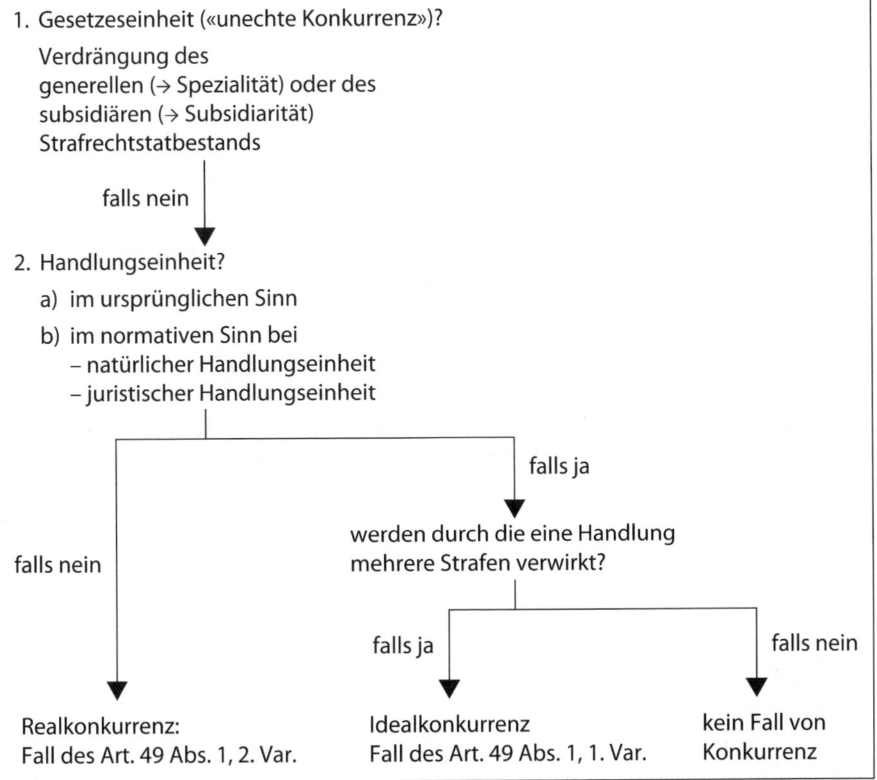

1. Gesetzeseinheit («unechte Konkurrenz»)?

   Verdrängung des
   generellen (→ Spezialität) oder des
   subsidiären (→ Subsidiarität)
   Strafrechtstatbestands

   falls nein ↓

2. Handlungseinheit?
   a) im ursprünglichen Sinn
   b) im normativen Sinn bei
      – natürlicher Handlungseinheit
      – juristischer Handlungseinheit

falls ja ↓

werden durch die eine Handlung mehrere Strafen verwirkt?

- falls ja ↓ Idealkonkurrenz
  Fall des Art. 49 Abs. 1, 1. Var.
- falls nein ↓ kein Fall von Konkurrenz

falls nein ↓

Realkonkurrenz:
Fall des Art. 49 Abs. 1, 2. Var.

# D. Rechtsfolgen

**Literatur** Aebersold, Risikomanagement und Freiheitsstrafe, in: Sutter-Somm u.a. (Hrsg.), Risiko und Recht, Festgabe zum Schweizerischen Juristentag 2004, Basel 2004, 557; P. Albrecht, Probleme der Strafgerechtigkeit aus der Sicht des Richters, ZStrR 2006, 68; Bänziger/Hubschmid/Sollberger (Hrsg.), Zur Revision des Allgemeinen Teils des Schweizerischen Strafrechts und zum neuen materiellen Jugendstrafrecht, 2. Auflage, Bern 2006; Jung, Sanktionensystem und Menschenrechte, Bern u.a. 1992; Hansjakob/Schmitt/Sollberger, Kommentierte Textausgabe zum revidierten Strafgesetzbuch, Luzern 2004; Kuhn/Moreillon/Viredaz/Bichovsky (Hrsg.), La nouvelle partie générale du Code pénal suisse. Kriminalität, Justiz und Sanktion (KJS), 2. Aufl., Bern 2006; Omlin, Strafgesetzbuch. Revision des Allgemeinen Teils. Das Wichtigste in Kürze, Basel 2006; Pfeiffer/Oswald, Strafzumessung. Empirische Forschung und Strafrechtsdogmatik im Dialog, Stuttgart 1989; Stratenwerth, AT II; Streng, Strafrechtliche Sanktionen, 2. Aufl., Stuttgart 2002; von Hirsch, Fairness, Verbrechen und Strafe, Berlin 2005.

**Übungsliteratur** Maihold, N. 126–134.

Die bisher behandelte Zurechnungslehre (C) hat bei der wissenschaftlichen Behandlung des Strafrechts von jeher im Vordergrund gestanden. Das liegt einerseits daran, dass Fragen der Zurechnung eines Verhaltens zu einer Person nicht nur im Strafrecht, sondern weit darüber hinaus auch in der Ethik und im alltäglichen menschlichen Kontakt von grosser Bedeutung sind. Deshalb hat die Zurechnung von jeher auch breites Interesse in der Philosophie und der Theologie, seit dem 19. Jahrhundert auch in der Soziologie und Psychologie gefunden – auf die Überlegungen in diesen Disziplinen kann auch die Strafrechtswissenschaft zurückgreifen.

Andererseits spielen Fragen der Zurechnung auch in anderen Rechtsgebieten eine Rolle, im Zivilrecht ebenso wie im öffentlichen Recht. Auch wenn das Strafrecht wegen seines besonders massiven Eingriffs von Seiten des Staates in die Rechte von Bürgern zu besonderer Akribie bei der Zurechnung verpflichtet ist – und deshalb eine so ausgefeilte Zurechnungslehre entwickelt hat – so gibt es doch viele Querverbindungen in andere Rechtsgebiete hinein und deshalb auch einen regen wissenschaftlichen Austausch. Schliesslich ist die Zurechnungslehre in ihren Grundzügen nicht national geprägt, sondern Ergebnis internationaler Zusammenarbeit – die Probleme der Zurechnungslehre stellen sich, bei allen Detailunterschieden der nationalen Gesetze, überall ganz ähnlich.

All dies ist bei den Rechtsfolgen anders: Sie sind spezifisch strafrechtlich – sie interessieren also Vertreter anderer Fächer, soweit sie sich nicht zufällig das Strafrecht als Gegenstand ihrer Forschung aussuchen (z.B. eine psychologische Untersuchung über die Wirkungen langer Freiheitsstrafen), nur am Rande oder gar nicht. Auch für andere Rechtsgebiete gibt es höchstens punktuelle Berührung mit den strafrechtlichen Sanktionen. Und international zeigen die Sanktionensysteme weit grössere Unterschiede als die Zurechnungslehren. Aus diesen Gründen entspricht die wissenschaftliche Durchdringung dieser Materie bei weitem nicht dem Stand der Zurechnungslehre.

Man kann dies bedauern und für verstärkte wissenschaftliche Bemühungen auch im Bereich der strafrechtlichen Rechtsfolgen plädieren und es gibt zu solchen Bemühungen auch durchaus Ansätze. Das Grundproblem, dass sich rational kaum Argumente dafür anführen lassen, warum eine Körperverletzung in einem konkreten Fall gerade mit zwei Jahren und vier Monaten Freiheitsstrafe oder ein bestimmter Diebstahl mit 300 Tagessätzen Geldstrafe sanktioniert werden soll, wird freilich bleiben. Hier hat man bei den Begründungen mitunter den Eindruck von Scheinrationalität. Natürlich gibt es den vom Gerechtigkeitsprinzip geforderten Seitenblick auf andere, ähnliche Taten, deren Strafmass man kennt, und in deren Rahmen man die neue Tat einordnet – wenngleich selbst in ein- und demselben Land gewaltige Strafmassunterschiede existieren.[478] Aber dieser Seitenblick ist mehr Ergebnis von Erfahrung, als von wissenschaftlichen Erwägungen.

Dennoch gibt es gute Gründe, sich auch von den strafrechtlichen Rechtsfolgen bereits früh im Studium einen Überblick zu verschaffen: Die Sanktion ist es, die den Einzelnen trifft; und wer im Strafrecht tätig ist, darf nie vergessen, welche praktischen Folgen sein Tun hat. Wer, um nur ein Beispiel zu nennen, als Strafverteidiger arbeitet, muss wissen, unter welchen Voraussetzungen und in welcher Weise ein Freispruch für seinen Mandanten wegen Schuldunfähigkeit trotzdem den Entzug der Freiheit zur Folge haben kann, weil vielleicht eine stationäre therapeutische Massnahme nach Art. 59 oder eine Verwahrung gemäss Art. 64 gegen den Täter verhängt wird. Man muss also die möglichen Sanktionen und ihre Voraussetzungen gut kennen. Auch sollte man sozialwissenschaftliche Grundkenntnisse über die Folgen von Sanktionen haben, um in diesem Bereich nicht unreflektierten Alltagstheorien (z.B. «ein kurzer Schock tut immer gut») zum Opfer zu fallen. Schliesslich zeigt, wie auch die Rechtsgeschichte lehrt, das System der Strafsanktionen den Stand der rationalen Bewältigung sozialer Konflikte und des zivilisierten Umgangs mit abweichendem Verhalten besonders deutlich an. Strafsanktionen sind in einer Rechtsordnung immer ein zentraler kulturwissenschaftlicher Indikator.[479]

Dass die aktuelle Revision des Allgemeinen Teils des Schweizerischen Strafgesetzbuches, welche am 1. Januar 2007 in Kraft getreten ist, weit über zehn Jahre in Anspruch nahm, hat insbesondere mit zahlreichen Meinungsunterschieden zu den Strafsanktionen zu tun. Anders als bei der Zurechnungslehre, die im Gesetzesentwurf zumeist nur «nachgeführt» wurde (d.h. das jetzt schon geltende Recht wurde nur ausdrücklich formuliert) gibt es im Sanktionenteil wichtige Neuerungen.

Im Folgenden wird ein Überblick über das Strafsanktionenrecht (I) und die Grundsätze der Strafzumessung (II) gegeben.

**478** Vgl. etwa Pfeiffer-Oswald.

**479** Als Übersicht geeignet: Krause, Geschichte des Strafvollzugs. Von den Kerkern des Altertums bis zur Gegenwart, Darmstadt 1999.

# I. Das Strafsanktionenrecht

**Literatur** Baechtold, Strafvollzug, Bern 2009; Bommer, Die Sanktionen im neuen AT StGB – ein Überblick, recht 2007, 1; Brägger, Der neue Allgemeine Teil des Schweizersichen Strafgesetzbuches – ein Danaergeschenk oder doch eher die Büchse der Pandora?, SZK 2006/2, 20; Bundesamt für Justiz, Bericht zur Revision des Allgemeinen Teils und des dritten Buches des Strafgesetzbuches und zu einem Bundesgesetz über Jugendstrafrechtspflege. Erstellt auf der Grundlage des Schlussberichts der Expertenkommission, Bern 1993; Forster, StGB-Revision: Ein gelungener Entwurf, plädoyer 1998/6, 31 f.; Frauchiger, Auswirkungen der StGB-Revision: Lagebeurteilung durch das Strafvollzugskonkordat der Nordwest- und Innerschweiz, SZK 2006/2, 32; Hansjakob/Schmitt/Sollberger, Kommentierte Textausgabe zum revidierten Strafgesetzbuch, Luzern 2004; Heine, Der kommende Allgemeine Teil des Strafgesetzbuches, ius.full, 2004/3 und 4, 110; Hubschmid/Sollberger (Hrsg.), Zur Revision des Allgemeinen Teils des Schweizerischen Strafrechts und zum neuen materiellen Jugendstrafrecht, Bern 2004; Jeanneret, Légalité, contravention et nouveau droit: des surprises?, ZStrR 2004, 21; Kuhn, Les effets possibles de la révision du droit suisse des sanctions, ZStrR 1999, 291; Kunz/Stratenwerth, Zum Bericht der Arbeitsgruppe «Verwahrung», ZStrR 2005, 2; Kunz, Zur Neugestaltung der Sanktionen des Schweizerischen Erwachsenenstrafrechts, ZStrR 1999, 234; Pignat/Kuhn, Les nouvelles règles de la fixation de la peine: une révolution de velours, ZStrR 2004, 251; Riklin, Die Sanktionierung von Verkehrsdelikten nach der Strafrechtsreform, ZStrR 2004, 169; Riklin, Zur Revision des Systems der Hauptstrafen, ZStrR 1999, 255.; Roth, Nouveau droit des sanctions: premier examen de quelques points sensibles, ZStrR 2003, 1; Schubarth, Legisvakanz und Verfassung. Zur verschleppten (Nicht-)Inkraftsetzung des neuen Allgemeinen Teils des Strafgesetzbuches, AJP 2005, 1039; Schultz II; Schultz, Rechtsübernahme, Rechtsvergleichung und Rechtsreform in der Entwicklung des Schweizerischen Strafrechts, ZStW 1988, 189; Schultz, Bericht und Vorentwurf zur Revision des Allgemeinen Teils des Schweizerischen Strafgesetzbuches, Bern 1987; Schwarzenegger/Hug/Jositsch, Strafrecht II, Strafen und Massnahmen, 8. Auflage, Zürich 2007; Stratenwerth, AT II; Stratenwerth, Nochmals: die Strafen im Bagatellbereich nach künftigem Recht, ZStrR 2005, 235; Stratenwerth, Die Strafen im Bagatellbereich nach künftigem Recht, ZStrR 2004, 159; Stratenwerth, in: Dittmann u.a. (Hrsg.), Zwischen Mediation und Lebenslang. Neue Wege in der Kriminalitätsbekämpfung, Chur/Zürich 2002, 371; Weber, Zur Verhältnismässigkeit der Sicherungsverwahrung – Ausblick auf die künftige Anwendung von Art. 64 EStGB, ZStrR 2002, 398.

## 1. Systematik

Das *Strafsanktionenrecht* bestimmt die verschiedenen Strafsanktionen, die ein Strafgericht als Reaktion auf eine Straftat anordnen kann, deren Anordnungsvoraussetzungen sowie deren Bemessung und Aufhebung. Unter den Oberbegriff der Strafsanktion fallen alle vom Strafgesetzbuch als Reaktion auf ein strafrechtlich verbotenes Verhalten vorgesehenen Strafen und Massnahmen.

Als *Strafe* wird dabei ein (schuld-)ausgleichender Eingriff in die Rechtsgüter einer Person bezeichnet, die schuldhaft eine Straftat begangen hat. Das schweizerische Strafrecht kennt drei Strafen, nämlich die *Geldstrafe* nach Art. 34 ff., die *gemeinnützige Arbeit* nach Art. 37 ff. sowie die *Freiheitsstrafe*[480] nach Art. 40 f. Die Todesstrafe ist in Art. 10 Ziff. 1 der Bundesverfassung verboten; Körperstrafen sind durch Art. 10 Ziff. 3

480 Die früher im Gesetz vorgesehene Unterscheidung der Freiheitsstrafe in Zuchthausstrafe (Art. 35 aStGB), Gefängnisstrafe (Art. 36 aStGB) und Haftstrafe (Art. 39 aStGB) wurde mit der Revision von 2002 aufgegeben.

BV (Verbot «grausamer, unmenschlicher und erniedrigender Behandlung oder Bestrafung») ausgeschlossen. Auch moderne Prangerstrafen wie eine Veröffentlichung der Namen und Adressen von Sexualtätern im Internet würden wohl (insbesondere) gegen diese Verfassungsnorm verstossen.

Der Begriff der *Massnahme* umfasst alle Rechtsfolgen einer Straftat ohne primären Strafcharakter. Massnahmen werden verhängt, wenn eine Schuldstrafe mangels Zurechnungsfähigkeit gar nicht verhängt werden darf oder nicht ausreicht, um die besonderen spezialpräventiven Bedürfnisse zu erfüllen. Ihre Legitimation in einem am Schuldprinzip orientierten Strafrecht wirft freilich vielerlei Fragen auf.[481] Die Einführung der sog. «Zweispurigkeit» des strafrechtlichen Sanktionensystems (Strafen und Massnahmen) ist historisch als Kompromiss zweier «Strafrechtsschulen» zu verstehen. Der «klassischen Schule», die für das Strafrecht ausschliesslich tatvergeltende Sanktionen, also Strafen im traditionellen Sinn vorsah, stand eine «moderne» Schule gegenüber, die Strafrechtssanktionen nur als zweckrationale zukunftsorientierte, also präventive Massnahmen akzeptierte.

Unterschieden wird zwischen «*sichernden Massnahmen*» (oder «freiheitsbeschränkenden Massnahmen») (Art. 56–65) und «anderen Massnahmen». Zu ersteren gehören einerseits als stationäre therapeutische Massnahmen die Behandlung von psychischen Störungen (Art. 59), die Suchtbehandlung (Art. 60) und die Massnahmen für junge Erwachsene (Art. 61) sowie andererseits die Verwahrung nach Art. 64 ff. Sind die Voraussetzungen der Art. 59 bis 61 erfüllt, kann das Gericht anstelle des Vollzugs einer Freiheitsstrafe eine stationäre therapeutische Massnahme anordnen. Dabei wird die Freiheitsstrafe zugunsten der Massnahme *aufgeschoben* und bei erfolgreichem Massnahmenvollzug sodann erlassen (Art. 62b) (sog. *dualistisch-vikariierendes System*). Im Unterschied dazu wird bei der Verwahrung nach Art. 64 ff. (neben der normalen Verwahrung in Art. 64 Abs. 1 gibt es die verschärfte Form der lebenslänglichen Verwahrung in Art. 64 Abs. $1^{bis}$) zuerst die Freiheitsstrafe vollzogen und erst danach die Verwahrung (Art. 64 Abs. 2) (sog. *kumulatives System*); auf den Vollzug der Verwahrung kann allerdings verzichtet werden, wenn nach dem Vollzug der Freiheitsstrafe zu erwarten ist, «dass der Täter sich in Freiheit bewährt» (Art. 64 Abs. 3).

Neben den sichernden Massnahmen gibt es die «*anderen Massnahmen*»: Ausser der Friedensbürgschaft (Art. 66), dem Berufsverbot (Art. 67), dem mit der Revision von 2002 neu geschaffenen Fahrverbot (Art. 67b) sowie der Veröffentlichung des Urteils (Art. 61) gehört dazu insbesondere die praktisch immer bedeutsamer werdende Einziehung (Art. 69–72). Gegenstände oder Vermögenswerte, die zur Begehung einer strafbaren Handlung gedient (instrumenta sceleris) oder aus einer solchen hervorgegangen sind (producta sceleris), können unter gewissen Umständen eingezogen werden und fallen der Staatskasse zu (Verfall), sofern sie nicht vernichtet (bei gefährlichen

**481** Siehe dazu Stratenwerth, AT II, § 1 C., § 8. Zur Enwicklung vgl. Anastasiadis-Ritzmann, Massnahmen: Bewegende Neuerungen oder «alter Wein in neuen Schläuchen»? ZStrR 2008, 264–272.

Gegenständen) oder (v.a. bei Vermögenswerten) dem Geschädigten nach Art. 73 zur (subsidiären) Schadensbegleichung zugesprochen werden.

Gemäss Art. 123 Abs. 1 BV fällt das Strafsanktionenrecht in die Gesetzgebungskompetenz des Bundes. Die Strafsanktionen sind abschliessend im schweizerischen Strafgesetzbuch geregelt. Den Kantonen verbleibt keine Kompetenz, in ihren Strafgesetzbüchern zusätzliche Strafsanktionen vorzusehen.[482] Über die Anordnung von Strafsanktionen entscheiden die kantonalen Strafgerichte.[483] Zuständig ist gemäss Art. 340 der Kanton, in dem die Straftat begangenen worden ist. Gegen ein Urteil eines Strafgerichts kann Beschwerde an eine kantonale gerichtliche Beschwerdeinstanz geführt werden. Gegen ein Urteil des zweitinstanzlichen kantonalen Gerichts steht die Beschwerde ans Bundesgericht offen.

Im Folgenden werden die Strafen als die am häufigsten ausgesprochenen Strafsanktionen etwas eingehender dargestellt.[484]

**482** Die kantonalen Strafgesetzbücher enthalten lediglich Straftatbestände des Übertretungsstrafrechts, d.h. den Kantonen verbleibt im Bereich des materiellen Strafrechts nach Art. 335 Abs. 1 die Kompetenz, gewisse Verhaltensweisen, die aufgrund der Systematik und der Legaldefinitionen des Bundesrechts nicht implizit als erlaubt gelten, als Übertretungen zu sanktionieren.

**483** Siehe Art. 343.

**484** Die Strafen machten 2010 mehr als 99 Prozent aller Strafsanktionen aus; nur in weniger als einem Prozent aller Strafgerichtsurteile wurde eine Massnahme als Hauptsanktion ausgesprochen, dabei zumeist eine ambulante Massnahme in Form einer Psychotherapie. Vgl. die statistischen Angaben im Internet: www.bfs.admin.ch.

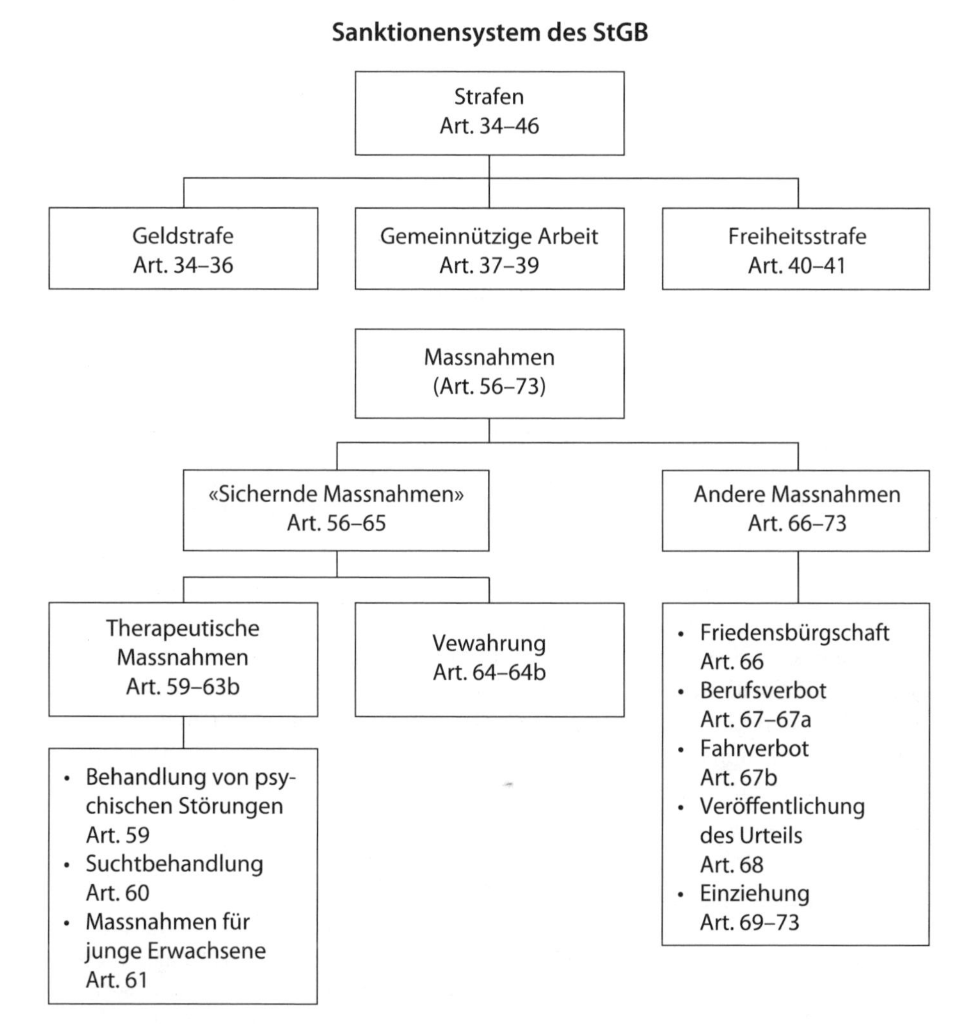


## 2. Geldstrafe

**Literatur** P. Albrecht, Anmerkungen zur Diskussion über einen Mindestbetrag des Tagessatzes bei der Geldstrafe gemäss Art. 34 Abs. 2 StGB, ZStrR 2008, 292; Binggeli, Die Geldstrafe, in: Hubschmid/Sollberger, 39; ders., Die Geldstrafe, Anwaltsrevue 2001/1, 9; BSK-Dolge, Art. 34; Cimichella, Die Geldstrafe im Schweizer Strafrecht, Bern 2006; Sollberger, Die neuen Sanktion des StGB, insbesondere die Geldstrafe, in: Hubschmid/Sollberger, 17; Sollberger, Besondere Aspekte der Geldstrafe, ZStrR 2003, 244.

Ein Hauptziel der Revision von 2002 war die Zurückdrängung kurzer Freiheitsstrafen, die als teuer, entsozialisierend (Verlust von Arbeitsstelle und Wohnung), stigmatisierend und schädlich («Prisonierungsschäden», Kontakt zur «kriminellen Subkultur») gelten. Dieses Ziel sollte vor allem durch eine Neuregelung der Geldstrafe sowie die Einführung der gemeinnützigen Arbeit als Strafe erreicht werden. Der Bundesrat plant derzeit gleichwohl, die kurze Freiheitsstrafe künftig wieder verstärkt anzuwenden.

Gemäss Art. 34 ist die Geldstrafe nicht mehr nach dem System der Geldsummenstrafe,[485] sondern neu nach dem – sozialverträglicheren – Tagessatzsystem zu bemessen.[486] Das Gericht bestimmt dabei in einem ersten Schritt nach Massgabe des Verschuldens des Täters die Anzahl der Tagessätze (Art. 34 Abs. 1) und danach in einem zweiten Schritt die Höhe des Tagessatzes aufgrund der wirtschaftlichen Verhältnisse des Täters, namentlich seines Einkommens und Vermögens (Art. 34 Abs. 2). Dabei können bis zu 360 Tagessätze angeordnet werden. Ein Tagessatz beträgt maximal 3000 Franken, so dass der ordentliche Höchstbetrag einer Geldstrafe von bisher 40 000 Franken auf über eine Million Franken angehoben wird, wodurch die Geldstrafe eingriffsschärfer wird.[487]

Durch diese Neugestaltung und die das Strafenkapitel einleitende Position des Art. 34 im Gesetz wird die Geldstrafe, verglichen mit der bisherigen Regelung, aufgewertet. Zudem ist die Geldstrafe durch eine Anpassung der Strafandrohungen des Besonderen Teils an die Revision des Allgemeinen Teils seit der Revision 2002 in allen Tatbeständen als Alternative zur Freiheitsstrafe vorgesehen, in denen eine Freiheitsstrafe von bis zu einem Jahr im Strafrahmen enthalten ist, was zu einer bedeutenden Erweiterung des Anwendungsbereichs der Geldstrafe führt.[488]

Bezahlt ein Verurteilter – schuldhaft[489] – seine Geldstrafe nicht, so wird sie nach Art. 36 Abs. 1 in eine (Ersatz-)Freiheitsstrafe umgewandelt, wobei ein Tagessatz einem Tag Freiheitsstrafe entspricht, was den früheren fixen Umrechnungsschlüssel von einem Tag Freiheitsstrafe für 30 Franken Geldstrafe ersetzt. Mit der Erweiterung des Anwendungsbereichs der Geldstrafe wird die Obergrenze für Ersatzfreiheitsstrafen von bisher drei Monaten auf neu ein Jahr angehoben (Art. 36 Abs. 1 in Verbindung mit Art. 34 Abs. 1).

**485** Siehe dazu etwa Binggeli, 9.

**486** Siehe dazu BGE 134 IV 60 sowie etwa Riklin, ZStrR 1999, 268 f.; Bundesrat 1998, 39 ff. Kritisch zur Geldstrafe wegen ihrer Unpersönlichkeit (ein Dritter kann die Summe ersetzen) Montanari, Der neue AT-StGB – Erfahrungen in der Praxis, Jusletter 19. Mai 2008; zum Leerlaufen der Geldstrafe bei Mittellosen vgl. Bachmann/Stengel, Strafzumessung nach dem neuen AT StGB – Erste Erfahrungen aus der Zürcherischen Praxis unter besonderer Berücksichtigung der kurzen Freiheitsstrafe im Sinne von Art. 41 StGB, Jusletter 31. März 2008.

**487** Siehe etwa Kunz, ZStrR 1999, 243; Albrecht, 292 ff. Auf die Festlegung eines Mindesttagessatzes hat der Gesetzgeber verzichtet, um zu verhindern, dass bei weniger bemittelten Personen, die eine bestimmte Summe nicht aufbringen können, stattdessen auf eine Freiheitsstrafe zurückgegriffen wird, vgl. BGE 134 IV 97.

**488** Bundesrat 1998, 169 ff. Die Geldstrafe als Strafsanktion ist von der zivilrechtlichen Genugtuung (Art. 47 und 49 OR) und der Privatstrafe (Konventionalstrafe, Art. 160 ff. OR) zu unterscheiden. Inwieweit die kurzen Freiheitsstrafen auf dem Weg über die Ersatzfreiheitsstrafe wieder auftauchen, muss sich noch zeigen, vgl. Lenzinger, Der revidierte Allgemeine Teil des Strafgesetzbuchs – Erste Erfahrungen: der Standpunkt der erstinstanzlichen Richterin, SZK 2008, 43.

**489** Nach Art. 36 Abs. 3 besteht bei einer unverschuldeten Verschlechterung der finanziellen Verhältnisse des Verurteilten die Möglichkeit, eine verlängerte Zahlungsfrist anzusetzen, die Höhe des Tagessatzes herabzusetzen oder anstelle der Geldstrafe gemeinnützige Arbeit gemäss Art. 37 ff. anzuordnen.

### 3. Gemeinnützige Arbeit

**Literatur** BSK-Brägger, Vor Art. 37–39; Brägger, Gemeinnützige Arbeit als Alternativsanktion in der Schweiz, ZStrR 2002, 183; Brägger, Gemeinnützige Arbeit als strafrechtliche Sanktion de lege lata et de lege ferenda. Unter Berücksichtigung der europäischen Rechtsentwicklung, Diss. Freiburg 1996; Kunz/von Witzleben, Gemeinnützige Arbeit – Modellversuch im Kanton Bern. Auswertungsbericht, Bern 1996; Michlig, Die gemeinnützige Arbeit: ein Auslaufmodell? ZSR 2011, 595 ff.; Trenkel, Die gemeinnützige Arbeit und Hinweise zur Umwandlung von Strafen nach den Bestimmungen des StGB in der Fassung vom 13. Dezember 2003, in: Hubschmid/Sollberger, 111.

Nach Art. 37 StGB kann das Gericht die gemeinnützige Arbeit, welche nach bisherigen Recht als Vollzugsform für kurze Freiheitsstrafen bis zu drei Monaten verbreitet war,[490] als eigenständige Strafe anordnen – anstelle einer Freiheitsstrafe von weniger als sechs Monaten oder einer Geldstrafe von bis zu 180 Tagessätzen. Dabei entsprechen vier Stunden gemeinnützige Arbeit einem Tag Freiheitsstrafe respektive einem Tagessatz Geldstrafe, woraus sich eine Höchstdauer der gemeinnützigen Arbeit von 720 Stunden ergibt. Die Anordnung der gemeinnützigen Arbeit setzt die Zustimmung des Straftäters voraus (Art. 37 Abs. 1). Die gemeinnützige Arbeit ist innerhalb von höchstens zwei Jahren zu leisten (Art. 38).[491] Kann sie nicht entsprechend dem Urteil und etwaigen weiteren Auflagen vollzogen werden, so wird sie vom Gericht in eine Geld- oder Freiheitsstrafe umgewandelt (Art. 39 Abs. 1), wobei eine Freiheitsstrafe gemäss Art. 39 Abs. 3 nur in Betracht kommt, «wenn zu erwarten ist, dass eine Geldstrafe nicht vollzogen werden kann».

Durch die Einführung der gemeinnützigen Arbeit als Strafalternative zur Freiheitsstrafe soll verhindert werden, dass der Verurteilte aus seinem sozialen Umfeld herausgerissen wird. Zu diesem Zweck wird ihm ermöglicht, während des Straf-vollzugs die Arbeits- oder Ausbildungsstelle zu behalten, gegebenenfalls weiterhin bei seiner Familie zu wohnen und Kontakte zu pflegen. Zudem können durch gemeinnützige Arbeit Isolationsfolgen des stationären Vollzugs ebenso vermieden werden wie eine subkulturelle Beeinflussung durch Mitgefangene oder eine durch den Gefängnisaufenthalt bedingte gesellschaftliche Stigmatisierung. Darüber hinaus bedeutet die Leistung von gemeinnütziger Arbeit – als aktiver Einsatz zu Gunsten der Gemeinschaft – eine Wiedergutmachung des begangenen Unrechts gegenüber der Gesellschaft. Sie ist ein so genannt überindividueller – nicht direkt Täter-Opfer-bezogener – Tatausgleich. Als gemeinnützige Arbeit gilt im Sinne von Art. 37 Abs. 2 ein unentgeltlicher Einsatz im Dienst der Gemeinschaft etwa in Alters- und Pflegeheimen, in Spitälern, in Hilfswerken für Kranke, Invalide und Katastrophengeschädigte, in Wäldern, Naturschutzgebieten oder öffentlichen Parkanlagen sowie allgemein in der öffentlichen Verwaltung.

**490** 1996 wurden in der Schweiz 1 114 Freiheitsstrafen in Form der gemeinnützigen Arbeit vollzogen, 1998 2 542, 2000 3 842, 2002 4 230, 2004 4 077, 2008 2 340 und 2010 2 124.

**491** Bezogen auf die Maximaldauer von 720 Stunden ergibt sich aus der Frist von zwei Jahren ein wöchentlicher Mindesteinsatz von rund acht Stunden.

### 4. Freiheitsstrafe

Das revidierte StGB verzichtet auf die frühere Unterscheidung zwischen Haft, Gefängnis und Zuchthaus und führt die Einheitsfreiheitsstrafe ein. Für Übertretungen ist die Freiheitsstrafe – die bisherige Haftstrafe – zumindest als Primärstrafe nicht mehr vorgesehen (Art. 103).[492]

Die Dauer einer Freiheitsstrafe soll nach Art. 40 in der Regel mindestens sechs Monate betragen. Eine vollziehbare Freiheitsstrafe von weniger als einem halben Jahr kann nach der Ausnahmeklausel von Art. 41 Abs. 1 nur noch angeordnet werden, «wenn die Voraussetzungen für eine bedingte Strafe nicht gegeben sind und zu erwarten ist, dass eine Geldstrafe oder gemeinnützige Arbeit nicht vollzogen werden kann». Ihre Notwendigkeit ist zudem vom Gericht zu begründen (Art. 41 Abs. 2). Von diesen Einschränkungen sind Umwandlungsstrafen aufgrund nicht bezahlter Geldstrafen oder nicht geleisteter gemeinnütziger Arbeit gemäss Art. 41 Abs. 3 explizit ausgenommen.

Die Formulierung, wonach unbedingte Freiheitsstrafen von weniger als sechs Monaten angeordnet werden können, wenn einerseits eine unbedingte Strafe notwendig erscheint, um den Täter von der Begehung weiterer Straftaten abzuhalten (Art. 42 Abs. 1), und andererseits zu erwarten ist, dass eine Geldstrafe oder gemeinnützige Arbeit nicht vollzogen werden kann (Art. 41 Abs. 1), stellt auf das Kriterium der spezialpräventiven Notwendigkeit einer unbedingten Freiheitsstrafe ab und verlangt von den Gerichten entsprechende Wirkungsprognosen. Dadurch wird zum einen eine besondere spezialpräventive Nützlichkeit oder Wirksamkeit kurzer unbedingter Freiheitsstrafen (als Denkzettelstrafen) suggeriert, was empirisch in keiner Weise belegt ist und zudem den kriminalpolitischen Anliegen der Revision zu widersprechen scheint – aber die Revision wird derzeit ohnehin vom Bundesrat wieder ganz grundsätzlich in Frage gestellt. Zum anderen stehen für solche Wirkungsprognosen meist keine verlässlichen Kriterien zur Verfügung, weshalb den Gerichten bei der Einschätzung der Notwendigkeit einer kurzen unbedingten Freiheitsstrafe grosse Ermessensspielräume bleiben. Damit ist es den Gerichten überlassen, wie restriktiv oder extensiv sie von der Ausnahmeregelung von Art. 41 Abs. 1 Gebrauch machen und kurze unbedingte Freiheitsstrafen anordnen. Die kriminalpolitischen Überzeugungen der Gerichte werden somit diesbezüglich über die Umsetzung des kriminalpolitischen Hauptanliegens des Gesetzgebers – die Zurückdrängung der kurzen Freiheitsstrafen – entscheiden. Zudem stellt sich die Frage, ob die einschränkenden Anordnungsvoraussetzungen für unbedingte Freiheitsstrafen bis zu sechs Monaten die Gerichte dazu verleiten könnten, vermehrt unbedingte Freiheitsstrafen von über sechs Monaten zu verhängen, um der Pflicht zur besonderen Begründung zu entgehen.[493]

**492** Möglich ist gemäss Art. 106 hingegen weiterhin, dass eine schuldhaft nicht bezahlte Gelstrafe – die bei Übertretungen «Busse» genannt und nach dem Geldsummensystem berechnet wird – in eine Ersatzfreiheitsstrafe von höchstens drei Monaten umgewandelt wird.

**493** Siehe etwa Roth, ZStrR 2003, S. 10; Stratenwerth 2002, S. 374 f.; Saluz, AR 2001/1, S. 5 ff.; Kuhn, ZStrR 1999, S. 290 ff.; Kunz, ZStrR 1999, S. 254; Stratenwerth, AR 1998/6–7, S. 4 ff.

## 5. Bedingte und teilbedingte Strafen

**Literatur** BSK-Schneider/Garré, Vor Art. 42–16; Kuhn, Le surcis et le sursis partiel selon le nouveau code pénal, ZStrR 2003, 264; ders., Nouveau code pénal: sursis et sursis partiel, plädoyer 2003/4, 55; Kuhn/Maire, La libération conditionelle en matière de peines privatives de liberté: de l'ancien au nouveau droit, ZStrR 2006, 226; Stratenwerth, Immer noch: Die Strafe im Bagatellbereich nach neuem Recht, forumpoenale 2009, 230.

Neben Freiheitsstrafen können als Neuerung des revidierten StGB auch Geldstrafen und gemeinnützige Arbeit bedingt vollzogen werden (Art. 42 Abs. 1)[494], wobei der bedingte Vollzug der Regelfall sein soll. Für Freiheitsstrafen wird dabei die Obergrenze für einen bedingten Aufschub neu bei einer Dauer von zwei Jahren gezogen statt wie bisher bei 18 Monaten.[495] Zudem ist für bedingt zu vollziehende Freiheitsstrafen in Art. 42 Abs. 1 eine Untergrenze von sechs Monaten vorgesehen. Nach dem Wortlaut der Bestimmungen bedeutet diese Einschränkung, dass die nach Art. 40 und Art. 41 ausnahmsweise zulässigen Freiheitsstrafen von bis zu sechs Monaten nicht bedingt vollzogen werden können.[496] Ob diese Untergrenze tatsächlich als Ausschluss des bedingten Vollzugs von Freiheitsstrafen von unter einem halben Jahr zu verstehen ist, bleibt im Lichte der kriminalpolitischen Absicht der Zurückdrängung kurzer unbedingter Freiheitsstrafen und mit Blick auf die benachbarten Bestimmungen fraglich und wird von den Gerichten zu entscheiden sein. Der Wortlaut von Art. 41 Abs. 1 wie auch von Art. 46 Abs. 1 lässt eher vermuten, dass der Gesetzgeber nach wie vor von der Möglichkeit des bedingten Vollzugs auch von Freiheitsstrafen von bis zu sechs Monaten ausgeht.[497]

Materielles Kriterium für die Gewährung des bedingten Vollzugs ist gemäss Art. 42 Abs. 1, dass die «unbedingte Strafe nicht notwendig erscheint, um den Täter von der Begehung weiterer Verbrechen oder Vergehen abzuhalten», womit auf die spezialpräventive Notwendigkeit des Vollzugs abgestellt wird. Es bedarf also nach neuem Recht für den bedingten Vollzug keiner positiven Prognose mehr – es reicht das Fehlen einer negativen Prognose. Der bedingte Vollzug ist jedoch ausgeschlossen, falls der Täter in den letzten fünf Jahren vor der Tat zu einer bedingten oder unbedingten Freiheitsstrafe von mindestens sechs Monaten oder einer Geldstrafe von mindestens 180 Ta-

**494** Die Möglichkeit des bedingten Vollzugs auch für gemeinnützige Arbeit und Geldstrafen wurde erst durch das Parlament in die Bestimmung aufgenommen. Weder in den beiden Vorentwürfen noch im Entwurf des Bundesrats war dies vorgesehen. Nach Stratenwerth 2002, 373 f., verlieren Geldstrafe und gemeinnützige Arbeit durch den vom Gesetz als Regelfall vorgesehenen bedingten Vollzug «die Eindruckskraft, die sie haben müssten, um von der Praxis als Alternative zur kurzen Freiheitsstrafe akzeptiert zu werden».

**495** Die Obergrenze für den bedingten Aufschub von Freiheitsstrafen war bis zum Schluss des Gesetzgebungsprozesses umstritten. Die beiden Vorentwürfe (Art. 57 Abs. 1 VE 1985 und Art. 42 Abs. 1 VE 1993) wie auch der Entwurf des Bundesrats (Art. 43 Abs. 1 EStGB) hatten noch eine Obergrenze von drei Jahren vorgeschlagen.

**496** So etwa Kuhn 2003, 55; Stratenwerth 2002, S. 374, der aufgrund der Entstehungsgeschichte der Bestimmung von dieser Interpretation ausgeht.

**497** Roth 2003, 9.

gessätzen verurteilt wurde (Art. 42 Abs. 2).[498] Diese formelle Voraussetzung wird relativiert durch Art. 42 Abs. 2, wonach ein bedingter Aufschub trotz entsprechender Vorstrafe zulässig ist, «wenn besonders günstige Umstände vorliegen». Andererseits sieht Art. 42 Abs. 3 eine Verweigerung des bedingten Vollzugs trotz Vorliegens der in Abs. 1 und 2 genannten Voraussetzungen vor, falls der Täter eine zumutbare Schadensbehebung unterlassen hat. Eine bedingte Strafe kann nach Art. 42 Abs. 4 mit einer unbedingten Geldstrafe verbunden werden.

Eine Neuerung des revidierten Strafgesetzbuchs stellt die Einführung der teilbedingten Strafe dar. Danach kann das Gericht den Vollzug einer Geldsstrafe, von gemeinnütziger Arbeit oder einer Freiheitsstrafe von mindestens einem Jahr und höchstens drei Jahren teilweise aufschieben (Art. 43 Abs. 1). Voraussetzung dafür ist, dass der teilweise Vollzug der Strafe «notwendig ist, um dem Verschulden des Täters genügend Rechnung zu tragen» (Art. 43 Abs. 1), ein vollständiger Vollzug hingegen «nicht notwendig erscheint, um den Täter von der Begehung weiterer Verbrechen oder Vergehen abzuhalten» (Art. 42 Abs. 1). Der unbedingt vollzogene Teil darf dabei gemäss Art. 43 Abs. 2 die Hälfte der Strafe nicht übersteigen. Zudem müssen bei einer teilbedingten Freiheitsstrafe der aufgeschobene wie auch der vollzogene Teil mindestens sechs Monate betragen (Art. 43 Abs. 3), so dass der vollzogene Teil eine Dauer von sechs bis 18 Monaten haben kann. Eine bedingte Entlassung aus dem unbedingten Teil ist ausgeschlossen.

Der bedingte Vollzug einer Strafe oder eines Teils einer Strafe wird widerrufen, wenn der Verurteilte während einer Probezeit – von zwei bis fünf Jahren (Art. 44 Abs. 1) – ein Verbrechen oder Vergehen begeht und deshalb zu erwarten ist, dass er weitere Straftaten verüben wird (Art. 46 Abs. 1). Ein Widerruf wegen eines Verstosses gegen eine Weisung kann nur in qualifizierten Fällen erfolgen (Art. 46 Abs. 4 in Verbindung mit Art. 95 Abs. 5). Bei einem Widerruf kann das Gericht die Art der nun zu vollziehenden Strafe ändern und mit einer etwaigen neuen Strafe eine Gesamtstrafe bilden. Dabei kann wiederum nur unter besonderen Voraussetzungen auf eine Freiheitsstrafe von unter sechs Monaten erkannt werden (Art. 46 Abs. 1).

Vor dem Inkrafttreten der Revision von 2002 wurde der bedingte Strafvollzug 96 Prozent aller Verurteilten gewährt, welche die formellen Voraussetzungen dafür erfüllten. In gut zehn Prozent dieser Fälle musste der bedingte Vollzug später wegen neuer Straftaten oder Nichtbeachtung von Weisungen während der Probezeit widerrufen werden.[499] Für die Anwendungshäufung bedingter Freiheitsstrafen nach den revidierten Bestimmungen wird entscheidend sein, ob entgegen dem Wortlaut von Art. 42 Abs. 1

**498** Daraus ergibt sich, dass einer früheren Verurteilung zu gemeinnütziger Arbeit bei erneuter Verurteilung keine «formelle» Bedeutung für die Gewährung des bedingten Vollzugs zukommt. Hingegen wird sie bei der Beurteilung des materiellen Kriteriums in Betracht zu ziehen sein. Dazu jetzt BGE 134 IV 1, 7.

**499** Bundesamt für Statistik, Statistisches Jahrbuch der Schweiz 2001, Zürich 2001, 818. Die Zahlen beziehen sich auf das Jahr 1998; im Jahr 2010 wurde der bedingte Strafvollzug in 78 %, der teilbedingte Strafvollzug in 2 % der Verurteilungen gewährt. Vgl. die statistischen Angaben im Internet: www.bfs.admin.ch.

weiterhin auch Freiheitsstrafen von unter sechs Monaten für einen bedingten Vollzug in Frage kommen.[500]

Hinsichtlich der neu geschaffenen teilbedingten Freiheitsstrafe stellt sich insbesondere die Frage, in welchem Bereich die Gerichte von ihr Gebrauch machen werden. Im Bereich der Freiheitsstrafen mit einer Dauer von zwölf bis 24 Monaten könnte der teilbedingte Vollzug zu Lasten des vollbedingten ausgesprochen werden, was einen Zuwachs der zu vollziehenden Freiheitsstrafen zur Folge hätte. Zudem bleibt offen, ob sich die Gerichte bei der Bemessung des zu vollziehenden Teils eher am gesetzlichen Minimum oder aber am Maximum orientieren werden.[501]

## 6. Strafvollzug

**Literatur** Baechtold, Strafvollzug, Bern 2009; BSK-Baechtold, Art. 75 Abs. 6, 79 f., 86–89; Art 46–47; Brägger, Einige kritische Gedanken zum heutigen Freiheitsentzug in der Schweiz, SZK 2011, 23; BSK-Brägger, Vor Art. 74–75; Brenzikofer, Der Vollzug von Freiheitsstrafen im Lichte der StGB-Revision, ZStrR 1999, 234; 37; Kaiser/Schöch, Strafvollzug, 5. Aufl., Heidelberg 2002.

### a) Zuständigkeit

Das *Strafvollzugsrecht* regelt den Vollzug der von den Gerichten angeordneten Freiheitsstrafen. Dabei geht es insbesondere um die Frage, wie eine Freiheitsstrafe vollzogen wird.[502] Nach Art. 123 Abs. 2 BV liegt der Strafvollzug grundsätzlich in der Kompetenz der Kantone. Die grundlegenden Bestimmungen zum Strafvollzug finden sich jedoch im StGB: Insbesondere in den Artikeln 74 bis 96, 372 bis 380 sowie 387 sind verschiedene Rahmenbedingungen für den Strafvollzug enthalten, welche die Gesetzgebungskompetenz der Kantone einschränken. Daneben finden sich weitere bundesrechtliche Regelungen zum Strafvollzug in der Verordnung zum StGB sowie in Spezialgesetzen[503]. Die in Art. 123 Abs. 2 BV vorgesehene kantonale Zuständigkeit «soweit das Gesetz nichts anderes vorsieht» verpflichtet die Kantone, die für den Strafvollzug notwendigen Regelungen zu erlassen, solange der Bund die betreffenden Fragen nicht geregelt hat.

Zur Erfüllung ihrer Aufgaben im Bereich des Strafvollzugs haben sich die Kantone zu Konkordaten zusammengeschlossen.[504] Diese koordinieren einerseits die Errichtung

**500** Vor Inkrafttreten der revidierten Bestimmungen hatten jährlich rund 35 000 der bedingt zu vollziehenden Freiheitsstrafen (das sind knapp 95 Prozent) eine Länge von bis zu sechs Monaten.

**501** Vgl. etwa Stratenwerth 2002, 376; Kuhn 1999, 304 f.; Kunz 1999, 249 f.; Riklin 1999, 273; Forster 1998, 30, Stratenwerth 1998, 6.

**502** Siehe zur Begrifflichkeit etwa Baechtold, Strafvollzug, I/1 N. 1 ff.; Kaiser/Schöch, 1 ff.

**503** So etwa im Bundesgesetz über die Leistungen des Bundes für den Straf- und Massnahmenvollzug vom 5. Oktober 1984 (SR 341) und der zugehörigen Verordnung vom 29. Oktober 1986 (SR 341.1).

**504** Das Konkordat der Nordwest- und Innerschweiz umfasst die Kantone Aargau, Basel-Landschaft, Basel-Stadt, Luzern, Obwalden, Nidwalden, Schwyz, Solothurn, Uri und Zug. Im Konkordat der Ostschweiz sind die Kantone Appenzell-Innerrhoden, Appenzell-Ausserrho-

und den Betrieb von Anstalten, andererseits erlassen die *Strafvollzugskonkordate* Richtlinien und Empfehlungen, mit denen sie eine Rechts- und Praxisvereinheitlichung unter den beteiligten Kantonen anstreben. Neben den Konkordatsrichtlinien bestehen *kantonale Strafvollzugsgesetze* und -verordnungen. Zudem sind einige *völkerrechtliche Verträge* zu beachten, welche Teilbereiche des Strafvollzugs tangieren, wie etwa das «Wiener Übereinkommen vom 24. April 1963 über konsularische Beziehungen», welches unter anderem den Kontakt ausländischer Gefangener zum Konsulat des Herkunftslandes regelt. Zu berücksichtigen sind ferner formell nicht bindende *internationale Übereinkommen* und Empfehlungen, die direkt den Strafvollzug betreffen, z.B. die Europäischen Strafvollzugsgrundsätze des Europarates von 1987, welche Mindestgrundsätze für die Behandlung der Gefangenen enthalten. Das alltägliche Leben in einer Strafanstalt ist in *anstaltsspezifischen Hausordnungen* geregelt.

Entscheidungen im Bereich des Strafvollzugs werden primär nicht von einer richterlichen Behörde, sondern von *Verwaltungsbehörden* getroffen. Diese entscheiden etwa über Einweisung in den Vollzug, Urlaub oder die Versetzung während des Vollzugs sowie über bedingte Entlassung.[505] Gegen ihre Anordnungen kann in der Regel bei der Kantonsregierung Beschwerde geführt werden. Entscheide der Regierung wiederum können an ein kantonales Verwaltungsgericht weitergezogen werden. Sofern die Verletzung eines Bundesgesetzes geltend gemacht wird, ist in der Folge eine Beschwerde an das Bundesgericht möglich.

### b) Stationärer Vollzug

Der stationäre Aufenthalt in einer *Strafanstalt* ist die klassische Art, eine Freiheitsstrafe zu vollziehen. Art. 76 Abs. 1 unterscheidet zwischen geschlossenen und offenen Strafanstalten, welche sich im Wesentlichen durch verschieden weit reichende bauliche und technische Massnahmen gegen Flucht unterscheiden. Bei der Zuweisung eines Verurteilten in einen der beiden Anstaltstypen wird gestützt auf eine Einschätzung des *Rückfallpotentials* sowie der *Fluchtgefahr* entschieden (Art. 76 Abs. 2), jeweils unter Berücksichtigung der Schwere der begangenen Straftat und der Strafdauer. Fluchtgefahr wird insbesondere bei ausländischen Straftätern angenommen, die das Land nach dem Vollzug ihrer Strafe verlassen müssen.[506]

Der stationäre Vollzug von langen Freiheitsstrafen erfolgt in offenen und geschlossenen Strafanstalten nach dem System des *Stufenvollzugs*, das als Ausdruck des Resozialisierungsziels (Art. 75 Abs. 1) gilt. Danach soll sich der Vollzug eine Freiheitsstrafe in verschiedene Stufen gliedern, so dass dem Gefangenen während des Vollzugs im Hinblick auf die Rückkehr in die Gesellschaft zunehmend mehr Freiheiten gewährt, also

den, Glarus, Graubünden, Schaffhausen, St. Gallen, Thurgau und Zürich vertreten; im Konkordat der welschen und italienischen Schweiz die Kantone Fribourg, Genf, Jura, Neuenburg, Waadt, Wallis und Tessin.

**505** Für Fragen des Anstaltsalltags kommen den Anstaltsleitungen gewisse Entscheidungskompetenzen zu. Gegen Verfügungen der Anstaltsleitung besteht ein analoger Rechtsweg wie gegen Verfügungen der Strafvollzugsbehörde.

**506** BSK-Heer, Art. 59 N. 106; BSK-Brägger, Art. 76 N. 4.

die Einschränkungen der persönlichen Freiheit schrittweise gelockert werden. Unterschieden werden die vier Vollzugsstufen Einzelhaft, Normalvollzug, Halbfreiheit und bedingte Entlassung.[507]

aa) Die *Einzelhaft* gemäss Art. 78 kann bei Antritt der Strafe für höchstens eine Woche angeordnet werden.[508] Dabei verbringt der Gefangene die ganze Zeit alleine in seiner Zelle, in der Regel ohne Arbeit oder eine andere organisierte Beschäftigung. Kontakte zu Mitgefangenen bestehen nur während des täglichen Spaziergangs.[509] Die Phase der Einzelhaft dient vor allem der Erstellung eines individuellen Vollzugsplans und der damit verbundenen Abklärung der beruflichen Fähigkeiten oder des Ausbildungsbedarfs sowie medizinischen Untersuchungen. In der Praxis haben einige Strafanstalten die Einzelhaft durch den Aufenthalt in einer so genannten Eintrittsabteilung ersetzt, in der die Gefangenen lediglich die Ruhe- und teilweise die Freizeit alleine verbringen. Daneben gibt es Strafanstalten, in denen die Eintretenden direkt in den Normalvollzug gelangen.[510]

bb) Als zweite Vollzugsstufe ist der *Normalvollzug* gemäss Art. 77 vorgesehen, der auch als *Regelvollzug* bezeichnet wird und von den vier Vollzugsstufen gewöhnlich am längsten dauert. Im Normalvollzug verbringt der Gefangene die Arbeitszeit und mindestens einen Teil der Freizeit[511] zusammen mit anderen Insassen. Nur während der Ruhezeit muss er sich in seiner Zelle aufhalten. In einigen Strafanstalten ist der Normalvollzug als Gruppenvollzug organisiert, bei dem die Gefangenen in einzelnen Wohngruppen untergebracht sind, in denen sie ihre Freizeit verbringen und teilweise auch das Essen einnehmen. In der Wohngruppe sind die Zeiten des (nächtlichen) Einschlusses der Gefangenen in ihre Einzelzellen weniger rigide als im konventionellen Vollzug. Der Gruppenvollzug soll insbesondere dazu beitragen, das Leben in Gemeinschaft zu trainieren und entspricht somit einer Umsetzung des so genannten Normalisierungsgrundsatzes.[512] Gefangene, die ihre Freiheitsstrafe in einer geschlossenen An-

**507** Seit Ende 1999 kommt als weitere Vollzugsstufe zwischen Halbfreiheit und bedingter Entlassung in einigen Kantonen – versuchsweise – der elektronisch überwachte Hausarrest zum Einsatz. Siehe dazu Weber, Der elektronisch überwachte Hausarrest und seine versuchsweise Einführung in der Schweiz, Basel 2004, 186 f.

**508** BSK-Brägger, Art. 78 N. 2. Vom Begriff der Einzelhaft ist jener der Einzelzelle zu unterscheiden. Die Unterbringung in einer Einzelzelle gilt heute für alle stationären Vollzugsstufen als Standard, im Unterschied zu Untersuchungsgefängnissen, in denen Mehrbett-Zimmer die Regel sind. Einzelzellen geben Gefangenen die Möglichkeit des persönlichen Rückzugs und der Aufrechterhaltung einer Privatsphäre. Darüber hinaus schützen sie schwächere Gefangene und Angehörige von (ethnischen) Minderheiten vor Übergriffen durch Mitgefangene.

**509** Die Möglichkeit eines täglichen Spaziergangs von einer Stunde wurde vom Bundesgericht für alle Gefangenen obligatorisch erklärt. Siehe etwa BGE 99 Ia 262, 280 f.; 118 Ia 64, 76; 118 Ia 360, 364.

**510** Baechtold, Strafvollzug, II/5 N. 38–42; BSK-Brägger, Art. 78 N. 4.

**511** In einigen Strafanstalten kann der Gefangene seine gesamte Freizeit mit anderen Gefangenen verbringen, in anderen beschränkt sich die gemeinsame Freizeit auf die «organisierte Freizeit», d.h. auf bestimmte, zeitlich beschränkte und organisierte Freizeitveranstaltungen. Siehe etwa Baechtold, Strafvollzug, II/5 N. 20–22.

**512** Zum Normalisierungsgrundsatz etwa Baechtold, Strafvollzug, II/5 N. 8.

stalt verbüssen, können während der zweiten Vollzugsstufe im Sinne einer Lockerung des Vollzugsregimes in eine offene Anstalt versetzt werden. Die zweite Vollzugsstufe endet mit dem Übertritt in die Halbfreiheit, mit der bedingten Entlassung oder mit der definitiven Entlassung.[513]

cc) Die so genannte *Halbfreiheit* (der Begriff hat sich in der Praxis etabliert, wird jedoch vom Gesetz nach wie vor nicht verwendet) als dritte Vollzugsstufe ist gemäss Art. 77a in zwei Phasen unterteilt. Nach Verbüssung der Hälfte der Strafe – in Ausnahmefällen auch schon früher – kann ein Gefangener aus einer offenen Anstalt oder aus der offenen Abteilung einer geschlossenen Anstalt in ein Arbeitsexternat übertreten, wenn nicht zu erwarten ist, dass er flieht oder weitere Straftaten begeht (Art. 77a Abs. 1). Im Arbeitsexternat arbeitet der Gefangene ausserhalb der Anstalt und verbringt nur die Ruhe- und Freizeit in der Anstalt (Art. 77a Abs. 2). Dabei ist er auf der Grundlage eines von ihm selbst abgeschlossenen Arbeitsvertrags ohne Beaufsichtigung durch Anstaltspersonal in einem privaten oder öffentlichen Betrieb beschäftigt. Bewährt sich der Gefangene im Arbeitsexternat, so kann er in einer nächsten Phase zusätzlich in ein Wohnexternat eintreten, so dass er seine Ruhe- und Freizeit ausserhalb der Anstalt in speziellen Einrichtungen verbringt (Art. 77a Abs. 3).[514]

dd) Die *bedingte Entlassung* nach Art. 86 ff. stellt die vierte und letzte Stufe des Vollzugs einer Freiheitsstrafe dar. Sie lässt sich als bedingter Verzicht auf den Vollzug eines Teils der ausgesprochenen Strafe charakterisieren und ist spezialpräventiv motiviert, indem sie dem Verurteilten die Gelegenheit gibt, sich während einer bestimmten Probezeit in der Freiheit zu bewähren und wieder in die Gesellschaft zu integrieren.[515] Heute gilt die bedingte Entlassung als Regel, von der nur aus guten Gründen abgewichen werden kann; der Strafgefangene hat grundsätzlich ein Recht auf diese Vollzugsstufe.[516] Sie ist in der Regel nach *Verbüssung von zwei Dritteln der Freiheitsstrafe*, mindestens jedoch drei Monaten, vorgesehen (Art. 86. Abs. 1), dabei ist die Dauer einer Untersuchungshaft gegebenenfalls anzurechnen.[517] Ausnahmsweise ist sie bereits nach Verbüssung der Hälfte der Strafdauer zulässig, «wenn ausserordentliche, in der Person des Gefangenen liegende Umstände dies rechtfertigen» (Art. 86 Abs. 4). Die Gewährung der bedingten Entlassung durch die Strafvollzugsbehörde ist vom *Verhalten des Gefangenen im Strafvollzug*[518] und der *Annahme seiner Bewährung in Freiheit* abhängig (Art. 86 Abs. 1). Die Bewährungsprognose hat aufgrund einer Gesamtwürdigung aller bekannten Umstände zu erfolgen. Dabei sind insbesondere das Vorleben einschliesslich etwaiger Vorstrafen, die Persönlichkeit des Betroffenen und deren Ent-

**513** Baechtold, Strafvollzug, II/5 N. 22; BSK-Brägger, Art. 76 N. 1 ff.; Schwarzenegger, 272 f.

**514** Siehe etwa Baechtold, Strafvollzug, II/5 N. 23–37; BSK-Brägger, Art. 77a N. 7 ff.

**515** BSK-Baechtold, Art. 86 N. 12 ff.; Baechtold, Strafvollzug, II/8 N. 1–28; Schwarzenegger, 274 f.

**516** BGE 124 IV 193, 198 ff.; 119 IV 5, 8.

**517** Bei einer lebenslangen Freiheitsstrafe müssen vor einer bedingten Entlassung in der Regel mindestens 15 Jahre verbüsst sein (Art. 86 Abs. 5).

**518** Gegen eine bedingte Entlassung sprechen etwa das Entweichen aus der Strafanstalt, aggressives Verhalten oder die Ankündigung neuer Straftaten. Siehe etwa BGE 124 IV 193, 195; 125 IV 115, 115 ff.

wicklung im Strafvollzug sowie die voraussichtlichen Lebensverhältnisse nach der bedingten Entlassung zu berücksichtigen, wobei die erwarteten Wirkungen einer für die Probezeit vorgesehenen Bewährungshilfe sowie Weisungen mitzubeachten sind.[519]

Die bedingte Entlassung wird mit einer Probezeit verknüpft, die bei einer Mindestdauer von einem Jahr und einer Maximaldauer von fünf Jahren dem bedingt erlassenen Strafrest entspricht (Art. 87 Abs. 1), sowie gegebenenfalls mit Bewährungshilfe und Weisungen (Art. 87 Abs. 2). Gemäss Art. 87 Abs. 3 können Bewährungshilfe und Weisungen über die Probezeit hinaus verlängert werden, wenn die verbüsste Freiheitsstrafe wegen einer in der Verwahrungsbestimmung von Art. 64 Abs. 1 genannten Straftat ausgesprochen wurde und die Aufrechterhaltung der Bewährungshilfe oder der Weisungen notwendig erscheint, «um der Gefahr weiterer Straftaten dieser Art zu begegnen» (Art. 87 Abs. 3).[520]

Die *Rückversetzung* in den Strafvollzug ist im Falle von Straftaten, die während der Probezeit begangen werden, nicht zwingend. Gemäss Art. 89 Abs. 2 kann auf eine Rückversetzung verzichtet werden, wenn trotz der neuen Straftat die Erwartung bestehen bleibt, der Verurteilte werde keine weiteren Straftaten mehr begehen. Bei einer Missachtung von Weisungen kommt es in qualifizierten und wiederholten Fällen zu eine Rückversetzung in den Strafvollzug (Art. 89 Abs. 2 in Verbindung mit Art. 95 Abs. 3 bis 5). Das für die Beurteilung der neuen Straftat zuständige Gericht trifft gemäss Art. 89 Abs. 1 auch den Entscheid über den Widerruf der bedingten Entlassung. Bei einem Verstoss gegen Weisungen kommt diese Kompetenz dem Gericht zu, das die teilverbüsste Freiheitsstrafe angeordnet hat (Art. 95 Abs. 5).

### c) Alternativer Vollzug kurzer Freiheitsstrafen

**Literatur** BSK-Baechtold, Art. 79; Botschaft 1998, 136; Hüsler/Locher, Kurze Freiheitsstrafen und Alternativen, Bern 1991; Weber, Der elektronisch überwachte Hausarrest und seine versuchsweise Einführung in der Schweiz, Basel 2004.

Der stationäre Vollzug kurzer Freiheitsstrafen wird auch in der Schweiz seit längerem kritisiert. Gegen die kurze unbedingte Freiheitsstrafe lässt sich einwenden, sie sei einerseits zu kurz, um den Täter im Gefängnis positiv beeinflussen zu können, um also (re-)sozialisierend auf ihn einzuwirken. Andererseits kann jedoch bereits ein kurzer Aufenthalt in einer Strafanstalt die soziale Eingliederung des Betroffenen in Frage stellen und somit die Gefahr der Entsozialisierung mit sich bringen sowie zu einer Stigmatisierung in der Gesellschaft führen. Auch hat nicht selten bereits ein kurzer Gefängnisaufenthalt so genannte Prisonisierungsschäden zur Folge und der Kontakt zu Mitgefangenen eröffnet den Zugang zur kriminellen Subkultur bzw. kann kriminelle Verhaltensmuster verfestigen. Im Weiteren werden die hohen Kosten kritisiert, die der Gesellschaft durch den Anstaltsvollzug von kurzen Freiheitsstrafen entstehen.[521]

---

**519** Siehe etwa BGE 124 IV 193, 199.

**520** Siehe zu den Anordnungsvoraussetzungen der Verwahrung nach Art. 64 Abs. 1 etwa Weber 2002, 404 f.

**521** Siehe zu den Argumenten gegen die unbedingte kurze Freiheitsstrafe etwa (jeweils mit weiteren Hinweisen, auch auf ausländische Literatur) Brenzikofer, 308; Botschaft 1998, 62; Hüs-

Die Kritik am stationären Vollzug kurzer Freiheitsstrafen hat zur Einführung der gemeinnützigen Arbeit als Alternativstrafe geführt.[522] Daneben besteht die Möglichkeit, unbedingte Freiheitsstrafen bis zu vier Wochen in Form des tageweisen Vollzugs (Art. 79 Abs. 2) und solche bis zu einem Jahr als Halbgefangenschaft (Art. 77b und Art. 79 Abs. 1) zu vollziehen. Zudem besteht in sieben Kantonen die Möglichkeit kurze Freiheitsstrafen in Form des elektronisch überwachten Hausarrests zu vollziehen; dabei handelt es sich um die Erprobung einer neuen Strafvollzugsform gestützt auf Art. 387 Abs. 4.[523] Die vom Bundesrat geplante Wiedereinführung kurzer Freiheitsstrafen als Regelstrafen dürfte die generelle Bedeutung des elektronisch überwachten Hausarrests erhöhen.

aa) Beim *tageweisen Vollzug* wird Verurteilten die Möglichkeit eingeräumt, ihre Freiheitsstrafe in zeitlich auseinander liegenden Haftperioden an Wochenenden und Feiertagen zu verbüssen. Die Bedeutung des tageweisen Vollzugs, der bis zur Revision 2002 in der Verordnung zum StGB geregelt war, ist bis heute gering geblieben, da es die Verurteilten vorziehen, derart kurze Strafen in den Ferien am Stück abzusitzen oder auf eine andere ambulante Vollzugsform auszuweichen.[524]

bb) Bei der *Halbgefangenschaft* verbringen die Verurteilten «nur die Ruhe- und Freizeit in der Anstalt» und setzen ihre Arbeit oder Ausbildung ausserhalb der Anstalt fort (Art. 77b). Die Halbgefangenschaft hat – wie der tageweise Vollzug – das Ziel, eine bestehende berufliche und soziale Verankerung des Verurteilten in der Gesellschaft zu erhalten. Nach bisherigem Recht, welches die Halbgefangenschaft ebenfalls in der Verordnung zum StGB vorsah, betrug der Anteil der Halbgefangenschaft am Vollzug von Freiheitsstrafen mit entsprechender Länge bis zu 50 Prozent.[525]

cc) Der in sieben Kantonen 1999 versuchsweise eingeführte *elektronisch überwachte Hausarrest* ist als Vollzugsvariante für Freiheitsstrafen von bis zu einem Jahr angelegt.[526] Gemäss den Verordnungen der Kantone kommt er für Verurteilte in Frage, die über eine Wohnung mit Telefonanschluss verfügen und einer geregelten Arbeit, Ausbildung oder Beschäftigung nachgehen. Sind die Anordnungsvoraussetzungen erfüllt, so erarbeitet die Strafvollzugsbehörde zusammen mit dem Verurteilten ein individuelles Vollzugsprogramm, welches in präzisen Wochenplänen neben den täglichen Haus-

---

ler/Locher 15 ff.; Kunz, 1986, 186 ff.; Kunz, 1999, 236; Stratenwerth, AT II 1989, 71; Stratenwerth, AT II, 28 ff.

**522** S.o., 4.

**523** Zur Erprobung neuer Strafvollzugsformen Weber 2004, 157 ff.

**524** BSK-Baechtold, Art. 79 N. 12 f.; BSK-Brägger, Vor Art. 37 N. 9; Schwarzenegger, 286 f. Aufgrund des Vollzugs der Strafe an Wochenenden wird diese Vollzugsalternative auch als Wochenendvollzug bezeichnet.

**525** Bundesamt für Statistik, Statistisches Jahrbuch der Schweiz 2001, Zürich 2001, 821.

**526** Den elektronisch überwachten Hausarrest kennen die Kantone Basel-Stadt, Basel-Landschaft, Solothurn, Bern, Waadt, Genf und Tessin. Seine Zukunft ist ungewiss; der Gesetzgeber hat davon abgesehen, ihn in der Verordnung zum revidierten StGB zu regeln; er wird offenbar bis auf weiteres als «Erprobung einer Strafvollzugsform» gemäss Art. 387 weitergeführt.

arrestzeiten auch eine etwaige Teilnahme an Therapien oder Verhaltenskursen regelt. Die Einhaltung des Hausarrests wird mit elektronischen Überwachungsgeräten kontrolliert. Dazu hat der Hausarrestant oberhalb des Fussgelenks einen Sender zu tragen, der so befestigt wird, dass er nicht unbemerkt entfernt werden kann. Dieser Sender gibt kontinuierlich Signale ab, die von einem in der Wohnung installierten Empfangsgerät registriert werden, solange sich der Sender innerhalb des Empfangsbereichs befindet. Auf diese Weise wird automatisch festgestellt, ob sich der Überwachte in seiner Wohnung befindet oder nicht. Den Hausarrestanten wird während des Vollzugs Zeit «zur freien Verfügung» ausserhalb der Wohnung gewährt, deren Dauer sich progressiv nach der Länge des bereits verbüssten Strafteils bemisst.[527]

## II. Grundsätze der Strafzumessung

**Literatur** P. Albrecht, Die Strafzumessung im Spannungsfeld von Theorie und Praxis, ZStrR 1991, 45; Arzt, Strafzumessung – Revolution in der Sackgasse, recht 1994, 141; Flückiger, Art. 66bis StGB/Art. 54 f. StGBneu – Betroffenheit durch Tatfolgen, Straftatfolgen als Einstellungsgrund und Strafersatz?, Bern 2006; Frisch/von Hirsch/H.J. Albrecht, Tatproportionalität. Normative und empirische Aspekte einer tatproportionalen Strafzumessung, Heidelberg 2003; Härri, Folgenberücksichtigung bei der Strafzumessung, ZStrR 1998, 212; Parein, La fixation de la peine. De l'homme coupable à l'homme capable, Basel 2010; Queloz, Commentaire de la Jurisprudence du Tribunal fédérale en matière de la fixation de la peine, ZStrR 1998, 136; Schwarzenegger/Hug/Jositsch, Strafrecht II, 89–125; Schubarth, Qualifizierter Tatbestand und Strafzumessung in der neueren Rechtsprechung des Bundesgerichts, BJM 1992, 57; Schultz II, 47–132; Seelmann, Gaetano Filangieri und die Proportionalität von Straftat und Strafe – Imputation und Prävention in der Strafrechtsphilosophie der Aufklärung, ZStW 97 (1985), 241 ff.; Stratenwerth, AT II § 6; Trechsel/Affolter-Eijsten, Art. 47–51; Wiprächtiger, Strafzumessung und bedingter Strafvollzug – eine Herausforderung für die Gerichte, ZStrR 1996, 422; ders., Der Verzicht auf Weiterverfolgung und Strafbefreiung nach Artikel 66bis StGB– ein Weg zu mehr Einzelfallgerechtigkeit?, ZStrR 2003, 141.

**Übungsliteratur** Maihold, N. 124–125.

Die gerechte Strafzumessung gilt als eines der ältesten Probleme des Strafrechts. Lange war der entscheidende Begriff hierbei der einer Proportionalität zwischen Straftat und Strafe. Gingen ältere Theorien davon aus, die richtige Proportion ergebe sich aus der Natur der Sache – mit der Folge eines direkten oder wertmässigen Talion – so finden sich seit dem Zeitalter der Aufklärung immer häufiger Theorien zur Tatproportionalität, die entweder auf die allgemeine Nützlichkeit der jeweiligen Strafe für den Staat oder speziell auf einen psychologischen Zusammenhang abstellen: Es müsse jeweils so viel an Strafe verhängt und vollstreckt werden, wie nötig sei, um potentielle Täter von der Tat abzuschrecken. Angesichts der darin lauernden Gefahr einer Grenzenlosigkeit der staatlichen Strafgewalt, die sich mit unseren Gerechtigkeitsintuitionen schwer vereinbaren lässt, traten an der Wende zum 20. Jahrhundert wieder Gegenstimmen in den Vordergrund, die für eine Verschuldensorientierung der Strafe plädierten. Das heutige Schweizer Strafrecht ist aus seiner Entstehungsgeschichte heraus sehr stark an dieser Gegenbewegung zum Nützlichkeitsdenken der Aufklärung orientiert.

**527** Weber, 257 ff.

Ohne nähere Detaillierung geht es im Folgenden um die wichtigsten Strafzumessungsfaktoren und ihren systematischen Zusammenhang im Rahmen eines strukturierten Entscheidungsprozesses.

Die zentrale Norm, an die der Strafzumessungsvorgang anknüpft, ist Art. 47 Abs. 1):[528]

> «Das Gericht misst die Strafe nach dem Verschulden des Täters zu. Es berücksichtigt das Vorleben und die persönlichen Verhältnisse sowie die Wirkung der Strafe auf das Leben des Täters.»

Der Strafzumessung im engeren Sinne (unten 3.) geht aber zunächst die Wahl des abstrakten Strafrahmens (unten 1. und 2.) voraus.

### 1. Bestimmung des ordentlichen Strafrahmens

Ausgangspunkt bei der Bestimmung des anzuwendenden Strafrahmens ist die Sanktionsdrohung des konkret erfüllten Tatbestands (z.B. «... *wird mit Freiheitsstrafe bis zu drei Jahren oder Geldstrafe bestraft*» oder «... *wird mit Freiheitsstrafe nicht unter fünf Jahren bestraft*»).

### 2. Strafmilderungs- oder Strafschärfungsgründe (Bestimmung des im Einzelfall nach oben oder unten erweiterten Strafrahmens; Art. 48–49)

**Literatur** Schwarzenegger/Hug/Jositsch, Strafrecht II, 72–89; Schultz II, 79–92; Stratenwerth AT II § 6 N. 85–104 und 105–115 sowie AT I § 18 und 19 (Konkurrenzen); Trechsel/Affolter-Eijsten, Art. 48–55a.

In den wenigsten Fällen kann allein von der Sanktionsdrohung eines Tatbestands ausgegangen werden. In einem nächsten Schritt ist vielmehr zu eruieren, ob gemäss Art. 48 ff. ein nach oben oder nach unten erweiterter Strafrahmen gilt.[529] Die Art. 48, 48a führen zu einer Erweiterung des Strafrahmens nach unten, enthalten also Strafmilderungsgründe, während Art. 49 Abs. 1 zu einer Erweiterung des Strafrahmens nach oben mittels der bereits bei den Konkurrenzen besprochenen Asperation (oben C. IX. 3.) führt. Das BGer und teilweise die Literatur gehen bei der Strafzumessung von einer «Einsatzstrafe» aus.[530]

In den Fällen, in denen kein nach Art. 48–49 erweiterter Strafrahmen anzuwenden ist, enthält bereits der Strafrahmen des anzuwendenden Straftatbestands den ordentlichen Strafrahmen, unter Umständen in einer qualifizierten oder privilegierten Version des fraglichen Tatbestands.[531]

**528** Übersichtlich zu Art. 63 ff. a.F., den Vorläufernormen der heutigen Art. 47 ff., BGE 129 IV 6, 20.

**529** Zum Verhältnis Strafschärfungs-, Straferhöhungs-, Strafmilderungs- und Strafminderungsgründe siehe BGE 112 IV 109, 114.

**530** Vgl. die Hinweise bei Wiprächtiger, 426, und BGE 121 IV 162, 175, (ablehnend jedoch BGE 121 IV 49, 56) und BGE 129 IV 113, 117.

**531** Vgl. für eine qualifizierte Version eines Tatbestands z.B. Art. 140 Ziff. 2 bis 4, der erhöhte Mindeststrafen vorsieht.

### a) Erweiterung des Strafrahmens nach unten (Strafmilderung Art. 48, 48a)

Bei der Entscheidung über den anzuwendenden Strafrahmen ist zunächst zu berücksichtigen, ob die fraglichen verwirkten Straftatbestände selbst eine Milderung vorsehen oder ob eine solche Milderung im Katalog von Art. 48 vorgesehen ist.

*Gesetzlich vorgesehene Strafmilderungen* gibt es etwa beim Unterlassen (Art. 11 Abs. 4), bei der verminderten Schuldfähigkeit (Art. 19 Abs. 2), beim vermeidbaren Verbotsirrtum (Art. 21, 2. Var.), beim Versuch (Art. 22 Abs. 1 und 23 Abs. 1–4), bei der Gehilfenschaft (Art. 25) oder beim Notwehrexzess (Art. 16 Abs. 1), ferner im Besonderen Teil u.a. bei der Verleumdung (Art. 174 Ziff. 3) und bei der Geiselnahme (Rücktritt, Art. 185 Ziff. 4).

Art. 48 kennt darüber hinaus allgemeine Strafmilderungsgründe, die nicht an das Vorliegen eines speziellen Tatbestands anknüpfen.

Strafmilderung ist zu gewähren, wenn der Täter gehandelt hat aus «achtenswerten Beweggründen» (lit. a Ziff. 1). Hierfür muss die Tat nach dem BGer «einer ethisch hochstehenden oder wenigstens ethisch zu rechtfertigenden Gesinnung entsprungen» sein.[532] Weiter führt zur Strafmilderung ein Handeln «in schwerer Bedrängnis» (lit. a Ziff. 2). Angesichts der gesetzlich vorgesehenen Strafmilderung im Fall des Notstands, in welchem dem Täter zuzumuten war, das gefährdete Gut preiszugeben (Art. 18 Abs. 1), dürfte der Anwendungsbereich dieser Variante des Art. 48 gering sein. Dasselbe gilt für die in Art. 48 vorgesehene Milderung beim Handeln «unter dem Eindruck einer schweren Drohung» (lit. a Ziff. 3). Die Milderung wird sodann gewährt bei Handeln «auf Veranlassung einer Person, der er Gehorsam schuldet oder von der er abhängig ist» (lit. a Ziff. 4). Wegen der insoweit bereits weitgehenden Milderung des Art. 20 Abs. 2 MStG dürften hierfür insbesondere Abhängigkeiten im privaten Nahbereich praktisch relevant werden.

Für den Bereich der Sexualdelikte von besonderer Bedeutung ist die Milderung für den Fall, dass «der Täter durch das Verhalten der verletzten Person ernsthaft in Versuchung geführt worden ist» (lit. b). Die Vorschrift könnte hier allerdings einen gewissen Anreiz zur Diskreditierung des Opfers schaffen.[533] Bei der Milderung für den Täter, der «in einer nach den Umständen entschuldbaren heftigen Gemütsbewegung oder unter grosser seelischer Belastung gehandelt hat» (lit. c) sind nur Fälle denkbar, die nicht schon durch Art. 113 und andere entsprechende Vorschriften des Besonderen Teils erfasst werden. Die Milderung weil «der Täter aufrichtige Reue betätigt, namentlich den Schaden, soweit es ihm zuzumuten war, ersetzt hat» (lit. d) steht zurück hinter einer durch Wiedergutmachung i.S. des Art. 53 verdienten Strafbefreiung. Bei Milderung wegen Zeitablaufs (lit. e) dürfte vor allem «verjährungsnahe» Situationen betreffen.[534]

**532** BGE 97 IV 80; BGE 101 IV 390.
**533** Stratenwerth, AT II, § 6 N. 100.
**534** BGE 115 IV 96.

### b) Erweiterung des Strafrahmens nach oben (Strafschärfung, Art. 49)

Eine Strafschärfung wegen Rückfalls (Art. 67 a.F.) kennt das heutige Recht erfreulicher Weise nicht mehr. Sie war im Hinblick auf das Schuldprinzip nicht unproblematisch, da das die Schuld auslösende «Andershandelnkönnen» beim Wiederholungstäter nicht selten eher geringer sein dürfte als beim Ersttäter. Strafschärfung gibt es also nur noch in einem Fall: Wenn mehrere Straftaten zu beurteilen sind, erhöht sich der Strafrahmen für die schwerste Tat im Hinblick auf die nicht gemäss den Konkurrenzregeln verdrängten Straftaten gemäss Art. 49 Abs. 1[535] um bis zu 50 Prozent.

Bei Vorliegen eines nach Art. 48–49 erweiterten Strafrahmens kann die Strafe innerhalb dieses erweiterten Strafrahmens angesetzt werden, sie muss aber nicht. Demgegenüber ist bei Vorliegen eines Strafmilderungsgrunds innerhalb des betreffenden (erweiterten) Strafrahmens zwingend eine Strafmilderung vorzunehmen, die Verhängung der Höchststrafe verbietet sich dann.

### c) Strafbefreiung (Art. 52–55)

In gewissen Fällen sieht das materielle Recht vor, dass das Gericht anstelle einer blossen Strafmilderung auch von Strafe absehen kann. Auch andere «Organe der Strafrechtspflege» (Art. 55) wie Untersuchungs- und Anklagebehörden können bereits das Verfahren beenden, indem sie von der Strafverfolgung oder der Überweisung an das Gericht absehen. Prozessual erfolgt zwar, sofern bereits das Gericht befasst ist, ein Schuldspruch, aber es wird keine Strafe ausgesprochen. Daraus wird erkennbar, dass es sich insoweit nicht um Rechtfertigungs- oder Schuldausschliessungs/Entschuldigungsgründe handelt, bei deren Vorliegen ein Freispruch zu erfolgen hätte. Vielmehr sind die Art. 52 ff. eher getragen von präventiven Überlegungen, die in den Kontext der Strafzumessung – gewissermassen als gesteigerte Milderungsgründe – passen.

Einer der Gründe für ein fehlendes Strafbedürfnis ist gegeben, «wenn Schuld und Tatfolgen geringfügig sind» (Art. 52). Dadurch, dass sowohl Schuld als auch Tatfolgen geringfügig sein müssen, wird klargestellt, dass nach allen Strafzwecken an einer Strafe keinerlei öffentliches Interesse bestehen darf.[536]

Art. 53 statuiert Strafbefreiung, wenn der Täter «den Schaden gedeckt oder alle zumutbaren Anstrengungen unternommen (hat), um das von ihm bewirkte Unrecht auszugleichen». Damit ist der international intensiv diskutierte Strafzweck der Wiedergutmachung (vgl. auch Einleitung A. I)[537] als Strafbefreiungsgrund in das neue Gesetz aufgenommen. Zu Recht wird nicht allein auf den Schadensausgleich abgestellt, da dem Täter trotz aller Anstrengung einfach die finanziellen Mittel fehlen können

**535** BGE 116 IV 300, 304.

**536** Stratenwerth AT II, § 7 N. 3 ff.

**537** Zur Wiedergutmachung vgl. z.B. Bommer, Bemerkungen zur Wiedergutmachung (Art. 53 StGB), forumpoenale 2008, 171–178; Schultz, Wiedergutmachung im Schweizer Strafrecht, in: Eser/Kaiser/Madlener (Hrsg.), Neue Wege der Wiedergutmachung im Strafrecht,, Freiburg i.Br. 1990, 219–232; M. Schwander, Das Opfer im Strafrecht. Aktuelle und potentielle Opfer zwischen Recht, Psychologie und Politik, Bern 2010, 43–55.

und da zudem bei vielen Rechtsgutsverletzungen die Schädigung gar keine materiellen Güter betrifft. Allerdings hat die Vorschrift in ihrer Anwendung klare Grenzen: Art. 53 bestimmt, dass nur von einer Freiheitsstrafe bis zu zwei Jahren gänzlich abgesehen werden kann (lit. a bindet die Strafbefreiung an die Voraussetzungen für die bedingte Strafe in Art. 42) und verlangt weiter, dass «das Interesse der Öffentlichkeit und des Geschädigten an der Strafverfolgung gering sind» (lit. b). Das wird regelmässig – allerdings keineswegs zwingend – bedeuten, dass der Geschädigte mit der Strafbefreiung einverstanden ist, also ein wirklicher «Täter-Opfer-Ausgleich» stattgefunden hat.

Ein dritter Grund für Strafbefreiung besteht, wenn «der Täter durch die unmittelbaren Folgen seiner Tat so schwer betroffen (ist), dass eine Strafe unangemessen wäre» (Art. 54). Hier ist an Fälle gedacht, in denen der Täter durch die Folgen seiner eigenen Tat schon «bestraft genug» ist, insbesondere bei schwersten eigenen Verletzungen oder bei dem von ihm verschuldeten Tod nächster Angehöriger.[538]

### 3. Strafzumessung im engeren Sinne

**Literatur** Schwarzenegger/Hug/Jositsch, Strafrecht II, 89–111; Schultz II, 74–79; Stratenwerth, AT II, § 6 N. 1–91; Trechsel/Affolter-Eijsten, Art. 47 N. 1 ff.

Das *Verschulden des Täters* ist gemäss Art. 47 Satz 1 Grundlage für die Zumessung der Strafe. Mit «Verschulden» ist aber keineswegs «Schuld» im Sinn der Zurechnungslehre gemeint. Art. 47 Abs. 2 präzisiert nun, anders als noch das alte Recht, diesen Begriff des «Verschuldens» für das Recht der Strafzumessung. Das Verschulden wird bestimmt zum einen «nach der Schwere der Verletzung oder Gefährdung des betroffenen Rechtsguts», zum anderen nach der «Verwerflichkeit des Handelns», und ausserdem nach «den Beweggründen und Zielen des Täters» sowie danach, «wie weit der Täter nach den inneren und äusseren Umständen in der Lage war, die Gefährdung oder Verletzung zu vermeiden» (Art. 47 Abs. 2). Etwas unübersichtlich wird die gesetzliche Formulierung dadurch, dass auch im ersten Absatz (Art. 47 Abs. 1) noch weitere für die Strafzumessung relevante persönliche Umstände der Tat, nämlich das «Vorleben», die «persönlichen Verhältnisse» und «die Wirkung der Strafe auf das Leben des Täters» genannt werden.

Bei der auf die Strafrahmenbestimmung folgenden Strafzumessung im engeren Sinne geht es, versucht man die gesetzlichen Kriterien zu ordnen, darum, den Unrechtsgehalt der Tat *(Schwere des Delikts nach objektiven und subjektiven Faktoren)* und den darauf bezogenen persönlichen Schuldgehalt zu ermitteln.[539] Der zuvor bestimmte abstrakte und noch nicht individualisierte Strafrahmen wird somit der sog. *Einzeltatschuld* angemessen, wobei neben Tat- und Täterkomponenten auch weiteren Aspekten (z.B. der Prävention) Rechnung getragen wird.

**538** Näher Stratenwerth AT II, § 7 N. 14.

**539** Zum richterlichen Ermessen im Rahmen von Art. 63 a.F. etwa BGE 120 IV 67, 70.

Sodann wird entschieden, ob (bei Strafen bis zu zwei Jahren) gestützt auf eine gute Prognose der bedingte Strafvollzug gewährt werden kann (Art. 42 ff.) und schliesslich wird die bereits verbüsste Untersuchungshaft angerechnet (Art. 51).[540]

### a) Bestimmung des Unrechtsgehalts/der Schwere der Tat

#### *aa) Objektive Faktoren («Schwere der Verletzung oder Gefährdung des betroffenen Rechtsguts»)*

Für den Unrechtsgehalt ist zunächst als objektiver Faktor der Grad der Verletzung oder der Gefährdung des geschützten Rechtsgutes ausschlaggebend,[541] wie das Gesetz jetzt ausdrücklich festhält. Mittelbare Auswirkungen der Tat, wie etwa Angehörige des Opfers belastende Konsequenzen oder Spätfolgen (z.B. Traumatisierung, psychische Probleme des Opfers), können dabei strafschärfend beachtet werden. Umstände, die schon Merkmale des gesetzlichen Tatbestands und somit der Entscheidung über den Strafrahmen sind, dürfen jedoch nicht noch einmal und damit doppelt berücksichtigt werden.[542] Jedoch kann und muss die in unterschiedlichem Masse vorliegende Privilegierung oder Qualifizierung in die Gewichtung des Unrechtsgehalts einbezogen werden, denn hierin liegt eine Fortsetzung und Konkretisierung der gesetzgeberischen Wertung, welche in die Strafrahmenentscheidung eingeflossenen ist. Daneben spielen in der Praxis beispielsweise der Deliktsbetrag und die (Drogen-)Menge[543] eine bedeutende Rolle.

#### *bb) Subjektive Faktoren («Verwerflichkeit des Handelns»)*

Zu den täterbezogenen Faktoren bei der Ermittlung des Unrechtsgehalts (*personales Handlungsunrecht*), also zur «Verwerflichkeit des Handelns» (Art. 47 Abs. 2) gehören die *Intensität des verbrecherischen Willens* bei Vorsatzdelikten und das *Mass der Pflichtwidrigkeit* bei Fahrlässigkeitsdelikten. Bei Vorsatzdelikten wiegt ein allfälliger dolus eventualis geringer als ein direkter Vorsatz. Bei der Pflichtwidrigkeit, welche die Fahrlässigkeitsdelikte kennzeichnet, ist deren unrechtsbestimmendes Mass zu berücksichtigen und nicht etwa die subjektive Sorgfaltspflichtwidrigkeit, welche die Tatschuld bestimmt. Für die Bestimmung der Tatschwere im Sinne des personalen Handlungsunrechts muss entscheidend sein, über welches Mass an Entscheidungsfreiheit der Täter in seiner Position zum Tatzeitpunkt verfügte. Je leichter es für den Täter gewesen wäre, die Norm zu respektieren und je fundamentaler die Bedeutung der Norm ist, gegen die der Täter verstösst, desto stärker ist das Recht und damit die Gesellschaft durch die Tat bedroht und desto schwerer wiegt die Entscheidung des Täters gegen das betroffene Rechtsgut.[544] Deshalb gehört auch der Umstand, «wie weit der Täter nach den inneren und äusseren Umständen in der Lage war, die Gefährdung oder Ver-

**540** Vgl. dazu BGE 120 IV 176, 177.

**541** Beispielhaft schon in BGE 120 IV 208, 216.

**542** Sog. Doppelverwertungsverbot, vgl. z.B. Trechsel/Affolter-Eijsten, Art. 47 N. 27 und Art. 113 N. 17.

**543** BGE 117 IV 314, 315; 118 IV 337, 341; 120 IV 334, 335.

**544** Vgl. Stratenwerth, AT II, § 6 N. 7 ff.

letzung zu vermeiden» (Art. 47 Abs. 2), noch zur Bestimmung des Unrechtsgehalts der Tat.

### b) Bestimmung des Schuldgehalts der Tat

Bei der Bestimmung des Schuldgehalts der Tat geht es um den *persönlichen Vorwurf*, der dem Täter gemacht werden kann. Unter «Schuld» ist die in der konkreten Deliktsverwirklichung liegende Tatschuld und nicht eine allgemeine «Lebensführungsschuld» zu verstehen. Als Grundlage für die Bemessung der Schuld gilt die Schwere der Tat, wie vorstehend (a) gezeigt wurde. Der Schuldgehalt fungiert dabei als – massgebende – Bezugsgrösse des Schuldvorwurfs, der auf das dem Täter vorwerfbar verwirklichte Unrecht Bezug nimmt. Er hat nicht nur eine strafbegründende, sondern auch ein straflimitierende Funktion, wobei dem Täter das verwirklichte Unrecht der Tat nur dann und insoweit angelastet wird, als er oder ein anderer an seiner Stelle in der konkreten Tatsituation den tatbegünstigenden Antrieben und Motivationen hätte widerstehen und sich zu einem normkonformen Verhalten hätte motivieren können. Dabei sind nach Art. 47 Abs. 2 die *Beweggründe*, das *Vorleben* und die *persönlichen Verhältnisse* des Täters zu beachten. Daneben bedürfen aber auch andere Aspekte der Berücksichtigung.[545]

#### *aa) Beweggründe und Ziele (Art. 47 Abs. 2)*

Beweggründe[546] und Ziele entlasten den Täter, wenn sie nachvollziehbar oder altruistisch sind (sind sie gar «achtenswert», kommt bereits eine Strafmilderung im Rahmen des Art. 48 lit. a. Ziff. 1 in Betracht). Auch die aus der Tat ersichtliche Gesinnung kann unter diesem Aspekt berücksichtigt werden, soweit sie nicht schon Merkmal des subjektiven Tatbestands ist (z.B. Art. 112, 115 und 129).

#### *bb) Vorleben (Art. 47 Abs. 1)*

Zu berücksichtigen sind auf Grund der gesetzlichen Vorgabe in Art. 47 Abs. 1 die Herkunft, die Verhältnisse in der elterlichen Familie, die Erziehung, die Ausbildung und die Gesetzestreue. Eine grosse praktische Rolle spielt dabei der Leumund, d.h. das Vorliegen von Vorstrafen. Da Vorstrafen auf die Tatschuld keinen Einfluss haben, muss dies allerdings sehr bedenklich erscheinen. Beim Vorleben ist auch einem etwaigen Kulturkonflikt[547] des Täters Rechnung zu tragen.

#### *cc) Persönliche Verhältnisse (Art. 47 Abs. 1)*

Berücksichtigt werden die gesamten Lebensumstände des Täters im Tatzeitpunkt und nach der Tat.[548] Zugunsten des Täters können jugendliches Alter oder eine Verminderung der Zurechnungsfähigkeit, die nicht schon die Intensität des Art. 19 Abs. 2 er-

**545** Beispielsweise die Täter-Opfer-Beziehung in BGE 116 IV 179, 180.

**546** Allgemeine Stellungnahme des Bundesgerichts zu achtenswerten Beweggründen BGE 115 IV 65, 66.

**547** BGE 117 IV 7, 8.

**548** Vgl. etwa Wiprächtiger, 439 und BGE 117 IV 112, 116.

reicht (sonst käme es schon zur Strafmilderung, s.o.) berücksichtigt werden. Ebenso spielen die Angst vor wirtschaftlichen Repressionen, die Beziehung zum Opfer, die Berücksichtigung der Folgen der Straftat, eine Vereitelung der Resozialisierung (dazu unten 3. c) und die Strafempfindlichkeit unter diesem Titel in der Praxis eine Rolle.

Was das *Nachtatverhalten*[549] angeht, wird insbesondere ein Geständnis straf-mindernd berücksichtigt. Die daraus resultierende relative Schlechterbehandlung des nicht geständigen Täters steht in Konflikt mit dem allgemein anerkannten Grundsatz, dass niemand gegen sich selbst aussagen muss («Nemo-tenetur-Grundsatz»).[550] Das Verhalten nach der Tat umfasst (im Sinne einer Strafminderung) insbesondere auch *Reue* und *Bedauern* über die Tat. Das Bemühen des Täters, den Schaden wiedergutzumachen und einen Ausgleich mit dem Verletzten zu finden, kann strafmindernd berücksichtigt werden, soweit nicht schon eine Strafmilderung nach Art. 48 lit. d) vorliegt.

*dd) Verhalten des Staates*

Auch das Verhalten des Staates wird strafmindernd berücksichtigt, und zwar namentlich bei Verletzung des Beschleunigungsgebots des Art. 6 Ziff. 1 EMRK[551] (Art. 48 lit. e) oder beim Einsatz von V-Leuten.[552] In letzterem Fall kann eine Anstiftung durch einen agent provocateur sogar zur Straflosigkeit führen.[553]

### c) Berücksichtigung weiterer Faktoren bei der Strafzumessung, u.a. «Wirkung der Strafe auf das Leben des Täters» (Art. 47 Abs. 1)

*Generalpräventive Überlegungen* fliessen zuweilen auch (i.d.R. strafschärfend) in die Strafzumessung ein,[554] aber gemäss BGer nur insoweit *«die Strafe geeignet … [ist], die Allgemeinheit zu veranlassen, sich an die Strafrechtsnormen zu halten»*. Dies ist umstritten und zu kritisieren, denn die sozialpsychologischen und kriminologischen Wirkungszusammenhänge zwischen dem einzelnen Strafmass und der Beeinflussung der Allgemeinheit sind weitgehend ungeklärt[555]. Generalpräventive Überlegungen dürfen in jedem Fall nicht dazu führen, dass Strafen nur unter dem Druck der allgemeinen Meinung, insbesondere der Medien, schärfer ausfallen (Bereiche wie Sexualstrafrecht, Betäubungsmittelrecht, Strassenverkehrsrecht oder die Delinquenz von Ausländern sind diesbezüglich sensible Bereiche).

*Spezialpräventive Überlegungen* (Berücksichtigung der Folgen der verhängten Strafe für den beurteilten Täter) werden von der Rspr. auch in dem Sinne angestellt, dass bei der Strafzumessung die *soziale Wiedereingliederung* des Täters berücksichtigt wer-

**549** Dazu eingehend BGE 118 IV 24, 24 ff. m.w.H.
**550** Siehe die Kritik bei Trechsel/Affolter-Eijsten, Art. 47 N. 24.
**551** Vgl. BGE 122 IV 103, 111, 131.
**552** BGE 118 IV 115, 118 f.; 124 IV 34, 39 f.
**553** BGE 124 IV 34, 43.
**554** Vgl. BGE 118 IV 342, 350; 107 IV 60, 63.
**555** Nach Kunz, Kriminologie, § 25 N. 9, hat die Gesamtheit der empirischen Studien hierzu sogar gar keine Anhaltspunkte dafür erbracht, dass eine Strafschärfung eine grössere generalpräventive Wirkung entfaltet.

den und damit der Straftatverhütung im allgemeinen Beachtung geschenkt werden soll. Insofern sei etwa zu berücksichtigen, welche Auswirkungen die Strafe auf das künftige Berufsleben des Täters haben werde.[556] In Art. 47 Abs. 1 ist die Berücksichtigung der Wirkung der Strafe auf das Leben des Täters nunmehr ausdrücklich vorgesehen.

**556** Vgl. schon Schultz II, 77 f. sowie die bei Härri zitierten Entscheide.

# Schlagwortverzeichnis

## F



## G

## H



## I



## K



## L



## M

## N



## O



## P



## Q



## R



## S

## T



## U

## V



## W



## Z